《东北亚区域经贸合作论文集》编写组 编著

东北亚区域经贸合作论文集

DONGBEIYAQUYU
JINGMAOHEZUO
LUNWENJI

中国财经出版传媒集团
经济科学出版社
Economic Science Press

图书在版编目（CIP）数据

东北亚区域经贸合作论文集/《东北亚区域经贸合作论文集》编写组编著 . —北京：经济科学出版社，2018.12

ISBN 978－7－5218－0024－1

Ⅰ.①东… Ⅱ.①东… Ⅲ.①东北亚经济圈-区域经济合作-文集 Ⅳ.①F114.46-53

中国版本图书馆 CIP 数据核字（2018）第 288705 号

责任编辑：杜　鹏　刘　瑾
责任校对：曹育伟
责任印制：邱　天

东北亚区域经贸合作论文集

《东北亚区域经贸合作论文集》编写组　编著
经济科学出版社出版、发行　新华书店经销
社址：北京市海淀区阜成路甲 28 号　邮编：100142
编辑部电话：010-88191441　发行部电话：010-88191522
网址：www.esp.com.cn
电子邮箱：esp_bj@163.com
天猫网店：经济科学出版社旗舰店
网址：http://jjkxcbs.tmall.com
固安华明印业有限公司印装
710×1000　16 开　22.25 印张　400000 字
2019 年 5 月第 1 版　2019 年 5 月第 1 次印刷
ISBN 978－7－5218－0024－1　定价：88.00 元
(图书出现印装问题，本社负责调换。电话：010－88191510)
(版权所有　侵权必究　打击盗版　举报热线：010－88191661
QQ：2242791300　营销中心电话：010－88191537
电子邮箱：dbts@esp.com.cn)

前　言

　　从GDP角度来看，东北亚是与欧盟、北美并重的区域，本区域包含了世界第二、三大经济体中国和日本以及世界重要的经济体韩国和俄罗斯，另外，蒙古国也在开展快速的工业化进程，朝鲜也在积极地释放对外开放的信号，所以，这是一个充满活力和希望的经济区域。东北亚地区有着内在的经济互补性，表现在如下几个方面：东北亚各国能源、资本要素、劳动力要素、技术、产业，有着密切的经贸往来，区域内贸易比重超过了50%，与欧盟、北美不相上下；从产业分工上看，中、日、韩已经形成了长期稳定的分工协作体系，中、日、韩FTA谈判也在稳步推进当中；西方的制裁也使得俄罗斯增加了其对于东北亚的石油、天然气供应，中、日、韩对俄罗斯的能源投资和开发，促进了能源的合作与共享；技术上形成了明显的梯度分布，日本、韩国是技术输出大国，此外，中国的技术水平也在不断提升；劳动力供求方面，中国是劳务输出大国，而日本、韩国因为人口老龄化问题导致劳动力短缺，俄罗斯西伯利亚和远东地区因为自然条件恶化导致了人口流失；中、日、韩是对外投资大国，而俄罗斯、蒙古国则是外资引进国等。

　　此外，在经济全球化与区域经济一体化的发展趋势下，东北亚地区在基础设施建设和制度建设上也取得了显著的进步。例如，自20世纪亚洲金融危机之后，东北亚国家意识到了本地区货币体系较为脆弱，缺乏应对国际投机资本的冲击，有必要加强货币金融合作，所以在"清迈协议"框架下频繁开展双边货币互换，积极地探索和推进区域债券市场的建设；中韩两国自2015年签署了双边自贸协定，且实现了人民币—韩币自由兑换；地区交通信息网络逐步完善，"一带一路"倡议也与东北亚地区经济合作交相辉映。

　　然而，在这些丰硕的经济成果背后有着不可否认的事实，就是东北亚地区是世界上一体化程度最低的经济区域，经济合作滞后，仅仅停留在较为低层次的双边功能性合作层面，远远没有形成东盟、北美和欧盟那样的制度性合作框架。这在很大程度上制约了本区域经济的长远发展，依靠危机导向型的功能性合作缺乏制度保障和基础，这样容易形成国家间的经贸摩擦。东北亚地区未能形成制度性合作框架，既有经济上的原因也有政治上的原因，经济上由于东北亚六国差距较大，导致区域经济发展不均衡，中、日、韩相互经济合作紧密，而俄罗斯、朝鲜、蒙古国的参与程度较低，且国家间的利益方向各不相同，无法形成合作的凝聚力。政治上，受到历史遗留问题和领土争端问题的影响，导致国家间特别是中、日、韩三国间迟迟未能形成自贸安排等问题错综复杂、彼此交织，使得东北亚地区的经贸合作框架迟迟未能建立起来。本学术论文集依托吉林财经大学国际经济贸易学院，由吉林省对外经贸发展研究基地的研究人员共同编纂而成。本论文集在分析东北亚区域经贸发展与合作现状的基础上，致力于从不同角度来探索东北亚区域合作的路径和方案，包括长吉图次区域合作路径，中、日、韩 FAT 合作路径，中韩合作、中俄合作路径，贸易、能源、金融合作路径等，旨在为东北亚区域经贸合作提出一些建设性的意见，推进本地区的制度性合作框架早日形成。

编者

2019 年 2 月

目 录

区域经贸合作专题

人民币国际化对东北亚区域经济合作的影响
··张智远、王泽欣 / 3

东北亚区域经济合作的问题与出路
··鲍宪楠、王云凤 / 14

中、日、韩自由贸易区建设面临的问题及应对策略
··李可、吕鑫萌 / 30

中、日、韩股票市场一体化研究
··崔岩、许忠华 / 41

中国企业对韩直接投资的SWOT分析
··周琴宇、王云凤 / 53

中国与日本、俄罗斯的贸易摩擦问题探析
··闫克远 / 63

促进中国对俄罗斯货物贸易的对策研究
··刘丽娟、李朝辉 / 75

中、俄、美、欧在外高加索地区的能源经济战略
··张欣欣 / 86

东北亚农业经济合作资源与发展路径研究
··刘晶晗、郭天宝 / 95

全球价值链背景下中国参与东北亚经贸合作的趋势研究
··桑国荣、郭天宝 / 106

中俄产能合作研究
··李建民 / 119

中国对俄罗斯远东地区农业投资问题研究
　　………………………………………………………张秀梅、郭天宝 / 131

区域竞争力专题

中国双边 FTA 发展的导向因素与战略布局
　　…………………………………………………………………王珊珊 / 145

FTA 背景下中韩经贸关系
　　……………………………………………王素玉、凌敏、杨喆 / 158

日本农业制成品进口贸易模式特征分析
　　………………………………………………………洪宇、孙巍 / 170

中韩两国文化产业现状及竞争力对比分析
　　………………………………………………刘丽娟、闫可可 / 180

东北亚区域文化产业跨境发展研究与启示
　　…………………………………………………汪亚、王艳秀 / 197

东北亚各国 FTA 建立的文化"瓶颈"研究
　　…………………………………………………张智远、荆瑞环 / 205

中韩工业制成品产业内贸易研究
　　…………………………………………………李铭宇、郑晰毓 / 216

"一带一路"合作专题

"一带一路"下中俄能源贸易问题研究
　　…………………………………………………………………刘丽娟 / 231

"一带一路"倡议下东北亚四国贸易格局问题分析
　　…………………………………………………周亚成、郭天宝 / 239

我国"一带一路"重点省份基础设施建设与经济增长实证研究
　　…………………………………………………关嘉麟、宋帅 / 253

长吉图开发开放与国家"一带一路"倡议对接分析
　　…………………………………………………………………张晓明 / 271

长吉图开发合作专题

中、日、韩自贸区对吉林省对外贸易政策调整的影响及对策
——基于SWOT模型的研究分析
.... 刁巍杨、薛靓雁、蔡铮吟 / 279

加快珲春国际合作示范区建设的金融支持研究
.... 刘铁明、刘雅祺 / 291

吉林省打造东北亚国际物流中心对策思考
.... 刘铁明、付英雪 / 303

吉林省商务人才胜任力指标体系与评价实证研究
——基于东北亚经济合作的背景
.... 张洋 / 314

利用"中韩自贸区"促进东北三省与韩国经贸合作问题研究
.... 杨立国 / 327

东北亚经济合作对东北地区产业结构调整的影响机制
.... 薛营 / 339

区域经贸合作专题

人民币国际化对东北亚区域经济合作的影响

张智远[1]　王泽欣[2]

【作者简介】　1. 张智远，男，吉林财经大学国际经济贸易学院，副教授；2. 王泽欣，男，吉林财经大学国际经济贸易学院，研究生。

【摘　要】　近些年人民币国际化速度加快，加入 SDR（特别提款权）标志着人民币国际化进入一个新阶段，人民币在全球的影响力越来越大，与此同时，东北亚的区域经济合作需要新的动力来进行深化发展。人民币达到"可自由使用"将会进一步推动东北亚区域跨境贸易人民币结算业务，同时促进该地区的金融合作。因此，在东北亚地区有望建立以人民币为主导的货币体系，进而促进该地区区域经济合作的发展。

【关键词】　人民币国际化；东北亚区域合作；跨境贸易人民币结算；金融市场

一、引　言

（一）研究背景

2016 年 10 月 1 日，人民币正式加入国际货币基金的 SDR，标志着人民币在国际化之路上又迈出了坚实的一步。人民币国际化是个漫长和艰辛的过程，从 1994 年实行汇率并轨以来，已经进行了 20 多年的探索和发展。伴随着中国经济的高速增长，人民币的国际化进程正一步步地走向深化。在中国和亚洲乃至世界各国及地区经济往来不断加深的同时，人民币被认可的程度也在不断提高，越来越多的经济体开始接纳和使用人民币。而东北亚作为亚洲乃至世界重要的经济、政治区域，对一种亚洲本币的需求更是迫切。

狭义的东北亚包括了朝鲜、蒙古国、日本、韩国和俄罗斯等国家。其中日本、韩国和俄罗斯是我国非常重要的贸易对象，因此，一个良好的东北亚区域经济合作环境对我国的经济意义不言而喻。但是由于错综复杂的历史和政治因素，东北亚地区的经济合作迟迟打不开局面，各国之间难以形成一种合力，尤其是中国、日本和韩国三国的关系更是微妙。对外经济政策往往受历史和政治因素的制约，难以形成长效的合作机制，东北亚地区迫切需要新的动力来推动该地区的经济合作。

长期以来，东北亚经济的发展运行高度依赖美元，无论是各国的外汇储备还是结算方式，美元一直都占据着主导地位。一个区域的经济长期依赖外币的风险是巨大的，因而东北亚需要属于自己地区的货币来作为主币和经济合作的基础。而加入SDR的人民币，通过进一步国际化，传递出在了人民币将在东北亚地区打破美元垄断和建立新的货币体系的信号，这也将成为东北亚区域经济合作进一步深化的新动力。

（二）论文思路和论文结构

本文在查阅相关货币和贸易数据的基础上，阐述了人民币国际化的现状，并在此基础上结合东北亚区域经济合作的两个典型方面，即东北亚跨境贸易人民币结算和金融合作，进而分析了人民币国际化对于东北亚区域经济合作的影响。

全文分为三个部分。第一部分是人民币国际化的现状，包括人民币国际化的历史进程、人民币加入SDR、人民币互换规模逐步扩大、人民币跨境及境外交易中使用活跃度基本面良好和人民币离岸市场不断发展五个方面；第二部分是人民币国际化对东北亚跨境贸易结算的影响，包括结算货币及其规模现状和影响分析两个方面；第三部分是人民币对东北亚金融合作的影响，包括推动新的人民币离岸中心建立、提高各国支付能力和保障地区金融市场的稳定三个方面。

二、人民币国际化的现状

（一）人民币国际化的历史进程

1994年1月，人民币经历了一次重大机制改革，即人民币官方汇率与外汇调剂价格并轨，开始并逐步实行以市场供求为基础和单一的有管理浮动汇率制度。此次改革标志着人民币正式开始其国际化进程。

1996年12月，中国人民银行正式宣布人民币在国际收支经常项目下已可以兑换，意味着人民币已成为国际货币基金组织所承认的"可自由兑换"货币。

2001年7月，中国加入WTO，逐渐融入世界经济与贸易格局，并稳步放松对资本市场的管制。

2004年，多家香港银行被授予办理个人人民币业务的权利，标志着我国香港地区开始发展成为新的人民币离岸市场。

2005年7月，我国开始实行以市场供求为基础、参考一篮子货币进行调节、有管理的浮动汇率制度。

2007年6月，国家开发银行在我国香港地区发行了第一支人民币债券，人民币国际化迈出重大一步。

2008年7月，国务院批准中国人民银行"三定"方案，新设立汇率司，其职能包括"根据人民币国际化的进程发展人民币离岸市场"。

2009年7月，中国人民银行等六部门发布《跨境贸易人民币结算试点管理办法》，跨境贸易人民币结算试点正式启动，并在2010年推广至全国。

2012年4月，汇丰银行在伦敦发行了第一支人民币债券，伦敦也逐渐成为人民币离岸市场。

2014年3月，中国人民银行将人民币兑美元交易价浮动幅度由1%扩大至2%，人民币汇率自由化迈出重要一步。

2015年10月8日，人民币跨境支付系统（CIPS）上线运行，这被视为人民币国际化重要里程碑。

2015年12月1日，国际货币基金组织执董会宣布批准人民币加入SDR货币篮子。新的货币篮子于2016年10月1日正式生效，这意味着人民币从"可自由兑换"货币将逐步发展为"可自由使用"货币，人民币国际化程度进一步加深。

（二）人民币加入SDR

2015年11月30日，IMF执行董事会认为，人民币符合所有现有标准，认定人民币自2016年10月1日起可自由使用货币，作为第五种货币，与美元、欧元、日元和英镑一起构成SDR货币篮子，并确认人民币在SDR货币篮子中的权重为10.92%。如图1所示，人民币所占货币权重超越了英镑和日元，相继排在美元和欧元之后，位列第三；美国所占货币权重几乎无变化，欧元则下降最多，英镑和日元也有明显下降，由此可见，人民币主要分流了除美元之外的其他三种货币的权重。

（三）人民币货币互换规模逐步扩大

根据中国人民银行2016年9月12日公告，中国人民银行与匈牙利中央银行

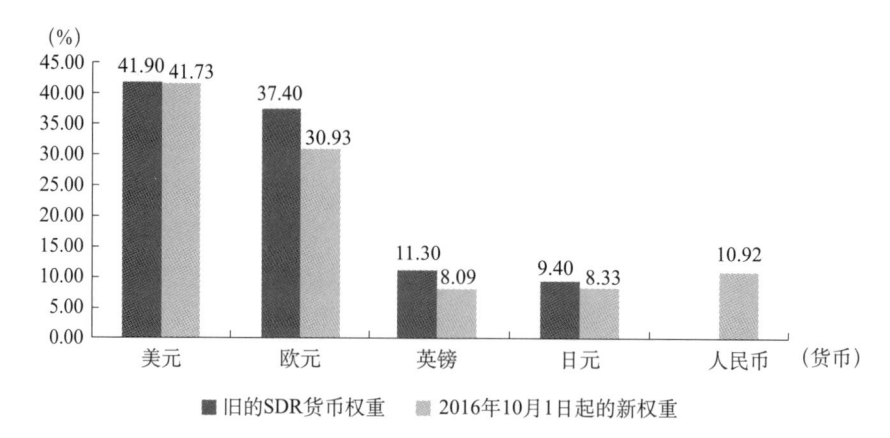

图1 人民币加入SDR前后各国货币权重对比

货币	旧的SDR货币权重	2016年10月1日起的新权重
美元	41.90	41.73
欧元	37.40	30.93
英镑	11.30	8.09
日元	9.40	8.33
人民币	—	10.92

资料来源：中经网统计数据库。

续签了双边本币互换协议，互换规模保持100亿元人民币/4 160亿匈牙利福林，有效期三年，经双方同意可以延期。目前为止，我国已经与全球35个国家或地区签订了货币互换协议，货币互换规模达到了31 300亿人民币。在中国人民银行与境外货币当局签署的双边本币互换协议下，境外货币当局共动用797.40亿元人民币，中国人民银行共动用外币折合24.49亿美元。2016年3月末，境外货币当局动用人民币余额447.58亿元，中国人民银行动用外币余额折合11.15亿美元，对促进双边贸易投资发挥了积极作用（见表1）。

表1　人民币互换协议国家统计

国家或地区	签署时间（年份）	规模（亿元人民币）
韩国	2008	1 800
中国香港地区	2009	2 000
马来西亚	2009	800
白俄罗斯	2009	200
印度尼西亚	2009	1 000
阿根廷	2009	700
冰岛	2010	35
新加坡	2010	1 500
新西兰	2011	250
乌兹别克斯坦	2011	7
蒙古国	2011	50
哈萨克斯坦	2011	70
泰国	2011	700
巴基斯坦	2011	100
阿拉伯联合酋长国	2012	350
土耳其	2012	100

续表

国家或地区	签署时间（年份）	规模（亿元人民币）
澳大利亚	2012	2 000
乌克兰	2012	150
巴西	2013	1 900
英格兰	2013	2 000
匈牙利	2013	100
阿尔巴尼亚	2013	20
欧盟	2013	3 500
瑞士	2014	1 500
斯里兰卡	2014	100
俄罗斯	2014	1 500
卡塔尔	2014	350
加拿大	2014	2 000
苏里南	2015	10
亚美尼亚	2015	10
南非	2015	300
智利	2015	220
塔吉克斯坦	2015	30
摩洛哥	2016	100
塞尔维亚	2016	15

资料来源：作者根据相关统计资料整理而成。

（四）人民币跨境及境外交易中使用活跃度基本面良好

衡量人民币跨境及境外交易中使用活跃度的一个重要指标是中国银行跨境人民币指数（CRI）。该指数主要跟踪跨境流出、境外流转和跨境回流这一完整的资金跨境循环过程中人民币的使用水平，反映人民币在跨境及境外交易中使用的活跃程度，因此，可以作为人民币国际化发展状况的指示性数据。

由图2可知，2016年8月份CRI指数为256点，较上月下降9点，较上年末下降20点；并根据中国人民银行发布的信息得知，跨境人民币结算规模较2015年同期及上月下降。2016年8月全国办理经常项下和直接投资项下跨境人民币结算金额为6 637亿元。尽管短期来看CRI指数和跨境人民币结算金额均有所回落，但从长期趋势观察，CRI指数有波动上升的趋势，因此，人民币国际化的基本面继续向好，将继续保持全球第五大支付货币的地位。

（五）人民币离岸市场不断发展

自2004年中国香港地区多家银行开展人民币业务以来，人民币离岸市场开始蓬勃发展。据统计，过去两年来，在对中国内地和中国香港地区进行直接支付

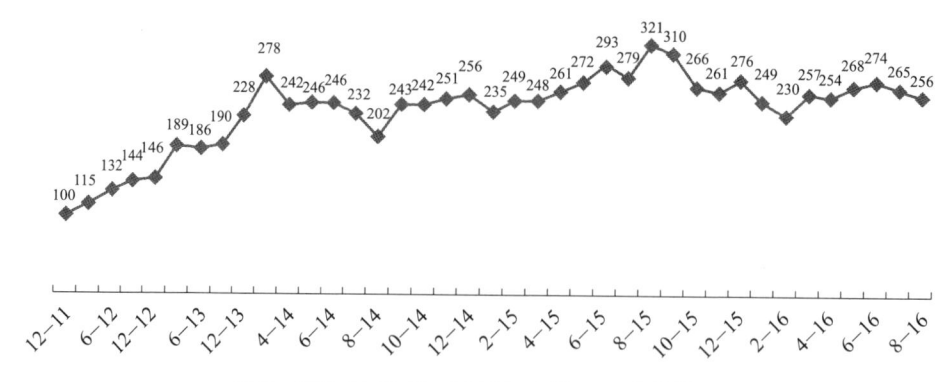

图2　2011年12月~2016年8月CRI变化情况

资料来源：中经网统计数据库。

时，人民币占比超过10%的国家新增7个，总数已达到57个。路透社称，10%的里程碑是SWIFT用来衡量对中国内地和中国香港地区用人民币支付结算的一个"门槛"。在使用人民币支付的101个国家中，支付额占比达12.9%，较2014年10月的11.2%提升近2个百分点。

除了中国香港地区之外，欧洲的伦敦也是重要的人民币离岸市场。在欧洲地区，超过50%的人民币支付清算业务在英国进行，英国已经超越新加坡跃居第二大离岸人民币清算中心。根据SWIFT 2016年4月的统计显示，2014年3月~2016年3月，英国的人民币支付额增加了21%，英国与中国内地和中国香港地区的所有支付业务中，以人民币结算的份额占到了40%。人民币是该支付通道中使用频率最高的货币，远远超过在其之后的港元（24%）和英镑（12%）。截至2016年10月底，中国建设银行在英国的人民币清算行的清算量已经超过11.5万亿元，是亚洲地区之外最大的人民币清算行。

新加坡离岸人民币市场发展同样迅速。新加坡是东南亚人民币存款最多的国家。截至2016年6月，新加坡的人民币存款总额为1 420亿元。尽管地位被伦敦超越，但事实上新加坡仍然是整个东南亚区域提供离岸人民币产品和服务的金融中心。

三、人民币国际化对东北亚跨境贸易结算的影响

（一）东北亚区域跨境贸易结算的现状

1. 结算货币。狭义的东北亚地区，除中国之外还有韩国、日本、俄罗斯、

朝鲜和蒙古国，因为中国在与东北亚各国贸易中的相互地位不同，加之不同国家对国际结算货币的喜好也不一样，所以中国在贸易结算时所使用币种问题上的发言权有大有小。

五个国家之中，在与蒙古国和朝鲜的双边贸易结算中，人民币计价和结算已占到一个可观的比例，人民币在这两个国家的流通已达到一定规模。但在对朝鲜的双边贸易中，美元占据了高达80%左右的结算份额，欧元和日元占到15%以上。对于蒙古国，中国人民银行与蒙古国的中央银行已签署协议，规定双方边境地区的商品和服务贸易可以使用人民币结算，并以转账方式为主，人民币现钞为辅。由此可见，人民币不仅作为交易媒介，而且作为储藏手段，在与蒙古国的边境贸易和投资等方面中的使用也非常广泛。此外，两国早在2011年就签订了金额为50亿元人民币的货币互换协议，并于2012年将原有规模扩大为100亿元人民币。

2010年12月，人民币登陆了俄罗斯的外汇市场，双方协商逐步用人民币实现中俄贸易结算。但在中俄两国进出口贸易的产业结构方面，由于俄罗斯对中国主要为能源出口，因此，俄方在中俄双边贸易中自始至终都处于有利位置，在结算币种的选择上占有主动权，俄罗斯选择卢布或美元进行结算的现状在短期内几乎不会改变。

美元在2008年金融危机后长期存在贬值的风险，以美元为计价单位的资产安全系数大幅降低。在东北亚区域，受此影响最严重的首当其冲是日本和韩国，以美元为主要计价结算货币的两国逐渐意识到减小对美元依赖的重要意义。

2. 结算规模。自从开展人民币跨境贸易结算以来，东北亚区域各国使用人民币进行贸易计价结算的规模逐步扩大。虽然发展东北亚区域人民币结算业务的基础没有东盟国家的深厚，但是推动中国与各国间贸易使用人民币结算的呼声越来越高。

根据2015年跨境人民币结算收付量统计，日本排名第五，占比约为4%，规模上并不是特别大。如果未来东京人民币离岸中心能够不断发展，那么这种情况将会得到改善。

2015年，中国是韩国最大的贸易顺差来源国，同样也是韩国的第一大贸易伙伴。2008年中国人民银行与韩国的中央银行协商签订了15份双边货币互换决议书，并相继在2011年和2014年到期后对该互换决议完成续签，总金额已经达到3 600亿元人民币。

1992年的中朝现汇贸易标志着双方开始以人民币作为结算货币，此后人民币逐渐被朝鲜人民接纳。受益于中国与朝鲜特殊的历史、政治关系，朝鲜人民对人民币的认可程度一直很高，再加上朝鲜本国货币币值稳定性不高，人民币的结算业务在朝鲜蓬勃发展。2010 年，第一个跨境人民币交易办理试点在我国与朝鲜接壤的辽宁省丹东市成立，更加方便了人民币在朝鲜开展结算业务。此后的两年内，丹东市成立了 40 余家各类办理人民币结算业务的金融机构，累计总业务量达到了 7.49 亿元人民币。

（二）人民币国际化对东北亚跨境贸易结算的影响

1. 冲击现有以美元为主导的结算模式。尽管人民币跨境贸易结算的规模在稳步扩大，但目前来看，东北亚区域国家对美元的依赖程度仍然不可忽视，美元依旧是东北亚区域各国贸易的主要结算货币：该地区 70% 以上的贸易都采用美元进行结算。近些年部分国家还先后扩大了美元的外汇储备，如中国、日本、俄罗斯等国家持有全球流通量 50% 以上的美国国债。1997 年亚洲金融危机后，亚洲各国开始意识到开展各国货币合作的重要性，但遗憾的是并未取得显著的成就。2008 年中国建立跨境贸易人民币结算试点，一部分原因也是苦于在东北亚迟迟无法打开局面。

随着近几年人民币国际化的深入发展，尤其是以 2015 年人民币跨境支付系统上线运行和 2016 年 10 月人民币加入 SDR 两件里程碑式事件为标志，人民币在东北亚的地位与过去已经不可同日而语。在东北亚地区，寻求货币合作的动机来源于抵御风险而非脱离美元体系，导致东北亚国家在推进货币合作中没有形成合力。也就是说，从一开始东北亚的货币合作就是围绕应对危机开展的，因此，在危机之后各国也就没有了进一步展开合作的动力。

人民币国际化的深入发展可以从两个方面逐步改变这种现状：一方面，随着人民币在世界范围内受认可程度越来越高，对东北亚各国的吸引力也不言而喻，人民币在其外汇储备中所占份额有望逐步提升；同时，人民币如今作为国际货币基金组织特别提款权的一篮子货币之一，东北亚各国对人民币的需求也将与日俱增。随着人民币需求的稳步扩大，从长期来看，其贬值的风险将大大降低，如果东北亚地区采用以人民币为主的结算方式，那么出于抵御风险而选择美元的动力将被削弱，东北亚各国以人民币为基础的货币合作便成为可能，跨境人民币结算业务也会蓬勃发展。另一方面，中国超越了日本跃居世界第二大经济体，也是东北亚区域最大的经济体。在 2008 年金融危机后，在全球经济萎靡的大环境下，中国经济依然取得了十分可观的增长，东北亚各国对中国经济的依赖程度也有增无减,尤其是进出口贸易方面。因此,中国可以借此东风,配合人民币国际化的步伐,以本国为主导来促进东北亚区域各国的跨境贸易人民币结算业务增长。

2. 最大限度消除TPP可能带来的不利影响。2005年10月4日,以美国和日本为首的12个环太平洋国家达成跨太平洋伙伴关系协定(Trans-Pacific Partnership Agreement, TPP),又称"经济北约"。从其"经济北约"的名字来看,它显然已经超越经济贸易合作的范畴,带有明显的地缘政治因素。按照TPP协定,成员国之间的主要工业产品的进出口将是零关税;而日本作为我国第五大贸易伙伴和东北亚的重要经济体也在其中。这意味着,中国制造的产品相对于其他成员国来说处于劣势地位,将极大损害中日之间的贸易往来。一旦东北亚最重要的两个经济体之间的贸易有明显减少的话,将十分不利于跨境贸易人民币结算业务在东北亚区域的展开,最终导致整个东北亚区域经济合作的进一步深化受到影响。

在如何应对TPP可能带来的不利影响方面,人民币国际化是重要的应对策略。TPP是美国重返亚太战略的重要组成部分,目的是在经济上削弱中国在东北亚乃至亚洲的影响力。但由于人民币国际化的步伐迅速,人民币在东北亚各国的受认可程度已经今非昔比,在贸易往来中使用的频率会越来越大,在东北亚跨境贸易结算方面占据着的重要分量,显然是美国主导的TPP所改变不了的趋势。另外,TPP实质上在倒逼着中国进一步开放市场,当中国无法适应来自外部的压力时便达到了美国重返亚洲战略的目的。所以中国需要做的是稳步推进人民币国际化,根据外部市场的变化调整本国市场,进一步深化资本市场乃至金融市场经济的改革,逐步建立与国际标准一致的、多层次的、开放程度更高的市场经济。

四、人民币国际化对东北亚区域金融合作的影响

(一)推动新人民币离岸中心的建立

1. 首尔人民币离岸中心。在人民币国际化道路上,韩国一直扮演着重要的角色。韩国是第一个与中国签订货币互换协定的国家,并且在近年来持续推进人民币离岸中心的建设。韩国政府最近表示,将来会把首尔打造成亚洲仅次于中国香港地区的第二大人民币离岸中心。据韩国银行最新统计,2016年第三季度,韩国出口贸易中人民币结算金额达22.39亿美元,占比1.84%;进口贸易中人民币结算金额为9.73亿美元,占比0.95%。韩国政府表示,将积极鼓励韩国企业在对华贸易中使用人民币结算,努力把人民币在中韩贸易项下的结算比例提升

至 20%。

2. 东京人民币离岸中心。东京作为全球重要的金融中心,在东北亚区域金融合作方面有着不可或缺的作用。2015 年 6 月 24 日,日本国内首只以人民币计价的公司债券由三菱东京日联银行正式发行。该债券为期两年,年利率 3.64%;面向银行、保险公司等日本国内机构投资者,计划募集 3.5 亿元人民币(约 70 亿日元),用于帮助在中国的日本企业筹集人民币。日本另外两大银行瑞穗和三井住友也在积极筹备人民币债券的发行。随着人民币国际化的深入推进,中国作为最终消费市场的地位不断加强,区域内贸易以人民币结算的比例正在上升。东京金融市场要改变日元以外货币交易较少的状况,必须增加其他币种的债券和证券交易,建设人民币离岸中心是不可缺少的一环。

（二）有利于提高东北亚国家的支付能力

人民币国际化进程的不断深入,将使国际上越来越多的贸易和投资都可选择以人民币为计价和结算货币。这样不但可减少兑换货币所花费的时间,还可减少兑换货币的服务费用,使东北亚国家与中国的双边贸易和东北亚区域多边贸易与经济往来中实现互利共赢。在东北亚,中国与大部分国家都是贸易顺差,并且朝鲜、蒙古国甚至是俄罗斯都存在一定程度的外汇短缺,国际支付手段方面存在明显不足。人民币国际化的步伐加快,特别是中国香港地区人民币离岸中心和首尔人民币离岸中心的建立,增加了东北亚国家使用人民币进行国际支付和结算的频率,并且通过人民币渠道还能拓宽投融资方式,进而提升东北亚各区域的国际支付能力。

（三）保障东北亚区域金融市场的稳定

1997 年亚洲金融危机和 2008 美国次贷危机的爆发,均对东北亚地区经济造成不同程度的冲击,使东北亚各国深刻认识到不能再依赖单一的美元储备货币。作为东亚地区最大的经济体,中国在两次金融危机中的良好表现对稳定东北亚乃至全球金融市场都起着中流砥柱的作用。人民币加入 SDR 后,美元将逐渐不再是东北亚各国的储备货币。人民币一旦成为东北亚地区主要的外汇储备,其他国家稳定持有人民币并将其作为地区经济往来的硬通货,便不必担忧由于美元贬值带来外汇储备缩水的风险,这将使东北亚各国的金融市场更加健全,相应地抵御金融风险和金融危机的能力也会得到改观。

韩国国内的观点也表示,在宏观层面上,人民币国际化有利于降低韩国汇率波动风险。人民币国际化的逐步推进将推动韩国贸易项下及资本项下结算的货币多元化。这将在一定程度上分散风险,有利于金融市场的稳定。在微观层面上,随着中韩自贸协定(FTA)的正式生效,使用人民币开展贸易将为韩国对华进出口企业提供极大便利。随着中韩两国贸易额逐年增长以及两国金融合作的不断深入,人民币国际化在韩国的发展前景值得期待,最终将保障两国金融市场的稳定。

参考文献

[1] 于贺. 东北亚区域人民币跨境贸易结算问题研究 [D]. 桂林:广西大学,2013.

[2] 陈莉. 人民币国际化战略研究 [D]. 南京:南京理工大学,2013.

[3] 刘亮. 东北亚区域货币合作研究 [D]. 武汉:武汉大学,2013.

[4] 李欣华. 东亚区域内人民币跨境结算现状分析 [D]. 长春:吉林大学,2016.

[5] 蒋序怀. 基于人民币国际化视角的亚投行(AIIB)与东亚货币合作金融合作 [J]. 学术研究,2015(7).

[6] 石建勋,王盼盼,李海英. 人民币国际化国外最新研究动态 [J]. 新疆师范大学学报(哲学社会科学版),2016(2).

[7] 罗攀. 人民币国际化驶入快车道 101个国家将其作为贸易货币之一 [N]. 人民日报,2016-11-4.

[8] 魏晞. 中国人民银行签署今年收割人民币互换协议 [EB/OL]. 中国新闻网,2016-5-12.

东北亚区域经济合作的问题与出路

鲍宪楠[1]　王云凤[2]

【作者简介】 1. 鲍宪楠，女，吉林财经大学国际经济贸易学院，研究生；2. 王云凤，女，吉林财经大学国际经济贸易学院，院长，教授。

【摘　要】 本文关键在于讨论东北亚区域经济一体化发展中遇到的障碍及如何寻求解决办法。东北亚区域合作同组织内部每个国家的共同繁荣和发展息息相关。目前，区域内经济体的状况好转，给接下来每个层次和领域的深入合作创造了前所未有的大好机遇。增强相互交流和合作，势必会提高区域内各个国家抵抗外界冲击的能力，同时保障经济以及社会发展能够平稳向前迈进。与此同时，乘着"一带一路"的东风，加快"一带一路"区域同其他区域彼此间的联系和沟通，推动沿线地区自贸区的快速成立，加快东北亚区域自贸区建设，更快地形成以中国为核心、东西跨越整个欧洲和亚洲的自贸区群。区域经济一体化是世界各地区的整体趋势。欧盟和北美自由贸易区是当今经济一体化比较高的组织，东北亚各地区也面临着经济一体化的进程。本文介绍了东北亚主要国家经济发展的情况以及制约区域经济发展的因素，并对中国应在东北亚区域合作需要做哪些努力给出了建议。

【关键词】 东北亚区域合作；问题；出路

一、东北亚区域经济合作的历史背景

东北亚是指亚洲的东北部地区，是亚洲和东亚包含的次区域。在美国外交协会给出了广义和狭义两个定义，狭义是指包含日本、韩国、朝鲜三国；而广义除日本、韩国、朝鲜三国外，还包括蒙古国、中国东北与华北地区、俄罗斯远东联邦所管辖区域。所覆盖陆地面积超过 1 600 万平方千米，是亚洲整体面积的4/10。东北亚区域的历史背景可以从历史渊源、文化关系、地缘关系三个方面来分析。

(一) 东北亚地区的历史渊源

东北亚地区在历史长河中相互交错，构筑成今天呈现在人们面前的历史根基，在公元 21 世纪前，这个区域内是没有国家的，属前国际体系时期。中华民族产生以后，一直到秦朝统一，华夏祖先开拓了东至太平洋、西至西藏以及新疆、北达游牧民族区域的疆土，三方都发展到了极限。于是，从秦汉时期开始提高了对东北亚的掌控。秦汉统一标志着中国完成了由早期国家向成熟国家的过渡。到了汉武帝刘彻统治时期，东北亚几乎所有地区都在我国管辖和统治之下。之后东北亚地区自身区域内规模比较大的战争频频发生，这些战争既包括我国朝代更替而引发的战争，同时还包括东北亚每个地方政权为扩大地盘而发起的战争，更包括我国中央集权为巩固自身领土和利益对东北亚政权发起的战争。地理位置上的相连及相关性，使得东北亚地区有关国家和地区的交往源远流长。近代意义上的国际关系是建立在有独立主权的国家或国家实体之间的相互交往基础之上的，东北亚地区在 17 世纪中期沙俄的侵略势力扩张到达之前，并不完全具备近代意义上的国际关系。在日本明治维新时期还没有开始向外侵略扩张以前，东北亚的经济、政治以及军事活动始终都是以中国为中心的。黑龙江流域从远古时期就是中华民族祖先劳动、繁衍的地方，早在俄罗斯人形成统一民族国家的几百年以前，这个地区已经纳入了中国唐朝的版图，从那时起一直由中国历朝政府管辖。中国和日本之间只隔着一道海峡，属于邻邦，历史上日本曾多次到中国学习并引进无数中华文化精华，在隋朝和唐朝时文化方面的交流一度达到了顶峰。从公元 3 世纪开始，朝鲜同中国便始终保持非常紧密的关系。到了唐朝时期，曾在朝鲜半岛设置安东都护府对朝鲜半岛北部地区进行统治；元朝时中国又以东行省形式使朝鲜成为中国的藩属国。即便在清朝晚期，那时的中国已经危在旦夕，清朝政府依然派兵援助其开展抗日活动。中华人民共和国成立以后，摒弃了封建制度，积极与周边国家建立平等互利的新型关系。根据以上历史事实能够看出，东北亚地区经济的建立和合作存在很多历史基础。

(二) 东北亚地区的文化关系

东北亚"文化经济共同体"的各国有着千丝万缕的历史联系，人类种群的密切关系以及民族互动、文化彼此接触与有效交流的历史，必然增进了地区内每个国家之间在文化、经济、人员等方面的大量交流。

东北亚地区的文化联系可以追溯到西周时期，当时各地区文化相互影响，共同发展，以中国为中心注重文化认同的传统，当时周人视天下为世界。礼乐作为先秦时最主要的文化形态，它自然体现的是一个国家的政治制度，礼乐文化促使世界秩序产生重新组合，这样便存在了认同的基础。西周至战国这段时期，中国临近地区还没有形成稳定的形态，直到秦汉，全球发生诸多重大改变，演变和变迁使得中国临近地区国家形态日渐稳定，随着探险人员不断探索，以往未到达过地区的很多国家被陆续发现。中国本身具有的国家形态结构同样产生了巨大改变，具有统一性质的郡县制逐渐形成。此时朝鲜也开始使用郡县制，并将其划入了中国国家体系之中，日本等国也派遣使臣到中国朝拜学习。在这个阶段，以往的天下秩序模式逐步转变为君臣之礼外延模式。周围附属和臣服的很多民族以及国家都被赋予了"外臣"地位，以君臣之礼对待。没有臣服的国家称作"敌国"，以"不臣之礼"对待。

到了唐朝，国家为巩固统治依然采用秦汉时期的郡县制，建立了州、县作为最基本单位的政治机制。这时的朝鲜半岛，安东都护府管辖着高句丽地区，而且百济一直在唐朝的统治和管辖下，后来又被新罗占据。而日本一直利用委派"遣唐使"同中国建立友好关系，自大化革新以后便开始独立，然而对于文化、经济以及法律政令等依然参照中国的方法。最开始在公元 5 世纪，儒学是通过朝鲜传到日本的。到了隋唐，日本便直接在中国引进优秀和进步的文化。东北亚地区中国、日本和韩国三国文化错综复杂、渊源深厚。中国、日本、韩国首脑会议首次于 2008 年年末在日本福冈举行了三国峰会，这一举措意味着中国、日本、韩国的合作迈入了全新时期。

东北亚地区首先应该解决的是"增进彼此信任、形成地缘认同思想"。而怎样方可使东北亚区域内增进彼此信任？首先要解决的问题就是区域内各国都要清楚地意识到全球化环境下形成东北亚地域认同这一重要问题，这也恰恰是能够成功处理这一区域历史和现实冲突最好的着手点。所谓的东北亚"经济共同体"的设想在其现实性上不具备可操作性，理论上也存有诸多缺憾。一方面，受东北亚地区历史和现实在地缘政治方面的竞争影响；另一方面，由于大国之间的竞争和彼此牵制，导致在此地区建立"经济共同体"变得不太可能。因此，很多学者提倡在此地区试着先构建"文化共同体"，把跨越民族和国家的地缘文化作为桥梁，联结这一区域构建成为共同体的组织体系。

（三）东北亚地区的地缘关系

东北亚地区在地缘、文化、历史上都具有千丝万缕的联系。从地缘上来讲，

"地缘"也就是地理起因。对某一地区的政治、经济、外交这些方面进行探讨之前，通常必须先考虑其地理起因，就像"地缘政治"就是在地理要素影响下产生的政治情形。英国牛津大学地理教授麦金德（H. Machinder）的《历史的地理枢纽》一书中所持有的"大陆心脏说"影响巨大，该理论认为，国际行为由某些基本上改变不了的因素决定的，例如，地理位置、气候条件、资源状况以及人的本性。一个国家的地理位置对他的国家能力以及对外政策的方向有着重要的影响。任何一种地缘政治关系、地缘政治体系和地缘政治格局的形成，都是一个国家和相邻国家间实力较量的结果。地理因素对于区域经济组织的建立具有不可忽视的影响。因为一国与邻国有着较为密切的政治、安全利益和经济贸易联系，就容易取得可认同的历史或地域观念。例如，欧盟中透露着"欧洲观念"；拉美各区域组织渗透着"美洲观念"。东北亚各国有着天然的联系，良好的地缘优势为东北亚各国的区域合作提供了极为便利的条件。

二、东北亚各国之间的经贸关系

（一）日本与韩国的经贸关系

日本是经济大国，其经济总量接近于德国的一倍。韩国虽然遭受了金融危机的打击，但政府采取了一系列政策受到了世界的瞩目。虽然韩国和日本的贸易增长缓慢，但对韩国来说，来自日本的进口仍然很重要。

中国、日本、韩国作为东亚区域内拉动经济增长的动力，地理位置毗邻，GDP总和占东亚地区的90%，不仅增强了双边或多边贸易协商，同时也在投身于建立三国自贸区的战略筹划研究中。领土争执、利益冲突、立场相左这些一直伴随的突出问题并未彻底阻碍建立三国自贸区的动力，2012年11月，中国、日本、韩国三国经贸部部长于东亚峰会期间宣布三国自由贸易区谈判正式启动。

2013年3月，三国自由贸易区首轮谈判于韩国首尔正式拉开帷幕，次轮谈判于同年7月在我国上海举行，第三轮谈判也是在同年11月于日本东京进行。这三轮谈判中，三方讨论了自贸区的机制安排、谈判领域及谈判方式、有关撤销关税谈判的框架等议题，但对敏感产业并未达成共识。在2014年3月第4论谈判于韩国首尔进行，中、日、韩三国从深层次出发讨论了怎样针对货贸、服务贸易以及投资展开会谈，并就货物贸易降税模式达成共识。在此一波三折的背景下，解决中、日、韩三国合作制度化不足，增进互信和国家间互利，进一步推进中、日、韩三国经济合作，为保持良好的区域稳定做出了重要的贡献。在2016年6月27日至28日举行的中日韩自由贸易区第十轮谈判首席谈判代表会议上，中、日、韩三方已就协定范围领域达成一致，将金融服务、电信、自然人移动等五个议题升级为分工作组，并决定自下一轮谈判起，就重要服务部门的市场准入壁垒情况进行信息交流。中、日、韩三国自贸协定谈判自启动以来，已进行了十轮。长期以来，中、日、韩三方都在稳步推进谈判，就货物贸易、服务贸易、投资和协定范围领域等重要问题进行充分探讨。2015年11月，中、日、韩三国领导人会议发表联合宣言，重申将进一步努力加速三国自贸协定谈判，最终缔结全面、高水平和互惠的自贸协定。中、日、韩三国同为全球重要经济体，互为重要的贸易伙伴，如三方能尽早达成自贸协定，不仅将推动三方贸易增长，还将为三方带来巨大的投资机会和经济利益。中方始终高度重视中、日、韩三国自贸协定谈判，愿与日、韩共同努力，在充分考虑三国发展水平和产业竞争力存在差异的基础上，不断扩大共识、弥合分歧，落实领导人的要求，最终达成一份全面、高水平和互惠的自贸协定。

随着中、日两国关系紧张，日韩企业之间替代和竞争关系显著，中国生产所需的尖端零部件会从日本企业转而向同水平的韩国生产企业进口。日本于2013年开始参与到跨太平洋战略经济伙伴协定谈判进程中，而此举给韩国带来了不小的压力，韩国早已决定加入跨太平洋战略经济伙伴协定谈判，而且也已经向中国通报了有关事实，同时请求中国的谅解。韩国方面认为，有全球第二大和第三大经济体出席的协定谈判是不可忽视的，唯有加入方可有机会在日本市场获得更多的免税优惠，从而增加针对日本的出口。

（二）朝鲜与韩国的经贸关系

在东北亚地区，韩国与朝鲜有着比较微妙的关系，由于历史原因，朝鲜半岛分成了韩国和朝鲜。朝韩问题的关键在很大程度上取决于朝鲜对核问题的态度，这一问题不仅直接关系韩国对朝鲜的经济援助，也将影响整个东北亚区域的合作与和平。若能够将朝核问题进行妥善处理，韩国同朝鲜，甚至同东北亚地区范围内其他国家的发展远景都是非常广阔的。朝鲜半岛双方经济交流与合作基本分为北南贸易和韩国的对朝投资。但由于朝鲜的投资环境不佳，社会基础设施落后，资本和技术不能自由流动，对朝鲜的投资虽然呈增长趋势，但到目前为止，朝鲜半岛北南双方的经济协作仍是以贸易为主。

（三）俄罗斯与蒙古国的经贸关系

蒙古国位于中国和俄罗斯两个世界最大国之间，自苏联解体后，俄罗斯和蒙古国的关系停滞。俄罗斯不仅暂停了对其所有援助，另外对诸多进口货物关税、消费税等开始提高，导致蒙古国出口总额急剧减少。当俄罗斯"一边倒"外交政策失败后，俄罗斯重新认识到发展俄蒙关系的重要性。普京就任总统后，重视加强与蒙古国的贸易伙伴地位，在双边关系发展上做出了努力。21世纪俄蒙关系发展的主要障碍因素包括：蒙古国的社会发展滞后、苏联时期的债务问题等。俄蒙政治关系的发展为两国开展经贸合作提供了重要的前提条件。此外，俄蒙经济有较强的互补性，而且发展合作具有地缘优势，俄蒙经贸合作发展前景广阔。

蒙古国大呼拉尔在2010年通过了《蒙古国对外政策构想》的规定，它所采取的外交政策是开放、不结盟、多方位且和平方式，同时指出"与中国以及俄罗斯形成友好关系是其对外政策首先坚持的宗旨"，主张同中、俄"均衡交往"。另外还指出，要发展与美国、日本这些第三邻国的联系和合作。在"多支点平衡外交方针"作用下，近些年，蒙古国不仅同中国、俄罗斯一直维持友好关系，与美国、日本、韩国、法国、德国以及印度这些国家的外交关系同样获得进展，外交活动开始更加活跃。

蒙古国从自身利益出发，调整了其外交战略的重点，实行"多支点"的对外政策，即蒙古国不会再像从前一样一味地依赖俄罗斯一个国家，也就是说，蒙古国与俄罗斯的关系不可能比别国走得更近，更不会恢复到过去的水平。蒙古国同美国的关系使俄罗斯与蒙古国的关系受到影响，因为蒙古国特殊的地理位置，美国很久以前便已予以关注。经济上，美国与蒙古国之间签署了支持投资协定、经贸合作协定和海关合作协议等文件。美国企图通过对蒙古国的全面军事援助在军事上控制蒙古国，形成北抑俄罗斯、南遏中国的战略态势。而蒙古国地处亚欧大陆腹地，夹在中国和俄罗斯两个大国之间，对邻国存有戒心，视美国为政治和军事安全方面的"第三邻国"，而对美国存在依赖性。因此，美国与蒙古国的关系很大程度上影响着俄罗斯与蒙古国的关系。

（四）俄罗斯与朝鲜的经贸关系

俄罗斯在独立以后，继承了苏联重南轻北的朝鲜半岛政策，同时又有所发展，其继承性主要表现为促进和发展与韩国的关系，即奉行对韩国"一边倒"的政策。另外，俄罗斯对曾经的盟国朝鲜的态度反而很冷淡，实施了诸多加剧紧张两国关系的措施，致使俄罗斯和朝鲜关系大幅度下滑。21世纪初，俄罗斯全面提升俄朝关系为两国开展经贸合作提供了重要的前提条件，其合作范围包含林业、渔业、劳务等。

俄罗斯全面提升其与朝鲜的关系，主要原因在于：一是维护与其远东地区安全息息相关的朝鲜半岛以及东北亚地区和平及稳定，回复并提升自己对朝鲜半岛事务的影响作用以及发言权；二是确保俄罗斯在亚洲地区的大国地位；三是制约韩国；四是推动朝鲜半岛的统一进程；五是挽回曾几乎丧失掉的朝鲜市场；六是提升并激发俄罗斯经济，踊跃参与东北亚地区多边经贸合作的发展。

从普京执掌政权开始，努力调节同朝鲜半岛的外交方针，增强了同它的外交强度，不仅顺利地实行了对朝鲜和韩国"等距离"外交方针，同时通过同金正日的三次会谈，使两国关系自俄罗斯独立以后前所未有的紧密，俄罗斯在朝鲜半岛和东北亚地区以往的影响力正逐渐回归且有增强之势，《俄朝友好睦邻合作条约》的签订意味着俄罗斯和朝鲜的关系进入了新的时期。

（五）日本与朝鲜的经贸关系

日本与朝鲜隔海相望，朝鲜在20世纪前半期被日本帝国主义殖民统治长达36年。第二次世界大战日本失败，随之朝鲜获得解放，同时成立了朝鲜共和国。从20世纪50年代至70年代，日本和朝鲜有两次可以拉近关系的机会，但日本政府的反应有限，两国关系一直处于冰封状态。1988年7月，韩国总统卢泰愚发表了关于国际政治形势的特别声明，承认朝鲜南北关系进入新时代，朝鲜半岛局势明显缓和，日本政府开始了与朝鲜政府间的第一次接触。目前朝鲜的第二大贸易国便是日本，地位仅次于中国。朝鲜对日本实行多面政策，既谴责日本首相坚持"极右"路线，同时又对日本强势的执政手段及在保守势力中的巨大影响力给予关注。

三、中国与东北亚主要国家的经济贸易关系

（一）中国与日本的经贸关系

改革开放伊始，中日两国地位不平稳，也不平等。当时我国必须引进资金以及技术，而日方更需要原料以及市场，彼此之间根本无竞争可言。而且中国所体现的急切需要合作的渴望远胜日本，所以一些可能产生冲突的问题，中国选择暂

时放弃以及退让之态。改革开放后,中国和日本双边贸易持续快速增长,逐渐成为相互间最关键的经贸伙伴,这一阶段诸多冲突都暂时掩盖住了。

中日发展过程中也出现了很多问题,产生了很多障碍。(1)中国和日本经济贸易进一步深化,中国经济获得了迅速的发展,由此两国经济贸易冲突开始浮出表面并呈激化的趋势。中国企业开始逐渐增加与日本企业竞争的机会和次数,特别是在亚洲金融危机爆发以后,两国在农产品、服装等领域矛盾激化。同时日本对中国的反倾销政策不断加大。(2)对于中国和日本的贸易,要尽可能减少不正当竞争给彼此造成的伤害。如今技术领域发展急剧向前,"以不变应万变的时代已经一去不复返了",企业必须在产品以及技术方面进行更多研究,切实达到"先天下之忧而忧"。必须时刻关注新技术新产品,抢占市场先机,取得第一进入者优势。如今我国最紧要任务就是增强产品的科技含量。即使无法占据世界最高、最顶尖的市场,也要保住自己的国内市场。

中日之间经贸关系虽然存在很多的障碍,但近年来随着中国经济的发展,日本在华投资总额也在不断提高。根据日本贸易振兴机构(JETRO)长年坚持对在华8 000余家日本企业进行跟踪、调查和研究的结果,日本企业在华投资状况整体呈上升趋势,这不仅仅与中国自身经济发展的状况紧密相关,更重要的是与日元的汇率变化及企业自身的发展规律有关。根据 JETRO 2015 年对 8 000 余家在华日本企业调查的结果显示,有 89.4% 的日本企业表示要留在中国。其中,38.1% 的企业准备扩大在华投资,51.3% 的企业表示要维持现状并做好各方面业务。当问及这 38.1% 有扩大投资意愿的日本企业的投资理由时,81.3% 的企业表示是因为销售额增长,49.7% 的企业则表示看好中国市场的发展潜力。随着两国经济的发展,两国经济上的相互依存度也将越来越高。

(二) 中国与韩国的经贸关系

中国与韩国建交二十余年,在政治、经济、文化等很多领域的关系得到迅猛发展,尤其在经济贸易领域的发展更加突出。两国文化上具有相近性,经济具有互补性,使中国在短短二十余年中,不仅成为了韩国产品的生产基地,并同时成为了其销售市场。中国和韩国建立外交关系时,全年贸易总额不过 64 亿美元,2001 年急剧增加至 315 亿美元,彼此成为第三大贸易伙伴。韩国政府十分支持和鼓励企业对海外投资,不仅在资金方面给予贷款支持,而且对携带外汇出国予以放宽限制。韩国对东北亚的直接投资多数都是与中国进行的。

中国和韩国有关自由贸易区的谈判在 2012 年 5 月正式开启,这一自贸区是我国对外谈判涵盖范围最广、波及其他国家贸易总额最多的自由贸易区。开放程度上，两国货贸自由化占比都超出"税目90%、贸易额85%"。商定范围包含货贸、服务贸易、投资等17个方面，同时包括电商、竞争策略、政府采购以及环保等"21世纪经济贸易讨论热题"。按照两国协商确定的关税减让计划，把2012年数据作为基础，我国能够达到零关税的商品最后占所有税种的91%、进口额的85%，韩国方面这两个比例也分别达到92%和85%。截至2016年1月，我国采用零关税的税目总数占比能够达到20%，大部分产品为电子、化工以及矿产等；而韩国这个占比也达到50%，大部分产品为机电、化工以及钢铁制品等。

中韩自由贸易协定以及自贸区成立，一方面能够最大限度地提升两国货贸以及服务贸易数量及质量，而且站在长远角度来看，自由贸易区将对中国以及韩国贸易构架和产业布局转型带来正向促进作用，同时还意味着双方经贸关系由最初的竞争博弈逐渐转变为合作博弈的状态。

（三）中国与蒙古国的经贸关系

1994年中蒙签署了两国睦邻友好条约。到目前为止，两国政府已签署了在政治、经济、军事、文化、教育、科技方面的友好互助协议达40多个，这是保证中蒙经贸关系健康发展的前提条件。近年来，中蒙两国高层互访不断，双方关系发展顺利，两国经贸合作关系已经有了很好的基础。后金融危机的到来，使中蒙两国都要面对经济布局转变和经济苏醒缺乏动力的困况，同时也同样要面对发展策略调整的问题。如今蒙古国经济也到了无法向前阶段，尽管它的自然资源非常富饶，然而从2011年开始经济增长速度反而每况愈下，2015年前两季度其贸易总额比2010年前两季度减少了20%，政府也加紧探索全新的经济发展策略。对蒙古国而言，我国是其最大的贸易伙伴，增进并维护彼此贸易成果是蒙古国最关注的贸易问题。2014年蒙古国通过本国具有的地理优越性和资源优势，开始实行"草原之路"的建设，打算利用发展贸易以及物流行业使国内经济得到复兴和崛起。同年习主席访问蒙古国，他和夫人受到蒙古国总理及其夫人热烈的欢迎和接待。之后两国最高首脑会谈，并指出双方合作目标是：到2020年双边贸易总额达到100亿美元。习主席会谈期间指出，中国既是贵国好邻居，还是贵国最好的也是最大的经济贸易伙伴。2002年时两国双边贸易总额仅为3.24亿美元，到了2013年已经达到60亿美元，超过蒙古国对外贸易总额50%。我国还是蒙古国出口最大的国家，在蒙古国《乌兰巴托邮报》中这样写道：蒙古国90%的出口都是发往中国，有一半的货物和商品都是从中国进口，中国经济能够极大影响本国经济的快速发展。

中国的"一带一路"和蒙古国的"草原之路"都展现了两个国家增强以及完善经济贸易合作基础设施建设的强烈祈盼。中国和蒙古国要不断改进和完备对这两大战略有利的物质基础，不断增强经济贸易交流，"一带一路"建设和"草原之路"建设有机结合，共同增强中蒙经济发展水平。国家主席习近平2014年9月11日在出席中、俄、蒙三国元首会晤时说，中方提出共建丝绸之路经济带倡议，获得俄方和蒙方积极响应。可以把丝绸之路经济带同俄罗斯跨欧亚大铁路、蒙古国草原之路倡议进行对接，打造中、蒙、俄经济走廊。中、俄、蒙三国是好邻居、好伙伴。在当前复杂多变的国际和地区形势下，三国元首首次举行会晤，就彼此关切的合作问题进行沟通，可以增进三方互信，促进互利共赢合作，实现优势互补，共同发展，推动东北亚区域合作进程，很有必要，也具有重要意义。在良好合作的基础上，切忌急功近利。如今蒙古国投资环境还有待提高，短时间内的经济成效并不显著，必须从长远角度对待其市场，对其投资也要全方位考虑各个有关因素：（1）蒙古国经济落后，规模小，市场容量有限，想要开辟它的商品市场，必须仔细做好调研，仔细开展市场分析，出口货物要适销对路。（2）蒙古国自实施私有化以来，2万余家企业建成，大多数资产情况不好，资质、信用以及商业名誉比较差，中国和蒙古国两国企业之间的贸易纠纷每天都在增加，因此与蒙古国方面展开贸易时一定要严谨，避免受到无辜伤害。

（四）中国与俄罗斯的经贸关系

中华人民共和国成立后最重要的外交活动就是毛泽东和周恩来前往莫斯科进行为期两个月的访问，主要目的是签订新的中苏同盟条约，并争取苏联经济援助，双方同意废除1945年的中苏条约，重新签订新的中苏条约。朝鲜战争期间，苏方向中国提供了军事援助，苏联对中国的援助主要集中在中华人民共和国成立初期，1949年苏联以设备、机器和各种材料的商品形式向中国提供3亿美元贷款，利息1%，为期5年。苏联的3亿美元贷款按1950年汇率折算人民币约合9亿元，另外，苏联政府帮助援建恢复经济急需的煤炭、电力、钢铁、有色金属、化工、机械和军工部门的50个重点项目。在中国第一个和第二个五年计划时期，苏联援华的重点是称为"156项"的基础工业设施建设，这些项目的机器设备，主要是以货物贸易而非以贷款交付的，并免费提供技术。

近几年，不论从国际环境还是从各自国内形势来看，中、俄两国都出现了不少新情况。中俄地缘政治环境与国内经济进程所面临的挑战具有很大的相似性，两国在一些重要战略领域共识日益增强，这为中俄双边关系进一步发展提供了一个重要前提，也为两国经贸关系的发展创造了新的机遇与有利因素。近年来，国际关系，特别是大国关系发生了深刻而又复杂的变化。在这个过程中，从与美国的关系来看，由于中俄两国与美国战略利益的不同，因此，在一些重大国际问题上矛盾与分歧难以消除。在这个背景下，中俄对业已建立的战略伙伴关系在各自战略格局中的重要性有更清醒的认识，进一步认定中俄在战略利益较为接近，在一些重要国际问题的共识将会增多，如共同推动世界多极化，反对单边主义，建立公正民主的国际新秩序等。

中国最初提出"一带一路"倡议构想时，俄罗斯不少人存在疑虑，担心会影响俄罗斯在中亚的地位，进而造成俄罗斯被边缘化。后来经过研究以及两国间的沟通，特别是在2015年5月8日，中俄两国签署《中华人民共和国与俄罗斯联邦关于丝绸之路经济带建设和欧亚经济联盟建设对接合作的联合声明》后，俄方表示支持"一带一路"倡议，愿与中方密切合作，推动落实该倡议；中方也表示支持俄方积极推进欧亚经济联盟框架内一体化进程，并将启动与欧亚经济联盟经贸合作方面的协议谈判。今后，在俄消除战略疑虑，积极参与丝绸之路经济带建设和欧亚经济联盟建设对接合作情况下，进一步拓展两国经贸合作有很大的潜力。

四、东北亚各国当前合作存在的问题

东北亚区域合作经历了三十余年的历程和变迁，从最开始的松散合作体制逐渐转变成目前的制度型框架。世界经济核心也从大西洋转向太平洋，东北亚地区成了亚太区域内最有潜力的开发地区。由于全球局势动荡以及外界势力影响，困扰地区内国家协作的不利因素依然存在，使得东北亚地区合作又一次陷入困境并接受考验。如何打破现实约束，寻找应对办法至关重要。

从区域合作的长远发展来看，东北亚区域明显存在的围绕主权和民族情绪的对立，存在无法回避的对能源等资源的开发理念和可持续发展的诸多纠结。东北亚区域合作的纠结既有历史的遗留因素，也有现实矛盾叠加的结果，既有区域内国家相互认知差异，也有区域外国家介入痕迹。妨碍东北亚区域合作因素通常包括以下几个方面。

（一）能源开发与可持续发展的问题

由于全球化进程日益推进，能源被大量开采利用，全球局势更加动乱，各国追求"能源独立"的趋势愈加明显。若想使能源独立成为现实，除了加强国内勘探、提高产能、挖掘风和太阳能这些可替代能源以及提高其使用效率以外，向远离主体的岛屿以及海洋甚至对南极、北极进行能源勘测和开发便变成了每个国家探索的方向。世界各国对石油、煤炭这些石化资源的倚赖程度还是很高的，亚洲地区像中国以及印度这些后来发展起来的国家以及韩国这种新型工业化国家若想一直持续发展，大部分所需能源依然是这些资源，而核能以及新能源的地位也会开始产生巨大变化。中国、日本、韩国以及东盟这些以消费为主的国家对能源的需要折算成石油会达到很高的比例。就拿中国来说，2011年时进口的石油达到2.55亿吨，进口依赖程度为57%，天然气的依赖程度为14%，而到2020年时，对天然气的依赖程度会上升至40%，煤炭资源目前基本上无须进口，然而到2020年时会进口两亿吨，占全世界的28.6%，想要实现能源独立必须面对这些现实问题。日本和韩国同样要面对能源缺乏以及进口增加的巨大压力。2011年日本"3·11"特大地震导致非常严重的核泄漏，使得核电站一直无法正常运转，今后是否能够重新启动还是未知数，电力能源的短缺和提高火力发电导致贸易条件的赤字化的考虑，促使日本把对能源的依赖转移到了海洋资源开采以及地缘策略上，同时加快与其他国家尚有争议岛屿的勘测和开采。

（二）国民情感与民意对立的问题

由于岛屿以及海洋主权存在纷争，中国和日本、中国和韩国间的国民情绪急剧下滑，民族主义言论迅速传开，大有民意要驾驭外交，迫使政府马上发起局部战争之势。站在日本和韩国的角度来说，两个国家政府均需面对政权结束大选即将到来的压力，于是"冲击外交""刺激外交"成了维持政权以及获得人民支持的武器，国民情感以及民意开始为政权服务。再看我国，日本对钓鱼岛进行掌控使得中国和日本一直保持的底线被打破，一百余个城市同时爆发规模宏大的反日游行，抵制日货等言语一直在耳边回荡，保护钓鱼岛行动开始上升到一个新高度。中国和日本各国民众情感以及民意导致双方紧张以及对立局面剑拔弩张。

（三）域内国家纷争与域外国家干预的问题

根据东北亚近代历史进程来看，这一地区可以称作使冷战时期的导火索。区域内强国的竞争和区域外大国的干扰有史以来便摆布这此区域地缘策略以及安保均衡。日本和韩国一边维持与中国的经济贸易合作，一边在安保方面把目光放在东北亚区域以外其他国家或组织，因此，呈现出经济贸易依靠中国，而安保依靠美国的二元思维方式，同时在外交以及国内政治方面都有体现。由于这一情况的存在导致东北亚区域安全呈现出的平稳同现实风险同时存在，同时也使得国家间彼此没有信任可言，而区域连带感情以及一体化认同便更没有谈及的必要。

五、加强东北亚各国区域合作对策

（一）开展互利互惠的合作关系

开展合作必须建立在互相帮助、互利互惠的基础上，东北亚区域内各国要摒弃一方居高临下的合作方式，对于贸易以及投资，特别是产业合作上提倡双向交流、互相补充、彼此得利，唯有互利开发方才能获得对方国家的理解和认可。由于东北亚地区经济贸易合作使生活方式以及文化开始在相互渗透，特别是几乎相同的生活模式的互相影响，区域内的身份认同开始慢慢加强。合则两利、分则两伤，区域认同感是形成高度合作圈和走向共同体的基础。

构建东北亚区域合作机制。东北亚存在着各种复杂的地区问题，因此，中国应该灵活运用多变的外交手法加强与地区内各国的沟通，消除误解，增进友谊。中国应该坚持营造睦邻友好的周边关系，主导建立一个稳固的、完善的沟通交流机制，加深区域内国家的互信，防止发生冲突，维护地区稳定。中国应该有意识地成为主导力量，发挥大国优势，成立中韩、中俄自贸区，在次区域经济合作过程中地方政府和企业要发挥桥梁纽带作用，立足本土辐射到周边地区，地方政府要把握机会建立和完善此区域合作机制。通过地方间贸易往来、人员技术交流、逐步完善基础设施带动地方经济发展。

（二）加强交流共同决策

随着区域一体化的发展，每个国家都开始关注地方经济的活跃性以及同地方之间的国际合作，因此，中央的权力开始慢慢下放到地方，今后地方合作必然会代替区域内国家之间的合作，地方影响中央以及地方影响核心决议的水平得到提高。今后地方政府也会影响中央，边境地区将不再仅仅是"冷战"时期的军事前沿、后"冷战"时代国家对立的牺牲品，而是区域一体化以及经贸合作的纽带和桥梁。

媒体作为信息的媒介和大众汲取信息的通道,客观性与公正性很重要,如果仅是为了吸引眼球,而去煽动民族情绪,是无法促进交流与合作的。所以,媒体应该在呈现正面影响的同时,要对自己传播给社会的负面影响进行思考。除此以外,媒体行业间的双边以及多边合作对区域内国家政府之间、民众之间释放友好的合作信号至关重要。

独立的政府间国际组织为东北亚地区的经贸合作起到了积极的促进作用。东北亚博览会是世界上唯一由东北亚六国(中、韩、俄、蒙、朝、日)共同参与并面向全球开放的国家级国际性展会。迄今为止已经成功举办9届,在推动东北亚区域合作、深化东北亚国家与世界各国交流中发挥了积极重要的作用。第十届中国—东北亚博览会将于2015年9月1~6日在长春举行,本届博览会不仅在促进中国与东北亚各国在经贸合作更加务实开放,还将在科技、文化、教育、法律、旅游等多个领域提供更广泛交流合作桥梁。2016年6月新成立的东北亚(图们江)国际经济合作组织,为中国—东北亚博览会成功举办提供了地方合作渠道,进一步为东北亚、图们江区域合作提供了强有力支点。

在东北亚各国的领土争端中,各涉事国家应该从国家整体利益及宏观的角度出发,各国自身的领土问题应该交由各国自己解决,不要牵涉到其他国家。区域内各国要理智地对待纷争,并积极地共同寻求解决方案。

(三)"一带一路"倡议提出对东北亚区域合作的引领作用

"一带一路"倡议的合作内涵是经贸合作。"一带一路"建设对于我国外交战略来说是非常重要的依托。第一,这一政策强调增强沿线各个国家经济贸易通畅,沿线国家有60余个,波及人口达到44亿人次。第二,强调利用彼此投资从而推动贸易向前迈进,陆续扩大经济合作范围,使合作更加深入。第三,使贸易投资更加便利,所有沿线国家针对这一问题展开沟通和讨论。"一带一路"建设所采用的形式不同于我国其他合作,它不但关注经济贸易合作,而且更加重视人文交流。正所谓经济基础决定上层建筑,经济贸易合作就是人文交流之基础。"一带一路"倡议的思想与所有沿线国家追寻的利益是一致的,它是国际区域合作战略,这意味着我国已逐渐迈进引领世界经济合作以及世界经济贸易局势的新阶段。

在"一带一路"倡议引领下加速东北亚区域合作。"一带一路"建设给东北亚区域合作指明了方向,给出了能够参照的形式和内容。东北亚区域经济贸易合作需面对美日朝这些国家带来的压力。"一带一路"倡议给区域内的经济贸易合作带来了新的希望，同时区域内本身同样具有超强的经济贸易合作内生驱动力量。WTO本身具有的局限性使得东北亚区域经济贸易合作得到推动，如今，世界贸易组织下的多边贸易谈判一直没有新的进展，主要由于多边贸易体制具有相当大的局限，导致许多国家或地区开始转向区域经济一体化。即使构成世界贸易组织的国家非常多，对经济全球化和贸易自由化具有举足轻重的作用，然而它的运作流程太过复杂而且并不科学，必须所有成员都同意议题方案才可通过，这样便导致成员国在短时间内消除异议、达成统一非常困难。然而"一带一路"建设与其他区域经贸合作的模式不同，其宗旨和制度设计等方面有利于沿线国家达成共识，共同合作，协同发展。

维持保护区域和平稳定、共享繁华是东北亚区域所有国家进行合作的政治需要，同样是"一带一路"建设的核心。"一带一路"的目标就是同沿线各国一起创造利益、承担责任并成为命运共同体，面对金融危机可以风险共担、利益共享，使沿线各国获得实惠，共同完成经济一体化。所以，增强东北亚区域合作符合区域内各国的利益。

六、结　语

东北亚综合发展的积极变化有利于合作的展开，虽然近几年东北亚区域合作出现了新变化，一些积极因素令人鼓舞，但由于东北亚地区在国际政治和外交上的重要性、地缘合作上的独特性，该地区与世界主要国家割舍不断的关系，该地区想要落实合作依然面临很多严峻的问题。但无论发生什么，作为次区域的合作，东北亚区域合作有很好的向前推进的基础和条件。金融危机从某种程度上拉近了区域内国家深化合作的心理距离和合作共识，有利于推进该区域合作向全方位、多层次、多领域的发展。

参考文献

［1］付瑞鹏．东北亚区域经济合作的现状及出路［J］．党政干部学刊，2014（10）．

［2］刘俊清．中国参与东北亚地区经济合作的战略研究［J］．内蒙古财经学

院学报，2010.

［3］陈菁泉．东北亚区域经济制度性合作研究［J］．财经问题研究，2011（6）．

［4］王占霞．基于东北亚区域经济合作新构想的分析［J］．哈尔滨商业大学学报（社会科学版），2013（3）．

［5］胡效阳．浅析东北亚地区经贸合作的现状［J］．国际贸易，2013．

［6］戚文海，赵传君．东北亚经贸合作全方位研究［M］．北京：社会科学文献出版社，2006．

中、日、韩自由贸易区建设面临的问题及应对策略

李可[1]　吕鑫萌[2]

【作者简介】　1. 李可，男，吉林财经大学国际经济贸易学院，讲师；2. 吕鑫萌，女，吉林财经大学国际经济贸易学院，研究生。

【摘　要】　经济全球化和区域经济一体化是当代世界经济发展的主要形式，区域之间的联合与世界经济一体化能够实现更多经济体的共赢，给世界各地人民更带去更多的福利。自 2000 年以来的这十几年间，发生的几次金融危机更是印证了区域经济一体化对抗危机的力量，同时也更加促使各个主要的地域之内的区域经济一体化。然而，在东北亚地区的中、日、韩三国，这个具备世界上最大的地域经济体量、最应该建立区域经济一体化的地区，却没有能够如人们期望的建立起一个区域经济一体化组织。本文着重从中、日、韩三国之间建立自由贸易区的可能性入手，探讨 FTA 建立面临的问题，并且尝试给出相应的对策。

【关键词】　中、日、韩；自由贸易区；区域经济一体化

一、中、日、韩自贸区建设概述

（一）中、日、韩合作的必要性

从地理区位上来看，中、日、韩相互靠近，另外，三国之间文化风俗渊源颇为深厚；从历史上来看，经贸往来可以追溯到近千年前，同时超过 15 亿人口意味着拥有一个巨大的市场。然而，在世界经济全球化进程不断提速与区域经济一体化进程全面加速的过程中，亚洲最有实力的三个国家却未能建立起与其经济地位相适应的自由贸易区。东南亚各国建立起了东盟，说明了政治争议并不是不可克服，中、日、韩三国的 FTA 建立也是指日可待。自 2002 年第一次提出建立自由贸易区的构想至今，中、日、韩三国已经历经数十年的研究、磋商、谈判等进

程。事实上，这三个国家的条件、综合实力以及自然文化等方面是非常有条件建成合作共赢的自由贸易区的。根据相关数据显示，2012年中、日、韩三国的GDP总量已超过15万亿美元，分别占东亚的90%，亚洲的70%，全球的20%；2013年中日韩贸易总额达到5.9万亿美元，约占全球贸易额的36%，稳居世界贸易前三强之列。但三国之间的内部贸易情况却不乐观，贸易额仅占三国贸易总量的21.1%，远远低于已实行了自由贸易政策的北美自贸区内部40.2%和欧盟内部65.7%的贸易占比，这与三国的经济实力、贸易规模相差甚远，但却也体现出三国之间相互贸易存在巨大发展潜力和增长空间。可以设想，自贸区建成后，由于贸易转移和贸易创造效应的存在，三个国家将会有很大的区外贸易份额被"内贸"所取代，届时三个成员国的大部分贸易活动不必舍近求远。日本经济实力雄厚，拥有尖端科技、一流人才、创新产品等优势；韩国是后起之秀，也具有成熟的技术、产品实力；中国虽然是发展中国家，但近年来经济飞速发展，综合国力不断增强，有着丰富的劳动力资源、自然资源以及优越的国内市场空间。中、日、韩三国在经济结构上的这些特点决定了相互之间经济发展的联系性和互补性。未来的自贸区不仅会进一步提高三国的综合国力，与此同时也会使东亚地区产业分工更加具有个性化，更加体现出分工的高效性。同时，它们之间的联系更加密切，有利于三国经济的发展，同时三国经济的快速发展能带动起周边不发达国家的参与，增进贸易往来，促进全球经济进一步深度融合与发展。

随着经济全球化和区域一体化的脚步快速推进，地理位置相邻的国家间寻求合作已经成为各国既能保证国内经济发展，又能同时防范外部威胁的重要手段。中、日、韩三国在地理位置上相近，交通发达，文化上有相近之处，这样三国既拥有了合作发展所需要的各种资源，同时又兼具一个相当巨大的市场。可以说，中、日、韩三国之间是相互依赖的关系，在其内部开展合作的潜力巨大。自20世纪90年代以来，中、日、韩三国之间的交往变得十分密切，对话越来越多，合作领域越来越广泛。作为东北亚地区经济体量最大、经济互补性最强、经济发展最为活跃的中、日、韩三国合作自开启伊始就受到国际社会的普遍关注。

然而，在看到中、日、韩三国合作基础较好的同时，中、日、韩三国间在政治领域的矛盾问题也使学界对中、日、韩合作的推进抱有怀疑态度。尤其是2012年以来，三国间围绕历史问题、岛屿领土主权争端的冲突凸显，为中、日、韩合作蒙上阴影。在中、日、韩三国政治环境紧张的背景下，关于三国合作还是否会继续推进的怀疑越来越多。对于中、日、韩三国合作前景的预判，对三国在各领域合作问题上的政策取向具有重要影响。如果对于中、日、韩三国合作前景预期乐观，三国在政策层面也将向促进合作进一步深化的方向努力，从而促进三国合作的发展，反之，则将引导三国寻找其他谋求发展、维护国家安全稳定的路径，使中、日、韩三国合作停滞甚至破产。

（二）中、日、韩 FTA 建设进程

1. 中、日、韩合作的开端。1997 年始于泰国的亚洲金融风暴席卷包括中、日、韩在内的整个亚洲国家，正处于经济发展阶段的亚洲各新兴经济体经济发展遭受严重冲击。正是这次金融危机使亚洲地区经济体量最大的中、日、韩三国考虑如何通过合作共同应对诸如此类的金融风险及由此造成的共同威胁。1999 年 1 月，在菲律宾马拉尼举行了东盟与中、日、韩 10+3 领导人会议，中、日、韩三国领导人应邀参加。会议发表了《东亚合作联合声明》，确定了东亚合作的方向和重点，从此拉开中、日、韩三国合作的序幕。三国在 10+3 框架下启动了合作进程，其领导人对三国的合作前景信心满满，满怀期待。

接下来近 10 年的时间，三国都在积极推动中、日、韩 FTA 的建成。2002 年，中、日、韩三国政府正式将之前的早餐会议改成会晤机制，并且将"贸易、信息产业、环保、人力资源开发、文化确定为三国区域合作的五大重点合作领域"。2003 年，三国政府签订了《中日韩推进三国合作联合宣言》，这是三国自 1999 年决定开启区域合作以来达成的第一个重要性文件，同时也标志着三国的合作与发展进入了一个新的阶段。2004 年，中、日、韩领导人会议签署了《中日韩三国合作行动战略》，明确了中、日、韩三国的具体合作领域。2007 年，三国签订了《第七次中日韩领导人会议联合新闻声明》，"将科技、物流、财经、卫生、旅游、青少年交流等六个领域合并列入重点合作领域当中"。

2. 中、日、韩合作的深化。2007 年爆发于美国的次贷危机造成国际社会的金融动荡，为减少全球经济衰退对三国经济发展和社会稳定造成的冲击，中、日、韩三国需通过加强相互之间的合作稳固东北亚经济形势。2008 年 11 月，中、日、韩三国财政部部长在华盛顿举行的非正式会议上发表声明指出：三方将采取合适的、必要的宏观经济政策与金融稳定措施，加强彼此间政策对话。2008 年 12 月，三国领导人在日本福冈举行了第一次 10+3 框架之外的领导人会议，会议就未来中、日、韩三国合作发展的方向达成了共识，并决定以三年为一个周期三国轮流举行一次 10+3 领导人框架外的会议。会议中，中、日、韩三国领导人签署了《三国伙伴关系联合声明》，声明中明确肯定了三国的伙伴关系，声明中称"我们坚信，三国领导人会议将进入和平时代铺平道路。"并指出三国经济合作往来的原则，和建立面向未来、全方位合作的伙伴关系，致力于本地区的和平繁荣与可持续发展的目标。会议还通过了《国际金融和经济问题的联合声明》《三国灾害管理联合声明》和《推动中、日、韩三国合作行动计划》。亚洲金融危机开启了中日韩合作的进程，而21世纪第一个影响全球的经济动荡则使三国合作深化发展。

2009年，中、日、韩区域合作十周年。这十年来，三国经济迅速提升，各国消费者更是享受了更多的福利。三国领导人会议在中国北京如期举行，会议上签署了《中日韩合作十年联合声明》，声明中三方同意将秉承正视历史面向未来的精神挖掘合作机会。这次会议还通过了《中日韩可持续发展联合声明》，就三国在循环经济、科技与新能源、环境保护、气候变化、农林水利等领域的合作做出规划。2010年，中、日、韩领导人会议在韩国济州岛如期举行，会议签署了《2020中日韩合作展望》。2011年，中、日、韩领导人会议在日本东京举行，日本在这一年遭受到了百年不遇的9.0级大地震，三国领导人就此对地质灾害领域方面的合作展开了讨论。

2012年5月，第五次中、日、韩领导人会议在北京举行，三国领导人联合发表了《关于提升全方位合作伙伴关系的联合宣言》，这意味着经济总量占全球五分之一的中、日、韩三国年内将启动自由贸易区谈判，标志着三国在经贸合作领域的合作翻开新的篇章。尽管在这一年中日、日韩关系因岛屿领土主权争端在政治关系上出现较大波动，但这并不阻碍在经济方面的合作。2012年11月20日在柬埔寨金边召开的东亚领导人系列会议期间，中、日、韩三国经贸部部长举行会晤，宣布正式启动三国自贸区的谈判，并于2013年初开启第一轮谈判。这次谈判是三方分别于就自贸区进行了学术研究和官方产学研三方联合研究得出积极结论后，在经贸合作上又一次取得的实质性突破。

2015年11月，中、日、韩三国领导人就自贸区的谈判进行了再一次的深入研究探讨，三国领导人发表联合宣言，重申将进一步努力加速三国自贸区谈判，最终缔结全面、高水平和互惠的自贸协定。2016年10月，中、日、韩经贸部部长会议也发表声明，称对谈判事宜要加紧步伐，寻求适合中、日、韩三国的特色的经贸发展之路。

中、日、韩自贸区第十一轮谈判三国就经贸方向上的货物贸易，服务贸易、投资等重要议题深入交换了意见。建立中、日、韩自贸区有助于充分发挥三国间的产业互补性，挖掘提升三国贸易投资水平的潜力，促进区域价值链进一步融合，符合三国整体利益，有利于本地区的繁荣与发展。2017年7月，中、日、韩自贸区谈判取得进一步的成就,三方就协定范围领域达成一致,将金融服务、电信、自然人移动等五个议题升级为分工作组。

(三) 中、日、韩合作现状

目前,中、日、韩三国的合作领域涉及了各国在发展过程中的方方面面,其中最重要的是在经贸、安全以及文化教育领域的合作。

1. 经贸领域。经贸领域的合作是中、日、韩三国合作最先开展的领域,也是至今为止发展最为稳定、成果最为突出、合作意愿最强烈的合作领域。中、日、韩合作从经贸领域开始,在不断深化经贸领域合作的过程中,不断"外溢"到其他合作领域。

中、日、韩经贸领域FTA的构想于2002年三国领导人会议上提出,并于8年后正式启动三国FTA官产学联合研究,2011年三国FTA官产学联合研究召开最后一次会议,并提前完成联合研究,为启动自贸区谈判奠定了坚实基础。2012年11月20日,中、日、韩三国经贸部部长举行会晤,宣布正式启动中、日、韩自由贸易区。2013年3月,中、日、韩自贸区首轮谈判在首尔启动,这次谈判活动规模巨大,影响力深厚,涉及近15亿人口,这意味着经济活跃度最高的中、日、韩三国自贸区建设在务实发展上迈出了坚实一步。首次自贸区谈判启动后,于2013年又举行了三轮谈判,在诸多具体问题领域如机电产品、轻工业品、贱金属及化工产品等方面交换了意见。长期以来,日本和韩国一直都是中国经济外贸合作的重要伙伴。日本拥有强大的经济实力,韩国是一个新兴的工业化国家,具有一定的资金技术实力,中国作为一个发展中的大国经济水平相对落后,但却拥有大批的廉价劳动力,通过三国间在经贸上的沟通往来,实现了优势互补,最终使得利益分配在三国之间能够相互协调和平衡,带动了各国之间经济的发展。此外,三国以国家财政机关的最高机关机制为基础,加强在金融领域的合作,维护东北亚地区金融稳定。

从贸易数额来看,自2001年我国加入世界贸易组织以来,我国的对外贸易总额大幅增长,中国的国际地位大幅提升。根据联合国贸易数据统计结果看,截至2016年,中国对日本贸易总额2 749亿美元,中国与韩国的贸易总额为5 378亿美元。中国已经成为了日本第一大贸易伙伴,同时也是日本最大的出口市场和进口来源国。此外,中国现如今也是韩国的第一大贸易伙伴,第一大出口国以及第二大进口国。中、日、韩三国之间的经贸关系进一步密切,规模不断扩大,这也是中、日、韩自贸区建立的坚实的经济基础和物质基础。

2. 安全领域。安全领域的问题主要涉及中、日、韩三国在地缘政治和地缘安全利益矛盾和政治制度以及价值观念的差别上，这些问题的存在使得其在传统安全领域的合作依然难以取得突破性进展。但三国在非传统安全领域的合作却不断取得成果，广泛涉及环境合作、自然灾害应对、核安全、反恐合作等方方面面。

在绿色环境保护方面，自1999年中、日、韩三国环境部部长会议机制确立以来，三国环境安全合作已经有十余年，三国合作议题不断深化、拓展，从最初应对"气候变暖""空气污染"，到"西北太平洋的海洋污染""中国西北部地区的生态破坏"，再到"可持续发展的社会""循环经济"等；中、日、韩三国在实践和效用上的合作模型已经逐步从最初的政策对话，转向政策对话与项目实施同时并举。三国第一次举行的灾害管理部门负责会议于2009年的10月开展，会议就自然灾害的预防等内容展开了激烈的探讨，并就此做出了一系列的决定：第一，三国之间应该加强互访，通过频繁的交流与访问来建立共同应对自然灾害的能力；第二，三国应该学会资源的共享，尤其在对待灾害管理的知识方面，应该共享相关的法律法规、政策以及如何减少灾害的损失等；第三，三国应该共同学习对于救灾方面建设的知识，加强这方面的交流，定期开展培训以及模拟训练，保护人民的财产安全；第四，加强卫星灾害监测，共享减灾地球空间大数据。

在核安全处理方面，中、日、韩决定加强核安全信息合作共享。2011年3月由日本地震引发的福岛核危机使中、日、韩三国更加重视在核安全领域的合作，三国形成了中、日、韩核安全监管高官会机制。于同年签署了《中日韩核安全合作倡议》，就核安全等问题达成共识。在《第四次中日韩领导人会议宣言》中，三国认为，核安全信息共享与交流，对建立和维护核安全设施安全运行的信心十分重要。宣言指出了其在核问题方面的合作性并保证东北亚区域的核安全与稳定。宣言指出，"三国决定开始讨论建立核事故及早通报框架机制，并考虑在核事故时就大气流动轨迹的分析和预测进行实时的信息交流"。2015年10月21日至23日，第八次中、日、韩核安全监管高官会（以下简称"高官会"）及东北亚核安全合作国际论坛在韩国首尔召开。环境保护部核安全总工程师、国家核安全局副局长刘华率团出席会议。会上中、日、韩三国交流了核安全监管工作最新进展，审议了三国核安全合作倡议行动计划的执行情况，通过了高官会框架下人力资源开发和在线信息共享两个工作组的工作计划，批准成立了应急准备与响应工作组，并就乏燃料管理、福岛后核电厂安全改进、日本核电重启审查等议题进行了技术研讨。

在反恐与合作方面，中、日、韩三国根据 2010 年 5 月中、日、韩三国领导人会议达成的《中日韩合作展望 2020》的文件精神，于 2011 年 3 月在韩国首尔召开了中、日、韩三国反恐与合作会议，除对中东、非洲、南亚、索马里等地恐怖主义形式进行商讨和对合作应对进行讨论外，在对"分布式拒绝服务（DDos）攻击"的共同应对与合作、加强中、日、韩三国司法机关合作调查与交流方面也达成共识。中、日、韩三国于 2015 年在北京举行反恐合作工作磋商，就国际恐怖组织的动向交换信息。此次是中、日、韩第三次举行反恐工作磋商，日本外务省国际恐怖主义对策及有组织犯罪对策合作担当大使的川田司出席现场。

3. 文化教育领域方面。2007 年，第一届中、日、韩文化部部长会议在中国江苏南通举行，这标志着中、日、韩三国文化部部长对话机制正式形成，这成为了三国文化交流的重要平台。在此后的几年间，三国文化部部长连续签署了《南通宣言》《济州宣言》《奈良宣言》，内容都是强调三国文化交流的必要性以及紧迫性，这些宣言针对如何保护物质文化遗产与非物质文化遗产等问题提出了意见，且都向着中、日、韩 FTA 建立的方向努力。在教育方面，中、日、韩三国一直注重对三国人才的培养，为鼓励三国之间人才的交流，三国还实施了"亚洲校园"的项目，即以互认学分等方式，鼓励三国之间的在校大学生走出国门，熟识他国历史文化，以此联合培养高、精、尖人才。

以上领域的合作，是中、日、韩三国区域合作领域当中最核心的部分，三国在不断交往的过程中，其合作的内容已经涉及了多个领域。但在这一进程中我们也不难发现，中、日、韩三国的区域合作还处在初级阶段，有明显的缺点和不足，这些缺点和不足的产生一方面是由于缺乏经验；另一方面还有一些外部不可抗拒因素的干扰。总体而言，中、日、韩 FTA 的建立是一个艰难而长期的过程。

二、中、日、韩 FTA 建立面临的问题

尽管中国、韩国和日本是东北亚地区最有潜力达成自贸区的国家，同时这三个国家的经济实力以及互补性也最强，然而，三国合作进展并不明显，合作程度不够深、层次不够高，合作进展和成果都不够稳定。其中最重要的制约因素就是中、日、韩三国合作制度化程度低。目前，中、日、韩三国最容易达成合作的经贸领域也只是刚刚进入自贸区谈判阶段，而且在 2013 年三国谈判过程中，虽然取得了一些共识，但由于一些敏感产业三国在诸多核心问题上很难达成一致，在

安全、政治等领域，三国的合作就显得举步维艰。

历史问题阻碍三国构建合作机制

历史上，日本的侵略行为给东北亚各国，尤其是朝鲜半岛国家和中国造成过严重的伤害。19世纪，日本进行了自上而下的明治维新运动，其效果明显，日本的综合经济实力明显上升。由于对利益的追求日本走上了殖民扩张的侵略道路，朝鲜半岛首当其冲成为了日本的殖民地。甲午中日海战后，中国清政府与日本签订《马关条约》，这一不平等条约掀起了八国联军瓜分中国的狂潮，而日本则在这次瓜分中强行割占钓鱼岛及其附属岛屿。第二次世界大战中，日本的侵略行为变本加厉，手段极其残忍，给东亚地区和各国人民造成了沉重灾难。然而，第二次世界大战结束后，日本对自己的侵略行为并没有正确的认识，通过各种方式试图掩盖侵略历史，否认侵略东亚地区各国的事实。中国和韩国都是日本侵略的受害国，一直以来，中韩两国与日本之间就日本侵略历史问题、慰安妇问题、日本首相等高级官员参拜靖国神社等问题矛盾不断，沉重打击了中韩在内的亚洲地区国家与日本之间的合作关系，严重损害了亚洲各地人民的感情。

制度的建立基于制度可以被遵守的预期，这一预期既取决于报复的能力和制度惩罚的有效性，也取决于制度中各行为体的声誉以及行为体间既往互动中的历史经验。历史经验的重要性在于通过行为体既往行为，判断行为体的价值偏好从而形成对其未来行为的预期。历史上日本的侵略行为使得中韩两个国家在其与日本合作中担心，日本对于侵略历史的错误态度和认识进一步强化了中韩两国的这种担忧。因为对制度的遵守和采取合作性行为是以获取未来利益的预期为基础，对由己出发的占优战略进行调整，对未来获益的不确定性会降低建立并遵守制度的动机。因而，由历史问题引发的对日本遵守制度的不信任降低了中韩两国建立并遵守三国合作制度的动机，使中日韩合作很难在相互信任的基础上得以制度化。

三、应对中、日、韩 FTA 建立问题的对策

（一）追求超意识形态与政治制度的经济合作交流

诚然，中、日、韩三国的不同社会制度成为影响三国合作贸易的拦路虎，这也是目前三国没有建立自贸区的主要因素之一。由于其客观规律不可违背性，各国的制度又不能轻易变更，如何解决这一重要政治问题是是否能够建立中、日、

韩 FTA 的关键。中、日、韩三国想要更好地开展合作与交流，必须不能以社会制度和意识形态的不同为前提，在经济合作中解决不了的问题先搁置起来，建立双边及多边对话机制，相互协调，去异求同，使得自贸区成为一种类似于离岸金融市场那样超脱社会政治形态的经济合作区，达到三国乃至带动周边不发达国家经济上的共赢。

（二）努力改善国际和周边环境

安全保障体系是三国经济开展合作共赢的保证。要通过建立中、日、韩三国的安全保障体系预防和解决纠纷，并且将缓和紧张的局势作为发展的稳定器。有了安全的保障这个前提，无论是国家还是政府或者个人有了共同遵守的法则和保护，通过不断的国际贸易最终达到三国间的互利共赢、共同发展。

其次，制度环境也是影响三国合作往来的重要话题，中、日、韩三国在经济制度和法律制度上存在着差异，因此，必须要建立健全经济和法律制度，循序渐进完善通关减免制度以及投资保障制度，最终在三国之间营造一个高效健全的制度环境。

（三）对话机制是和平解决各种问题的有效方法之一

由于企业、非政府组织在国际区域经济合作中的作用难以忽略，因此，充分调动代表国家的学术团体和民间企业的积极性，在更深层面上开展对话合作就成为了锦上添花之举。采用官民并举的方式上开展对话合作，能更好地发挥官民之间更广领域、更深层次交流的作用。使得无论是政治家还是基层学者，只要能够提出具有建设性的意见，就能够得到允准采取实施计划，实现经济腾飞。

（四）求同存异，追求共赢的合作方式

1. 调整三国的产业政策。在第一产业方面则搁置农业问题，暂时不予开发，同时减少对西欧国家农产品的资源依赖，逐步缓和矛盾，使巨大的农业市场转向自贸区内部，从而建立相互联系、扶持型的产业结构。第三产业方面放宽政策，打通产业链，合理分配收入。

2. 创新是引领发展的第一动力。创新在加强中、日、韩 FTA 内的技术合作，尤其是新兴领域的合作中显得尤为重要。用创新的方法解决基础领域合作中存在的一些难题，在相互沟通的新领域之中更容易相互促进。在相互交流合作中还可以加强三国间科学技术交流与人才自身知识的培养，从而加快区域间的产业结构调整和技术转移,使得区域内的整体综合实力不断增强。

3. 增强三国货币话语权,以促进自贸区的建立。在加强对内金融支持的基础上促进区域间的金融合作,发展国际金融新型衍生品,以加强人民币、日元及韩元在联合国的话语权。中、日、韩三国联合起来建立有效的处理金融危机、预警机制,以此来防范金融风险。例如,建立东北亚银行与投资合作基金等,从而实现为中、日、韩自贸区内的内部企业提供技术、金融服务、信息支持的目标。

参考文献

[1] 薛敬孝,张伯伟. 东亚经贸合作安排:基于可计算一般均衡模型的比较研究 [J]. 世界经济,2004 (6):51-59.

[2] 李平,王蔷. 中日韩建立 FTA 的可行性及制约因素分析 [J]. 黑龙江社会科学,2009 (4):93-95.

[3] 金成华. 东亚地区 FTA 谈判进程中面临的困境及其解决途径 [J]. 上海大学学报(社会科学版),2008 (9):31-32.

[4] 廉晓梅. 论中日韩自由贸易区建立的制约因素 [J]. 现代日本经济,2004 (6).

[5] 张蕴岭. 美国主导泛太平洋伙伴关系协议对中国的影响 [J]. 经济研究参考,2012 (1):78-79.

[6] 张杰瑜. 构建中日韩自由贸易区的条件、困境及途经选择 [D]. 哈尔滨:哈尔滨师范大学,2012.

[7] 张洪量. 浅析中日韩自由贸易区构想 [D]. 长春:吉林大学经济学院,2006.

[8] [美] 亚历山大·温特. 国际政治的社会理论 [M]. 秦亚青,译,上海:上海人民出版社,2008.

[9] [美] 罗伯特·吉尔平. 国际关系政治经济学 [M]. 杨光宇,等,译,上海:上海人民出版社. 2011.

[10] [美] 海伦·米尔纳. 利益、制度与信息:国内政治与国际关系 [M]. 王正毅注释. 曲博,译,上海:上海世纪出版集团,2010.

[11] [美] 玛莎·芬尼莫尔. 国际社会中的国家利益 [M]. 袁正清,译,上海:上海世纪出版集团,2012.

[12] 倪世雄,王义桅. 冷战后美国的战略选择 [J]. 国际政治. 2000 (6).

[13] 黄大慧. 冷战后日美安全关系的新变化 [J]. 数学与研究. 2006 (5).

[14] 毕晶. 东北亚经济圈现状及前景浅析 [J]. 经贸论坛. 2004 (11).

[15] 王琳, 黄鹏. 加快中日韩自贸区谈判面临的环境与战略取向 [J]. 对外经贸实务, 2015 (2): 21 – 24.

[16] 刘雪莲, 李晓霞. 中日韩自贸区谈判的协调型博弈分析 [J]. 吉林大学社会科学学报, 2014 (5): 90 – 97.

[17] 中华人民共和国商务部. 中日韩自由贸易区可行性联合研究报告.

[18] 袁晓莉. 中国在中日韩自贸区谈判中的策略选择 [J]. 亚太经济, 2013 (6): 40 – 44.

[19] 李星原. 中日韩自由贸易区构建探析 [J]. 特区经济, 2008 (10): 119 – 121.

[20] 李泉江. 中日韩 11 城率先建自贸示范区 [N]. 烟台晚报, 2015 – 11 – 23 (A05).

中、日、韩股票市场一体化研究

崔岩[1]　许忠华[2]

【作者简介】　1. 崔岩,男,吉林财经大学国际经济贸易学院,副教授;2. 许忠华,男,吉林财经大学国际经济贸易学院,研究生。

【摘　要】　在区域经济一体化,中国振兴东北的背景下,推动中、日、韩股票市场一体化进程,这为东北亚进一步经济合作共赢提供了更大的可能性,是一条可考量的路径选择。鉴于股票市场一体化的复杂性和重要性,本文主要从中、日、韩三国的经济联系,股票市场的规模、完善程度、发展态势和联动性研究中、日、韩股票市场一体化的可行性。比较分析影响中、日、韩股票市场一体化主要因素的结果表明,中、日、韩三国之间的经济联系不断增强,中、日、韩三国股票市场发展程度也已相对完善,中、日、韩三国股票市场的联动性越来越强,中、日、韩三国股票市场正朝着一体化的方向发展。根据中、日、韩三国的实际情况最后本文对促进中、日、韩股票市场一体化给出完善金融市场、推进股票市场开放、加强政府间合作和鼓励金融创新的建议。

【关键词】　中、日、韩;股票市场一体化;联动性

一、中、日、韩股票市场一体化的内涵

近年来,虽然反区域化、反全球化时有发生,但是经济的区域化、全球化已然形成不会随意变更的趋势,各国的经济合作越来越多,经济的联系越来越强,区域化、全球化的金融合作浪潮一波高过一波,如欧元的发行,推动建立欧盟股票市场、东盟股票市场,这些都是加强金融合作的重要表现。某些区域内的股票市场,如中、日、韩三国股票市场在区域化、全球化的浪潮中,尤其在经历1997年亚洲金融危机之后,它们之间的联动性、趋同性越来越明显,对区域化、全球化重大金融事件的反应逐渐有了一致性。虽然中、日、韩三国的社会制度、意识

形态不同，但从另一个角度来说，在金融方面先寻得合作机会或许不是不可能的。因此，本文研究中、日、韩股票市场一体化是否具有可行性，条件是否具备，如果能进一步推动中、日、韩股票市场一体化，不仅可以增强共同抵御金融风险的能力，而且可以增强跨国资本的流动性，促进各国企业跨国生产经营，帮助各国企业扩大生产规模，提升各国间经济合作的层次，创造更多互利共赢的机会，并且可以为我国振兴东北提供新的经济增长点，支持创新发展，促进产业结构优化升级。

中日韩股票市场一体化到目前为止官方还尚未推行，学术界对于中、日、韩股票市场一体化的研究少之又少，迄今为止对中、日、韩股票市场一体化的含义还没有统一定论。按照股票市场一般的定义来分析，股票市场是股票发行和交易的场所，场所可以是有形的和无形的，包括一级市场、二级市场，资金需求方可以通过这个市场从资金盈余者手里获取自己需要的资金进行扩大生产规模。依据股票市场的定义，中、日、韩股票市场一体化可以从融资者和投资者的两个方面来理解，从融资者角度说，在推进中、日、韩股票市场一体化之后，在中、日、韩三国内所有的融资者（主要指上市公司）可以在一定规则下，既可以在本国发行股票获取所有者投入的资金，也可以在外国发行股票以获取所需的资金；从投资者角度说，中、日、韩三国内的任何一国的投资者都可以在一定规则下投资交易中、日、韩三国任何一国的股票。这也意味着上市公司的股票在中、日、韩三国内可以自由发行并交易。

二、文献述评

对金融市场一体化的研究，从 20 世纪中期以来，主要通过各种宏观经济模型和资本资产定价模型归纳出检验金融市场一体化的方法，并对各个国家金融市场之间的关系进行分析。主要基于金融市场的开放、具有代表性的金融市场综合指数走势趋同以及宏观经济环境的分析。

探讨金融一体化的相关概念，需要在金融开放的基础上进行讨论。卡明斯基和斯慕勒（Kaminsky & Schmuler, 2002）对金融自由化进行度量，认为金融自由化应包括股票市场自由化、国内金融部门自由化和资本账户自由化三方面内容。[①] 斯塔尔茨（Stultz, 1999）认为可以通过在金融开放的过程中淘汰无效率的

[①] Kaminsky G, Schmukler S. Short-run pain, long-run gain: the effects of financial liberalization [R] National Bureau of Economic Research, 2003.

金融机构。① 亨利（Henry，2000）认为金融开放可以通过降低风险补偿的预期收益率和代理成本来降低资金成本。亨利（2000）研究发现，新兴资本市场开放后，投资收益率提高。② 贝克特等（Bekaert et al.，2001，2005）认为股票市场开放可以显著和稳定地促进经济增长。③④ 贝克特等（2006）基于投资和消费波动分析，提出股票市场开放可以一定程度地平稳经济波动，平稳效果相对微弱。⑤ 伯仁斯坦和洛加尼（Borensztein & Loungani，2011）同样研究了权益类以及债券类资产组合，发现域外国家金融一体化的程度高于与域内国家金融一体化的程度。⑥ 俞世典等（2001）通过 VAR 模型、协整检验和 Granger 检验等计量经济学方法对中国与其他四个发达国家和地区的股市之间的联动性进行了研究，认为中国股市和四个发达国家和地区股市之间的联动性在金融危机发生时和发生后体现得尤为明显。⑦ 李宁和李罡（2011）应用协整分析和误差修正模型分析了我国在股改前后与亚太经济圈五个新兴市场国家的股市关系，认为我国股市经过股改后与亚太经济圈五个新兴市场国家的股市联系明显增强。⑧

三、中、日、韩股票市场一体化的主要影响因素分析

分析影响中、日、韩股票市场一体化的主要因素，本文主要比较的因素有：国内生产总值、贸易总额、上市公司数量、股市交易总额、股市指数。国内生产总值、贸易总额可以体现中、日、韩三大经济体之间的区别和联系，上市公司数量可以反映各国股票市场的规模和发展态势，股市交易总额能够说明东北亚各国

---

① Stulz R M. Golbalization, corporate finance, and the cost of capital [J]. Journal of applied corporate finance, 1999, 12 (3): 8 - 25.
② Henry P B. Stock market liberalization, economic reform, and emerging market equity prices [J]. The Journal of Finance, 2000, 55 (2): 529 - 564.
③ Bekaert G, Harvey C R, Lundblad C. Emerging equity markets and economic development [J]. Journal of development Economics, 2001, 66 (2): 465 - 504.
④ Bekaert G, Harvey C R, Lundblad C. Does financial liberalization spur growth? [J]. Journal of Financial economics, 2005, 77 (1): 3 - 55.
⑤ Bekaert G, Harvey C R, Lundblad C. Growth volatility and financial liberalization [J]. Journal of international money and finance, 2006, 25 (3): 370 - 403.
⑥ Borensztein M E, Loungani M P. Asian financial integration: Trends and interruptions [M]. International Monetary Fund, 2011.
⑦ 俞世典，陈守东，黄立华. 主要股票指数的联动分析 [J]. 统计研究，2001 (8): 42 - 46.
⑧ 李宁，李罡. 中国股市与亚太经济圈五国股市联动性分析 [J]. 经济论坛，2011 (12): 98 - 101.

股票市场的活跃程度和对各种影响股市事件的反映,股市指数可以反映中、日、韩三国股票市场的动态相关性。

(一) 国内生产总值(GDP)

从图 1 可以看出,1990~2015 年间除了日本 GDP 没有增长,中国和韩国的 GDP 规模都在不断扩大,中国的快速增长尤为明显,2005~2015 年,增长趋势线斜率越发增大,并且在 2010 年 GDP 总量超过日本,成为全球第二大经济体,继而在 2014 年突破 10 万亿美元,遥遥领先于日本和韩国。

日本和韩国由于发展较早,日本在 20 世纪 60 年代 GDP 总量超过德国成为第二经济体一直延续到 2010 年,韩国在 2005 年步入发达国家行列,虽然近几十年日、韩 GDP 增速不够理想,1990~2015 年增长缓慢,甚至在某些年份又出现倒退现象,但是经济基础较好,经济总量依然可观。

根据图 1 所示,中国和日、韩两国 GDP 总量差额在不断增大,依据中、日、韩近些年 GDP 增速,未来中国很可能继续发力拉大与日、韩的距离,日本和韩国会保持相对稳定的增速和规模,但是中、日、韩从 1990 年以来,GDP 总量排名一直在全球前 20,由此可见,中、日、韩三大经济体对世界经济一直都有着重要的影响,对东北亚地区经济的影响更是举足轻重。在一定的经济基础之上,推动建立一体化的股票市场,不仅可以增强中、日、韩三国在世界金融领域中的影响力,还可以为共同抵御金融风险和促进区域经济的发展做出贡献。

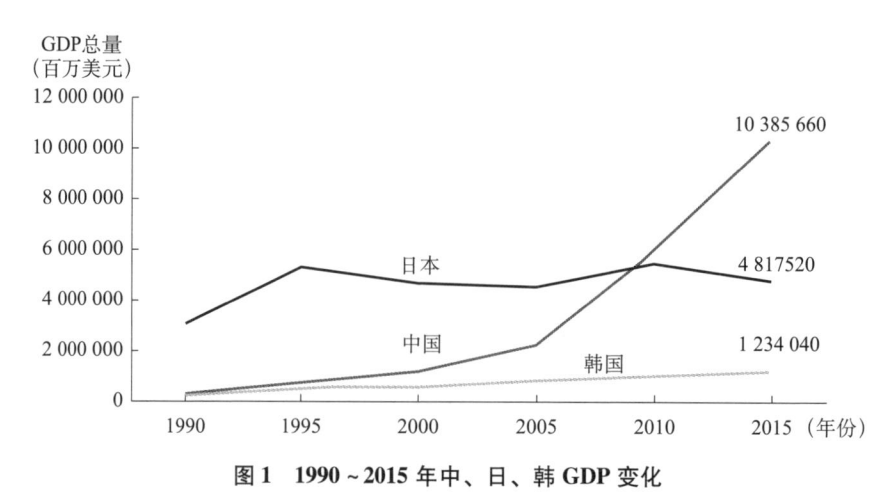

图 1 1990~2015 年中、日、韩 GDP 变化

资料来源:根据东方财富网金融数据终端相关数据计算得到。

(二) 贸易总额

从中、日、韩三国贸易总额来看,从 1995~2015 年三国间的贸易总体上在不断扩大,如图 2 所示:

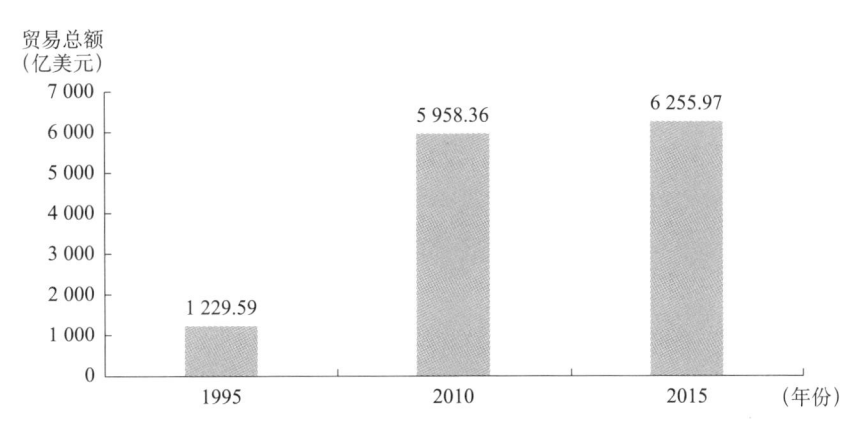

图 2　中、日、韩三国贸易总额变化

资料来源:东方财富网金融数据终端相关数据计算得到。

1995~2015 年,三国贸易总额从 1 229.59 亿美元增长到了 6 255.97 亿美元,增长了 408.79%,增速是相当大的。2004 年和 2014 年,中国分别成为日本第一大贸易国和韩国第一大贸易伙伴,在 2015 年第四季度,韩国的对华贸易额首次赶超日本达到 756 亿美元,成为中国第二大贸易伙伴,仅次于美国。日本和韩国在这近几十年,一直彼此互为对方的重要贸易伙伴,三国互相成为彼此之间不可或缺的合作对象,经济联系日益紧密。

随着中、日、韩三国贸易的发展,三国之间的贸易摩擦也时有发生,尤其在 2001 年中国加入 WTO 后,中日、中韩之间的贸易摩擦数量也逐渐增多。这就可以从另一个角度理解,即使中、日、韩三国间的贸易摩擦不断,但总的贸易额却是增加的,这就说明三国间的经济合作虽然有阻力,但是这种障碍阻止不了中、日、韩三国间经济合作的步伐,有了这样的摩擦,彼此间知晓更好的利益分割,从某个角度来说,也为以后更深层次的经济合作奠定了一定的基础。

(三) 上市公司数量

从图 3 可知,1995~2015 年间,中国、日本、韩国三国上市公司分别从 323 家、2 263 家、1 064 家增加到了 2 827 家、3 502 家、2 030 家,增长最快的是中国,翻了将近 8.7 倍,这其中的重要原因是由于中国经济的腾飞和中国金融市场的逐步完善；日本国内上市公司虽然增加了 1 000 多家，但是增幅却是最小的，并且在 2007～2009 年、2011～2013 年这两个时间段上市公司数量有减少的现象，这是因为日本工业化较早，从 1995 年开始上市公司数量相对而言比较多，由于 2008 年金融危机的冲击，很多公司资金链断裂、经营不善而破产倒闭，所以 2007～2009 年日本上市公司数量骤然减少，而后日本政府为了恢复危机后的经济，实行较为稳健、宽松的财政、货币政策，扶持受到冲击的企业，支持企业获得更多的流动性，而日本上市公司的数量迅速增加，甚至略微超过了 2008 年金融危机前的数量，接着日本政府为了抑制经济过热，防止重蹈经济危机的覆辙，对于一些按照规定要求退市的上市公司一律强制其退出资本市场，对于新申请上市的公司严加审查，使得新增的上市公司数控制在一定范围内，这也就说明了日本上市公司数量为何会从 2011 年的 3 961 家减少到了 2013 年的 3 406 家。韩国上市公司数量从 1 000 多家增加了 2 000 多家，虽然相对于中国增长并不算快，但和日本比较而言，可谓是稳步前进，变化和起伏不大。

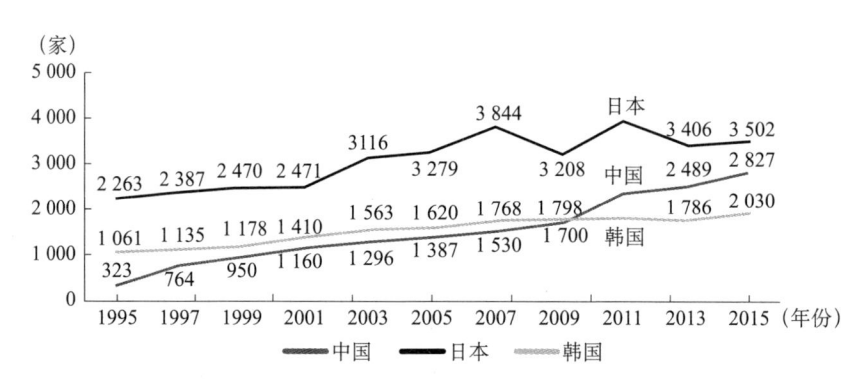

图 3　1995～2015 年中、日、韩三国上市公司数量

资料来源：宏观数据网。

中、日、韩三国股票市场起步时间有早有晚，像日本、韩国由于工业化发展较早，股票市场的建立相对于中国要早许多，虽然中国的股票市场正式开始于 1990 年深圳和上海交易所的成立，在 1995 年上市公司数量和日、韩相比也较少，但是发展速度较快，并于 2010 年上市公司数量超过了韩国。依据图 3 所示的趋势，随着的经济的发展，中、日、韩三国上市公司的数量更大可能性都是增加的，只是速度快慢稍有不同而已。

由于诸多原因，虽然中、日、韩三国从 1995～2015 年间上市公司数量的增减不一，增长幅度不同，但是从图 3 可以看出，中、日、韩三国上市公司数量的增长趋势有一定的相似性，从 2015 年这个时间点看，中、日、韩三国上市公司数量维持在了 2 000～4 000 家，而且可以根据趋势预测，这样的现状在未来近几年不会变化太大，这也说明了中、日、韩三国的股票市场日趋完善并且从规模而言具有一定的相近性。

（四）股市交易总额

从表 1 的数据可以分析得出，2005～2007 年，中、日、韩三国股市交易总额都有不同幅度的增加，中国从 5 863.01 亿美元增加到了 77 900 亿美元，增加的总额是最大的，增加了 72 036.99 亿美元，这主要是由于大量国际热钱的流入和中国经济稳健发展造成的。2007～2008 年中、日、韩三国股市交易总额都有不同程度的下降，分别从 77 900 亿美元、65 000 亿美元和 19 700 亿美元下降到了 54 700 亿美元、58 800 亿美元和 14 700 亿美元，并且中国股市交易总额于 2008 年一度降至低于日本的水平，这其中缘由主要是因为中、日、韩三国受到 2008 年金融危机的冲击。2009～2012 年中、日、韩三国的股市交易总额虽有波动，但是几乎呈平行运动，中国股市交易总额在 2009 年超过日本并一直至 2015 年都在三国里名列第一位，日、韩于 2009 年后股市交易总额都分别保持在第二、第三位。到 2015 年，中国以年度计算的股市交易总额突飞猛进地达到了 392 996 亿美元，是日本的 6 倍多，是韩国的 20 倍多，是中国股市发展以来最高值，之所以有这么空前的交易量，主要得益于中国许多的储蓄性资金不愿存于低息的银行，大量的投资性资金放弃实体经济转而投向收益和风险更大的股市，中国经济的迅速发展、央行宽松措施和高杠杆保证金交易也是推动股市交易总额迅速增大的重要动力。上述分析表明，虽然中、日、韩三国的股市交易总额有区别，但这三国的股市交易总额近些年变化趋势一致性更加明显，经济过热时股市交易总额迅速增大，经济泡沫破裂后中、日、韩三国的股市交易总额处于相对低位平行运行。

表 1　　　　　　　2005～2015 年中、日、韩三国股市交易总额　　　　　单位：亿美元

国家	中国	日本	韩国
2005 年	5 863.01	50 000	12 000
2006 年	16 400	62 500	13 400
2007 年	77 900	65 000	19 700
2008 年	54 700	58 800	14 700
2009 年	89 600	41 900	15 800
2010 年	80 300	42 800	16 300
2011 年	76 700	41 600	20 300
2012 年	58 300	36 100	15 100
2013 年	77 425	64 852	13 597

续表

国家	中国	日本	韩国
2014年	119 701	53 875	13 209
2015年	392 996	62 008	18 776

资料来源：宏观数据网。

（五）股市指数

股市指数是金融服务机构或证券交易所选择若干具有代表性的股票进行加权平均得到一种具有参考性的指示数字，股市指数的涨跌往往就是人们在日常所说的行情的好坏。图4是上证指数、东京日经225指数和韩国综合指数2005年1月4日到2016年11月18日的走势图。

分析研究中、日、韩三国具有代表性的股市指数的历史走势，主要是为了探究中、日、韩三国股票市场的联动性，股市联动性指的是不同国家的股市出现同涨同跌的现象。之所以选取从2005～2016年的历史走势图，是因为中国于2006年4月正式启动QDII制度，允许境外合格投资者投资中国股市和中国的投资者对海外资本市场进行投资，中国股市和和别国股市自此有了明显的联系。

图4可以看出，中国与日、韩市场之间的相关性显著增强。从2005年开市到2007年中、日、韩三国股市一直都处于迅速上升阶段，期间虽有回调震荡，但是增长的幅度都是比较大的，中、日、韩三国股市从2005年最低值到2007年达到最高值的增幅分别是513.5%、69.91%和140.77%。中、日、韩三国股市在2007年达到最高值之后到2009年持续处于下滑的阶段，2009年后中、日、韩三国股市指数才慢慢回升企稳。此外，从2015年年度中、日、韩三国股市走势变化可以看出，中国股市对周边国家股市发展的引领作用和影响越来越大，由于中国大量投资性资金从实体经济转向股市和高杠杆保证金交易成为促成2015年中国股市大涨的重要动力，在一定程度上带领日、韩两国股市形成新一轮的上涨，而后中国股市泡沫太大出现股灾，日、韩两国股市指数也应声下跌。这也表明中、日、韩三国股市的联系再增强。

虽然在2009～2014年中、日、韩三国股市指数的走势联系似乎不是很强，中国股市指数处于相对低位震荡区间，日本股市指数呈现震荡上升趋势，韩国股市回升后，处于相对高位震荡区间。但经过以上分析可以得知，自从2006年中国正式实行QDII制度后，境内外双向资金流动的数量更大、频率更高，金融联系显著增强，中、日、韩三国股票市场对于同一重大事件尤其经济事件的反应越来越同步，相关性也越来越强。

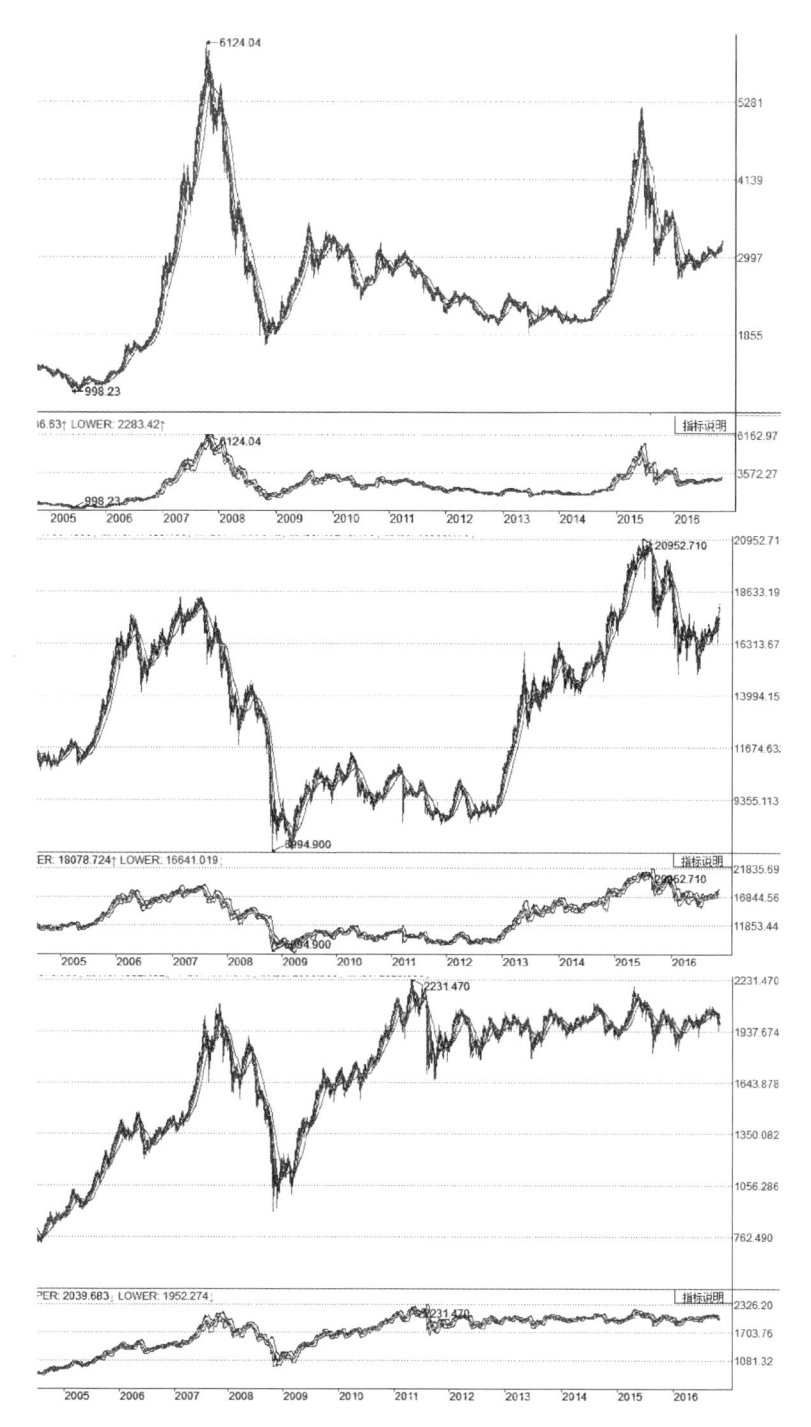

图 4　上证指数、东京日经 225 指数和韩国综合指数

资料来源：同花顺软件终端。

四、促进中、日、韩股票市场一体化建设的对策建议

(一)建设与完善市场标准、制度和金融基础设施

尽管中、日、韩三国股票市场之间较强的联动性使得投资者可以依据规律投资三国的股票并从中受益,但是过度分割的股票市场必定存在着各种投资障碍,如较高的交易成本和较低的市场运作效率等,这些甚至可能让外国投资者望而却步。因此,要促进中、日、韩股票市场的一体化,首当其冲是要做好证券市场的基本工作,即修正和完善各国的市场标准和制度。具体包括:切实提高上市公司业绩及其真实性,通过政策设计督促上市公司多分红,提高证券市场的投资价值,以增强对国外投资者的吸引力;强化对上市公司信息披露工作的监管,提高上市公司信息的质量,使上市公司披露的信息成为国内外投资者投资决策重要、真实的依据;制定符合国际标准的会计制度,便于外国投资者理解本国上市公司的会计信息。证券委员国际组织(IOSCO)在制定金融市场标准方面,作为一个由世界各国证券管理机构组成的一个政治性组织,在全球金融监管和协调方面发挥着举足轻重的重要作用,目前正式成员有168个。为了推进中、日、韩股票市场一体化进程,中、日、韩三国应主动提高与 IOSCO 国际标准的一致性。

在金融基础设施建设方面,中、日、韩可以借鉴盟内的日本及盟外的美国等主要的股票市场的建设,可以筹措资金用于金融基础设施的建设,如建立完备的结算与清算系统,提高清算效率,降低国外投资者的结算与清算风险,以继续扩大市场规模,提高交易系统的处理能力。

(二)稳定宏观经济环境,开放国内股票市场

一个稳定的宏观经济环境是中、日、韩股票市场进行一体化的重要保障,尤其对于历史、政治问题复杂的中、日、韩三国,政治、经济和文化等方面的冲突很可能成为中、日、韩股票市场一体化进程的重大阻碍。

过快的开放速度容易造成物极必反的效果,对本国的金融安全也会造成严重的危害。日本和韩国的股票市场发展到现在已经是一个相对开放的市场,只有少部分的资本子项目有限制,中国的资本项目尚未完全开放。所以可以有步骤地稳健开放股票市场以促成中、日、韩股票市场的一体化。首先引进外资间接参与市场;其次可以容许外国机构直接投资国内股票市场;最后全面放开股票市场,允

许国内机构和个人投资者投资外国股票市场和外国个人投资者投资国内股票市场。同时，在条件不成熟时，应对资本流向、流量和外资所有权比例加以引导以降低风险。

（三）加强政府之间的信任和支持

在经济全球化、全球金融危机时有发生的当下，中、日、韩三国更应该结合本国经济现状，根据世界经济发展形势，全面、客观地分析本国和全球的发展趋势，金融全球化已然成为不会轻易逆转的趋势，因此，加强中、日、韩三国深度的金融合作也是适应金融全球化趋势的必然选择。尽管中、日、韩三国正逐步意识到各国股票市场合作的重要性，但历史等遗留问题，必须通过建立合理的沟通机制，力争求同存异，逐渐消除偏见，这样就能够加强中、日、韩三国政府之间的信任和支持，从而扫除扩大和深化中、日、韩股票市场一体化进程的障碍。

（四）鼓励金融产品、交易制度创新

在股票市场一体化过程中，股票市场的外部性会增强，传染效应会更加明显，一国发生金融风险时，影响其他两国的程度会更大。所以，在完善股票市场标准和监管制度的同时，还应注重中、日、韩三国金融产品和交易制度的创新以规避对冲风险，如适当时机推出期权等金融衍生工具，在条件成熟时引入做空机制。

按照国际惯例，在资本项目未完全放开的国家，如中国，可以先安排合格境外机构投资者制度，再设置合格境内机构投资者制度。合格境外机构投资者制度是指一种可以在资本项目尚未完全开放的条件下允许外国投资者进入本国资本市场，直接投资本国证券。合格境内机构投资者制度是指一种允许本国投资者进行境外投资、开放资本市场的过渡性安排，这样的制度安排既可以引进有实力的、理性的投资者，也可以规避资本过度外流和恶性投机，对于发展还不够完善的中、日、韩股票市场是比较合理的。

五、总结和启示

综上所述，中、日、韩三国在经济方面的合作和联系已经越来越强。虽然中国的经济总量远远超过日本和韩国，韩国经济总量从1990年开始一直落后于其他两国，但中、日、韩三国经济发展到现在，尤其随着这三国之间的贸易往来不断加强，其中任何一国经济的发展受益于其他两国的作用是非常大的。由于空间地理的距离较其他主要贸易国而言较近，在文化、种族起源相对更贴近，彼此了解的程度更深，要做到理解包容也会更容易，这些方便了中、日、韩三国在经济方面的合作，为三国更深层次的经济、金融等合作也起到很大促进作用。作为东北亚区域的重要三国，任何其中一国的重大经济等事件会比较可能地、比较大程度地影响其他两国，中、日、韩三国发展轨迹对东北亚区域发展历程和前景也会产生重大的影响，从一定程度上来看，中、日、韩三国的经济已经是密不可分。

中、日、韩三国更深层次的合作是寻求国家综合实力提升的可探索路径。在区域化、全球化的浪潮中，全世界各个不同区域很多都在试图探索区域一体化，以此来增强整体的经济实力和在全球的影响力，这样也能够加强国家或区域整体在世界舞台上的话语权。如欧盟、东盟和北美自由贸易区的建立，虽然发展到现在，各个区域整体内部有不同声音，有反区域化、全球化的声音，但是全球化和区域化显然已是不可阻挡的趋势，纵然有一波三折，总体上还是向前推进的。而且可以对比这些区域整体建立前后，明显的是各国在区域一体化中大多数是收益颇大。按照理性人的角度分析，一个人一般是希望往上走的，一个国家也是如此，为了经济的更好发展，为了国家综合实力能更加强大，中、日、韩三国更进一步的深层次的合作是一条可选择路径。

中、日、韩三国可以在金融领域，具体的可以是股票市场先进行一体化。中、日、韩三国在经济方面的合作已经多年，这也是中国成为全球第二大经济体，日、韩两国的经济总量和实力能多年保持在全世界前20的重要原因。区域一体化或能为中、日、韩三国的经济进一步增长提供可能，区域一体化具体表现为经济一体化、政治一体化，由于中、日、韩三国分属社会主义和资本主义两大不同阵营，社会意识形态不同，而且历史遗留问题暂时难以解决，所以经济的一体化可行性更大，而建立统一的大市场是经济一体化的重要一步。根据上文分析比较影响中、日、韩股票市场一体化的主要因素可以得知，中、日、韩三国股票市场开放性、外部性不断增强，受空间距离的影响微乎其微，实施股票市场一体化措施更方便，更重要的是，中、日、韩三国的股市具有比较强的联动性，先进行中、日、韩股票市场一体化是较优的选择。

中国企业对韩直接投资的 SWOT 分析

周琴宇[1]　王云凤[2]

【作者简介】　1. 周琴宇，女，吉林财经大学国际经济贸易学院研究生，国际商务专业；2. 王云凤，女，吉林财经大学国际经济贸易学院教授，硕士生导师，主要从事国际经济合作领域研究。

【摘　要】　全球化背景下，区域经济一体化使得中国在世界范围内的直接投资规模不断扩大，而对韩国的投资，与其在外直接投资总量和中、韩两国贸易以及韩国对中国的投资规模相比而言，仍处于较低水平。本文应用 SWOT 分析方法，从中国对韩国直接投资以及韩国引进外商直接投资现状的角度，来分析中国企业进入韩国进行直接投资的内部优势与劣势、外部机遇与挑战，最后得出结论，并根据结论提出相应的建议。

【关键词】　中国；对外直接投资；韩国；SWOT 分析

一、引　言

自 2001 年我国加入 WTO 以来，本国对外开放的程度日益加深，面对国外实力强劲企业进入我国后所带来的竞争力，如果本国企业仅仅固守国内市场是难以生存的。且当下经济全球化步伐日益加快，也使得我国企业面临一系列的生存挑战。本国企业主动进行跨国投资，积极开展对外经营，努力提升在国际上的竞争力，不断扩大发展空间和生存空间，已经成为我国企业生存与发展的必然选择。同时，通过走出本国市场，在国际竞争中提高自身竞争力，才能在激烈的竞争中获胜。我国政府为了国内企业更好地走向世界，同时也为了更好地促进产业结构的转型，已出台一系列相关政策，其中，本国企业开展对外国直接投资业务便是"走出去"战略中一个重要组成部分。据商务部统计，在 2016 年，截至 9 月份，我国非金融对外直接投资额为 1 342.4 亿美元，扣除汇率影响同比增长 53.7%[①]，这是我国开展对外投资的良好开端。虽然我国的对外投资业务快速增长，但我国企业对韩投资所占比重甚小。

2014 年韩国对我国投资了 1 558 个项目，同比增长 13.6%[②]；我国实际使用韩资金额达 39.7 亿美元，同比增长 29.8%。截至 2014 年年底，韩国对我国投资项目数增至 57 782 个，使用的实际投资金额达 599.1 亿美元。众所周知，韩国是我国第五大外资来源国，我国是韩国第二大投资对象国。2014 年我国累计对韩非金融类直接投资 17.4 亿美元，从中便可明显对比出我国在韩的直接投资额度较低。除此之外，截至 2015 年，我国在韩的企业和机构只有 216 家，这与我国开展对外投资企业与机构的总数量相比显得实在太低。

在 2016 年 4 月，韩国为了保持并促进中国对韩直接投资的增势，进一步促进中国企业对韩的投资，韩国资源部、产业通商部、大韩贸易投资振兴公社等共同举办了"中国周"，吸引了中国 58 家企业代表前往参与[③]。据主办方预测，举办此次"中国周"活动，预计将吸引投资资金达 1.5 亿美元。由此可看出，这是促进我国企业走进韩国的一个良好趋势。为了更清楚地了解我国企业开展对韩直接投资的相关状况，本文以我国企业开展对韩直接投资的优势与劣势为主线，通过分析我国企业在对韩直接投资方面所具有自身的优势和劣势以及外部给予的机会和所遇到的威胁，从中得出结论，并根据结论提出相应的建议。

二、中国企业对韩国直接投资的 SWOT 分析

企业进行战略管理时所用分析方法之一便是 SWOT 分析法，其中，S 代表优势，W 代表劣势，O 代表机会，T 代表威胁，运用此方法分析企业进行战略管理时的上述四种因素，将这四种因素相互匹配，从中得到相应的结论，并根据结论提出建议。为了使我国企业更好地开展对韩投资，本文也将利用 SWOT 分析方法对我国企业进入韩国进行直接投资所面临的优势、劣势、机遇与威胁进行深刻的剖析，达到趋利避害的目的。

[①] 资料来源：中国统计局数据库。
[②] 资料来源：中国驻韩大使馆经济商务参赞处官网 http：//kr.mofcom.gov.cn/。
[③] 资料来源：环球网国际新闻，http：//s.huanqiu.com/s/? q = 韩国。

(一) 内部条件

1. 优势分析。

从核心技术、品牌知名度等方面来看,我国企业要以这些自身的内部条件进入韩国,与韩国本土企业相比,存在较明显的不足。但不足是相对而言的,我国企业开展对韩国直接投资在其某些自身方面来看是具有一定相对优势的。

(1) 我国产业结构的高度化。进行产业结构的高度化是一个国家经济发展的一个重要目标之一,通常通过观察一国在产业结构高度化上的程度来分析该国经济发展的阶段、方向等。目前,我国的节能环保产业、信息产业、生物产业等七大新兴产业深受我国政府大力支持,这表明,到2020年这些产业都将是长期发展的。并且,在我国进行产业高度化的汽车、IT、电子、显示灯等行业其主要需要的是技术创新,因此,我国企业不断自主创新,通过技术搬迁、引进高技术产业、积极"走出去"战略等方式来实现这一目标。我国一般会采取与东道国高技术企业、跨国企业的 R&D 部门并购或与高技术海外本地企业一起设立合资公司等方式进行直接投资。同时,它们一般也会通过雇用本地高素质人才等方式来获取海外先进技术。因此,韩国有着我国推进产业高度化方面的竞争力,我国企业开展对韩投资给两国之间创造出相互合作的商业模板带来一定的契机。

(2) 我国投资主体的多元化。我国的企业具有大中小并存的特点,如一方面国内已经产生像海尔、联想、首钢、华为等大型的企业集团,这些企业集团资本实力雄厚,信用等级较高,且技术上具有自身的独特优势,其产品便具有了一定的垄断优势,因此,像这类大型的企业在韩国进行直接投资时就获得了一定的资金和技术的优势。另一方面,近年来随着我国经济实力的不断增强,国内的中小型企业在国家相关政策的鼓励下得到很好的发展。这类中小型企业规模较小、灵活性强,是进入韩国进行直接投资的又一大优势。这两方面使得我国投资主体形成多元化的优势,可满足韩国国内不同的投资需求。在韩国国内,其经济发展水平是参差不齐的,地区与地区之间的经济发展水平和技术发展水平等具有较大的差异,在需求的规模和层次上的投资需要就存在着差异,因此,我国投资主体的多元化正好可以解决这些问题。

2. 劣势分析。

(1) 我国企业自身制度不够完善。观察发达国家可发现,为了支持本国企业的对外直接投资,它们会要求企业制定并实施可以减小企业危险的保险政策及制度,并且这些国家自身也会制定相关的政策来保护本国企业。例如,日本已有的贸易保险法、美国的 OPIC 等。然而目前在我国，由于企业对外直接投资的规模总体上仍然较小，跟发达国家的企业相比，我国企业以及我国政府在制定对外投资的制度和政策方面是不够完善的。

（2）我国对外投资企业的整体规模不大，平均规模较小。我国对外直接投资企业的规模普遍较小，且开发国外市场的能力也不强。由于开展对外投资业务的企业规模较小，在对外进行投资时所面临的风险就较大。此外，由于企业规模较小，国内或国际的金融机构对这些小规模企业的信贷支持积极性不高，甚至缺乏，因此，企业要想实现规模化生产经营更具难度，并且面对国际上日益激烈的市场竞争，企业的生存和发展也遇到严重的障碍。与此同时，我国大部分企业在海外投资的投资项目较小，因此也增加了我国企业对外投资的风险。

（3）我国企业核心技术和国际知名品牌的缺乏。从总体来看，国内企业自有技术水平较低，缺乏技术优势，自主创新能力也不强，同时由于国内企业自身缺少核心技术，不能在主流市场或主流产品中站稳脚跟，由此可见，我国企业在技术上存比较明显的劣势。此外，尽管国内现在拥有华为、海尔等国际知名品牌，但享有国际知名度的企业并不多，在品牌建设方面与韩国等发达国家企业相比还存在着较大的差距。以上都集中体现出我国企业在核心技术和品牌竞争力上的缺乏。近年来虽然我国企业在开展对外投资业务中取得了一定的成绩，但我国仍旧是发达国家的制造工厂，还没有成为一个品牌强国。

（4）我国企业跨国投资的经验不足。为了鼓励我国企业积极开展对外投资，自 21 世纪以来，政府制定了一系列的政策并采取了较多的措施，因此，我国企业快速开展对外投资，积极提升企业的国际竞争力，但是我国企业在跨国投资中还是存在步履维艰的局面，其主要原因是由于我国企业的跨国投资经验不足、对国际市场不够了解，存在一定的信息不对称。毕竟我国从 2001 年才开始实施"走出去"战略，相比发达国家而言，我国在对外投资方面的经验是有限的。

（5）我国企业缺乏复合型的高级涉外经营人才。开展对外直接投资业务对企业人员的要求较高，相关工作者不仅需具备丰富的管理知识，还要精通各种国际惯例，了解东道国的政治、经济、文化等各方面的内容。但我国大部分企业在从事对外直接投资业务时公司内相当一部分管理人员并没有达到跨国经营应具有的素质，这对企业在扩大跨国经营规模或在提升跨国经营水平等方面有着严重的制约。

（6）中国企业文化与韩国企业文化存在较大差异。

韩国企业受到儒家文化、美国文化和日本文化的影响，将中西方文化进行消化吸收，使得韩国企业文化与中国企业文化有着较大的差别。韩国的企业崇尚竞争、创新、做得到、第一主义等精神，强调目标管理和责任感等软文化。如国际知名企业三星集团就宣称"用人不疑，疑人不用"的人事原则，并且三星对员工的考核不是依据资格的深浅和学历的高低，而是立足于彻底的成果主义，坚持能力第一主义、人才主义、技术主义。而我国企业文化则注重伦理至上，注重人事关系，过分强调集体主义，缺乏个性、缺乏制度化、缺乏目标观念和责任感、缺乏创新精神等。这种企业文化上的差异使得我国企业在韩聘用当地工人时会产生一定的障碍，因此，这也是我国企业对韩直接投资的一个内部劣势。

（二）外部条件

1. 外部机遇分析。

（1）中韩两国政策的大力支持。其一，我国政府方面。我国政府长期积极制定各种政策、措施来保障和促进国内企业对外开展直接投资的相关业务，中共十八大明确指出，"要加快'走出去'的步伐，增强企业国际化经营能力，培育出一批既具中国特色又具世界水平的一流跨国公司"。鼓励国内企业进入韩国开展直接投资业务，不仅可为企业自身发展提供机会，同时也可调整国内的经济结构，转变经济发展的方式。对韩开展直接投资与合作业务，能够促使我国与韩国获得双赢。其二，韩国政府方面。韩国政府也出台了一些引进中国企业的政策，如2016年4月韩国在首尔举办的"中国投资周"（China Week），邀请包括复星集团、奔马集团等在内的58个中资企业对韩国IT技术、文化产业、可再生资源、综合度假村等多个领域进行投资机会的考察。这些都表明中韩两国政府在政策上都积极支持中国企业走进韩国。

（2）韩国国内的合作需要。当前在韩国，几个支撑韩国经济的支柱产业都出现了严重的问题，如韩国国内现代汽车的大规模罢工、三星手机由于质量问题在国际市场上进行召回以及大宇造船集团面临下市的威胁，都为中国企业进入韩国投资提供了良好的机会。中国企业可以针对韩国的经济困境做出相应的策略，不仅可以拉动韩国经济的增长，减轻韩国的就业压力，同时又发展了我国企业。因此，我国企业此刻投资于韩国不仅是对韩国拯救其经济的雪中送炭，同时也是我国企业进入韩国的重要契机。另外，中韩所签订的《中韩自贸协定》中，针对直接投资的规范化要求进行了专门且详细的界定，因此，随着中韩自贸协定框架的建立，将我国的资金优势与韩国的技术优势进行结合，使中韩两国逐步脱离传统的制造加工合作模式，找到新的合作方式，为中韩两国经济与贸易的合作建立更加稳固的局面。

（3）充足的外汇储备。一国能拥有充足的外汇储备不仅可以在一定程度上减轻金融危机对国内经济的影响，还可以为国内企业开展跨国投资业务奠定坚实的基础。在2008年，虽然受国际金融危机的影响，使得我国外汇储备额涨幅减小，但据统计，截至2016年年末，我国外汇储备总额为3.1万亿美元，外汇储备依然充裕，国家外汇管理相关人员称我国的外汇储备有足够的能力抵御来自国外资本流动的冲击。因此，我国充足的外汇储备可以为本国企业对韩进行直接投资提供充裕的资金支持。

（4）国际地理优势。韩国位于亚洲的东北部，与我国的山东省隔海相望，中韩相距的最短距离约为190千米，相比去美国、欧盟等跨洋地区，我国与韩国相隔较近，地理上具有极大的优势。我国外派韩国的员工，他们回国的方便性较高，因此，这也是一个天生带有的外部机遇。并且借助紧密相连的地理优势，可以为企业节约一定的运输成本。由于我国与韩国在地理较相近的这一优势，对两国居民之间消费心理和消费需求的理解有极大的帮助，这便有助于我国企业减少在韩的市场危险，有利于我国企业在韩进行扩大贸易和投资。

（5）中韩自贸协定的成功签订。2015年11月，我国与韩国成功签订了中韩自贸协定，这一举措进一步促进了中韩两国的经贸往来，推动了中韩贸易合作关系的紧密建立。我国企业可通过这一对中韩两国的经济发展具有划时代意义的举措，进入韩国市场的同时，顺便利用韩国与美国的自由贸易协定和韩国与欧盟的自由贸易协定，进军美国市场和欧盟市场。

2. 外部威胁分析。

（1）韩国对中国企业的负面认识。韩国对中国企业开展对韩投资存在负面认识，例如，2002年京东方科技集团公司对韩国现代显示技术株式会社（HY-DIS）的并购（1.5亿美元）和2004年上海汽车集团股份有限公司对韩国双龙汽车公司（5.6亿美元）的并购，曾在企业并购中被驳回。尤其是双龙汽车公司事件对中国企业的投资造成严重负面影响，如中方认为僵化的劳资关系是中国企业撤销投资的主要原因，而韩方认为中国企业投资的主要目的在于获取韩方核心技术。

（2）韩国政府的问题。首先，韩国政府没有为进入韩国进行投资的外国企业提供较为优惠的政策，甚至很多企业进入韩国后，韩国政府提供的政策不能跟上企业的需求，使得外资运营效率较低，这也是很多欧美企业难以在韩国市场生存最终不得不撤资的主要原因。其次，对于想要进入韩国市场的外资企业来说，韩国政府为了减少对本土企业的冲击，设置了较高的进入"门槛"，如该国服务行业中的金融、医疗等。除此之外，韩国市场"密闭"程度较高，使得外来企业进入韩国市场的难度更大。

(3) 韩国政治局势的不稳定。东道国政治局势的稳定程度，历来是外国投资者对外开展投资业务时主要考虑的关键因素之一。然而当前，韩国政治局势如果不稳定，也会极大地增加企业进入韩国投资的政治风险。

三、中国企业对韩直接投资的建议

以上通过分析中国企业进入韩国进行直接投资的各方面因素，发现我国企业既有一定的优势与机遇，同时自身劣势和面临的威胁又层出不穷。为了更好地开展对韩国直接投资，我国企业应该充分发挥自身的优势因素，抓住机遇，改善企业内部劣势问题，化解外部威胁。以下是针对我国企业层面及我国政府与韩国政府层面所提的建议。

(一) 企业层面

1. 对企业员工进行针对性培养，建立对韩投资的人才支持体系。在我国企业自身建设中，一方面应该培养适合对韩经营管理的复合型人才，定期组织针对性的培训，从而降低甚至消除中国企业文化与韩国企业文化的差异；另一方面企业可建立相应的交流平台，员工用此平台进行交流，分享自己的见解，相互探讨如何更好地开展在韩的投资业务。此外，在韩投资应该实行人才的本土化，这样企业可以更容易理解韩国市场，更有效地实施相关发展战略。

2. 拓宽投资渠道，创新投资模式。目前，我国企业主要通过收购韩企的方式来开展对韩的投资业务，然而很多案例表明，这种方式不仅难度较大，而且成功率较低。因此，要使中国企业对韩投资的深度和广度得到进一步提高，国内企业需要积极探索出新的投资模式，积极地在各个领域开创新的投资或合作方式。

3. 培育企业的核心竞争力。企业的核心竞争力是一个企业得以生存的关键，企业没有核心竞争力会使得该企业在市场竞争中很快被淘汰。从前文的分析可以看出，我国企业与韩国本土企业相比，在技术水平等关键领域较为落后，因此，国内的企业只有培育出自有的核心竞争力，才能在韩国市场上更好立足。

4. 重视文化交流和文化沟通。当下国与国之间的文化障碍是跨国企业对外开展业务时最不容易解决的困难,并且文化障碍带来的损失往往最不好估计,因为文化是人们在思想上、在意识领域长期沉淀所形成,代表着他们的思维方式与价值观等,这些是最难改变的。为了减少和尽量避免文化冲突带来的障碍,我国企业在韩投资过程中一定要重视与韩国政府、相关机构、其他群体以及消费者和企业内部中的东道国员工之间的文化交流与沟通,尽力规避文化风险。

(二) 政府层面

1. 中国政府层面。

(1) 努力提高两国直接投资的成功率。国内企业在国外能否成功地开展投资业务,国内政府也扮演着重要角色。针对我国企业进入韩国进行投资,我国政府与韩国政府需尽快一起创造出中国企业对韩投资的成功范例。因为在过去我国企业对韩国进行过的几次大型投资案例中,如上海汽车集团并购"双龙",并没有取得满意的结果,这便给我国企业对韩投资造成一定程度的消极心理。

(2) 加强对韩国的风险评估和信息平台的建设。在解决我国企业对外投资所面临的外在安全问题上,政府需要对企业的生存和发展做出预警和提出处理方案,其中最根本的在于加强韩国国别环境的风险评估和信息平台的建设。政府可以通过动员在韩华侨,团结其力量来收集关于韩国国内的各方面信息,建立实时有效的动态数据库,以大数据为基础,研究编制有关我国企业和员工在韩生存等各方面的综合评价指数,从而为我国企业提供解决此方面问题的措施和建议以及保障。

(3) 树立良好形象。由于在韩国国内居民对我国企业存在一定的误解,我国企业便可通过在韩国做公益活动、宣传企业责任活动等方式来树立良好形象,让更多的韩国消费者正确认识我国企业对韩投资的正面形象。再者我国企业可采用一体化战略,企业积极融入当地环境,努力为发展当地经济做出贡献,而不是做显眼的"外国公司",以此方式来减轻韩国消费者对外来投资者吞噬本土企业的担忧。

2. 韩国政府层面。

(1) 构建友好的投资环境。韩国政府可以经常举办诸如"中国投资周"这种类似的活动来吸引我国企业投资韩国。通过这些活动,创造两国政府之间或企业之间更多的交流机会,尤其是为引进中国企业进入韩国投资,韩国政府应该积极参加中韩两国的相关活动来提高中国企业对韩国投资的信心。

(2) 宣传中国在韩投资的良好形象。由于出现如上海汽车收购双龙汽车等失败案例，在韩国消费者心中引起对于来自中国投资的消极看法，且在中国企业中也引起对进入韩国投资的低价评估。因此，为了解决中韩两国所存在的这些负面情绪，韩国政府有必要在其国内宣传中国企业对韩开展投资业务的良好形象。

（3）改善现有的制度。当前韩国对于引进外资企业所制定的相关制度不能很好地满足企业的生存和发展，甚至有些制度是为了限制外资企业的进入而制定。因此，为了外资企业能积极投资，韩国政府需要改善诸如税制、补贴、绿卡制度等针对性的引进外资制度。

参考文献

［1］南美华．促进中国对韩国投资的对策研究［D］．山东：山东大学，2014.

［2］徐莉．中国企业对外直接投资风险影响因素及控制策略研究［D］．山东：山东大学，2012.

［3］李一文，陈子．基于SWOT分析的中国企业对外直接投资研究［J］．当代经济，2014（18）.

［4］曾静芬．基于改进的SWOT对房地产企业的竞争优势战略研究［D］．重庆：重庆交通大学，2015.

［5］王凤娇．中国外商直接投资决定因素研究［D］．云南：云南财经大学，2010.

［6］黄载韩．中国对韩直接投资现状及展望［J］．东北亚期刊，2012（4）.

［7］潘雯．中国民营企业对外直接投资竞争优势分析［D］．上海社会科学院，2006.

［8］许陈生．中国企业对外直接投资的SWOT分析［J］．商场现代化，2007（8）.

［9］赵放，李季．中韩贸易现状及产业内贸易研究［J］．吉林师范大学学报，2010（4）.

［10］周曙东，肖宵，杨军．中韩自贸区建立对两国主要产业的经济影响分析［J］．东亚经济合作，2016（5）.

［11］钟乃仪．是共赢不是依赖——试析韩国对华投资与贸易的新特征［J］．东北亚论坛，2006（6）.

［12］于潇．以"一带一路"战略为核心推动东北亚区域合作，促进吉林省

经济转型发展 [N]. 吉林日报, 2015 (5).

[13] 赵丽娟, 杨涛, 于茜. 企业对外直接投资现状及风险防范 [J]. 财会通讯, 2013 (7).

[14] 李晓辉. 世界经济形势下的我国跨国企业对外直接投资 [J]. 现代经济信息, 2013 (15).

[15] 裴长洪. 中国企业对外直接投资的国家待定优势 [J]. 中国工业经济, 2010 (7).

中国与日本、俄罗斯的贸易摩擦问题探析

闫克远

【作者简介】 闫克远,男,吉林财经大学国际经济贸易学院,讲师。

【摘　要】 改革开放以来,中国经济取得飞速发展,对外贸易也随之不断进步,2015年货物贸易总出口额达22 818.6亿美元,中国已经连续七年总出口额列世界各国之首,经济总量在世界各国中也仅次于美国,位列次席。但在中国逐渐成长为经贸大国的同时,特别是2008年全球金融危机爆发以来,各国贸易增长持续低迷,贸易保护主义抬头加剧了各国之间的贸易摩擦,中国所遭遇的国际贸易摩擦也随之越发增多。随着"一带一路"倡议的提出,经济全球化以及区域经济一体化再次成为世界经济特别是亚洲经济的热点。作为亚洲经济发展最为迅速的地区,在"一带一路"的背景下,东北亚地区还有许多潜力尚待开发。与过去相比,我国与东北亚地区各个国家的经贸合作近年来取得了很大的突破,在区域经济发展取得了长足的进步,同时,区域内各国间贸易摩擦问题也越发突出。日本和俄罗斯作为东北亚地区重要的经济体,我国应进一步加深与它们的经贸合作,积极应对区域内复杂多变的政治局势及不稳定的经济环境带来的挑战。因此,我国应正确认识并积极合理应对与日、俄两国间的贸易摩擦,努力促进中国出口贸易的健康发展,最终实现我国对外贸易格局的优化调整。

【关键词】 中国;日本;俄罗斯;贸易摩擦

一、引　言

自改革开放以来,我国对外贸易持续高速发展,对外贸易也随之不断进步。2015年货物贸易总出口额达22 818.6亿美元,中国已经连续七年总出口额列世界各国之首,经济总量在世界各国中仅次于美国,位列次席。但与此同时,中国逐渐成长为经贸大国,遭遇的国际贸易摩擦也随之越发增多。20世纪80年代我

国遭遇的反倾销调查平均每年仅7起，进入20世纪90年代则猛增至年均32起。2001~2005年立案平均每年24起，2006~2008年明显改善，下降至每年9.3起。但自2008年全球金融危机爆发以来，各国贸易增长持续低迷，为了促进本国贸易增长，推动产业复苏，贸易保护主义出现抬头趋势，加剧了各国之间的贸易摩擦。在此背景下，针对我国的反倾销调查频率也大幅增加，2008年为76起，2009年为78起，2010年则超过100起。从反倾销调查实施占比情况看，中国为各国最高，占比达71.8%，较各国平均水平高出近7%。[1] 当前，中国已经成为遭受反倾销及反补贴调查等贸易救济措施影响最为严重的国家。

近年来，我国遭遇的对外贸易摩擦方式仍以反倾销和特殊保障措施为主，而技术性贸易壁垒与环境壁垒等新贸易保护措施对我国出口贸易的影响愈加明显。知识产权保护、贸易差额、人民币汇率以及政府补贴等各个层面成为发达国家对我国发起贸易保护措施的新方向。

随着"一带一路"倡议的提出，经济全球化以及区域经济一体化再次成为世界经济特别是亚洲经济的热点。作为亚洲经济发展最为迅速的地区，东北亚地区同时还有许多潜力尚待开发，但与过去相比，中国与东北亚地区各个国家的经贸合作近几年取得了很大的突破，在区域经济合作等方面取得了长足的进步，呈现出新的发展态势，在世界经济一体化的发展中起到了极大的促进作用。中国已经成为日本的第一大贸易国，同时也是俄罗斯的第一大贸易伙伴，中国对日、俄贸易在自身对外贸易中占据重要地位。日本、俄罗斯作为东北亚地区重要的经济体，我国应进一步加深与上述国家的经贸合作，积极应对区域内复杂多变的政治形势及不稳定的经济环境带来的挑战。因此，我国应正确认识并积极合理应对与日、俄两国间的贸易摩擦，努力促进中国出口贸易的健康发展，最终实现我国对外贸易格局的优化调整。

二、文献综述

目前各国对贸易摩擦研究的文献相对集中在以下几方面：一是从贸易摩擦的微观及宏观两个方面对发生贸易摩擦原因的理论研究。例如，胡方（2001）[2] 从微观视角对日、美在完全竞争市场条件下的贸易保护进行了理论与实态研究，结合国际贸易经常项目和国际贸易收支不平衡，从宏观经济的视角对国际贸易摩擦问题进行理论研究。二是政治经济学角度的贸易摩擦研究。例如，梁军

(2005)[3]认为,中美贸易摩擦主要是因为政府受到来自国内某些利益集团的压力,同时也有为自身选举或转移公众视线等政治需要。古尔德和伍德布里奇(Gould & Woodbridge,1998)[4]同样认为,贸易摩擦、贸易壁垒并不是出于提高经济效率和改善福利,而是各方国内政治博弈的结果。三是以实证研究和理论研究两种方法相结合的贸易摩擦福利效应研究。例如,李和罗兰-霍兰德(Lee & Roland-Holand,1999)[5]通过CGE模型,结合18个部门的数据,对美国和日本贸易对抗或贸易合作情况下的福利效应进行了研究。四是战略性贸易政策与贸易摩擦研究。例如,新贸易保护主义的新发展与中国的战略性贸易政策选择——基于弱势产业与贸易保护有效性的分析(保建云,2007)[6]。世界贸易组织贸易救济措施与战略性贸易政策(王晶,2005)[7]。五是国别区域贸易摩擦研究。中国对外贸易摩擦方面,国内学者的研究主要集中与美国、日本以及欧盟贸易摩擦方面。例如,中美贸易摩擦及其影响(苗迎春,2004)[8],中美贸易摩擦的影响及我们的政策重点(尹翔硕,2006)[9],中日贸易摩擦与中日两国产业结构的关系(李俊慧,2003)[10]和基于欧盟板块经济特征的中欧贸易摩擦分析(张亚珍,2009)[11]。

随着中国与日本、俄罗斯贸易规模的不断增长和经贸合作的不断深入,与上述两国的贸易摩擦问题也成为国内学者研究的重点。

张晓燕(2016)[12]从政府层面以及企业和行业协会方面,对中日贸易摩擦提出应对建议。杨胜利(2012)[13]从中日农产品贸易摩擦进行切入,分别以国际、中国及日本的角度,总结出贸易摩擦的特点及成因,并从不同层面提出相应的应对策略。

张佰英(2014)[14]对中俄贸易摩擦产生的原因进行了理论上的分析,并提出俄罗斯加入WTO成为减少两国贸易摩擦的新机遇。曹文君(2009)[15]简要介绍了俄罗斯对我国主要采用的关税及非关税贸易壁垒方式,并分析了其对中俄贸易的正反两方面影响。尤金(2008)[16]回顾了中俄经贸的发展历史,对双边经贸现状进行了总结,分别从中俄两方面分析了贸易摩擦产生的原因,并提出相应对策建议。

三、中日贸易摩擦的现状及特点

作为我国的第三大贸易伙伴,日本近年来与我国贸易发展迅速,两国进出口贸易额逐年攀升，在双边贸易中均占有重要地位。中国则是日本的第一大进口来源地和第二大出口地。根据商务部数据统计，2016年自中国的进口商品占日本进口总额的26%，金额达1 566亿美元；日本对中国的出口额为1 139亿美元，占其对外出口总额的18%。随着中日经贸往来的增强，中日贸易摩擦在数量上不断上升，而且在贸易领域也有扩大趋势。目前，中日贸易摩擦以技术性贸易壁垒引发的居多，知识产权保护日渐加剧，而纺织、化工、金属及农产品等几类商品是中国与日本贸易摩擦的重灾区。

（一）贸易救济引发的摩擦较少

日本较少采用反倾销等贸易救济措施。在其采用的仅有的几次贸易救济措施中，涉及反倾销调查的共十次，其中的三次是针对我国的。可以说日本是自WTO成立之后采用反倾销调查手段较少的国家之一。另外，日本仅在2004年对韩国发起过一次反补贴调查，是同期内使用反补贴调查手段最少的国家之一。因此，由贸易救济措施引发的中日贸易摩擦就相对较少[17]。日本之所以在运用反倾销等贸易救济措施时十分低调，主要原因在于自20世纪70年代以来，日本商品的国际竞争力日益强大，不需要反倾销的保护，同时日本的进口商品以资源密集型和与国内互补的劳动密集型商品为主，这些产品对日本国内产业替代不强，几乎没有任何冲突，因此即使遇到贸易争端，日本也倾向于与外国出口企业协商，而较少运用贸易救济措施。

（二）技术性贸易壁垒是双边主要的贸易摩擦形式

日本对于不具有比较优势的产业，更多的是采用实施起来较为隐蔽的技术性贸易壁垒进行保护，尤其是对农产品，其技术标准要求可以说是达到了近乎苛刻的地步。例如，日本制定的《食品中残留农药等的肯定列表制度》可以说是世界上最苛刻的农产品农药残留检查制度，它意味着要求外国对日本出口的农产品农药残留量几乎为零[18]。2009年和2010年，引起日本对中国贸易摩擦的事件仅涉及技术性贸易壁垒和绿色贸易壁垒两种形式，两年分别为46起和85起，增加幅度为85%。

（三）知识产权保护日渐加剧

日本曾提出"教育立国""贸易立国""科技立国"三个立国目标，并通过制定《日本知识产权战略大纲》进一步明确了知识产权的战略地位，提出"知识产权立国"的目标。制定并实施年度《知识产权战略推进计划》,以缔造、保护、利用知识产权的政策措施,强化国际竞争力。

通过日本海关扣押商品情况来看,从2002~2012年的10年间,日本海关扣押知识产权侵权类商品超过20万件,且呈持续上升态势。其中2005年突破1万件,2007~2012年连续6年突破2万件。中国被日本扣押商品数量一直位列各国首位。2005~2012年,扣押中国该侵权类商品将近14万件,占同期日本扣押同类商品总量的78.7%。

从表1数据可以明显看出,中国和日本在知识产权保护问题上的摩擦已十分突出,日本扣押中国侵权商品数量占比连年大幅上升,自2010年超过90%,此后至2012年连续三年占比超过90%。

表1　　　2005~2012年日本海关扣押各国（地区）侵权商品年度情况　　　单位:件

国家（地区）	2005年	2006年	2007年	2008年	2009年	2010年	2011年	2012年
中国大陆	6 278	9 440	16 116	21 529	18 893	20 996	21 235	25 007
中国香港地区	369	424	735	660	458	558	703	720
菲律宾	365	445	472	308	403	488	488	326
韩国	6 045	8 720	4 527	3 287	1 480	574	447	274
泰国	272	343	572	356	392	313	159	85
美国	38	52	37	62	75	55	45	68
新加坡			9	9	7	12	44	21
中国台湾地区	21	20	28	31	35	68	40	15
马来西亚				27	20	15	8	15
印度尼西亚				16	16	19	6	11
其他国家（地区）				130	114	135	105	59
合计	13 437	19 591	22 661	26 415	21 893	23 233	23 280	26 607

资料来源:全球贸易摩擦研究报告（2013年）。

（四）农产品贸易摩擦问题尤为突出

日本是从中国进口农产品最多的国家,但同时中日贸易摩擦2/3以上集中在农产品上。在中国加入WTO之前,保障措施调查是日本对中国出口农产品实行贸易保护的主要手段。如1995年中国出口的生姜及大蒜遭受日本政府的保障措施调查,最终经过协商由中国通过出口配额、日本通过进口商提前申报得以解决;2001年日本以进口增长过快对其国内相关产品及产业造成冲击为理由,对来自中国的大葱、鲜香菇启动临时保障措施。中国加入WTO后,中日农产品贸易摩擦逐渐由技术性贸易壁垒所引起,甚至出现了2008年毒饺子事件这种涉及产品质量问题的贸易摩擦。2010年日本对中国贸易摩擦事件中,有60%针对动植物产品,32%针对食品,两者合计占比92%。

此外日本的食品卫生法，特别是 2015 年 7 月修订后对我国食品出口造成较大影响。出口日本的食品中，被查出违反其食品卫生法的平均每月在 10 起以上。例如，仅 2017 年 10 月就达 16 起，其中多数为大肠菌群阳性等细菌问题以及所含化学成分超标等，甚至有鱼类内脏去除不净等问题。

（五）小　结

日本是中国的重要贸易伙伴，伴随着贸易规模的扩大双边的贸易摩擦也不断增多，对我国发起贸易摩擦的发达国家也主要集中在美、日、欧三个国家和地区。但是，相对于欧美国家，中日贸易摩擦不论是规模还是影响都相对有限。

中日贸易摩擦在方式上以技术性贸易壁垒为主，且主要集中在农产品上，很少涉及反倾销、反补贴等传统贸易救济措施。截至 2015 年，日本对外实施的反倾销调查只有三次是针对中国进行的，其中在中国加入 WTO 之前的 1995 年和 2001 年对中国出口的农产品发起过保障措施调查，并于 2001 年实施过紧急保障措施，但是在中国加入 WTO 之后日本极少使用保障措施。

中日贸易摩擦主要源于日本盲目的区域大国主义以及中国世界工厂的地位打破了东亚地区原来以日本为首的"雁"型分工格局，于是日本为保护国内弱势产业，便以技术性贸易壁垒的形式限制中国产业的竞争力，中日之间的贸易摩擦也就主要集中在农产品的产业微观层面，主要体现为一种限制性的贸易摩擦。

四、中俄贸易摩擦的现状及特点

20 世纪 90 年代以来，中国与俄罗斯双边经贸取得高速发展，中国现已成为俄罗斯第二大出口市场和第一大进口来源地。根据商务部数据统计，2015 年自中国的进口商品占俄罗斯进口总额的 19%，金额为 350 亿美元；俄对中国出口商品额在其出口总额中占比则为 8%，金额为 286 亿元。中国现已成为俄罗斯的第一大贸易伙伴，且两国经贸具有较强的互补性，俄出口中国产品以矿产品等资源和原材料为主，而中国出口俄罗斯则以机电产品为主。随着两国贸易规模的不断扩大，双边经贸关系得到不断深化，但与此同时，贸易中的摩擦也逐渐增多。目前，"灰色清关"问题突出，关税壁垒限制严重，技术性贸易壁垒占据主导[19]，俄罗斯对我国实施的贸易救济调查中，主要以反倾销为主，集中在机电产品及冶金行业上。

（一）贸易救济以反倾销为主

反倾销是俄罗斯对华实施贸易救济的主要手段，但在世界范围内俄罗斯是使用反倾销手段相对较少的国家之一。自1995年WTO成立至2015年，各国共发起反倾销调查4987次，其中俄罗斯发起39次，占比0.78%。在这39起反倾销调查中，针对最多的是中国，达11次，占调查总数的28.2%。其次是针对乌克兰的8起，中国香港地区和中国台湾地区各4起（见表2）。

表2　　　　　　　　1995~2015年俄罗斯反倾销调查情况　　　　　　单位：次

被调查国家和地区	俄方发起调查次数
中国大陆	11
乌克兰	8
中国香港地区	4
中国澳门地区	4
中国台湾地区	4
巴西	1
德国	1
印度	1
意大利	1
韩国	1
波兰	1
南非	1
土耳其	1
合计	39

资料来源：http://www.wto.org。

此外，对于另一项贸易救济措施反补贴方面，根据WTO官方数据统计，俄罗斯很少使用反补贴手段，自1995~2015年，仅对乌克兰于2014年进行过1次反补贴调查（见表3）。

表3　　　　　1995~2015年反补贴调查情况：发起国与被调查国　　　　　单位：次

被调查国家和地区 \ 发起国家和地区	加拿大	欧盟	日本	墨西哥	俄罗斯	美国	合计
中国	21	9		1		51	99
欧盟	1			1			14
韩国	2	7	1			16	27
乌克兰	1				1		2
美国	3	3					15
合计	52	76	1	6	1	178	410

资料来源：http://www.wto.org。

（二）技术性贸易壁垒逐渐增多

由于技术性贸易壁垒实施起来较为隐蔽、影响广泛，甚至某些措施存在明显的针对性及歧视性，俄罗斯对我国采用技术性贸易壁垒的频率逐渐增高。俄方在许多标准的制定和管理上并不规范，制定了众多国家和地方标准，许多标准与同类商品的国际标准存在出入。目前，从中国遭受俄罗斯贸易保护措施的产品情况来看，俄方对从中方进口的机电、纺织、化工、医药等绝大多数产品均实施了技术性限制。具体表现在俄罗斯对从我国进口的食品、家电、电子产品等强制要求符合其特定认证标准，并逐年提高这些标准；另外，在对从中国进口商品的审查方面，复杂的申请流程及强制且烦琐的检验检疫制度，带来了诸多障碍。同时还对进口商品的包装和标签等设置了细致的要求，例如，对产品包装上应该包含某些内容、不应出现哪些字样做了详细的要求；又如家电、汽车、电子产品等强制要求需获得认证甚至要求同时获得多项认证等。技术性贸易壁垒的设置已经广泛存在于中俄贸易的方方面面。

（三）贸易摩擦涉及的行业及产品相对集中

在行业方面，2002~2012年，在中国遭受的各项反倾销调查中涉及机电产品的共114起，其中俄罗斯4起；保障措施案件12起，其中俄罗斯2起；涉及冶金行业的国外共发起99起反倾销调查中，俄罗斯3起，且全部为黑色冶炼产品；涉及金属制品的35起，俄罗斯1起。由此可以发现，机电产品及冶金行业是俄罗斯对我国实施贸易救济调查的重点行业。这也主要源于我国对俄出口的产品科技含量不高，出口商品结构大多属于资源或劳动密集型产品。

（四）"灰色清关"问题严重

"灰色清关"这种介于合法与走私之间的非规范化的特殊清关形式，在中国对俄罗斯的贸易中已经是普遍现象。比如说，通过"包机包税"等方式进入俄市场的中国产品，得到的是不齐全的清关凭证和完税证明，由于俄海关管理问题，这种"清关"方式已经成为我国商品入俄的重要手段。这也直接导致时常出现中国商品被查处甚至没收的情况，"灰色清关"问题不断升级，已成为中俄经贸发展的"瓶颈"，严重影响中俄正常的贸易秩序，并不断带来贸易摩擦。

（五）小　结

虽然中俄经贸相比以往取得了长足的发展，中国现已成为俄罗斯的第一大贸易伙伴，但因双方经贸及服务基础仍然比较薄弱，在经贸制度及管理体制方面还有很多不同之处，双方贸易摩擦不断。其原因更多的是体现在俄罗斯制度和政策存在缺陷，两国贸易结构不对称，互不信任等因素。俄罗斯对我国实施的贸易救济调查中，反倾销是其采用的主要手段，且集中在机电产品及冶金行业上。面对俄政策、法律等不稳定的因素，当前两国在某些方面合作时应循序渐进，不可操之过急。为了应对中俄贸易摩擦，中俄双方应该继续在相互信任的基础上，尽早完善相关贸易政策和制度，规范市场行为，给两国进一步更深层次合作提供健康的贸易环境，真正实现优势互补。

五、结　论

在中国加入世界贸易组织之后，全球贸易摩擦情况有所改善，摩擦数量呈逐年下降态势。但同时中国却面临截然相反的局面，遭遇贸易摩擦数量不断上升，所受影响日益严重，针对我国的贸易摩擦存在明显的歧视行为。从目前我国遭遇的贸易摩擦现状来看，摩擦主要还是集中在具有绝对竞争优势的劳动密集型产品上。近些年，随着我国出口商品科技含量和附加值的不断提高，外国对我国发起贸易摩擦也逐渐向资本技术密集型的高端产品和行业转移。中国遭受贸易摩擦的方式也已经由传统的反倾销及反补贴调查等贸易救济措施，逐步转向技术性贸易壁垒与环境壁垒等新贸易保护措施。

在中日贸易摩擦中，摩擦数量不断上升，而且所涉及的商品及行业也有扩大趋势。目前，中日贸易摩擦以技术性贸易壁垒引发的居多，而纺织、化工、金属及农产品等几类商品是中国与日本贸易摩擦的重灾区。日本是中国的重要贸易伙伴，伴随着贸易规模的扩大，双边的贸易摩擦也不断增多，对我国发起贸易摩擦的发达国家也主要集中在美、日、欧三个国家和地区。日本较少采用反倾销等贸易救济措施，至 2015 年年末，中国遭受的反倾销调查只有三起来自日本；在中国加入 WTO 之后日本也极少使用保障措施。对于不具有比较优势的产业，更多的是采用实施起来较为隐蔽的技术性贸易壁垒进行保护，尤其是对农产品和食品等领域。中日贸易摩擦主要源于日本盲目的区域大国主义以及中国世界工厂的地位打破了东亚地区原来以日本为首的"雁"型分工格局，于是日本为保护国内弱势产业，便以技术性贸易壁垒的形式限制中国产业的竞争力，中日之间的贸易摩擦也就主要集中在农产品的产业微观层面，主要体现为一种限制性的贸易摩擦。

在中俄贸易摩擦中,摩擦方式主要以贸易救济为主,俄方对中国出口商品关税壁垒、技术性贸易壁垒以及"灰色清关"问题也都是双方摩擦的重点问题。虽然中俄经贸照比以往取得了长足的发展,中国现已成为俄罗斯的第一大贸易伙伴,但因双方在贸易制度及管理体制方面存在较大差异,贸易结构不对称,互不信任等因素,双方贸易摩擦不断。俄罗斯对我国实施的贸易救济调查中,反倾销是其采用的主要手段,且集中在机电产品及冶金行业上。面对俄政策、法律等不稳定的因素,当前两国在某些方面合作时应循序渐进,不可操之过急。为了应对中俄贸易摩擦,双方应该继续在相互信任的基础上,共同努力解决各自存在的问题,完善相关贸易政策和制度,给两国进一步更深层次合作提供健康的贸易环境,真正实现优势互补。

进入21世纪以来,经济全球化以及区域经济一体化已经成为世界经济发展的重要方向。作为亚洲经济发展最为迅速的地区,东北亚地区同时还有许多潜力尚待开发,但与过去相比,中国与东北亚各国的经贸合作近几年有了很大的突破,在区域经济合作等方面取得了长足的进步,呈现出新的发展态势,在世界经济一体化的发展中起到了极大的促进作用。与此同时,区域内各国间贸易摩擦问题由来已久,这无论对日本、对俄罗斯,还是对中国都是急需解决的重要问题。日本和俄罗斯作为东北亚地区重要的经济体,我国应进一步加深与其的经贸合作,积极应对区域内复杂的政治形势及经济环境带来的挑战。因此,我们应正确认识并积极合理应对我国与日本和俄罗斯之间的贸易摩擦,尽快提高出口商品的在国际市场中的竞争力,改善进出口贸易结构。更要充分利用WTO成员方的身份,维护我国在国际贸易中的正当权益,努力改善中国在东北亚地区的出口贸易的外部环境。

参考文献

[1] 胡江云.完全市场经济地位并不遥远[N/OL].人民网,2011-05-10 (7) [2011-06-14]. http://world.people.com.cn/GB/57507/14891589.html.

[2] 胡方.日美经济摩擦的理论与实态分析[M].武汉:武汉大学出版社,2001:15-18.

[3] 梁军.中美贸易摩擦的经济学困惑及其政治经济学解释[J].国际观察,2005 (4):62-64.

［4］邹伟伟．中美经贸关系的历史发展与政治博弈［D］．成都：西南财经大学，2009．

［5］王领．中美贸易摩擦的理论研究与实证分析［D］．上海：复旦大学，2006．

［6］保建云．新贸易保护主义的新发展与中国的战略性贸易政策选择［J］．国际贸易问题，2007（5）：3-9．

［7］王晶．世界贸易组织贸易救济措施与战略性贸易政策［D］．北京：对外经济贸易大学，2005．

［8］苗迎春．中美贸易摩擦及其影响［J］．当代亚太，2004（3）：34-42．

［9］尹翔硕．中美贸易摩擦的影响及我们的政策重点［J］．世界经济研究，2006（8）：4-8．

［10］李俊慧．中日贸易摩擦与中日两国产业结构的关系［J］．国际贸易问题，2003（8）：5-8．

［11］张亚珍．基于欧盟板块经济特征的中欧贸易摩擦分析［J］．国际贸易问题，2009（4）：45-52．

［12］张晓燕．浅谈中日贸易摩擦的原因与对策［J］．经贸实践，2016（8）：87．

［13］杨胜利．中日农产品贸易摩擦分析及对策研究［D］．陕西：西北农林科贸大学，2012．

［14］张佰英．中俄两国贸易摩擦产生的原因及应对策略［J］．生产力研究，2014（6）：144-146．

［15］曹文君．俄罗斯贸易壁垒对中俄贸易的影响［J］．对外经贸，2009（8）：27-33．

［16］尤金．关于中俄贸易摩擦的研究［D］．上海：复旦大学，2008．

［17］苑涛，杜金东．中日贸易摩擦：理论、影响、对策［M］．北京：中国财政经济出版社，2010：81-83．

［18］王绍媛．日本技术性贸易壁垒的应对——以辽宁省动植物食品类产品为例［J］．财经问题研究，2010（5）：109-112．

［19］芦山．后危机时期中国与新兴经济大国贸易摩擦研究［D］．北京：外交学院，2011．

［20］顾春芳．全球贸易摩擦研究报告2013［M］．北京：中国商务出版社，2013：70-120．

[21] 邓雪琴. 技术性贸易壁垒的经济和贸易效应 [D]. 广州：暨南大学，2014.

[22] 阚大学. 中日农产品贸易摩擦现状、原因及对策 [J]. 世界农业，2016（1）：54–58.

[23] 王洪梅. 俄罗斯技术性贸易壁垒分析 [J]. 对外经贸，2012（8）：49–51.

促进中国对俄罗斯货物贸易的对策研究

刘丽娟[1]　李朝辉[2]

【作者简介】　1. 刘丽娟，女，吉林财经大学国际经济贸易学院，教授；2. 李朝辉，男，吉林财经大学国际经济贸易学院研究生。

【摘　要】　中国与俄罗斯两国都拥有雄厚的经济实力和较强的综合国力，地理位置毗邻使两国开展贸易有着得天独厚的优势。然而，当前中国对俄罗斯的货物贸易规模尚小、贸易结构不合理、贸易方式单一，中国对俄罗斯的货物贸易有待进一步发展。本文从企业自身和政府两个层面提出促进中国对俄罗斯货物贸易发展的对策，企业应加强自身形象建设，打造特色品牌、借力国家相关政策推进供给侧结构性改革；政府应从优化中俄两国贸易结构，积极促成两国社会文化深入交流，加速"单一窗口"进程，推动中俄自贸区等四个方面，推动中俄货物贸易的稳定、长远发展。

【关键词】中国；俄罗斯；货物贸易；对策建议

引　言

中国与俄罗斯是世界上最大的邻国，两个国家在政治、经济、军事等领域关系密切，然而两国的货物贸易却一直没有突破性进展。根据统计数据显示，2015年中国的主要贸易伙伴中俄罗斯排第16位，中俄两国货物贸易的规模较小，两国优越的地理位置、雄厚的经济实力、互补的资源技术优势在货物贸易中并没有完全体现出来。当前，中国供给侧结构性改革与"一带一路"倡议的提出为中国与俄罗斯货物贸易的深入发展提供了新的契机。在此背景下，本文对中俄两国货物贸易的现状与优势进行分析，并提出中俄两国开展货物贸易的相关对策。

一、中俄货物贸易现状分析

（一）贸易规模小

当前，中国是世界上第一大贸易国与第二大经济体，俄罗斯是中国最大的邻国，同时也是世界经济大国之一，中国对俄罗斯开展贸易具有得天独厚的优势。根据表1数据显示，2010~2014年中国同俄罗斯进出口贸易额呈不断上升趋势，期间，中国同俄罗斯进出口总额年平均增长率15.49%。2014年中国同俄罗斯进出口总额达到952.70亿美元，同比增长6.7%，其中，中国同俄罗斯出口总额为536.77亿美元，同比增长8.24%；中国自俄罗斯进口总额为415.94亿美元，同比增长4.86%。2015年中国从俄罗斯进口的主要产品石油价格大幅下跌，中国自俄罗斯进口石油数量不变的情况下，进口石油价格的下降导致2015年中俄贸易进出口总额有所减少，但伴随着中国供给侧结构性改革以及"一带一路"倡议的开展，中国对俄罗斯的贸易还有很大的发展空间。虽然近几年中俄贸易规模有所扩大，但是，中国同俄罗斯进出口总额在中国进出口总额中所占的比重却相对较小，2010~2014年中俄进出口总额占中国进出口总额的比重依次为1.87%、2.18%、2.28%、2.15%、2.21%。2015年中国主要贸易伙伴国美国、日本、韩国的进出口总额占中国对外贸易总额的比重分别为15.11%、6.82%、5.74%，由此悬殊的数据对照下可以看出目前中俄双边贸易规模较小。

表1　　　　2010~2014年中国同俄罗斯进出口贸易额变化　　　　单位：亿美元

	2010年	2011年	2012年	2013年	2014年	2015年
中国向俄罗斯出口总额	296.12	389.04	440.56	495.92	536.77	349.5
中国自俄罗斯进口总额	259.21	403.70	441.55	396.68	415.94	286.1
中俄贸易差额	36.91	-14.66	-0.99	99.24	120.83	63.4
中国同俄罗斯进出口总额	555.33	792.74	882.11	892.59	952.70	635.5
中国进出口总额	29 739.98	36 418.60	38 671.19	41 589.93	43 015.27	39 569.00
占比（%）	1.87	2.18	2.28	2.15	2.21	1.61

资料来源：根据中国国家统计局2010~2014年度统计数据、中华人民共和国商务部国别报告整理而得。

（二）贸易结构不合理

伴随着中俄两国政治互信与贸易往来的不断深入发展，中俄两国贸易规模正在不断扩大，但中俄两国的贸易结构仍处于"低水平、不合理"的状态。一方面根据表 2 数据显示，中国自俄罗斯进口的商品主要为矿产品、木及制品、化工产品、机电产品、动物产品、纤维素浆等资源密集型产品，其中，2011~2014年矿产品始终位于中国自俄罗斯进口产品的首位，占进口商品的比重依次为 65.9%、65.6%、51.7%、77.7%。同时，矿产品等资源密集型产品属不可再生能源，其价格波动较大，一定程度上制约了中俄两国贸易的稳定发展。另一方面由表 2 数据分析得出，中国向俄罗斯出口的商品以纺织品及原料、贱金属及制品、家具、玩具、杂项制品、塑料、橡胶、鞋靴、伞等轻工产品等劳动密集型产品为主，2011~2014 年机电产品在中国向俄罗斯出口的商品中居于榜首，所占比重依次为 46.7%、45.1%、45.5%、46.2%，但中国向俄罗斯出口的机电产品多为技术含量较低的家电以及消费类电子产品。由此可见，无论是中国自俄罗斯进口的商品还是中国对俄罗斯出口的商品，其都具有附加值低的特点，高技术含量、高附加值的商品在中俄两国货物贸易中所占比重较小，不合理的贸易结构制约了两国之间贸易的进一步深入，同时也限制了两国贸易水平在质上的突破。

表2　　　　　中国对俄罗斯进出口主要商品构成（类）及占比　　　　单位：百万美元

年份	中国自俄罗斯进口主要商品构成（类）			中国向俄罗斯出口主要商品构成（类）		
	商品类别	金额	占比（%）	商品类别	金额	占比（%）
2014	矿产品（第5类）	28 891	77.7	机电产品（第16类）	23 465	46.2
	木及制品（第9类）	2 511	6.8	纺织品及原料（第11类）	4 922	9.7
	化工产品（第6类）	1 468	4.0	贱金属及制品（第15类）	3 975	7.8
	机电产品（第16类）	1 451	3.9	家具、玩具、杂项制品（第20类）	3 413	6.7
	活动物；动物产品（第1类）	934	2.5	塑料、橡胶（第7类）	2 642	5.2
2013	矿产品（第5类）	8 607	51.7	机电产品（第16类）	23 496	45.5
	木及制品（第9类）	2 230	13.4	纺织品及原料（第11类）	5 161	10.0
	化工产品（第6类）	1 584	9.5	贱金属及制品（第15类）	4 090	7.9
	机电产品（第16类）	1 139	6.8	家具、玩具、杂项制品（第20类）	3 366	6.5
	活动物；动物产品（第1类）	1 022	6.1	鞋靴、伞等轻工产品（第12类）	2 914	5.6
2012	矿产品（第5类）	15 784	65.6	机电产品（第16类）	23 018	45.1
	化工产品（第6类）	2 442	10.2	纺织品及原料（第11类）	4 785	9.4
	木及制品（第9类）	2 061	8.6	贱金属及制品（第15类）	4 102	8.0
	机电产品（第16类）	1 013	4.2	家具、玩具、杂项制品（第20类）	3 304	6.5
	活动物；动物产品（第1类）	929	3.9	运输设备（第17类）	3 025	5.9

续表

年份	中国自俄罗斯进口主要商品构成（类）			中国向俄罗斯出口主要商品构成（类）		
	商品类别	金额	占比（%）	商品类别	金额	占比（%）
2011	矿产品（第5类）	17 697	65.9	机电产品（第16类）	21 237	46.7
	木及制品（第9类）	2 585	9.6	纺织品及原料（第11类）	4 121	9.1
	化工产品（第6类）	2 273	8.5	贱金属及制品（第15类）	3 883	8.5
	活动物；动物产品（第1类）	1 067	4.0	鞋靴、伞等轻工产品（第12类）	2 483	5.5
	纤维素浆；纸张（第10类）	1 003	3.7	家具、玩具、杂项制品（第20类）	2 399	5.3

资料来源：由中华人民共和国商务部国别报告中俄贸易报告数据整理而得。

（三）贸易方式单一

中国与俄罗斯的货物贸易主要以一般贸易与边境贸易为主，加工贸易较为薄弱。这种较为单一的贸易方式意味着双边贸易仍处于低水平、低层次状态，高附加值、高技术含量的商品在贸易过程中匮乏。中国涉及中俄边境小额贸易的省区主要有黑龙江省、吉林省、内蒙古自治区和新疆维吾尔自治区，目前中俄边境贸易存在边境主体提供货物的动力不足、商品结构单一、经营方式粗放等问题。中国在边境贸易中并没有发挥边境地区的优势，以黑龙江为例，黑龙江省对俄出口的货物大部分是从内地整合后再出口，没有在本地区形成完整的供货系统与配套的生产基地，有碍于中俄贸易的深入发展。

二、中俄开展货物贸易的优势分析

在经济全球化与区域经济一体化进程不断加快的背景下，中国与俄罗斯开展货物贸易具有如下四方面的优势，第一，两国得天独厚的地理位置便利了两国贸易的开展；第二，中俄两国良好的政治关系成为两国货物贸易深入发展的基础；第三，当今趋于稳定的国际经济环境与两国的经济实力为两国开展贸易提供了经济保障；第四，两国在资源、劳动力、技术与产业结构上的互补促进了两国贸易的不断深化。

（一）地理优势

俄罗斯横跨欧洲与亚洲两大洲，领土分布在欧洲东部与亚洲西部，俄罗斯的南部与东南部同中国接壤，与中国有着约4 300千米的共同边界线。俄罗斯西部与中国新疆维吾尔自治区的喀斯特风景区相连，东部与中国的黑龙江省、吉林省与内蒙古自治区有着共同界线，相邻的地理位置便于两国开展边境贸易，进而促进中俄两国贸易的深入开展。首先，中国的黑龙江省、吉林省与内蒙古自治区对俄罗斯的边境口岸体系日趋完善，便利了两国货物贸易的开展。其次，中国的振兴东北老工业基地政策与俄罗斯的加速发展西伯利亚远东战略二者在地理位置上具有较高的契合度，使得中国与俄罗斯的贸易发展如虎添翼。最后，中俄两国相邻的地理位置以及优越的地理环境，使得两国具有完善且多元的运输方式，汽运、河运以及铁路运输都相对便利，有利于两国贸易的开展。

（二）政治优势

中国与俄罗斯于1949年10月2日建立外交关系，可见两国有着悠久的政治互信历史。中俄两国在2001年和2014年分别签署了《中俄睦邻友好合作条约》和《中俄关于中俄国界东段补充协定》两个文件，为两国经济往来奠定了政治基础。最近几年里，中俄两国政治关系步入稳定发展时期，2013年，在俄罗斯新的《俄罗斯联邦外交政策构想》中，发展同中国的睦邻友好关系、继续增进两国平等互信的战略协作伙伴关系是俄罗斯外交的重要方向之一。2014年，中俄两国关系保持高水平运作，习近平主席同普京总统进行了五次会晤，进一步促进了两国全面战略协作伙伴关系的发展。同时，两国总理的定期会晤为各领域协作发展提供了保障。此外，中国与俄罗斯两个国家各个领域的机制性交往以及其他高级别频频接触，就两国共同关注的国际问题、实施意见进行商讨交流，协调立场，为两国开展货物贸易奠定了政治基础。

（三）经济优势

中国是世界上第二大经济体、第一大出口国、第一大工业国、第一大外汇储备国，拥有雄厚的经济实力和较强的综合国力。俄罗斯是世界上第一资源大国，世界经济论坛《2014~2015年全球竞争力报告》指出，在全球最具竞争力的144个国家和地区中，俄罗斯排第53位。截至2014年，中国作为俄罗斯最大的贸易伙伴已有五年之久。自2008年金融危机以来，世界经济正逐渐回暖但发展缓慢，中国经济步入新常态，俄罗斯的经济复苏超过大多数发达国家经济复苏的速度。但是，近几年俄罗斯处于国际石油价格下跌、美、日、欧制裁以及卢布贬值等内忧外患的艰难时期，经济发展受到一定的阻碍。根据俄罗斯联邦统计局公布的官方数据显示，2015年俄罗斯GDP增长率为-3.727%，国内经济下行压力加剧；

在国际上，乌克兰危机爆发后，美欧等西方国家对俄罗斯军事、金融、能源等多个领域进行制裁，俄罗斯与西方国家的关系剑拔弩张。在此背景下，俄罗斯将政策调整为深入发展与中国的经济贸易发展不失为一项明智之举。在经济方面，俄罗斯转向中国市场，在战略上密切与中国的合作，有利于推进两国在能源、技术、资本等多领域的合作。

（四）互补优势

中俄两国之间的互补优势主要体现在资源互补、劳动力互补、技术互补以及产业结构互补四个方面。

1. 资源互补。俄罗斯自然资源丰富，品类多、储量大，其森林资源居世界第一位，森林覆盖面积占国土面积的51%。矿产资源主要有煤、铁、石油、天然气、铜、锰、锌等，煤蕴藏储量1 570亿吨，位居世界第二；石油探明储量252亿吨，占世界探明储量的5%；天然气已探明蕴藏量占世界探明储量的21%，铁矿石储量650亿吨，二者均位居世界第一。近几年，俄罗斯石油与矿产资源的探明储量每年均有所增加，依然保持着世界第一大资源国的地位。中国虽然地大物博，自然资源在绝对数量上位于世界前列，但众多的人口使得中国大多数自然资源人均占有率不及世界平均水平，中国人均煤、油、天然气资源的占有量分别为世界平均水平的55%、11%和4%。根据2015年《中国国土资源公报》数据显示，截至2014年年底，中国煤炭、石油、天然气查明资源储量分别为15 317亿吨、34.3亿吨、4.9万亿立方米，自然资源与俄罗斯相比较为短缺。

2. 劳动力互补。劳动力资源稀缺是俄罗斯经济发展的薄弱一环。截至2014年1月1日，俄罗斯人口达到1.44亿人，2014年人口增长率仅为万分之二。并且俄罗斯的人口主要集中在中心城市，约1/5的全国人口和超过1/3的城市人口集中分布在莫斯科、圣彼得堡、新西伯利亚等13个中心城市，人口分布不均衡。俄罗斯目前主要在制造业、建筑业、贸易、教育和不动产等产业上面临劳动力资源短缺的问题。中国截至2014年年末，中国大陆总人口数量超过13.6亿人，劳动力资源丰富。同时，中国劳务人员技术熟练度高、人员素质良好、劳动报酬较低，近几年，中国在劳动力输出方面提高输出人员的综合素质，从原本单一的劳务输出向软件开发、技术创新等多领域发展。中俄两国互补的劳动力资源为两国贸易的扩大注入了新的活力。

3. 技术、产业结构互补。在技术与产业结构方面，俄罗斯的重点/特色产业主要是石油天然气、冶金、国防工业，主要出口产品为能源产品、金属及其制品、化工产品等。并且俄罗斯在航天航空、石油化工、精密仪器、水利和渔业等方面也具有明显优势，技术水平与科技含量较高；中国主要出口的产品为机电产品以及纺织、服装、鞋、家电等轻工制品，品类齐全、产量充裕，能够满足俄罗斯消费者市场多层次、多元化的需求。中俄两国应抓住在技术与产业结构上的互补性这一机遇，推进中俄贸易多领域、多方位的合作。

（五）政策优势

"一带一路"倡议着力推进与沿线国家发展战略相互对接，并且通过国家间的投资项目、知识交流、合作等方式使亚洲、欧洲、非洲地区各个国家的联系更加紧密。根据《"一带一路"大数据报告（2016）》分析显示，在"一带一路"沿线国家中，俄罗斯媒体与网民对此政策的关注热度排名较高。在以民心相通度、政策沟通度、设施联通度、贸易畅通度、货币融通度等五个维度进行综合评估后，结果显示俄罗斯与中国的国际合作度最高。中国企业应借"一带一路"政策的东风，以"政府搭台，企业唱戏"的方式，开展与俄罗斯的贸易合作。

三、促进中国对俄货物贸易发展的对策

中国与俄罗斯开展贸易在具备地缘优势、政治优势、经济优势以及互补优势的同时，也面临着贸易规模小、贸易结构不合理、贸易方式单一、贸易结算系统不完善等一系列问题，因此，发挥中俄货物贸易优势最大化，改善中俄货物贸易现状成为促进中俄货物贸易发展的当务之急。促进中国对俄货物贸易的发展，一方面，需要企业自身树立创新意识，积极打造特色品牌，提高自身企业形象与国际竞争力。同时企业还可借力国家相关政策，推动外贸供给侧结构性改革，加强与俄罗斯贸易联系。另一方面，政府要发挥引导作用，建立健全各项贸易机制，并对企业提供相应的资金支持和政策支持。政府可从优化中俄两国贸易结构、积极促成两国社会文化深入交流、加速"单一窗口"进程、推动中俄自贸区等四方面，推动中俄货物贸易的稳定、长远发展。

（一）树立企业形象，打造特色品牌

近几年随着消费者品牌消费需求的不断延伸，品牌文化建设成为企业之间严酷竞争的需要。一方面，品牌能够为消费者节约购物时间、确保商品质量、优化

消费者的选择；另一方面，市场激烈的竞争导致各类产品质量与服务难分伯仲，从而让企业的品牌建设成为衡量企业在国际市场是否成功的重要因素之一。20世纪90年代初的"倒爷经济"使得中国产品在俄罗斯的形象受到损害，导致中国产品在俄罗斯市场的销量受到冲击。中国企业应积极吸取教训，保证出口商品的质量与服务。企业应建立一套完善的质量保证体系并严格恪守各项质量标准，提高产品质量，在国际货物贸易中，保质保量地完成订单合同，在产品上实现"以质取胜"。同时，中国企业还应树立品牌意识，打造自身的特色品牌，扩大品牌的影响力，打入俄罗斯市场。对此，中国企业应精心管理其品牌，在企业内部建立独特的理念体系和运作机制，可通过成功的营销策略将中国企业自身的特色品牌打入俄罗斯市场。中国企业要促进自身产品在质量与偏好上最大限度满足俄罗斯消费者的需求，使自身品牌在俄罗斯市场占有一席之地，这将对中俄货物贸易的长远发展起到一定的推动作用。

（二）改善外贸供给侧结构

2015年11月习近平总书记首次提出"着力加强供给侧结构性改革"，当前，中俄贸易进行供给侧结构性改革，企业可借鉴国家的政策理论，从创新驱动、市场引领、在优化存量中提质增量等多方面培育新的竞争优势。创新是供给侧中最活跃的因素，企业应增强创新能力，加大产品在研发过程中的资金投入，实现产品在技术层面的突破，提高产品的附加值；企业还要突破传统观念的束缚，推进原始创新与二次创新共同发展。要坚持市场引领，既要"看不见的手"与"看得见的手"都用好，又要发挥市场在资源配置中的决定性作用，尊重市场需求。中国企业可对俄罗斯市场进行调研，了解当地消费者的需求，产品营销过程中实施本地化战略，出口俄罗斯消费者偏好的物美价廉、高质量的商品。优化存量提质增量方面可通过加强黑龙江省、吉林省、新疆维吾尔自治区、内蒙古自治区等与俄罗斯毗邻省区产业集群的建设、延伸加工贸易链条等措施促进供给侧结构性改革。

（三）优化商品结构

中俄之间不合理的贸易结构是制约两国贸易进一步深化与发展的因素之一，因此，改善两国的贸易结构迫在眉睫。首先，针对中国对俄出口的机电产品多为附加值低、技术含量低的家用电器及消费类电子产品这一现状，中国政府应鼓励企业加大对机电类产品的技术创新，并对从事机电类产品创新的企业提供相应的资金与技术支持，如可以对此类产品采取对应的税收优惠政策，提高企业的积极性。在保持中国机电类产品出口优势的同时，提高机电类产品的附加值与技术含量，对于改善中俄两国贸易结构具有促进作用。其次，俄罗斯在核能、航空航天、采矿设备等领域的优势地位在中俄贸易中并没有显现出来，中俄应在技术领域加强合作，积极促进大项目合作的开展，目前中俄的大项目合作还停留在政府主导、促成阶段，未来中俄企业应积极促成两国在电力、机械、通信、航天等双方都具有优势的大项目，通过具有影响力和庞大规模的大项目合作改善中俄的贸易结构。最后，目前两国在贸易中的相互投资力度不大，中俄两国政府应通过鼓励投资来优化商品结构，促进两国贸易由资源密集型和劳动力密集型向技术密集型和资本密集型转变。

(四) 加强社会文化交流

中俄之间开展贸易受到国别制度环境的影响，中俄两国的历史文化一定程度上影响两国贸易的往来。因此，中国应加强与俄罗斯的社会文化交流，培养促进贸易发展的复合型人才。一方面，中国与俄罗斯两国除了高层领导定期互访、两国总理会晤外，中国政府还应积极倡导两国民间组织的往来与交流，如加强企业往来、协会交流、学术团体互访、党派沟通等多方面的交流，形成自上而下涉及经济、政治、法律、文化多层次全方面的交流体系。另一方面，要注重贸易专业化人才的培养，政府对人才培养进行投资，可通过提供留学访问机会、举办中俄座谈会、建立健全人才培养制度等多种方式培养中俄贸易专业化人才。中国政府应着重从语言、习俗、法律制度、文化、专业知识等方面培养跨国境贸易的人才，推进中俄贸易发展步入新的台阶。

(五) 加速"单一窗口"进程

加速推进中俄两国"单一窗口"进程是指两国的贸易监管机构应在进出口流程中建立基于计算机系统的单一窗口系统，中俄两国的进出口商可在该系统的支持下一次性提交所有的贸易数据。目前，中俄两国贸易过程中的信息传递不完整、支付方式不规范、清关系统不健全等现象，严重制约了两国的贸易进程，阻碍了两国贸易规模的扩大。贸易便利化的程度影响中俄两国贸易的开展，因此，应顺应科技化发展浪潮，利用无纸贸易与在线国际贸易两种路径来推进中俄两国之间贸易便利化。一方面，利用信息技术和网络便利国际贸易流程和交易方式，中国政府应积极倡导推行完善的贸易体制，规范贸易环节，消除两国贸易中的阻碍，降低交易成本。另一方面，发挥新兴的网络虚拟市场的作用，通过网络方式达成各项贸易业务往来，精简交易流程，可通过鼓励第三方中介完善自身业务规范，为进出口商提供一步式的外贸业务外包活动，便利中俄进出口商之间的贸易往来，缩短交易时间，节约交易成本。

（六）推进中俄自贸区建设

自由贸易区的成员国之间相互之间取消贸易壁垒，对非成员方仍保持不同的外部政策。中国是自由贸易区的积极推动者与倡导者，目前，中国已与东盟、韩国、澳大利亚等国家和地区建立了自由贸易区，并分别达成了自由贸易协定。中国与俄罗斯毗邻的地理优势、悠久的政治互信基础与共同致力于经济发展的目标是推动中俄自贸区成立的必要条件，推进中俄自贸区的建立，对中俄两国经济贸易发展有着不可小觑的作用。推进中俄自贸区建设，中国方面应借鉴中国—东盟、中韩、中澳自由贸易区在协定过程中的经验，在谈判内容与原则上根据中俄两国的实际贸易状况与合作机制灵活变通，在关税削减、开展零关税的自由贸易进程上循序渐进，在不影响两国政治稳定、不损害两国经济利益的基础上积极推进中俄自贸区的建设。此外，中俄自贸区的进程也潜移默化地影响着东北亚区域经济一体化的进程，目前，中国与韩国签订的自由贸易协定是中国迄今为止涉及领域范围最全面、国别贸易额最大的自贸协定，并促进了中韩双边贸易的发展。中俄自贸区的建立，将成为建立涵盖中国、俄罗斯、韩国、蒙古国、日本以及朝鲜六国在内的东北亚自由贸易区的关键。

参 考 文 献

[1] 李汉君. 中俄贸易商品结构存在的问题与优化 [J]. 对外经贸实务，2010（8）：31-33.

[2] 万红先，李莉. 中俄贸易商品结构及其影响因素研究 [J]. 国际商务（对外经济贸易大学学报），2011（5）：25-34.

[3] 曹阳. 俄罗斯加入 WTO 对中俄贸易的影响及对策 [J]. 东北亚论坛，2012（6）：27-32.

[4] 李艳. 中俄贸易互补性及发展对策研究 [J]. 对外经贸，2013（4）：37-38.

[5] 樊华，王肇钧，程淑佳. 我国对东北亚国家商品出口趋势与对策 [J].

经济纵横，2013（3）：57-61.

［6］丁莹. 中俄贸易发展状况、问题及对策研究［J］. 经济研究导刊，2014（28）：264-265.

［7］魏孟. 中俄货物贸易及其边境效应研究［D］. 济南：山东财经大学，2014.

［8］展丽. 建立中俄自由贸易区的相关研究［J］. 中国商贸，2014（26）：123-124.

［9］黄巍. 中俄贸易发展中存在的问题与对策研究［J］. 对外经贸，2016（3）：27-28.

［10］刘少慧，尹建中. 中俄两国贸易发展特点及对策分析［J］. 对外经贸，2016（7）：44-46.

中、俄、美、欧在外高加索地区的能源经济战略

张欣欣

【作者简介】 张欣欣,女,吉林财经大学国际经济贸易学院,副教授。

【摘　要】 外高加索地区具有独特的地缘位置和诱人的能源资源,因此,该地区已成为全球性政治、军事和经济的热点。对俄罗斯来说,外高加索具有非常重要的地缘政治利益与能源经济利益,而欧美等大国在外高加索地区各个领域也不断涉足,近几年中国与外高加索地区国家的经济合作也日趋频繁。大国在此地区的利益博弈虽此消彼长,但从未停止。

【关键词】 大国;外高加索;经济政策;能源经济

一、外高加索的地缘

外高加索也称南高加索,是指大高加索山脉以南的格鲁吉亚、亚美尼亚、阿塞拜疆三国所在地区,处于欧亚大陆中心地带,面积约为 18.5 万平方千米。外高加索以山地为主,该地区 3/5 的面积是海拔 600 米以上的山地。外高加索地区石油和天然气资源丰富,煤、锰、铜等资源储量也很高。该地区主要河流有库拉河、里奥尼河和因古里河,水力资源亦十分丰富。1922 年 12 月格鲁吉亚、亚美尼亚、阿塞拜疆三国以外高加索联邦苏维埃社会主义共和国的名义加入苏联。在 20 世纪 90 年代初,三国相继独立。

格鲁吉亚位于黑海之滨,北与俄罗斯接壤,南与土耳其、亚美尼亚、阿塞拜疆毗邻,国土面积为 6.97 万平方千米,人口约为 460 万人,国土 80% 为山地,首都为第比利斯;亚美尼亚共和国被视为是东欧的一部分,与格鲁吉亚、土耳其、伊朗、阿塞拜疆接壤,国土面积为 2.98 万平方千米,人口约为 330 万人,首都为埃里温;阿塞拜疆共和国地处亚洲西部,位于亚洲和欧洲的分界线高加索山脉东南侧,东临里海,国土面积为 8.66 万平方千米,人口约 935 万人,首都

巴库,被誉为"石油城"。

除了上述三国外,外高加索还包含阿布哈兹、南奥塞梯和纳戈尔诺·卡拉巴赫三个有争议的地区。阿布哈兹位于格鲁吉亚西北部,北部与俄罗斯接壤,面积约为0.84万平方千米,人口约为20万人,主要包括阿布哈兹人、格鲁吉亚人和俄罗斯人等。20世纪90年代初期,随着苏联解体,阿布哈兹开始谋求独立。1992年7月阿布哈兹自行宣布脱离格鲁吉亚,从而引起了格鲁吉亚政府与阿布哈兹地方当局之间的武装冲突。在联合国和俄罗斯的调停下,格鲁吉亚中央政府与阿布哈兹地方当局于1994年5月达成停火协议。随后俄军以独联体维和部队的名义进驻了阿布哈兹。南奥塞梯与俄罗斯的北奥塞梯接壤。面积约为0.39万平方千米,人口约19万人,主要由奥塞梯人、俄罗斯人和格鲁吉亚人组成。从1989年起,南奥塞梯就要求与俄罗斯境内的北奥塞梯合并。1992年1月,南奥塞梯通过全民公决,要求成立独立共和国及与北奥塞梯合并。由此导致格鲁吉亚政府与南奥塞梯地方当局爆发大规模武装冲突。由于南奥塞梯当局与俄罗斯关系密切,所以格鲁吉亚经常指责俄罗斯暗中支持南奥塞梯。俄格双方在南奥塞梯问题上龃龉不断。2008年8月,格鲁吉亚对南奥塞梯发动了武装侵略,俄罗斯也作出了正面的回应,2008年8月26日,时任俄罗斯总统的梅德韦杰夫签署命令,承认南奥塞梯和阿布哈兹独立。纳戈尔诺-卡拉巴赫位于阿塞拜疆西南部,面积约为0.44万平方千米,约有18万人口,超过95%的居民为亚美尼亚族人。1988年,纳卡要求并入亚美尼亚,导致该州阿、亚两族之间爆发武装冲突。1991年纳戈尔诺-卡拉巴赫宣布独立,但是只有三个非联合国会员国家承认其合法性。

外高加索三国地处欧亚结合部,南与中东、西亚连接,北与俄罗斯和欧洲地区毗邻,连接里海与黑海,战略位置十分重要,历史上就是各种文明和宗教汇聚之地。民族、宗教、领土矛盾错综复杂,各方政治势力不断介入与影响,使得该地区局势一直动荡不安。[1] 大国势力在此地盘根错节,政治经济博弈从未停止。

二、外高加索的能源资源

政治、种族、宗教、建筑等的多样性与复杂性并没有减弱外高加索作为一个整体区域在国际地缘经济与地缘战略方面的重要性,从古至今无论是战略潜能还是地理位置,外高加索地区的地缘经济、政治作用都是独一无二的。外高加索三国不仅地理位置十分重要,而且能源和原材料资源也颇为丰富,该地区蕴藏有丰富的油气和矿产资源。

谈到外高加索的能源,毫无疑问首推阿塞拜疆。阿塞拜疆以丰富的油气资源而著称,石油和天然气开采业目前是阿塞拜疆绝对的经济支柱产业。阿塞拜疆已探明石油储量约为20亿吨,天然气储量约为2.65万亿立方米。[2]油气资源可以说是阿塞拜疆的经济命脉。阿塞拜疆虽然具有丰富的油气资源,但是本国需求却较少,因此,具有较大的能源出口潜力。作为一个以石油开采业为支撑、产业结构单一的国家,阿塞拜疆的出口主要依靠原油、成品油和天然气三大类产品。2013年这三类产品出口金额达到221.55亿美元,占阿塞拜疆出口总额的92.4%。2013年阿塞拜疆对外输送原油共计3 424.5万吨,出口天然气30.4亿立方米,出口金额达到7亿美元,较2012年增长2.7%。[3]2013年人均GDP达7 800美元,仅次于俄罗斯和哈萨克斯坦,居独联体国家第三位。受国际原油价格回落等诸多因素的影响,近年阿塞拜疆原油产量呈下降趋势,2014年产量预计为4 165万吨。2015年1月至9月原油和凝析油产量为3 210万吨,比上年同期减少70万吨。[4]

格鲁吉亚虽然没有像阿塞拜疆那样拥有丰富的石油和天然气等矿物质能源资源,但却有着丰富的钨、铜、煤等资源及丰富的森林和水力资源。特别是成为欧盟联系国后,更加接近广阔、便利的欧洲市场,在地理位置上也是沟通东西南北的一个重要枢纽。值得一提的是近年来,在格鲁吉亚的西部、东部和黑海地区也发现了储量丰富的石油和天然气资源,在世界油气资源日渐枯竭的今天,这一发现也使格鲁吉亚备受世人关注。

同阿塞拜疆和格鲁吉亚相比,亚美尼亚是一个资源贫瘠的国家。工业是国民经济的主导产业,农业在国民经济中也占有相当重要的份额。亚境内多山,铜、钼、硫黄、大理石等彩色凝灰岩矿物储量丰富,境内河流水大流急,水力资源很丰富。但受全球气候变化的影响,亚美尼亚的水资源也在减少。

三、中、俄、美、欧在外高加索的能源经济战略

外高加索作为联结接欧亚两大繁荣经济圈的桥梁,其在全球的经济战略地位不言而喻。同时外高加索毗邻的里海和黑海,蕴含丰富的油气资源及独特的地缘优势使其也成为全球关注的焦点。外高加索地区已成为俄罗斯、美国、欧盟国家、中国、西亚和中东大国争相合作的地区。各国纷纷推出了相应的外高加索经

贸战略。

1. 中国。近年来，伴随贸易自由化和经济全球化的推进及能源安全问题的升级，外高加索于世界经济的重要地位日益凸显。2013年，中国创造性地提出了涵盖外高加索、中亚和南亚的"新丝绸之路"经济带建设战略。这些国家将成为中国贸易、投资和基础设施服务与物流的受益方。中国作为新兴经济体，经济增长势头强劲，对于同为新兴的发展中国家，中国能够给予外高加索各国以平等的地位推进经济往来。

尽管阿塞拜疆和中国并不相邻，但古老的"丝绸之路"在历史上将两国紧密地联系在一起。作为"丝绸之路"上的重要枢纽，阿塞拜疆也是重建"丝绸之路"的倡议者之一。根据阿塞拜疆海关统计，中国是阿塞拜疆第14大贸易伙伴和第6大进口来源国。中国自阿塞拜疆进口的主要是石油，中国对阿塞拜疆出口的主要是服装、机械器具和电子电气设备等三大类商品。2013年中阿贸易总额为6.55亿美元。其中阿塞拜疆对华出口8 863万美元，阿塞拜疆自华进口5.66亿美元。阿塞拜疆对中国的贸易逆差为4.77亿美元。[5] 由于自身资源的优势，目前，阿塞拜疆已经吸引了众多西方石油公司来此"掘金"。但是，阿塞拜疆向国外输出能源资源的项目都需要大量的资金支持。欧盟因希腊债务危机等原因，经济复苏困难；俄罗斯也正在努力恢复自身元气，因此，在外高加索地区有些能源项目尚未确定的条件下，中国积极有效地参加与阿塞拜疆的能源合作，应该说是必要和可能的。[6] 格鲁吉亚北邻俄罗斯，南与土耳其、亚美尼亚、阿塞拜疆接壤，是"丝绸之路"南北通道的咽喉。格鲁吉亚战略地位十分重要，在历史上就是"古丝绸之路"南北线的结合部。所以中国要构建"新丝绸之路"经济带，格鲁吉亚担负着东西贯通、整合欧亚经济带的重任。而格鲁吉亚本国也兴起了一股"丝绸之路"热，热切盼望加入"丝绸之路"经济带的建设中来。[7] 据格鲁吉亚国家统计局数据，2013年中国与格鲁吉亚进出口贸易总额为5.98亿美元，同比增长1%，占格对外贸易总额的5.5%，为格鲁吉亚第五大贸易伙伴。其中格鲁吉亚向中国出口0.34亿美元，格鲁吉亚自中国进口5.64亿美元。格鲁吉亚前四大贸易伙伴分别为土耳其、阿塞拜疆、乌克兰和俄罗斯。中国与亚美尼亚贸易往来亦很频繁，在俄罗斯之后，中国已成为亚美尼亚第二大贸易伙伴。

从1998~2012年中国与外高加索三国进出口贸易额数据（见表1）来看，中国同外高加索三国的进出口贸易总额呈逐年增长的态势，尤其是2002年、2007年、2008年和2011年四年增长速度较快。而三国中，中国与阿塞拜疆进出口贸易额最高，格鲁吉亚次之，亚美尼亚较少。究其原因，是由于近年来中国能源供不应求的情况日益严重,2012年中国石油对外依存度已达58%,中国特别需要阿塞拜疆丰富的油气资源。

表1　　　　1998~2012年中国与外高加索三国进出口贸易额　　　单位:亿美元

年份	中国与格鲁吉亚进出口贸易额	中国与亚美尼亚进出口贸易额	中国与阿塞拜疆进出口贸易额	中国与外高加索三国进出口贸易总额
1998	0.077 3	0.008 4	0.013 1	0.098 8
1999	0.037 3	0.115 9	0.011 4	0.164 6
2000	0.038 9	0.052 4	0.061 7	0.153 0
2001	0.070 0	0.034 4	0.150 4	0.254 8
2002	0.115 1	0.086 0	0.954 9	1.156 0
2003	0.281 2	0.064 9	2.381 6	2.727 7
2004	0.570 6	0.138 4	1.839 5	2.548 5
2005	0.434 2	0.233 8	2.580 5	3.248 5
2006	0.853 1	0.414 9	3.686 9	4.954 9
2007	1.923 3	0.892 1	4.765 6	7.581
2008	2.964 1	0.807 2	8.009 6	11.780 9
2009	2.098 0	1.113 8	6.817 4	10.029 3
2010	3.201 8	1.638 9	9.327 0	14.167 7
2011	7.991 7	1.703 5	10.863 4	20.558 6
2012	7.737 4	1.472 7	12.837 3	22.047 4

资料来源:《中国统计年鉴》。

中国一直都在发展同外高加索三国的经贸合作,并把中国与外高加索三国之间的经贸和区域经济合作纳入中国与中亚、独联体和西亚国家的经贸和区域经济合作框架,逐渐推进各种形式的区域经济一体化,为更高层次的区域经济合作创造条件。[8]

2. 美欧。外高加索地区之所以长久以来都是北约成员国的关注焦点,除了其独特的地理位置——高加索地区是欧亚大陆的边缘带,是向欧亚大陆纵深扩展的平台,还由于该地区及其周边地区蕴含着丰富的能源,在全球能源日渐紧张的情况下,该地区油气资源的战略地位日渐凸出。[9]里海石油及油气管线问题是各方势力关注的热点。

首先,外高加索地区(里海盆地)拥有丰富的油气资源,美国和欧洲的很多能源公司直接进入该地区对油气资源进行开发。(见表2)[10]此外,美国还欲加快里海油气资源开发,摆脱对海湾石油的过多依赖,同时通过这一地区将里海油气资源绕道俄罗斯运往欧洲盟国,维护美国全球能源战略安全。在21世纪能源安全政策日渐重要的大背景下,美俄在里海地区的能源争夺愈演愈烈,而地处外高加索地缘政治中心的阿塞拜疆自然成为各相关利益国家关注与竞争的焦点。[11]

表2		里海的石油和天然气资源		
国家	石油 （10亿吨）	占世界总储量 （%）	天然气（万亿 立方米）	占世界总储量 （%）
阿塞拜疆	1.0	0.5	1.31	0.7
哈萨克斯坦	5.3	3.0	1.82	1.0
土库曼斯坦	0.1	0.05	8.1	4.2
乌兹别克斯坦	0.1	0.05	1.68	0.9
总计	6.4	3.6	12.91	6.8

资料来源：《中国统计年鉴》。

里海油气资源的吸引力，首先取决于其相对有利的地理位置。由于海湾地区的经常性不稳定的局势，使得里海作为油气开发中心的价值得以提高。此外，相对于其他油气区，里海国家还有一个显著的优势，就是这些国家人口少，石油消费水平低，这就意味着它们可以大量地出口。[12]

其次，数条里海能源航线通过高加索，尤其是格鲁吉亚。巴库—第比利斯—杰伊汉（BTC）管道线路是主要的运输线路。管道总长1 768千米，其中443千米穿过阿塞拜疆境内，249千米位于格鲁吉亚领土上，1 076千米穿过土耳其境内。其设计吞吐能力为每年50万吨原油或每天100万桶原油。BTC管道于2002年9月18日开始建设，阿塞拜疆段于2005年5月25日开始建设，2005年10月12日格鲁吉亚段开始建设，2006年7月13日在土耳其举行了正式的巴库—第比利斯—杰伊汉管道线路开幕仪式。[13]

还有另一条不通过俄罗斯境内的管道，这就是巴库—第比利斯—苏普萨。该管道是欧亚石油运输走廊的一部分。欧亚石油走廊从阿塞拜疆开始，通过格鲁吉亚，沿着巴库—苏普萨管道，然后通过油轮到敖德萨，接着通过波兰—敖德萨—布罗迪管道运输石油。

巴库—第比利斯—埃尔祖鲁姆天然气管道是"南方天然气走廊"的一部分，也是非常重要的不通过俄境内的管道。正在计划的"走廊"由三个部分组成：跨里海天然气管道（这个项目从哈萨克斯坦和土库曼斯坦向阿塞拜疆运输天然气），巴库—第比利斯—埃尔祖鲁姆天然气管道（从阿塞拜疆经过格鲁吉亚到土耳其）和纳布科（从土耳其的埃尔祖鲁姆，通过保加利亚、罗马尼亚和匈牙利，到奥地利的鲍姆加滕）。

在欧盟和美国，这些管道不仅被视为是世界经济的重要资源，而且也被视为是一种摆脱对俄罗斯能源依赖的手段。因此，高加索地区就成了一个石油管道系统发展的必经地区，这为欧洲能源供应的多样化创造了条件。

但是，对俄罗斯而言，这些油气管线的运营不仅使俄失去了高加索和中亚国家间经由其领土运输石油的过境费,还会使阿塞拜疆和其他中亚国家成为俄罗斯在国际石油市场上的竞争对手。[14]

3. 俄罗斯。外高加索是俄罗斯通往南方的重要门户,也是确保俄罗斯在黑海、里海地区传统利益的战略要地,更是保证俄罗斯南部边界安全与稳定的一道天然屏障。当外高加索地区出现格鲁吉亚、亚美尼亚和阿塞拜疆三个新独立国家后,俄罗斯不得不以发展国家关系的方式来重新确定自己的角色。1991年苏联解体后俄罗斯与外高加索三国关系的走势,客观上反映了俄罗斯对独联体国家政策的变化,在某种程度上还是俄罗斯大国外交实际运作的一个不容忽视的层面,因为俄罗斯在这一地区的竞争对手总有西方大国的魅影。

俄罗斯不会对外高加索地区的众多绕他而行的油气管线坐视不理。里海石油通过俄领土输往世界市场才是符合俄罗斯地理能源利益的。根据俄政府于2009年11月通过的有效期到2030年的俄罗斯联邦能源策略,俄罗斯石油工业对外经济活动的最重要的战略目标之一是通过俄罗斯领土运输邻近国家的石油。[15]目前,阿塞拜疆的石油是沿着俄罗斯的主要石油管道运输。里海石油的北部路线是俄罗斯石油出口的主要路线。因此,按照从1996年1月18日生效的俄罗斯与阿塞拜疆关于通过俄罗斯境内运输石油的合同条款,阿方的石油要通过巴库—新罗西斯克线路运输。虽然根据现有的合同,从1996年开始每年应该至少有500万吨石油要经过俄罗斯境,但是2007年,随着巴库—第比利斯—杰伊汉管道石油运输路线的调试和阿塞拜疆石油出口流量的再分配,现在只有208.3万吨石油通过俄境内。而2008年的前11个月期间交付的阿塞拜疆的石油却只有111.4万吨。[16]

对于俄罗斯来说,阿塞拜疆的"黑色金子"通过所谓的"北方"路线向世界市场运输是有利的,只有在这种情况下,抽油的关税才流入俄罗斯国库,而不是进入邻国的预算。保持和提高里海石油的过境运输,对俄罗斯来说不仅是经济利益的保证,在地缘政治方面也具有巨大的意义。所以,2009年10月14日,俄罗斯天然气工业公司和阿塞拜疆共和国国家石油公司(ГНКАР)签署了天然气的购销合同。根据合同,俄罗斯天然气工业股份公司的天然气初始采购量为5亿立方米,将来采购额将随着阿塞拜疆一方的出口能力而逐步提高。阿塞拜疆天然气从2010年1月开始交付。[17]2010年9月3日俄罗斯天然气工业股份公司和阿塞拜疆共和国国家石油公司签署了一项对于现有的阿塞拜疆天然气的购销合同的补充协议,据此协议,自2011年以来采购额已经增加到了20亿立方米/年,而且自2012年起,每年将超过20亿立方米。[18]

对俄罗斯来说，获得天然气是非常重要的。俄罗斯试图拦截那些由纳布科管道运输的天然气，这条管道绕过了俄罗斯而向欧洲提供天然气，并且对俄罗斯的"南部线路"构成直接的竞争。

四、结　语

高加索地区处于欧亚大陆的分界处，存在着不同的民族和不同的文明。丰富的能源资源储量、重要的地理位置吸引了世界上不同的政治力量汇集于此。对于俄罗斯来说，外高加索地区是俄最为重要的地理战略区域，是其南部边疆的门户。而北高加索又为俄全境内最为薄弱的地区，俄国内民族分离主义分子、恐怖分子多集中于此，[19]所以俄必须维护外高加索的稳定。控制该地区的油气资源，对俄同样具有重要的战略意义。可以说，俄罗斯在外高加索地区有着涉及地缘政治和经济的切身利益。俄罗斯要进一步巩固其在该地区的地缘政治实力和经济利益的安全，并在外高加索地区形成一个连贯、完整的政策部署。美欧和中国根据自身发展的需求也在不断调整与外高加索三国贸易合作的能源经济策略。大国间激烈竞争此起彼伏，暗流涌动。

参 考 文 献

［1］［8］保建云．中国与外高加索三国贸易发展特点及经贸合作面临的问题［J］．俄罗斯中亚东欧市场，2008（3）：35，36．

［2］阿塞拜疆不爱油气而爱核电．http：//www.chinabidding.com/zxzx-detail-222823601.html．

［3］［5］2013年阿塞拜疆对外贸易情况报告．http：//finance.ifeng.com/a/20140414/12115329_0.shtml．

［4］阿塞拜疆2015年原油产量料减少．http：//www.zgqh.com.cn/Details.aspx?naID=48206．

［6］孙永祥．从阿塞拜疆油气现状看外高加索地区的能源争夺［J］．俄罗斯中亚东欧市场，2011（3）：45．

［7］丝绸之路热正在格鲁吉亚兴起．http：//world.people.com.cn/n/2014/0825/c157278-25528483.html．

[9][19] 赵龙庚. 大国在高加索地区的利益博弈[J]. 亚非纵横, 2009 (2): 36.

[10][15][16] Р. С. Мухаметов. Россия на Южном Кавказе[J]. Общественные науки. 2011 (2): 91.

[11] 汪金国, 刘海. 古阿姆: 地缘政治力量较量的产物[J]. 当代世界, 2010 (5): 57.

[12] Муханов В. Состояние энергоносителей в Каспийском регионе и роль России в их транспортировке на мировой рынок——Внутренние и внешние факторы в динамике современного развития Кавказа[J]. Аналитические записки М, 2008 (6): 22.

[13] Нефтепровод Баку — Тбилиси — Джейхан им. Гейдара Алиева. Справка от 17. 04. 2009. http: //ria. ru/economy/20090417/168381928. html.

[14] 汪金国, 王志远. 论冷战后俄罗斯对南高加索战略的演变[J]. 俄罗斯中亚东欧研究, 2009 (5): 77.

[17] «Газпром» и ГНКАР подписали контракт купли-продажи азербайджанского газа. http: //www. gazprom. ru/press/news/2009/october/article69255/.

[18] «Газпром» и ГНКАР подписали дополнение к контракту купли-продажи азербайджанского газа. http: //www. gazenergostroy. com/about/news/detail671. html.

东北亚农业经济合作资源与发展路径研究

刘晶晗[1]　郭天宝[2]

【作者简介】　1. 刘晶晗，女，吉林财经大学国际经济贸易学院，研究生；2. 郭天宝，男，吉林财经大学国际经济贸易学院，副教授。

【摘　要】　伴随着全球区域经济一体化的加强，东北亚区域经济合作的呼声越来越强烈，合作的领域和方式也在不断扩大和深化，尤其是在农业合作方面，其资源优势与发展潜力尤为突出。但受政治、经济、地缘、文化等因素的影响，农业经济合作面临着诸多障碍，本文分析了东北亚农业经济合作的潜力与优势、困难与机遇，提出了发展东北亚农业经济合作的路径选择与发展建议。

【关键词】　东北亚；农业合作；资源与路径

近年来，随着经济全球化浪潮的不断加剧，经济体之间的经济合作不断出现和发展，多种形式的自由贸易区、共同体和关税同盟也日益多见。欧洲、北美地区经济合作的成功和亚洲区域经济合作的缺失，使得加强亚洲区域的经济合作形成了强烈的呼声。主动适应经济全球化的挑战，在东北亚各国之间也逐渐达成共识。

一、东北亚农业现状

经济全球化的发展使得东北亚各国越来越认识到自身发展的重要性，尤其是农业，东北亚区域各国都有各自的优势，发展国际农业合作潜力巨大。我国东北借助地缘优势和资源优势，同东北亚各国开展了不同程度的农业经济合作并取得了一定的成效，不仅为东北地区的农业发展提供了有利条件，也为东北亚地区的整体经济发展奠定了基础。

（一）东北亚农业资源情况

1. 东北亚土地资源与人口。东北亚地区是亚洲经济与文化最发达的区域，和欧盟、北美一起并列为当今世界最发达的三大区域。人口高度集中，经济活跃，发展迅猛，对全球经济格局有非常重要的影响。

从人口方面来看，中国作为世界人口大国的地位依然不可动摇。2013年，日本总人口为12 698.5万人，但近年来由于出生率一直较低，人口有递减的趋势。朝鲜和韩国人口数分别为2 489.57万人和4 984.68万人，从1960年至今，朝鲜和韩国的总人口均大幅增长。而蒙古国由于气候和地理原因，在东北亚区域人口相对较少（见表1）。

表1　　　　　　　　2013年东北亚地区各国人口与农业土地资源

项　目	朝鲜	韩国	日本	蒙古国	中国
总人口（万人）	2 489.57	4 984.68	12 698.50	285.92	139 358.29
农业用地面积（千公顷）	2 630.00	1 768.70	4 537.00	113 309.90	515 358.10
耕地面积（千公顷）	2 350.00	1 495.80	4 237.00	566.40	106 318.10
人均农业用地面积（公顷/人）	1.06	0.35	0.36	39.63	3.70
人均耕地面积（公顷/人）	0.94	0.30	0.33	1.98	0.76

资料来源：联合国粮农组织数据库。

在农业土地资源方面，中国国土面积大，农业用地面积和耕地面积比较多，土地资源较为丰富。朝鲜的农业耕地面积1990年为2 141千公顷，到2013年已经增加了209千公顷，朝鲜的农业以种植水稻和玉米为主，产量各占全国粮食总产量的一半左右。韩国的耕地资源主要分布在西部和南部平原、丘陵地区，国土面积为1 002.1万公顷，到2013年耕地面积为1 495.8千公顷，仅占国土面积的14.9%。俄罗斯远东地域辽阔，土地资源丰富，土地面积2.18亿公顷。但由于其中一部分在北极圈内，所以农业用地面积相对较少，约为672万公顷，俄罗斯远东地区有相当多的土地尚未被利用，在现代科学技术不断发展的情况下，土地资源将得到进一步的开发，农业发展潜力很大。

从土地资源的人均分配上来看，虽然中国土地资源丰富，但由于人口基数大，人均耕地面积仅为0.76公顷/人，而蒙古国人口相对较少但土地广阔，人均耕地面积为1.98公顷/人，是中国的两倍之多。同时，朝鲜的人均农业用地面积和人均耕地面积分别为1.06公顷/人和0.94公顷/人，这在东北亚地区比较有优势，朝鲜在农业方面仍有很大潜力。

2. 东北亚主要农作物生产情况。从东北亚地区的主要农作物可以看出，东北亚各国的主要农作物由于气候和地理位置的原因比较相似。除俄罗斯远东地区粮食产量不高，主要以渔业为主之外，其余各国的主要农作物都是水稻和大豆，产量也较高。以韩国为例，水稻是几种主要农作物中产量最高的，1990年就已经达到772.2万吨，在以后的二十多年里也一直稳步增长，这与韩国发达的农业机械化是分不开的。但小麦在韩国的产量一直不高,且大麦的产量在逐渐减少,这与全球的农业变化趋势有密不可分的联系(见表2)。

表2　　　　　　　　　东北亚地区各国主要农作物产量　　　　　单位:万吨

国家	年份	水稻	小麦	大麦	大豆	马铃薯
朝鲜	1990	180.00	11.60	15.00	45.50	81.00
	2000	169.00	5.00	2.90	35.00	187.00
	2014	262.60	4.50	3.33	35.00	190.99
韩国	1990	772.20	0.09	57.80	23.28	37.10
	2000	719.66	0.23	22.66	11.32	70.46
	2014	563.77	2.34	8.83	13.93	59.05
日本	1990	1 312.40	95.15	43.60	22.04	355.20
	2000	1 186.30	68.82	21.43	23.50	289.80
	2014	1 054.90	85.24	16.97	23.17	245.20
蒙古国	1990	—	59.62	8.89	13.11	—
	2000	—	13.87	0.17	5.89	—
	2014	—	48.93	0.70	16.15	—
中国	1990	19 161.46	9 823.19	330.58	1 100.81	3 203.12
	2000	18 981.40	9 963.61	264.60	1 541.15	6 631.82
	2014	20 823.96	12 621.67	170.60	1 220.12	9 613.63

资料来源:联合国粮农组织数据库。

纵向来看,东北亚各国的主要农作物产量均有明显的提升,尤其是中国的水稻,"杂交水稻"的出现解决了中国的粮食危机,水稻的产量也大幅增长。我国大豆由于国家提出的玉米临储政策,产量在逐年减少,国家中央一号文件提出取消玉米临储政策,我国大豆产业可能迎来第二个春天。蒙古国由于气候原因,农作物主要为小麦和大豆,水稻和马铃薯主要依赖进口。从农作物产量数据可以看出,1990年之后的二十年,日本的农作物产量停滞不前,甚至是减产,这与全球气候变暖有一定关系,全球气候变暖导致的各种极端天气频发,会对农业产生一定的影响,导致农作物减产。

(二)东北亚农产品进出口情况

分析东北亚地区各国的粮食结构可以看出,除蒙古国以外,各国粮食主要以水稻和马铃薯为主。近年来,随着经济全球化的发展,东北亚各国的农产品进出口也在不断发展。以2013年为例,东北亚区域除俄罗斯远东地区外,水稻、小麦、大豆的进口量都比较大,尤其是日本和韩国,进口量大大多于出口量,形成了强烈的贸易逆差。我国的农产品贸易自改革开放以来一直稳步发展,从表3可以看出,我国的农产品贸易一直比较积极,大豆的进口量远远大于其他农产品的进口量,2013年为65 554 825万吨,这与我国的玉米临储政策有关,玉米临储政策的提出使得我国农民纷纷由大豆改种玉米，使大豆的种植量越来越少，而需求又源源不断，所以不得不大量进口来满足国内需求。

与东北亚其他国家相比，朝鲜和蒙古国的农产品贸易额相对较少，蒙古国的农产品进口主要是水稻和马铃薯，由表3分析可知，水稻和马铃薯不是蒙古国的主要农作物，因此要大量进口。相比之下其他三种主要农作物小麦、大麦、大豆由于蒙古国基本能自给自足，所以进口不多。小麦在蒙古国的产量一直比较高，所以蒙古国也会大量出口小麦。朝鲜的农产品进口主要是水稻和小麦，2013年进口量分别为173 231万吨和234 000万吨，大大多于其他三种农作物。朝鲜目前在农产品出口方面仍然是高度封闭状态，但农作物产量一直比较高，尤其是水稻和马铃薯，如果朝鲜能够充分利用这一优势，实施对外开放战略，打开国门，不仅会对朝鲜本国的经济带来效益，同时也会促进东北亚农业经济合作的进一步发展。

表3　　　　　　　2013年东北亚地区各国农产品进出口情况　　　　　　单位：万吨

国家	项目	水稻	小麦	大麦	大豆	马铃薯
朝鲜	进口量	173 231	234 000	600	15 877	200
	出口量	—	—	—	—	—
韩国	进口量	580 036	4 680 843	61 108	1 116 581	27 654
	出口量	1 508	1	36	1 771	736
日本	进口量	690 481	6 199 479	1 323 964	2 751 813	16 247
	出口量	19 324	—		43	32
蒙古国	进口量	23 994	120	47	20	6 113
	出口量	—	14 375	—	—	2 491
中国	进口量	2 718 094	6 830 683	2 384 853	65 554 825	35 169
	出口量	466 374	2 563	1 075	221 074	298 877

资料来源：联合国粮农组织数据库。

二、东北亚农业经济合作前景分析

经济全球化和区域经济一体化的潮流使各个国家和地区受益。近年来，东北亚各国已经逐渐认识到开展地区经济合作对经济发展的重要意义。东北亚各国农业发展各具优势，发展国际农业合作潜力巨大。中国和俄罗斯在世界上国土面积最大，农业资源丰富，拥有世界上仅存的黑土带；日本和韩国的农业科学技术在世界上名列前茅；蒙古国和朝鲜虽然目前农业发展滞后，但其农业发展潜力依然很大，如果能够充分利用东北亚各国的农业资源，发展东北亚区域的农业合作，不仅能够保障东北亚各国的粮食安全,还将为东北亚区域的经济发展创造有利条件。

(一) 东北亚农业经济合作的可行性

1. 东北亚各国在地理位置上的临近。东北亚地区各国中,除了日本与各国隔海相望,其余五国在陆地上连为一体。从区域经济一体化的发展历史上看,要想形成有影响的区域经济,只有在地理上具有优势才可以实行区域经济的协调发展。东北亚六国在领土上的相连和临近,为各国加强经贸联系和农业经济合作提供了可能性。

我国东北地区与其他东北亚各国毗邻,地处东北亚经济圈的中心,与各国联系也比较密切,是东北亚区域经济一体化合作的中心地带。东北地区地域辽阔,土地肥沃,是国家建设商品粮基地、林业基地、牧业基地的环境基础。而且东北地区的自然和农业资源丰富,为东北亚农业经济合作创造了物质基础。

同时,我国东北农业劳动力储备丰富且价格低廉,但目前东北地区的劳动力存在农村剩余劳动力就业难的问题,解决这一问题的途径就是借助东北地区同东北亚国家的地缘优势,促进农业劳动力的对外输出。通过东北亚各国之间多种形式的农业合作,不但可以解决农村剩余劳动力就业难的问题,而且还能够满足周边国家对农业劳动力的需求,为合作双方创造巨大的经济效益。目前,尽管中俄两国由于政治原因在劳动力输出上仍然存在问题,但是中国对俄罗斯输出农业劳动力,在俄罗斯远东地区帮助当地居民发展农业,既有利于保障俄罗斯的粮食安全,促进其经济发展和社会稳定,也为双方都带来了巨大的经济效益。

2. 东北亚区域的交通运输。东北亚各国中,中国、蒙古国、俄罗斯、朝鲜和韩国拥有多条铁路线路,形成了庞大的铁路运输网络,使得各国商品可以便捷地流动,农业经济合作也更为便利。同时,中国、俄罗斯、日本、韩国和朝鲜还拥有众多港口,这使得东北亚地区的货物运输极为便利。除了拥有较为发达的铁路和海路运输之外,中国、日本、韩国、俄罗斯在东北亚地区有许多航空港,使得东北亚各国之间、东北亚各国同世界其他国家的物流运输极其便利,物流成本较为低廉,为东北亚区域开展经济合作提供了良好的基础设施保障。

我国东北地区拥有丰富的自然资源和劳动力储备,与东北亚周边国家的边境线和海岸线都比较长,运输条件便利,运输成本低廉。东北地区可以充分发挥其地缘优势和比较优势,利用这些农业经济资源,加强对周边国家的农产品出口,这样不仅能在一定程度上满足东北亚各国的农产品需求,为本地区创造大量的经济效益，还能够从农产品贸易层次促进同东北亚区域各国的农业合作。

3. 东北亚农产品产业结构。从目前的经济条件和技术条件来看，初级农产品贸易和农业合作资源开发在东北亚地区仍然占主要地位。日本和韩国的技术水平和资金水平在东北亚地区优势明显，随着经济的发展，日韩两国的产业要逐渐从国内向国外转移以升级换代；朝鲜和蒙古国的自然资源丰富，但技术落后且资金水平不高；中国拥有丰富的劳动力资源且成本较低，农产品的市场需求也比较高，但技术水平依然是问题；俄罗斯农业资源基础好，自然资源极其丰富，但缺乏发展经济资金，同时劳动力资源稀缺。由此可见，东北亚六国在产业结构和生产要素上具有较强的互补性，使得各国都有发展区域经济合作的动力。

随着各国农业技术水平的不断提高和农业经济的不断深入发展，东北亚地区农产品贸易的商品结构势必不断推向高级化。振兴东北老工业基地战略的实施将推动中国东北地区的农业生产逐步由初级农产品加工朝农业产业化方向发展。农业现代化程度较高的日本和韩国同中国以及其他东北亚国家进行农业合作的过程中将不断传播其先进的农业技术及科学管理经验，这将在一定程度上推进东北亚地区的农产品贸易和农业经济合作。

4. 区域经济一体化对东北亚的影响。近年来，东北亚各国的经济发展比较迅速，中国已经成为东北亚第一经济大国；日本近些年来经济发展进入低迷时期，但其经济实力和技术实力仍然不容小觑；韩国经济增长较为迅猛，已经进入发达国家行列；俄罗斯凭借其能源优势经济发展在最近几年势头渐强。

在经济全球化的背景之下，世界各国都在朝着经济一体化的方向发展，如北美自由贸易和东南亚国家联盟。这些区域经济集团内部的经济发展非常迅速，并对集团外实行贸易保护主义，使得东北亚各国经济增长受到前所未有的挑战。因此，东北亚地区各国已经看到区域经济一体化的好处，感到有必要成立本区域的一体化组织以发展东北亚区域经济。

农业经济合作在东北亚地区也非常重要，中国东北地区和俄罗斯远东地区农业资源丰富，尤其是俄罗斯远东地区农业发展水平滞后，发展潜力巨大。而日本与韩国是亚洲率先实现农业现代化的国家，拥有雄厚的资金力量，这就可以同中国东北地区、俄罗斯远东地区、蒙古国、朝鲜等国开展农业资金和技术方面的合作。而且根据相关数据分析，日本、韩国、蒙古国、俄罗斯的农产品大部分依赖进口，我国东北具有地理优势，交通也比较便利，其中与日本、韩国的农产品进出口贸易已经形成规模，与蒙古国、朝鲜、俄罗斯远东地区的农产品贸易仍具有较大的潜力可以挖掘。

(二) 东北亚农业经济合作的主要障碍

1. 地缘政治因素。世界政治格局中"一超多强"的几大国家的利益在东北亚地区都有集中的体现。如日本是经济大国，正朝着政治大国的方向努力。中国是人口大国和政治大国，正力图成为经济大国。而美国作为世界上唯一的超级大国，把东北亚视为重要的战略利益地区，错综复杂的矛盾制约和影响着东北亚各国之间的关系。

东北亚区域各国在政治上没有形成联盟，也没有固定的组织结构，其合作只限于经济领域。从目前东北亚地区六个国家的经济发展上来看，各国也有通过区域间经济合作来改善政治关系的愿望。但在近代史上，东北亚各国都曾卷入第二次世界大战，战争结束后，军事对抗和领土争端的矛盾一直存在。因此，东北亚区域经济合作之路充满荆棘。

以中俄为例，尽管中俄双方农业合作取得了很大成就，但是俄罗斯的政治环境在一定程度上阻碍了中俄农业合作的发展。如俄罗斯市场不规范，政策法规多变、不够透明、办事效率低等。而且俄罗斯政府目前对于从国外引进劳动力这一问题有很大顾虑，尤其是对从中国引进劳动力一直持戒备态度，这在一定程度上也阻碍了农业合作层次的提高。由于俄罗斯政策的不稳定性，中俄两国的农业经济合作水平不高，依然停留在初级农产品贸易的层次上。

2. 贸易摩擦的影响。在经济全球化进程不断加快的今天，贸易摩擦不可避免，各国之间的农产品贸易摩擦也会影响农业经济合作，如2000年中韩的大蒜事件，此后中韩之间的农业贸易就限制不断。韩国的农产品贸易限制主要目的是为了保护国内的农业产业，主要手段是征收关税和反倾销。而日本政府更是为了保护本国农产品市场，使用农产品进口限制、贸易技术壁垒和反倾销策略，企图阻止中国农产品进入日本市场。贸易摩擦虽然最终都能够得到有效的解决，但是给彼此带来的损失是巨大的，这会让农民对农业丧失信心，担心可能要承受的风险。

3. 经济水平和对外政策的制约。朝鲜和蒙古国目前农业发展的困难依然很大，粮食和农副产品主要依赖进口甚至援助，这就在一定程度上对与中国的农业合作产生了制约。中朝、中蒙农业合作的发展在很大程度上取决于朝鲜和蒙古国这两个国家经济发展的水平和对外政策的放开。

朝鲜和蒙古国两国的经济发展水平不高和对外政策相对封闭都对东北亚区域农业合作产生了不良影响。经济落后造成两国的支付能力受限和农产品竞争力低下。虽然朝鲜国内的消费需求潜力很大，但受支付能力的限制，无法大量进口所需的农产品。同时，朝鲜本身自然资源比较缺乏，技术又相对比较落后，出口的产品不仅数量少，而且质量也不高，竞争力低下。蒙古国的经济落后导致我国劣质农产品以次充好对其出口，影响了中蒙之间的贸易信誉，阻碍了中蒙农产品贸易的进一步发展。

三、东北亚农业经济合作的路径选择建议

（一）充分挖掘各国农业合作潜力

1. 加强对俄罗斯的农业开发。俄罗斯远东地区紧邻中国东北，土地资源丰富，土壤条件优越，气候条件与中国东北地区相似，具备良好的农业发展条件。俄罗斯远东地区耕地多为低丘和平原，适合大规模的机械化作业和生产，且有机质含量丰富；大片的土地资源和较低的土地租金也节约了农业开发成本；气候方面也能满足水稻、玉米、大豆的生长需要；同时，俄罗斯远东地区有许多海港，铁路和公路与中国相通，这就为农业合作创造了有利条件。

目前俄罗斯农业陷入困境，农产品严重短缺，由于原料供应不足、资金的缺乏和设备技术的落后，食品工业处于严重衰退状态。因此，俄罗斯国内在农产品和食品的供应方面有很大的缺口，不得不通过大量进口来满足市场需求。这就为中俄两国在农产品加工领域的合作提供了可能。

2. 提高与蒙古国的国际合作。由于地理上的优势，我国内蒙古自治区应积极与蒙古国开展自由贸易，促进双方的经济合作发展。虽然双方的经济发展水平和结构都存在着一定的差距，但我国应从建立边境自贸区开始，一步一个脚印地开展双方的国际合作。

首先，蒙古国经济水平有限，导致支付能力较差，因此，东北亚各国可以生产不同档次的产品以适应蒙古国的消费能力，这样不仅发展了贸易，又在一定程度上规避了风险；其次，蒙古国未被利用的耕地很多，在农业劳动力上严重不足，因此，东北亚各国可以充分利用这一点，将蒙古国"剩余耕地"和各国"剩余劳动力"进行结合，以直接或间接投资的形式与蒙古国开展农业经济合作；最后，国家的边境贸易政策对国际贸易具有重要意义，我国东北和内蒙古自治区可以充分利用各国的优惠政策，鼓励更多边境国家参与国际贸易。

3. 朝鲜的闭关锁国。自 20 世纪 90 年代以来，朝鲜粮食供给不足的问题引起

了世界的广泛关注,虽然国际社会对朝鲜进行了大规模的援助,粮食危机有所缓和,但其根源问题在于朝鲜自然条件的制约和国际发展战略的错位,要想从根本上解决粮食供给问题,必须进行对外开放发展战略,积极推动国内经济体制改革,增加粮食进口。

一直以来,朝鲜把改革开放和国内政治体制看成互不相容的矛盾,始终没有明确表明和实施改革开放政策,以致朝鲜始终无法走出严重的经济危机,也无法解决粮食危机。通过中国的农业改革,朝鲜可以从中吸取经验,调动农民积极性。积极采取措施,打开闭关锁国的局面,充分引进、开发现代农业技术,一旦朝鲜实施对外开放战略,不仅仅是农业,朝鲜的经济水平也会大幅度提高,这对东北亚地区的和平稳定与发展无疑是有利的。

(二) 充分发挥各国的比较优势

1. 日本和韩国的农业机械化。科技在农业发展中非常重要,增加东北亚地区农业科技的交流是不可或缺的。日本和韩国两国的农业技术水平较高、资金基础雄厚,是亚洲最早实现农业机械化的国家。作为东北亚地区经济发展的中坚力量,中国、日本、韩国之间的农业合作必将会对东北亚农业的发展产生举足轻重的作用,为东北亚地区的农业经济合作做出贡献。

为提高东北亚区域农业技术水平,充分发挥各国的比较优势,促进东北亚地区农业技术的合作和开发是有必要的。比如,日本的绿色农业技术可以通过农业合作在东北亚地区普及和发展,而且可以利用中国东北和俄罗斯远东等地丰富的土地资源作为试验基地,让现有的农业技术和科研力量在东北亚地区农业经济合作中发挥越来越大的作用。

2. 中国东北和俄罗斯远东的土地资源。中国东北地区和俄罗斯远东地区地域辽阔,二者均属于农业欠发达地区,其发展潜力仍然巨大,俄罗斯拥有全球最大的黑土带,且耕地中有近一半的土地是黑壤土地,适宜农作物的生长,可以使农作物的颗粒饱满,糖的含量高,同时也有利于畜牧业的发展。因此,俄罗斯可以发展成为东北亚地区的畜牧业生产基地,而中国东北地区作为东北亚经济合作中的积极力量,可以利用便利的交通条件和土地资源成为东北亚各国的粮仓。之前提到的日本和韩国的农业机械化,也可以利用中国东北和俄罗斯远东地区丰富的土地资源作为试验基地,充分发挥其在土地上的比较优势。

(三) 建立东北亚自由贸易区

1. 先建立中、日、韩自由贸易区。东北亚地区是一个整体,有着地缘、政治、经济和文化上的紧密联系，因此，推动东北亚地区的经济合作具有十分重要的意义。整个东北亚地区的合作机制尚未建立，应该把构建整个东北亚的区域合作机制化建设提上议事日程。如今，各种形式的自由贸易区越来越多，建立一个属于东北亚自己的自由贸易区显得尤为重要，这在东北亚各国之间也逐渐达成共识。

由于东北亚各国之间经济发展水平存在巨大差异，马上实现全部的自由贸易难度比较大。因此，可以考虑从比较成熟的小部分开始进行自由贸易的建立和发展，如可以先在中、日、韩之间建立自由贸易区。目前的状况是东北亚六国之间由于政治等各方面原因不具备建立自由贸易区的条件，但在东北亚区域经济一体化进程中，可以考虑先在经济发展水平较高的中国、日本、韩国三国之间建立自由贸易区。因为这三个国家经济发展水平较高，经济合作的潜力也比较大。东北亚区域自由贸易区的建立，不仅会在经济上获益，还可以减少彼此之间的政治纷争。因此，东北亚经济合作可以从建立中、日、韩自由贸易区开始，把中、日、韩自由贸易区作为一个突破口。

2. 利用辐射效应促进东北亚自由贸易区的建立。中、日、韩自由贸易区的建成，势必会对东北亚各国产生巨大的影响。随着各国之间贸易额的不断扩大和对外开放程度的不断提高，会对东北亚各国产生辐射效应和示范效应，整个东北亚区域的经济合作就会不断深化。中、日、韩自由贸易区的建立可以提高东北亚区域合作的整体实力，有利于增进东北亚地区同其他自由贸易区之间的竞争力，对世界经济的发展也具有重要的推动作用。东北亚自由贸易区的建立不仅会减少东北亚各国之间的贸易壁垒，还会促使各国出台各种优惠政策，使东北亚区域各国之间的农产品贸易更加自由和便利，进而能够更加有效地推动东北亚地区农业经济合作的实质性进展。

参考文献

[1] 衣保中. 东北农业的特色及其在东北亚区域经济合作中的地位 [J]. 科技进步与对策，1998（1）：77-80.

[2] 斯蒂夫·琼斯. 东北亚地区的农业问题、现状与未来 [J]. 西伯利亚研究，1995，22（3）：49-53.

[3] 张广翠. 东北亚农业合作的现状与展望 [J]. 东北亚论坛，2005，14（4）：19-23.

[4] 王佳丽. 东北亚区域经济合作路径研究 [J]. 科技风, 2013 (1): 253.

[5] 彭惺. 东北亚区域农业合作的前景分析与推进对策 [D]. 吉林大学硕士学位论文, 2007: 32-50.

[6] 张东宁. 东北亚国家安全体系: 从双边困境到多边合作的安全路径分析 [J]. 东北亚论坛, 2010, 19 (2): 58-63.

[7] 袁黎霞. 我国在东北亚区域农产品出口比较优势及潜力研究 [D]. 浙江师范硕士学位论文, 2013: 15-20.

[8] 张长新. 全球金融危机背景下的东北亚区域经济合作 [D]. 吉林大学博士学位论文, 2011: 37-74.

[9] 张蕴岭. 中国参与和推动东北亚区域经济合作的战略 [J]. 东北亚论坛, 2013 (1): 3-9.

[10] 廉香莲. 中国的东北亚区域发展战略与东北亚区域合作 [D]. 延边大学硕士学位论文, 2006: 19-45.

[11] 张忠明, 杜楠, 童俊, 洪仁彪. 中国对俄罗斯远东农业开发的前景及现实困境——基于滨海边疆区的调查 [J]. 世界农业, 2015 (8): 176-181.

[12] 程漱兰, 董筱丹, 金志勇, 李彦敏, 崔日. 中国与东北亚各国和地区农业资源整合前景 [J]. 经济研究, 2002 (7): 83-88.

[13] 张晓雨. 中蒙农业合作研究 [D]. 内蒙古大学硕士学位论文, 2012: 48-49.

[14] 沈燕. 中韩农产品贸易现状及竞争力分析 [D]. 南京农业大学硕士学位论文, 2007: 41-51.

[15] 权哲男. 朝鲜粮食不足问题及其解决前景 [J]. 现代国际关系, 2013 (1): 47-53.

[16] 中国与东北亚未来合作方向在农业 [N]. 新农村商报, 2014-09-03 (3).

[17] 张轶然. 论东北亚区域经济一体化合作与我国的对策研究 [D]. 吉林大学硕士学位论文, 2007: 40-48.

全球价值链背景下中国参与东北亚经贸合作的趋势研究

桑国荣[1] 郭天宝[2]

【作者简介】 1. 桑国荣,男,吉林财经大学国际经济贸易学院,研究生;2. 郭天宝,男,吉林财经大学国际经济贸易学院,副教授。

【摘 要】 近年来伴随经济全球化、区域经济一体化的深入发展,各国经济联系也越来越紧密,各国分工越来越明确,全球价值链应运而生,当前处于全球价值链较低位置的中国要想在激烈的国际竞争中占据主动、赢得优势,必须顺应经济全球化、区域经济一体化的趋势,积极投身于东北亚的经济合作中。当前中国面临着新机遇与挑战,针对中国现在所处的产业链阶段、贸易结构问题以及中国参与东北亚经贸合作的程度,本文作者认为未来中国参与东北亚经贸合作的新方向是:重点推动中、日、韩自贸区建设,务实参与推动大图们江区域经济合作,加强中、朝、韩、俄经济带建设,实现中国"一带一路"倡议与蒙古国草原之路建设对接,加强东北亚的货币合作,而这些也必将推动东北亚经济创造崭新的一面。

【关键词】 全球价值链;中国;东北亚;经济合作趋势

一、全球价值链概述

1985 年,美国经济学者迈克尔·波特(Porter)首次提出"价值链"这一概念,他认为,价值链是指最终商品或服务在形成的过程中,由同一企业内部或者是不同企业之间通过分工生产而联结起来的从原料到最终消费品的所有环节或阶段。与波特更注重企业内部的价值链分析不同,在同一时期,科格特(Kogut)突破了企业内部的限制,认为价值链是把技术、原料和劳动融合在一起形成各种商品生产环节,然后通过组装把这些环节结合起来形成最终商品,再通过营销完成价值循环过程。卡普林斯基（Kaplinsky）提出了产业链的概念，即生存企业将生产产品和营销等环节重新设计和整合，企业本身仅专业化某个核心业务，而把产品的其他生产环节转移到企业的外部，从而更好地发挥企业的比较优势。基于波特的价值链理论，格里芬（Gereffi）提出了"全球商品价值链"的概念，提出全世界不同的企业在产品的设计、生产和营销等行为形成的价值链中进行合作，但是这些行为分散于不同地方的不同企业当中，因此，最终产品的生产也随之分布在不同企业的各种中间行为之中。2002 年，联合国工业发展组织界定了"全球价值链"这一概念，认为全球价值链是为了实现商品或者服务价值而联结生产、销售、回收处理等过程的全球性企业网络，包括原料采集、运输、半成品和成品的生产及运输储存、成品的生产和销售、最终消费和回收处理的过程。联合国工业发展组织定义的全球价值链突显了不同国家和地区在全球生产和创造活动中价值链环节的联系，而价值链后面再缀上"分工"一词，也突显了发达国家和发展中国家在这种分工形式下的贸易利益的不平等性。价值链如图 1 所示：

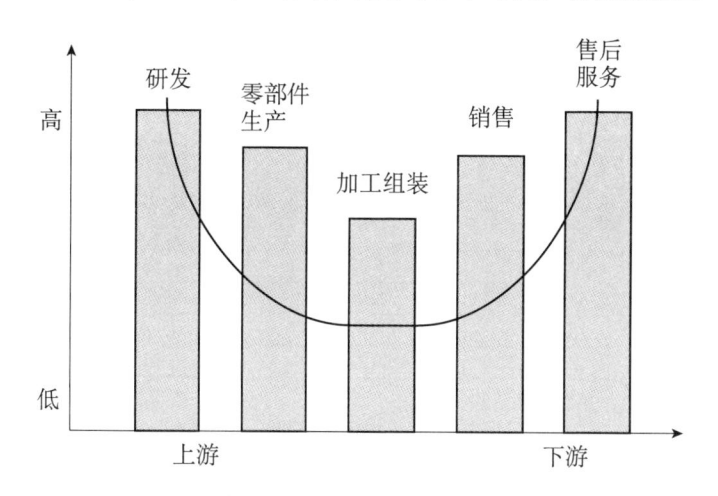

图 1　价值链各环节增值的微笑曲线示意

资料来源：盛斌，陈帅 . 全球价值链如何改变了贸易政策：对产业升级的影响和启示［J］. 国际经济评论，2015（1）.

改革开放四十年来，我国凭借低成本的要素价格优势参与了全球价值链分工，促使我国逐渐在劳动密集型、环境污染密集型和资源密集型的产品和生产上形成比较优势，而这种比较优势造就了我国粗放式的外贸结构，这种粗放式出口贸易模式的附加值低且利润空间小，如在进口中，加工贸易型进口占 43%；在出口中，加工贸易型出口占 55%。这种粗放式外贸结构常使中国在国际经贸合作中处于竞争劣势，处于较为尴尬的境地。而当前我国进入经济新常态，面临经济增速放缓、经济形势严峻的局面,实现经济结构调整、产业结构的优化升级是我国当前面临的一个重大课题。从地理位置上看,中国位于东北亚地带,作为东北亚经济圈的核心一员,积极投身于东北亚经贸合作中,在互惠合作中加快产业结构的优化升级,有利于实现中国在全球价值链中处于更优的位置。

二、现阶段中国参与东北亚经贸合作面临的机遇与挑战

(一)中国参与东北亚经贸合作的现状

1. 中日经贸合作现状。20世纪70年代以来,中日双边贸易步入"快车道"。1993~2003年的连续11年间,日本一直是中国的第一大贸易伙伴。2004年受欧盟东扩等因素的影响,日本下降为中国第三大贸易伙伴。当前,中国是日本的第一大贸易伙伴,日本则是中国第二大贸易伙伴。近几年中日经贸合作现状如表1所示:

表1 近年中日经贸往来情况

年份	进出口总额(亿美元)	日本对中国实际投资金额(亿美元)	中国对日本实际投资金额(亿美元)	中国在日本承包工程完成营业额(亿美元)	日本入境中国游客数量(万人)
2008	2 667.33	36.52	0.59	2.13	344.61
2009	2 287.83	41.05	0.84	1.83	331.75
2010	2 977.80	40.84	3.38	2.58	373.12
2011	3 428.34	63.30	1.49	2.41	365.82
2012	3 294.56	73.52	2.10	4.64	351.82
2013	3 123.78	70.58	4.34	6.21	287.80

资料来源:《中国统计年鉴2009~2014》。

作为隔海相望的邻邦,中国与日本之间具有良好的地理区位优势,方便彼此贸易往来。而且同为走在世界前列的经济体,中国与日本彼此的贸易联系也非常紧密。自进入21世纪以来,中日两国贸易规模不断扩大,2014年两国贸易总量达3 136亿美元,接连四年迈过3 000亿美元大关,同时日本对中国直接投资呈现不断攀升迹象,目前中国成为日本对外投资第二大国家。而中国对日投资也呈现增加趋势,且逐年递增。中日两国人员往来密切,2014年日本去中国旅游观光流量仅次于韩国位居第二,达271.76万人次,仅商务往来入境(中国)人数就达83.58万人次,而中国到日本旅游人数达到189万人次,综上,中日两国经贸合作处于较高水平。

2016年5月,中国发布《日本经济蓝皮书》。蓝皮书中强调2015年是日本

经济不稳定、较为困难的一年。站在中日政经关系视角，全球经济低迷，中国经济进入转型期，中日之间关系改善较为缓慢，2015年中日两国贸易呈现负增长，两国之间的投资规模呈现大幅下降，财政金融领域的合作处于中止状态，中、日、韩自贸区的谈判仍没有深入发展。

2017年中日两国经贸合作将维持不温不火的状态，从短期来看，倘若紧张的政治关系得不到缓解，2017年中日两国经贸合作只能维持较低水平。从中期来看，全球经济下行压力大，改革中的中国结构性调整不断深入，风险因素增加，这不可避免地对中日两国经贸合作产生负面作用。

2. 中韩经贸合作现状。自1992年8月中韩两国正式建交以来，中国成为继日、美之后韩国第一大贸易伙伴和最大的投资对象国，而韩国也保持了继日本、中国香港、美国之后中国第四大贸易伙伴和第三大进口来源地的地位。据统计，中韩两国之间贸易规模在12年间（1992~2004年）增长近17倍，由50.3亿美元增长到900亿美元。自中韩两国建交后，韩国企业掀起了对华投资的热潮，如图2所示。

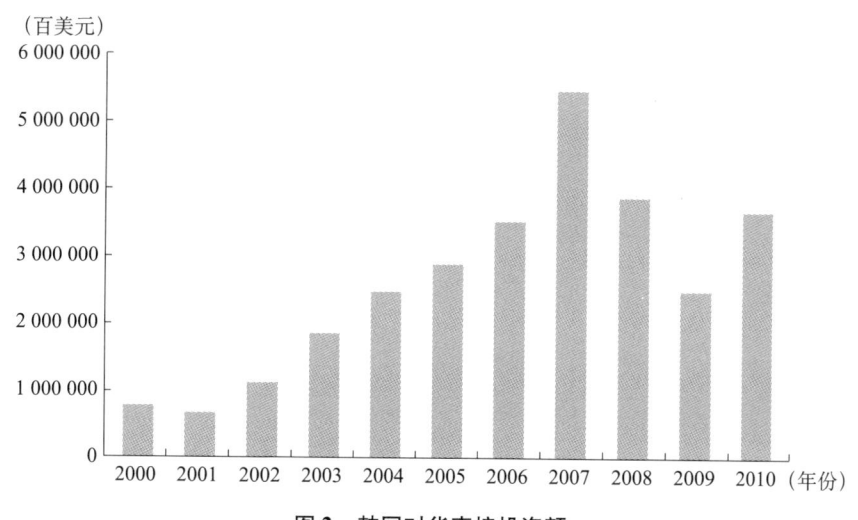

图2 韩国对华直接投资额

资料来源：韩国进出口银行。

从图2、图3可以看出，除了在1997年和2008年分别受亚洲金融危机和世界金融危机影响，韩国对华的投资呈下降趋势外，其他年份一直处于上升状态。2011年中国吸引韩国的投资额为48.7亿美元，仅次于美国，成为韩国的第二大投资对象，而韩国为中国第三大外商直接来源国。主要投资行业为制造业，韩国对我国制造业投资占2011年对我国投资总额的77%，非制造业的投资额也有所

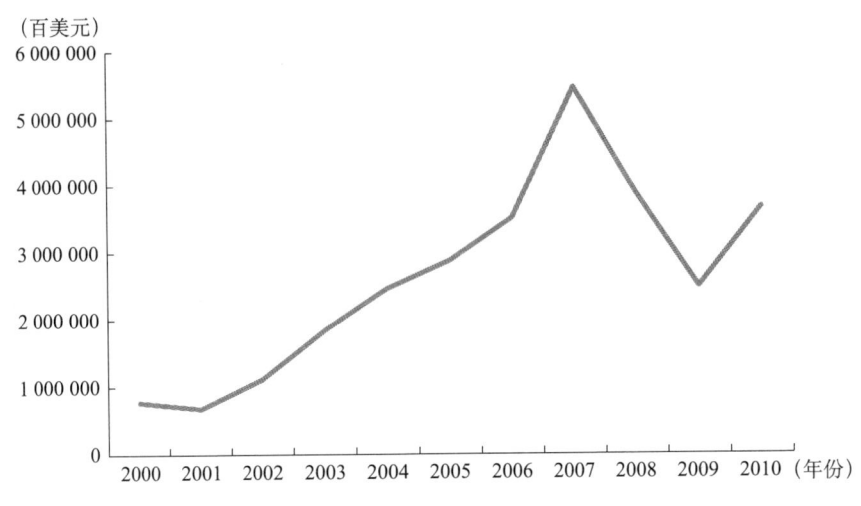

增加。投资主要集中于东北地区、珠三角地区、长三角地区与环渤海地区。

图3 韩国对华直接投资的变化

资料来源：韩国进出口银行。

2015年12月20日，中韩自贸协定生效。开启了中韩两国贸易投资新局面，促进了贸易便利化，推动了中韩两国人流、物流、资金流的自由流动，扩大了中韩两国的进出口与投资，营造了更为宽松的国际贸易合作氛围。

3.中俄经贸合作现状。一是双边贸易额持续增长。自2010年起中国已经成为俄罗斯第一大贸易国，2013年中俄贸易额达892亿美元，同比增长1.1%。二是能源合作取得突破。2013年双方签署了东、西两线对华增供原油的合作协议，每年增供原油2 200万吨。2014年5月，中俄又签署了史无前例的天然气购销合同，协议金额4 000亿美元，俄罗斯每年将向中国供应380亿立方米天然气，期限为30年。三是金融合作持续深化。2014年10月，两国央行签署了规模为1 500亿元人民币的双边本币互换协议，促进贸易投资便利化。中国银联已准备与筹建中的俄罗斯全国支付系统全面合作。莫斯科银行于2014年8月决定加盟中国银联支付系统，并计划于2015年开始发行带有银联标识的银行卡。2016年，俄罗斯国家银行支付系统与中国银联签订了发行双标借记卡协议。四是科技合作深入发展。两国已在宽体客机、重型直升机、卫星导航、航空航天等方面启动合作，联合研制宽体客机项目在2015年开工。五是交通基础设施合作不断加强。2014年2月，中俄同江铁路界河桥正式开工建设，建成后将成为中俄两国在满洲里、绥芬河之后的第三条双边铁路大通道。

从规模上看，1990~2013年，虽然中俄贸易额从42亿美元增加到892亿美元,但对俄罗斯贸易占中国对外贸易的比重从3.7%下降到2.1%,对中国的贸易占俄罗斯对外贸易的比重也从19.5%下降至10.5%;中俄投资合作规模很小,中国对俄投资额还不到中国对外投资总额的1%。从结构上看,两国间贸易的商品结构仍以低附加值产品为主,深加工产品、高技术和高附加值产品所占比重较低,俄罗斯向中国出口的主要是原油、原木等资源密集型产品,中国向俄罗斯出口的除机电外主要是轻纺、轻工、玩具、小家电等劳动密集型产品。

4. 中蒙经贸合作现状。中国与蒙古国接壤,具有便利的交通运输条件。据蒙方统计,2001年,蒙古国对中国的出口额占其外贸总出口额的53.7%,从中国的进口额占总进口额的19%。中国已经连续几年成为蒙古国的第一大贸易伙伴。2001年蒙古国出口商品主要是矿产品、羊毛、羊绒制品;中国向蒙古国出口的商品有成品油燃料、机械设备、食品等。

从1998年开始,中国一直是蒙古国的第一大投资国,中国对蒙古国的投资项目数和总投资额大体呈上升趋势,2004年之后,中国对蒙古国的投资占蒙古国接受外国总投资额的50%以上,2005年甚至达到了75%,可见中国对于蒙古国的投资来说占有十分重要的地位。

2016年李克强总理在访问蒙古国期间在贸易、经济技术、能源、基础设施建设、金融等10多个领域签署了双边重要合作文件。巩固了中蒙两国全面战略伙伴关系。

5. 中朝经贸合作现状。朝鲜与我国东北地区接壤,是有着传统邦交关系的重要经济合作伙伴。21世纪以来,中朝双边的经贸关系迅速发展,贸易总额从20世纪90年代的4.8亿美元上升至2005年的15.8亿美元,2010年年底,中朝贸易总额达到了34.72亿美元。朝鲜主要从中国进口矿物性燃料、肉制品、机械、电器、粮食石油、机电产品、钢材、纺织品、汽车、塑料制品,向中国出口矿物性燃料(煤炭)矿石、钢铁、原木、锯材、废钢、初级形状塑料、液化气和水产品。在投资方面,中国是朝鲜最大的投资国,2004年,中国向朝鲜投资5 000万美元,占朝鲜当年外资总额的85%,2005~2009年中国对朝鲜的投资总额从117万美元增加至2.62亿美元,增幅惊人。中国对朝鲜的投资主要为矿产资源,如煤炭、铁、锌等。此外,水产资源也是中国对朝鲜投资的主要项目之一。

朝鲜罗先直辖市在吉林珲春圈河口岸以南48千米。罗先市总面积890平方千米,其中,中朝罗先经贸区面积为470平方千米。在地区战略版图中,罗先最著名的是海港,为天然不冻港,其中,罗津港可停泊万吨级货物。官方资料称,罗先三处港口的年货物吞吐能力为650万吨。2010年5月,中朝两国决定由双方共同开发、共同管理罗先经贸区及黄金坪、威化岛经济区,在两国的不断努力下,"两个经济区"的建设取得了重大成果。包括:①立法合作——制定罗县经济贸易区法,于2011年12月发布实施;②建立了共同开发、共同管理的合作机制;③成立两个经济区管委会。2012年8月罗先经贸区签署了多个政府合作协议及企业投资合作协议,中国交通集团、亚泰集团、中国铁路建设集团等大型企业也将逐渐进入罗先经贸区发展。未来将着重发展信息产业、旅游产业、旅游文化创意产业、现代农业、服装加工等产业以及配套商贸服务业,建成劳动密集型的新兴经济区。

(二)现阶段中国参与东北亚经贸合作面临的新机遇

当前,随着中国与越来越多的国家建立更深层次的合作伙伴关系、亚投行的建立及越来越多的国家加入、丝路基金、金砖银行、"一带一路"倡议的提出与很多国家的响应,中国的国际影响力不断提升,对世界经济的贡献力也不断提升。中国创新实力不断增强,2015年中国申请的专利数已超过100万件,中国在国际专利申请上也逐渐占据主导地位。在这一大好形势下,中国创新力对接全球价值链,积极参与东北亚经贸合作,提高中国在全球价值链中的位置显得尤为重要。

(三)现阶段中国参与东北亚经贸合作面临的挑战

中国目前处于经济转型期和产业结构调整期,自主创新能力不足,技术转化为生产力的能力不足,且处于全球价值链的中低位置,而且国内产能过剩阻碍了经济发展。

三、中国参与东北亚经贸合作的动力分析

(一)外在动因

1. 经济全球化推动。经济全球化的迅速发展为东北亚区域内各国进行区域贸易合作提供了良好的宏观国际环境,同时也为东北亚区域经济合作带来了新的动力和机遇。经济全球化促进了东北亚各国经济发展,为东北亚区域经济合作奠定了制度基础。东北亚各国经济发展水平悬殊,既有发达国家、新兴工业国家,

也有发展中国家。经济体制和经济制度也存在巨大差异，日本作为发达国家，其市场经济体的发展已经成熟；韩国是新兴的市场经济体，俄罗斯、蒙古国和中国在经济体制改革之前均为计划经济体制；朝鲜至今尚未进行经济体制改革。而经济全球化的发展正在逐步缓和经济体制和经济制度对区域经贸合作的影响。经济全球化要求商品和生产要素在世界范围能够自由流动，客观上要求全球化的参与者必须放松管制，发挥市场的资源配置作用。为适应全球化的发展，东北亚各国都在不同程度上进行了经济体制的改革，为东北亚区域经济合作奠定了制度基础。

2. 共同的政治需求是促进东北亚区域经贸合作的动力。维持地区的安定与和谐，促进区域的共同发展和繁荣昌盛是东北亚各国开展合作的政治需求。在地缘经济层面讲，由于地理位置上的相近，各国增进信任、建立合作，对推动区域经济的一体化将起到重要作用。而在正常的国际交往中，政治关系的和谐是两国经济领域开展合作的基础，融洽的国际关系更是有助于国与国之间开展多领域的合作，打造良好的政治关系对促进东北亚区域经贸合作十分有利。东北亚各国在历史上存在诸多问题，这在政治关系畅通上的障碍也抑制了经贸合作，而各国渴望发展经贸合作，这必然需要加强政治方面的合作。在政治合作上的共同需求也将成为东北亚经贸合作的推动力。加快东北亚区域经济合作的进程。

3. 世界贸易组织自身的局限性促进了东北亚区域经贸合作。现在，世界贸易组织自身存在着其发展过程中不能解决的问题，有贸易体制内的局限性，更重要的是世界贸易组织成员国数量多，很难就某项议题达成一致，在议题推进上存在很大障碍，使得成员国在短时间内难以消除分歧，达成共识。因而很多国家就将目光投向区域经济一体化，区域内的合作因国家数量少，合作模式可以采用较为灵活的方式，在制度设计与合作方式上更有助于达成共识，互惠互利，共享发展成果。

（二）内在动因

1. 可降低区域内国际市场的交易成本。区域经贸合作使商品跨国界自由流动、统一协调的产品标准以及简化的税收制度，使区域内的企业能够根据地区要素成本与技能的不同组合选择最优的生产地点进行集中生产，从而在很大程度上实现以规模经济为基础的成本节约。

2. 中国产业结构转型升级的内在要求。一直以来，日本和韩国的电子、汽车等高科技产品都处于世界领先水平，中国主要负责简单的、低产品附加值的装配工作，之后向欧美市场进行销售。这种分工，是中国与欧美市场出现大额贸易顺差的原因之一。随着中国与日韩的经贸合作加深，我们不仅可以学习对方的先进科学技术，使我国的产业结构升级，还可以减少与欧美市场的贸易顺差，从而改善因此出现的贸易摩擦。

四、中国参与东北亚经贸合作的新方向

（一）重点推动中、日、韩自贸区建设

从经济总量上看，中、日、韩的国内生产总值之和，占亚洲经济总量的70%左右，世界经济总量的20%左右；从经济增量上讲，中、日、韩经济增量贡献了亚洲经济增长的70%，世界经济增长的36%，中、日、韩三国，较近的地理位置，在较多领域存在着互补，经贸合作上不断深化。2015年，三国贸易总额达到6 257亿美元。截至2015年年底，日本累积对华投资达到1 030亿美元，是中国第一大投资来源国，韩国累计投资637.2亿美元，是中国第四大投资来源，其中，日韩企业33%投资到制造业领域，60%投资高技术和服务业领域，可以看出三方合作对于促进彼此经济的发展具有重要意义。从贸易结构上看，在过去10年间，中日之间的贸易有很大比例是加工贸易，大部分是产业内贸易；与此同时，中国和韩国产业内贸易也日益增加。

回顾中、日、韩三国经济合作我们看到，2002年在中、日、韩领导人峰会上，三国领导人一致同意开展中、日、韩自由贸易区的研究；2003年10月7日，中、日、韩签订了《中日韩推进三方合作联合宣言》；2010年5月，中、日、韩三国领导人签署了《2020年中日韩合作展望》。

"2015年11月举行的第六次中、日、韩领导人会议发表了《关于东北亚和平与合作的联合宣言》，一致同意三国在第四方市场加强产能合作。2016年12月5日，首届中、日、韩经济与产能合作论坛在日本东京举行，此次论坛旨在搭建中、日、韩三国智库、企业、金融机构和地方政府间交流与合作的平台，并为中、日、韩三方共同投资第四方市场探索方式和途径。"

中、日、韩是东北亚经济的中心，也是东北亚合作的重心，三国合作取得发展并且得到深化，可以为东北亚区域的合作奠定基础，也提供经验，尤其是三国合作的制度化建设，将成为推动整个东北亚区域合作的中心和平台。这也是中国把参与和推动中、日、韩合作放在突出地位的战略性考虑。

(二) 务实参与推动大图们江区域合作

大图们江区域合作是东北亚次区域合作的重点，也是东北亚地区开展最早、机制化最完备的次区域合作。

按照地缘链接划分，大图们江区域合作分为两个层次：一是中、朝、俄毗邻地区构成的图们江经济区；二是地缘相关国家的大图们江合作区。前者主要涉及跨境经济合作的开放、链接与合作，后者主要涉及近邻国家为加强互联互通，发展区域经济，推进开放、便利与合作。一个重要的特征是，尽管除朝鲜之外，其他国家均是世界贸易组织成员（俄罗斯 2011 年加入），但相互间都没有签订双边和多边的总体市场开放协议（如 FTA），因此，大图们江区域合作的主要方式和内容是，利用地缘相接的优势，通过有针对性的贸易和投资的便利化安排，开展互市贸易，规划和发展基础设施网络，建立合作开放区等，来推进次区域经济的发展。

关于图们江经济区的合作，如今出现了新的发展动力：中国实施长吉图开发开放先导区规划、俄罗斯推动远东发展战略、朝鲜提升罗先经济开放水平，都成为了国家战略，都以推动对外开放和开展区域合作为实施战略。引人注目的是，在各国自主规划和运作的同时，双边或者三边合作有了新的发展，例如，中俄签署了《中国东北地区同俄罗斯远东及东西伯利亚地区合作规划纲要》；中朝就罗先经济特区的发展达成新的协议，把港口开放、公路铁路建设和发展特区经济作为合作的重点。这种形势是过去多少年来所没有的。中、朝、韩、蒙、俄五国同意延长 1995 年的合作协议，在建立自由港、开发区、出口加工区，跨境开发合作以及规划和建设跨境公路、铁路网和航运、海运网等方面加强合作。

不过，由于缺乏强有力的合作机制，许多行动都是各国自主战略与规划，在基础设施建设方面，投入资金不足，尤其是"共建"投入的资源有限，因此，大图们江地区的合作实际进展不快，无论是基础设施网络建设，还是边境经济区的开放与合作发展都处在较低的水平。

(三) 加强"中朝韩俄经济带"建设，互惠互利

倡导建设"中朝韩俄经济带"，该倡议可以利用中韩、中俄、朝俄以及韩俄之间良好的外交关系来促进中朝韩俄的经贸合作。

对于朝鲜来说，2013 年，朝鲜宣布全面建设经济强国，实现"四点两线"的开放战略：有面向韩国的金刚山旅游区和开城工业园，还有面向中国的威化

岛、罗先经济特区和黄金坪。朝鲜的开放战略有利于对接中朝韩俄经济带，有助于朝鲜与东北亚各国开展正常的邦交关系，建设"中朝韩俄经济带"符合各国的利益需求。

对于韩国来说，2014年，韩国提出了"朝韩共同繁荣建设基础设施，向朝方提供金融、税收等方面的培训，加强与朝鲜、俄罗斯铁路建设的合作项目等"。有利于中、朝、韩、俄早日实现共建经济走廊的宏伟目标。

对于俄罗斯来说，其当前试图打开亚太市场，不仅在2013年开通了连接俄朝之间的罗津港铁路，而且对朝鲜罗先港的开发很积极，双方已经达成共同开发朝鲜内陆铁路的决议。并且，俄罗斯与韩国已经达成进一步建设能源通道与铁路通道的共识。这些通道的开发对于"中朝韩俄经济带"建设具有里程碑意义，对于东北亚地区的经贸合作有积极作用。俄方支持丝绸之路经济带的建设，愿与中方密切合作，并着力推动落实。另外，俄罗斯对参与中国"一带一路"倡议表现积极，认为中国"一带一路"有利于俄罗斯东北部的开发。目前，中俄已经达成"一带一路"共识，进一步将欧亚经济联盟与丝绸之路经济带建设实现对接，使"海上丝绸之路"与"北极丝绸之路"南北呼应，进而形成环形丝绸之路，这将推动中俄东部毗邻地区的发展与"一带一路"沿线国家的经济建设，促进东北亚经贸合作的早日实现。

（四）"一带一路"倡议与蒙古国"草原之路"建设的对接

后金融危机时代，中国与蒙古国同样面临着经济结构的转型与经济复苏乏力的压力，中蒙两国面临着发展战略调整的严峻问题。为了深化与欧亚大陆的合作与改革开放，中国推行"一带一路"是对中国经济步入新常态的积极回应。同样，当前蒙古国的经济发展也进入了瓶颈期，虽然其自然资源丰富，但在2011年以后经济增速却逐年下滑，2015年上半年，蒙古国的贸易总额也比上年同期减少了1/5左右，政府也一直在努力寻求新的经济发展战略。中国是蒙古国最大的贸易伙伴国，继续巩固两国贸易成果是蒙古国最关注的贸易问题。当前阶段，如何实现更好的互惠互利是两国达成的共识。随着两国全面战略伙伴关系的建立，2014年，蒙古国利用自身的地理及资源优势，推行实施"草原之路"建设，试图通过发展贸易和物流来振兴本国经济，该建设总投资需求为500亿美元，包括建设长达1 000千米的直通俄罗斯与中国的高速公路、修建中蒙两国的高速铁路等基础设施和对天然气与石油管道进行扩建等项目。该建设的实施会进一步促进蒙古国沿线国家的经贸往来，促进蒙古国产业的升级，特别是对能源产业产生积极的促进作用。

修建两国间的铁路等基础设施是中国"一带一路"倡议与蒙古国"草原之路"建设进行对接面临的首要问题。虽然两国矿资源的贸易额逐年增长，但运输方式一般通过公路，导致物流成本巨大，矿产资源也受到污染。由于在交通运输方面的限制，蒙古国的矿产资源贸易额始终不尽如人意。修建中蒙两国间的铁路设施不仅可以为贸易运输提供便利，而且也建立了横跨欧亚的运输走廊，为东北亚各国的经贸合作打下坚实的物质基础。另外，进一步扩建通往俄罗斯与中国的石油、天然气管道也是实现两个建设对接的重要内容。"一带一路"倡议与"草原之路"建设体现出中蒙两国加强经贸合作和完善经贸合作基础设施建设的强烈意愿。中蒙两国要不断完善有利于两大战略实施的物质基础，不断加强经贸往来，实现两大建设的有机衔接，共同提高两国的经济发展水平。

（五）加强东北亚地区的货币合作

东北亚国家加强区域金融合作、提高区域贸易、加强经济融合的重要方式是开展各国的货币合作，货币合作在稳定区域经贸合作方面发挥的作用巨大。东北亚国家大多实行出口导向型的经济发展战略，采用美元计价面临很大的汇率风险，而且交易成本较高。"一带一路"倡议将加大力度建设基础设施，这些建设都依靠长期、大量的资本投入，这需要在东北亚区域内建立长效的货币合作机制。东北亚国家的储蓄率相对较高，开展货币合作可以直接将储蓄转化为投资，而不必先将货币按照美元结汇使美元先投放回美国，再将外汇投资回本区域。当前，人民币正式批准加入 SDR（特别提款权），这一利好消息有利于在"一带一路"倡议实施的过程中扩大人民币使用的区域范围，从而降低对美元的依赖程度。因此，加强东北亚区域货币金融合作对于提高我国在国际市场的话语权，促进东北亚经济一体化的发展具有积极的作用。

参考文献

［1］陈元. 深化中俄经贸合作筑牢两国关系基石［J］. 管理世界，2015（1）.

［2］宋玥. "一带一路"建设下东北亚经贸合作的困境及出路［J］. 改革与战略，2016（6）：145-148.

［3］武雪平. 东北亚区域内贸易合作问题研究［D］. 吉林财经大学硕士论

文,2013:1-36.

［4］张蕴岭.中国参与和推动东北亚区域经济合作的战略［J］.东北亚区域合作,2013（1）.

［5］盛斌,陈帅.全球价值链如何改变了贸易政策:对产业升级的影响和启示［J］.国际经济评论,2015（1）.

［6］白宇泉.制造业区际转移视角下全球价值链重构与国内价值链延伸的耦合关系研究［D］.江苏大学硕士论文,2016:1-66.

［7］刘巍,李飞."一带一路"战略与中日经贸合作［J］.党政干部学刊,2015（10）:67-70.

［8］江振军.中俄共同建设"一带一路"与双边经贸合作研究［J］.俄罗斯中欧东亚研究,2015（4）:41-47.

［9］华倩."一带一路"与蒙古国"草原之路"的战略对接研究［J］.国际展望,2015（6）:51-65.

中俄产能合作研究

李建民

【作者简介】 李建民，男，吉林财经大学国际经济贸易学院，教授。

【摘　要】 在全球经济发展缓慢的趋势下，各国都在致力于寻找适合本国发展的经济之路。目前，我国经济发展步入"新常态"阶段，亟待寻找新的经济突破点。处于我国邻边的大国俄罗斯自"乌克兰事件"以来，一直深受欧美等国的制裁，以及随着国际原油价格的持续走低，其经济形势不容乐观。因此，面对一致的经济发展任务，我国和俄罗斯需要加强合作交流，深化合作发展关系，促进产能合作，以此来实现两国的互惠共赢。本文着重介绍中俄产能合作的发展现状，分别从能源、农业以及交通基础设施领域进行论述，并阐述目前在这些领域内合作过程中所出现的问题，最后针对这些问题，提出适当的建议。

【关键词】 产能合作；发展现状；问题与建议

有效地振兴实体经济是当前我国深化经济结构调整的重要方向，而进行国际产能合作是其中的关键一步。俄罗斯占有着最广阔的领土面积，并且其矿产等能源资源丰富。而中国是世界上主要的能源消费大国，加之两国在地理位置的邻近，使得加强两国的产能合作成为一种必然。中国与俄罗斯进行产能合作，将有利于两国资源互补，促进产业结构的双边调整，激发两国更大的合作空间，促进两国经济的共同发展。与此同时，我们应该注意到在两国产能合作的过程中，也出现了一些不可避免的问题。因此，应该理性看待中俄产能合作。

一、中俄产能合作的背景

"国际产能合作"概念的提出是在 2014 年 12 月 15 日，李克强总理在会见哈萨克斯坦总理马西莫夫时，利用两人吃早餐的时间，在餐桌上谈成了一笔价值

180 亿美元的中哈合作的项目,并由此催生了"中哈产能合作模式"。随后,这种产能合作理念在国际上得到推广,"国际产能合作"的思路也受到了国家领导人的重视。① 中哈产能合作的开展,打开了中国深入推进国际产能合作的新思路。2015 年 5 月,中俄发表联合声明指出,两国将继续加深在农业、能源、高铁方面的合作力度;2015 年 5 月 19 日,李克强总理与巴西总统罗塞夫在 35 项具体协议合作方面达成一致,金额达 270 亿美元;2015 年 7 月 2 日,国务院总理李克强访问比利时、欧盟、法国时共签署 70 多个合作协议,金额达 700 亿美元。② 以上国际产能合作的顺利开展,是国家领导人亲自推行实施的结果,反映出国家领导人对国际产能合作的重视程度。

开展国际产能合作是我国经济处于"新常态"以来坚持的重要举措。为了保证国际产能合作的有效进行,2015 年 5 月,国务院印发了指导性文件。该文件指出义利并举、合作共赢、开放包容以及市场运作等四项原则是中国在开展国际产能合作时应该把握的重点原则。这些原则体现了中国友好开展产能合作的决心,中国本着互惠互赢的合作态度,积极吸收国外产业发展新经验,坚持在政府的有效指引下,寻找双边合作的利益契合点,共同推进适合两国发展的产能合作。

当前,中国的经济处于"三期叠加阶段"。第一个"期"指的是"经济增长换挡期"。2015 年我国 GDP 增长率为 6.9%,2016 年我国 GDP 增长率为 6.7%,经济增长速度已经不再是以前稳定在 8% 以上的高增长阶段。这一时期意味着经济增速出现下行的趋势,经济发展面临着一定的压力。第二个"期"指的是"结构调整的阵痛期"。目前,我国产业结构存在着严重的发展不均衡性,第二产业占比过大,其中,重工业的发展尤为迅速,但是这种发展是以严重的环境污染为代价的,高污染、高消耗的发展模式使得我国承担着治理环境的重大压力。我国的制造业以及房地产业等行业都出现了严重的产能过剩,这在一定程度上反映出我国投资方向存在着"一窝蜂"似的扎堆现象。目前,我国实体经济表现疲软,居民的消费能力偏低,实体业的消费购买力下降。相反,我国的资本市场泡沫化的现象却越来越突出。这些产业失衡的背后是我国经济目前需要忍受的阵痛时期。第三个"期"指的是"前期刺激政策消化期"。2008 年金融危机以来,为保持经济的稳定增长,我国采取的是增加投资的刺激性宏观经济政策。虽然得

---

① 国际产能合作成长记,搜狐网,2016 年 6 月 6 日,http://m.sohu.com/n/453299947/(上网时间:2016 年 11 月 2 日)。
② 夏先良. 构筑"一带一路"国际产能合作体制机制与政策体系 [J]. 中国经贸,2015(11):28.

到了一定的效果，但是却也使得过量的信贷扩张加剧了产能的过剩以及我国资产负债表上负债的积累。① 因此，基于目前中国的经济发展状况，把握中国经济发展的主要方向在于为经济发展寻找新的突破口。而通过加强国际产能合作，有利于解决过剩产能问题，将我国的优势产能与国际市场接轨，有助于优化资源的合理配置。

自"乌克兰事件"以来，俄罗斯经济走势下行得更加明显。"乌克兰事件"使得欧美与俄罗斯之间的关系变得越发紧张，针对俄罗斯的制裁手段也更加明显。这些措施对俄罗斯的金融、能源、军事以及航运业造成了一定的冲击。② 再加上国际原油价格的下跌，使得俄罗斯目前的经济发展形势更加严峻。因此，其需要寻找能够带来经济发展的新的突破口。我国经济的发展带动着亚太地区经济的发展，因此，俄罗斯越来越重视加强与亚太地区尤其是我国经济领域的合作。俄罗斯拥有丰富的资源，可以增强与周边国家的经济合作，促进国民经济的发展。随着俄罗斯对亚太地区经济战略的重视，近年来，我国与俄罗斯在政治、经济以及文化交流方面取得很大的进展。

2015年，我国和俄罗斯均举办了纪念反法西斯抗战胜利70周年活动，两国领导人均共同参加了这两次活动。中俄两国在2015年5月发表了《中华人民共和国与俄罗斯关于丝绸之路经济带建设和欧亚经济联盟建设对接合作的联合声明》，该声明反映出俄罗斯对我国提出的"一带一路"倡议的支持，并为推动其发展而共同努力。因此，中俄两国应立足于当下，加强经济合作，尤其是加强两国的产能合作，寻找双边利益契合点，推进两国共同发展。

二、中俄两国产能合作的现状

由俄罗斯方面提供的统计数据可知，2015年中国与俄罗斯在双边进出口所实现的贸易额达到635.52亿美元，与2014年同比下降28.1%；俄对华出口总额为286.06亿美元，同比下降23.7%；进口总额为349.46亿美元，同比下降31.3%。虽然2015年的数据表现出两国贸易数量产生一定的下降，但是不可否认的是，中国仍然为俄罗斯的第一大贸易伙伴，在其进出口贸易总额中所占比重

---

① 吴敬琏. 供给侧改革——经济转型重塑中国布局［M］. 北京：中国文史出版社，2016.
② 徐坡岭，肖颖，刘来会. 乌克兰危机以来俄罗斯经济危机的性质及展望［J］. 俄罗斯研究，2015（1）：116.

同比增长0.8%。① 虽然在2015年中国和俄罗斯之间的双边贸易额均有一定程度的下降,但这是多种因素叠加的结果,贸易量并不能完全代表中国和俄罗斯之间的经贸合作水平。因此,中俄两国对出现的短暂双边贸易下降仍持乐观态度。据中国海关总署公布的数据显示,2016年1~8月中俄双边贸易额达443亿美元,与上一年同期相比上涨1%。2016年前8个月中国向俄罗斯的出口量上涨8.7%,进口量下跌6.5%。② 从2016年上半年的统计数据来看,中俄两国的贸易关系相比2015年有了明显改善。中俄两国启动了能源、矿产、航空、船舶、农林等重点投资项目,并且双向提供了中俄博览会等交流平台。

(一) 能源领域产能合作

中俄两国在能源领域的产能合作主要围绕着石油、天然气、煤炭以及电力领域进行开展。俄罗斯具有丰富的油气资源,而中国是能源消费大国,因此,中俄两国对能源存在着明显互补性的供需关系。

1. 石油领域。20世纪90年代,我国与俄罗斯就已经在石油领域开展了相关的合作,但是取得重大收获的石油合作项目却是在21世纪签署的。自2009年以来,石油合作项目取得实质性进展。2011年1月1日,从俄罗斯的斯科沃罗季诺到黑龙江大庆的中国支线正式投入运营。该管道全长近1 000多千米。2013年3月,俄罗斯石油公司与中石油公司签署协议,将对中国的石油供应量提高至3 100万吨。③ 除了进行石油进出口贸易之外,两国还增加了油田开发以及炼化石油的上下游市场方面的合作。

2. 天然气领域。就天然气领域来说,中俄两国所合作的项目进展相对缓慢。俄罗斯天然气储量丰富,我国天然气储量比较匮乏,且由于天然气的环保特性,我国对天然气的需求日益增加。因此,中俄在天然气方面拥有着巨大的合作前景。近年来,两国的天然气合作项目取得了很多实质性的进展。2014年5月21日,《中俄东线天然气购销合同》正式得以签订,且俄罗斯预计在2018年利用中俄东线天然气管道这个平台向中国供给天然气。天然气供应将完成每年380亿平方米。中俄东线天然气管道俄罗斯境内段"西伯利亚力量"管道已经于2014年

---

① 中俄2015年双边贸易额同比下降28.1%,中俄经贸网,2016年2月18日,http://russia.ce.cn/cr2013/jjsj/201602/18/t20160218_8924395.shtml (上网时间:2016年11月5日)。

② 1—8月中俄双边贸易额达443亿美元,驻俄罗斯联邦经商参处,2016年9月14日,http://ru.mofcom.gov.cn/article/zxhz/201609/20160901393696.shtml (上网时间:2016年11月5日)。

③ 张学昆. 中俄能源合作的现状、影响因素及意义分析 [J]. 和平与展望,2013 (4):74.

9月初正式投入建设。2015年6月29日，中俄东线天然气管道中国境内段正式开工，这标志着中俄能源产能合作的进一步发展，该管道是目前中俄陆上合作最远距离的天然气传输管道。因此，建设这条管道对中国的钢铁冶炼、装备制造业将产生积极的促进作用。

3. 煤炭领域。煤炭是中国长期以来主要依赖的资源，支撑着我国相关产业的发展。由于煤炭的价格低，对于企业来说所付出的成本小，因此，利用煤炭资源是越来越多企业的共同选择。2009年6月，《中俄总理第十四次定期会晤联合公报》由中俄两国总理共同签订①，该公报给出了中俄进行煤炭合作的相关原则。鼓励两国企业在煤炭开采、加工、转化以及设计等领域积极推进合作深度与力度。2010年8月，中俄签署了价值60亿美元的"贷款换煤炭协议"，该协议强调，中国向俄罗斯提供的60亿美元的贷款的目的是为了换取俄罗斯未来25年增加对中国的煤炭供应合作。中俄在煤炭领域的合作，能调整两国的产业结构，利用互补型的贸易开发合作，促进煤炭业的平稳发展。

4. 电力领域。就电力领域而言，中俄两国在20世纪90年代便开展了相关合作。1992年，我国黑河市与俄罗斯布拉戈维申斯克市就输电线路项目进行合作，并且取得不错的反响。②近年来，两国在500千伏直流联网输电项目方面进行了电力资源合作。截至2016年9月底，该项目已经完成对俄罗斯购电99.01千瓦时。③对俄罗斯购电能够减少国内一次能源的消耗，对助力减排起到极大的推动作用。

（二）农业领域产能合作

俄罗斯土地资源丰富，其耕地面积广、种植环境良好。中国有着丰富的耕种经验、人力资源丰富以及设备物资齐全等优势。因此，可以通过利用两国农业资源的差异性，制定合理化的培养合作方案，促进两国农业的共同发展。中俄两国开展农业合作的时间较早，涉及的合作内容主要包括农产品贸易、农业投资开发以及农业科技合作等。

1. 农产品贸易。从农产品贸易结构来看，中国向俄罗斯进口的农产品主要集中以水产品和林产品等资源密集型产品为主，而中国对俄罗斯出口的农产品则

---

① 何靖华. 对中俄两国煤炭领域合作的思考［J］. 知识经济，2015（15）：56.
② 郭锐，洪英莲. 中俄能源合作的问题与对策［J］. 经济纵横，2009（9）：41.
③ 中俄电力合作累计进口俄电突破200亿千瓦时，云南低碳经济网，2016年10月28日，http：//www.yndtjj.com/news1_94011.html（上网时间：2016年11月6日）.

主要集中在蔬菜、水果和水产制品等劳动密集型产品方面。两国通过进行农产品贸易，能够增加农产品的互补性，促进农业贸易结构的合理化。

2. 农业投资开发。中国对外农业投资合作的重要国家之一就是俄罗斯。截至 2012 年年末，中国在俄罗斯农业方面的投资总额为 13.7 亿美元，占中国对外农业投资额的 37.8%。[①] 长期以来，中俄农业合作开发更多以简单的种植、输出劳务为主。农业投资开发项目的开展使得两国农业投资开发开始向农业产业链方面延伸，更加注重在仓储、农业产业园区以及物流等方面的合作。并且在 "一带一路" 倡议的合作趋势下，中俄也致力于升级农业产业合作。中俄政府积极鼓励边境农业合作项目的开展。黑龙江省以及吉林省纷纷鼓励企业对俄进行农业投资，鼓励其到俄罗斯远东地区进行农业产业园区的开发建设，将我国的人力、资本以及技术等与俄罗斯肥沃的土地资源相互结合，着重开展粮食种植、畜牧养殖以及农产品加工合作。俄罗斯企业也增加对我国劳动力的需求，雇用工人到当地的农场进行养殖业以及种植业的工作。牡丹江市的农业企业利用现代化技术在俄罗斯农场建立了多个丰富的仓储设施，2013 年黑龙江省在俄开展了农业合作区，占地面积达 750 万亩，共生产粮食 170 万吨，并且逐步形成以大豆、玉米等粮食作物为中心，以运输、仓储以及养殖为补充的综合性合作体系。[②]

3. 农业科技合作。农业是一国国民的基础产业，农业的技术发展关乎着农业生产效率的高低。中俄两国农业合作也是如此。我国农业科学院与俄国农业科学院进行了多项科技协议的签署。2014 年年初，中国农业科学院与俄罗斯圣彼得堡国立大学开展了合作项目，以共同开发出更多的科技产品。

(三) 交通基础设施建设领域产能合作

交通是关乎一个国家发展的基础，在国际经济合作也占据着重要的角色。随着中俄两国经济等方面合作的进一步开展，使得中俄两国在交通基础设施建设领域合作也更加密切。连接两国边境 4 000 多千米的沿线上已经建设有公路、铁路以及河道口岸的交通运输。

1. 中俄铁路运输发展。和其他运输方式相比，铁路运输承载的运输能力比较强，其受天气的影响比较小，安全程度比较高。因此，中俄两国的铁路运输合作进展较快。目前，连接中俄两国进出口物资的主要线路有：哈尔滨—黑河—布拉戈维申斯克、哈尔滨—满洲里—后贝加尔斯克、哈尔滨—绥芬河—格罗杰科沃

---

① 于敏，姜明伦，耿建忠. 中俄农业合作新机遇与对策研究 [J]. 世界农业, 2015 (8): 6.
② 李建民. 中俄农业合作新论 [J]. 欧亚经济, 2015 (1): 55.

以及珲春—马哈林诺—克拉斯基诺线路等。① 这些铁路的修建使得俄罗斯与我国的联系更加紧密。2014年10月，中俄两国在高铁领域的合作迈入了新的起点，2015年6月18日，标志着中国高铁走出国门的第一单的俄罗斯首条高速铁路的设计合同在圣彼得堡正式得以签署。② 这也对"一带一路"的建设产生了深远的影响。莫斯科至喀山段高铁属于北京至莫斯科高铁运输线项目的一部分，这条高速铁路的建设为欧亚的高速运输建设提供了更好的平台。

2. 中俄公路运输发展。公路运输是连接中俄两国边境的另一种主要交通设施。与全俄相比，俄罗斯远东地区的铁路少，水路通航期也较短，因此，在一定程度上刺激了公路运输的发展。该地区公路总长为511万千米，公路涉及的路线范围也比较广，其中后贝加尔斯克至满洲里、阿巴盖图至二卡这两条公路位于内蒙古自治区内，克拉斯基诺到珲春的铁路途经吉林省，其他线路全部处于黑龙江省。这些重要的道路为中俄之间边境贸易的开展提供了良好的平台。③ 2016年8月，中俄两国运输合作委员会签订协议，该协议指出2016年中方将额外提供6 000份货运许可和500份不定期货运许可给俄方。此外，双方商定新开通两条货运路线以及一条通过长春、大连的非定期客运路线。

三、中俄两国产能合作存在的问题

近年来，中俄两国在能源、农业、交通运输、矿产以及航空领域合作密切，并且极大地推动了两国经济的发展以及实现两国产业互补。首先，对于中国而言，在诸多领域与俄国进行产能合作，能够促进我国部分产能的结构转换升级。并且俄罗斯作为"一带一路"沿线的主要国家，增加和俄罗斯的合作能够促进"一带一路"倡议的有效进行。其次，对于俄罗斯而言，与中国进行产能合作能够刺激本国经济的发展。在一定程度上可以改善本国恶劣的经济形势。最后，在世界经济缓慢发展的大背景下，中俄两国产能合作也在一定程度上对世界经济发展起到了促进作用。但不可避免的是，在中俄产能合作中也存在着一系列的问题。

---

① 徐广彬. 中俄交通运输的发展现状［J］. 吉林交通科技，2011（2）：71.
② 中俄高铁与俄罗斯签下走出国门第一单，人民网—人民日报，2015年6月19日，http：//ccnews.people.com.cn/n/2015/0619/c141677 - 27180541.html（上网时间：2016年11月6日）.
③ 徐广彬. 中俄交通运输的发展现状［J］. 吉林交通科技，2011（2）：72.

(一) 中俄合作缺乏明确的法制法规和价格机制

是否拥有明确的法制法规是关系到中俄两国产能合作进程的关键因素。2012年8月俄罗斯加入世界贸易组织，之后降低了许多商品贸易的关税，在贸易政策上做出很大的调整，为吸引外资做出了很多的努力。这也为中俄之间贸易合作提供了良好的环境。但是，在中俄合作进程中仍然存在着俄国地方法制建设不完善以及其与俄国联邦法之间的不配比问题依旧突出。虽然当地政府对外来投资者提供投资支持及优惠条件，但是仍然存在着稳定性不足以及法制建设不完善等问题。俄罗斯法制建设相对不完善，在执法过程中容易出现"灰色清关"以及官场腐败等问题。这会影响外国投资者的合作意向，包括中国投资企业。因此，在一定程度上会影响中国企业对与俄罗斯企业进行产能合作的积极性。

中俄产能合作离不开制定价格协议。中俄能源、农业以及交通运输设施合作终究是一种经济行为，因此，根据两国所开展的协议制定合理的价格是稳定合作的前提。目前，在能源合作领域，缺乏明确的价格机制。在中国向俄罗斯进口的油气能源定价方面，自2008年之后，俄方一再要求提高油气的价格。中国已经做出了不少让步，但是俄方坚持认为，价格定价必须依照市场规律，中国不能指望在价格上获得优惠。同时，俄方强调，对中国出口油气的成本比出口欧洲的成本要高。一方面是由于东西伯利亚油田的开发成本高；另一方面是由于从东西伯利亚向中国运输的管道设施不完善，因此，需要成本比运往欧洲的油气成本高。就天然气的定价来说，由于俄罗斯在天然气谈判中处于有利地位，一再的制定高于中国接受的价格，导致天然气协议进程比较缓慢。其他产能合作也出现了类似的问题。因此，两国应该注重制定合适的价格以促进合作的顺利进行。

(二) 中俄文化交流存在差异

当今世界呈现出经济全球化、政治多元极化和文化多元化的趋势。不同的文化背景会对两国政治以及经济合作产生重要的影响。因此，不同的文化背景下，我国与俄罗斯在观念、语言以及思维方式方面有着明显的不同。首先，自古以来，儒家思想深深地影响着我国的传统文化。我国是典型的地域文化，遵循着日常生活中学习到的传统道德，因此，受儒家传统的思想影响颇深，形成了踏实、沉稳以及利他的人生观念；而俄罗斯文化来自东西方的融合，民族主义意识比较强烈，从而也形成了俄罗斯人个人意识强以及民族主义极端等特性。因此，在企业进行产能合作的过程中，个人观念的差异将会对合作带来不利的影响。其次，我国与俄罗斯母语环境不同，因此，企业在合作过程中存在着沟通障碍。最后，我国国民与俄罗斯人在思考问题的方式上也存在明显的差异，我国人民善于进行整体性思维，而俄罗斯人喜欢分析问题。因此，对合作过程中涉及的相关法规的理解也会存在偏差，这可能导致中俄合资企业在进行谈判时出现意见分歧，从而影响合作的质量。

四、深化中俄两国产能合作建议

为了进一步深化中俄两国产能合作，提高产能合作的效率，本文从以下三个方面探讨深化中俄两国产能合作的路径，给出切实可行的建议。

（一）加强中俄人文交流

2005年7月，中俄两国领导人根据《中俄睦邻友好合作条约》，宣布2006年在中国举办"俄罗斯年"，于2007年在俄罗斯举办"中国年"。这就是"中俄国家年"的产生背景。随后中俄两国也开展了"中俄旅游年""中俄文化年"等交流活动。这些活动的开展能够增加中俄两国人民对彼此文化的理解。政府应该在促进两国人文交流中充分扮演好引导人的角色。首先，充分发挥学校文化教育的作用。在俄罗斯多开办一些孔子学院，使得俄罗斯人能够多了解我国的传统文化。增加两国高校之间的互派留学项目，使两国学生能够更加方便地进行交流，以更快地学习异国文化，从而深度理解两国文化差异，在差异中互相理解。其次，增加中俄合资企业的双语培训活动。重点打造既通专业又懂俄语的综合型人才，通过增进两国的人文交流，能够使得拉近与俄方企业之间的距离，减少一些由了解不深入所产生的偏见，促进产能合作的良好进行。

（二）健全价格机制，完善法制法规

中俄产能合作建立在经济互惠互利的基础之上。因此，需要健全中俄两国产能合作领域的价格机制。就能源合作领域来说，贸易价格主要以国际能源市场价格为基准，在此基础上增加了俄罗斯的开采、加工成本以及相关的关税因素。应该寻求以市场为导向的价格机制，增加两国能源合作的经济利益共同点。这可以进一步提高两国相关企业合作的积极性。

中俄两国在产能合作过程中,由于各种原因,会出现分歧与摩擦。因此,完善相应的法制法规,依法行事是理性解决此类问题的关键。这也是两国企业在合作过程中最有力的支撑点。通过健全价格机制,完善法制法规,能够进一步减少中俄两国产能合作的交易成本,为合作提供更好的制度支撑平台。

(三)建立产能合作跟踪机制

中俄产能合作时间久、耗费的人力以及物力资源多。因此,需要建立产能合作跟踪机制。政府应该在产能合作前期充分发挥其组织作用,提供更多的产能合作机会,鼓励我国的企业"走出去",增加与俄罗斯企业合作的机会。在产能合作中期,应该密切跟踪已经开展的产能合作项目进度,对其中产生的问题积极采取解决办法,以使合作项目更好地运行下去。在产能合作的后期进行项目工作的深刻总结,发现合作过程中存在的问题。企业应积极参与到国际合作研讨会议中去,探究实现产能合作项目的可能性,为此后开展中俄产能合作提供良好的借鉴经验。建立产能合作跟踪机制有助于两国企业了解合作过程发生的问题,从而提高合作效率,促进产能合作的顺利进行。

五、总　结

当前,在中国经济进入"新常态",俄罗斯经济形势不容乐观的前提下,中俄两国进行产能合作有助于促进两国经济的共同发展。两国在能源合作涉及石油、天然气、煤炭以及电力领域等多个方面。在合作方式上采取互利双赢、风险共担的合作模式。能源合作的一体化发展使得两国产能步入新的阶段。在农业合作领域,两国采取大规模农业投资,在农产品贸易、农业投资开发以及农业科技合作方面都取得了重大的突破。利用现代化新技术,增强了两国农业经济的快速进步。在交通基础设施建设领域,我国签下与俄罗斯合作的高铁第一单,将高铁技术运用到国外合作中去,铁路以及公路的修建为两国的贸易往来提供了很大的便利。在中俄产能合作过程中也存在着价格机制以及法律法规不完善、中俄文化差异明显等影响产能合作的问题。针对这些问题,双方可以通过采取增加两国人文交流、建立产能合作跟踪机制以及完善价格机制和健全法律法规等措施来进一步促进产能合作的顺利开展。

参考文献

[1] 尚晶. 新形势下中俄产能合作分析 [D]. 长春：吉林大学：2016.

[2] 夏先良. 构筑"一带一路"国际产能合作体制机制与政策体系 [J]. 中国经贸，2015（11）：26-33.

[3] 吴敬琏. 供给侧改革——经济转型重塑中国布局 [M]. 北京：中国文史出版社，2016.

[4] 徐坡岭，肖颖，刘来会. 乌克兰危机以来俄罗斯经济危机的性质及展望 [J]. 俄罗斯研究，2015（1）：115-148.

[5] 张学昆. 中俄能源合作的现状、影响因素及意义分析 [J]. 和平与展望，2013，（4）：70-83.

[6] 何靖华. 对中俄两国煤炭领域合作的思考 [J]. 知识经济，2015（15）：56.

[7] 郭锐，洪英莲. 中俄能源合作的问题与对策 [J]. 经济纵横，2009（9）：40-43.

[8] 于敏，姜明伦，耿建忠. 中俄农业合作新机遇与对策研究 [J]. 世界农业，2015（8）：4-9.

[9] 李建民. 中俄农业合作新论 [J]. 欧亚经济，2015（1）：48-59.

[10] 徐广彬. 中俄交通运输的发展现状 [J]. 吉林交通科技，2011（2）：71-72.

[11] 白晓光. 中俄文化差异对两国经贸合作的影响 [J]. 西伯利亚研究，2012（5）：30-33.

[12] 包淑芝. 中俄文化差异分析 [J]. 世界桥，2011（1）：19-20.

[13] 王前. 中俄能源合作的制约因素分析 [J]. 财经时点，2012（5）：180-181.

[14] 国际产能合作成长记，搜狐网，2016年6月6日，http：//m.sohu.com/n/453299947/（上网时间：2016年11月2日）.

[15] 中俄2015年双边贸易额同比下降28.1%，中俄经贸网，2016年2月18日，http：//russia.ce.cn/cr2013/jjsj/201602/18/t20160218_8924395.shtml（上网时间：2016年11月5日）.

[16] 1—8月中俄双边贸易额达443亿美元，驻俄罗斯联邦经商参处，2016

年 9 月 14 日，http：//ru. mofcom. gov. cn/article/zxhz/201609/20160901393696. shtml（上网时间：2016 年 11 月 5 日）．

［17］中俄电力合作累计进口俄电突破 200 亿千瓦时，云南低碳经济网，2016 年 10 月 28 日，http：//www. yndtjj. com/news1＿94011. html（上网时间：2016 年 11 月 6 日）．

［18］中俄高铁与俄罗斯签下走出国门第一单，人民网—人民日报，2015 年 6 月 19 日，http：//ccnews. people. com. cn/n/2015/0619/c141677 - 27180541. html（上网时间：2016 年 11 月 6 日）．

［19］中俄运输合作分委会公路和汽车运输工作组会议在伊尔库茨克举行，中国日报网，http：//www. chinadaily. com. cn/hqzx/2016 - 08/05/content＿26362165. html（上网时间：2016 年 11 月 10 日）．

中国对俄罗斯远东地区农业投资问题研究

张秀梅[1] 郭天宝[2]

【作者简介】 1. 张秀梅，女，吉林财经大学国际经济贸易学院，研究生；2. 郭天宝，男，吉林财经大学国际经济贸易学院，副教授。

【摘　要】 重视农业发展，加强经贸合作，是中俄两国共同关切的问题。对俄远东地区农业投资问题进行研究，有利于加快我国对俄罗斯远东地区农业合作战略的升级。远东地区经济的发展离不开中国，而参与远东地区农业开发也有利于带动中国东北地区经济的发展，因此，通过合作有望实现双赢。俄罗斯是一个农产品进口国家，地处北温带及亚寒带的大陆性气候区，气候条件制约农业的发展，同时存在农业劳动力资源短缺、农业基础设施不健全、农机设备老化陈旧及生产效率低等问题。因此，本文通过对俄远东地区农业发展现状以及我国对该地区农业投资情况的阐述，分析我国对俄远东地区农业投资的优势与劣势，提出对俄远东地区农业投资的前景及建议。

【关键词】 俄远东地区；农业发展；农业投资

一、俄罗斯远东地区农业资源概况

（一）自然地理条件

俄罗斯远东联邦区面积约 621 万平方千米，约占俄罗斯总国土面积的 36.4%，该地区绝大部分处于永久冰冻带，阻碍了该地区农业的发展。目前，该地区农业用地面积占总面积的 7/10，耕地面积约占总面积的 1/2。远东南部农业区大部分地区为温带大陆性气候，冬季寒冷干燥，夏季较短，其中，7 月的平均气温为 17.2℃～19.3℃。另外，远东南部农业区水资源比较丰富，河流众多，其中，包括长度名列俄罗斯第一和第二的阿穆尔河和勒拿河，该地区年降水量为 530～1 050 毫米。由于这里气候条件优越和水资充足，使得植物的生长期可以长达 125～200 天，适合许多农作物的生长，如水稻、大豆、小麦等，因此，该地区小麦的产量十分高。

俄罗斯远东地区包括符拉迪沃斯托克、哈巴罗夫斯克等 13 座城市，其中萨哈林州、堪察加州及乌苏里斯克这 3 座城市主要发展农业。萨哈林州的北部地区的优势产业是畜牧业，南部地区发展种植业，萨哈林州的主要农作物有小马铃薯、甜菜、谷物等；堪察加州的主要农作物是谷物及豆类作物，该市地处农牧经济区，农业较发达，种植小麦、荞麦，还有少量水稻，蔬菜种植较少；乌苏里斯克地处兴凯湖平原农业区中部，其经济发展面向农业，市内的大部分企业从事农产品加工。除这三座城市以外的其他城市在工业、林业方面的发展快于农业的发展。

（二）俄远东地区农业发展现状

1. 农产品发展概况。俄远东联邦区的食品自给自足能力不足，其中，包括自产的肉类、牛奶和蔬菜等都无法满足当地人民的需求。俄远东地区耕地资源约占远东地区总面积的 1/4，主要生产大豆、小麦等作物。2015 年远东肉类自给率比较低，大约为 25%，牛奶自给率为 44%，粮食自给率为 79%，蔬菜自给率为 58%，温室种植蔬菜自给率为 14%。为加强俄远东地区与中国在农业生产领域的合作，俄罗斯远东发展部与中国相关企业 2015 年在首届东方经济论坛期间签署成立"俄罗斯远东农工产业发展基金"。2016 年第二届东方经济论坛期间，该基金已同相关企业签署合作协议，在符拉迪沃斯托克建立猪肉加工企业和大豆、小麦深加工企业，但远东地区农产品发展情况总体上有下降趋势，为此，中俄两国为加强中国与俄远东地区农业合作提供了相关的支持。

2. 农机设备使用状况及其生产销售状况。俄罗斯远东地区 50% 以上的农业机械需要更新。俄罗斯远东地区对农机设备的需求不足，阻碍了该地区农机设备制造企业的发展。农业发展缓慢是该地区对农机设备需求低的原因，而造成农业发展缓慢的原因之一是农业发展资金不足。资金的不足，不仅造成了对农机设备的需求少，而且也限制了该地区对农机设备的进口。虽然近几年俄政府加大了对该地区农业的投资力度，但农机设备陈旧、生产效率不高的情况仍然存在。因此，在设备损耗严重且缺少融资手段的情况下，俄罗斯国内兴起农业设备租赁业务，并且租赁已经逐渐成为实现农业现代化的一种有效手段。在农业设备众多的供应商中，欧美的农业设备供应商占据了俄罗斯农业设备市场的主要份额，因为欧美供应商的设备质量高、可靠性强、舒适方便、经济高效，所以相同的产品虽然欧美供应商的产品价格更高，却更受农业企业欢迎。

俄罗斯加入世界贸易组织之后国内农机设备销售量下降，分析其主要原因是俄罗斯对农机进口关税的大幅度下调。除此之外，猪肉、乳制品等农产品进口关税也进行了下调，俄罗斯本国农产品生产商因此亏损连连，投资积极性受挫，导致农机设备需求随之下降。加入 WTO 后俄罗斯农机生产商每年损失近 50 亿卢布。俄罗斯近年来在该领域实施进口替代计划，2015 年俄农业机械生产商的拖拉机产量同比增长一倍，其他类型的农业机械的产量出现两位数增长，这表明俄农民开始回归使用国产设备，也表明对该领域实施进口替代计划取得了阶段性的成果。近两年，俄罗斯远东地区专业农产品加工企业不断发展，对农机设备的需求逐渐增加，同时，大型企业提高了对俄罗斯远东地区农业基础设施建设的投资力度。因此，在这种背景下为外国农机设备供应商提供了商机。

3. 中国对俄远东地区的投资状况。我国与俄罗斯远东地区农业合作的地域范围不断扩大，由俄罗斯远东地区逐渐向腹地发展，由过去的滨海边疆区向内陆延伸，例如，扩展到车里雅宾斯克市、克拉斯诺亚尔斯克市、新西伯利亚市和莫斯科市等，合作项目也不断增加，并积累了很多经验。我国在农业投资方面与俄远东地区合作密切的省市主要分布在我国东北三省地区，由于我国与俄罗斯远东地区拥有很长的陆路海岸线，同时我国东北三省与俄远东地区拥有地缘优势，交通运输方面具有优势，使得两国在农业合作方面来往较为密切，以下简要阐述我国黑龙江省对俄远东地区农业投资情况。

2015 年以来，位于我国黑龙江省的东南部各地区与俄罗斯远东地区农业合作密切，我国黑龙江省人民政府与俄罗斯直接投资基金、中俄投资基金签署协议，设立总额 20 亿美元的专项投资基金，用于支持中俄两国边境农业项目，基金主要来自中方机构投资人，俄方所占份额较小。以下主要针对黑龙江地区的绥芬市、佳木斯市及东宁县对俄远东地区农业投资情况进行阐述。黑龙江省的绥芬河市大力实施"走出去"战略，对俄罗斯远东地区农业投资与经济技术合作不断向广度和深度发展。截至 2013 年 12 月，农业种植、养殖类 9 项，投资总额 3 143.4 万美元。主要分布在滨海边疆区、哈巴罗夫斯克边疆区、阿穆尔州、犹太自治州、伊尔库茨克州、克麦罗沃州、马加丹州、科拉斯诺亚尔斯克州、布里亚特州。佳木斯市对俄罗斯境外农业开发经过不断的努力，开发的面积已发展到 110 万亩，过境农机设备多达 400 套，年产各类畜禽 10 000 多头。对俄罗斯远东地区农业开发合作的规模不断扩大，合作领域不断拓宽，合作层次不断加深。东宁县抓住中俄战略协作伙伴关系日益深化的良好契机，按照省委对俄罗斯经贸合作战略升级的整体部署，优化环境、提供政策支持、加大扶持力度，不断提升境外农业开发的规模和层次。截至目前,东宁市在俄罗斯远东地区租赁耕地总面积达到360万亩,已耕种面积340万亩,成为全国境外农业开发第一县。东宁市境外农业开发区域已经拓展到俄罗斯6个州25个区,从俄滨海边疆区,哈巴罗夫斯克等远东地区延伸到叶卡捷琳堡、车里雅宾斯克等中部地区,最远已经到达莫斯科东南部的本萨州地区。建成了10万亩以上超大型综合农场6家,1万亩以上的中小型农场20家,1万亩以下的微型家庭农场420余家。东宁市在对俄远东地区农业合作在合作总量、发展质量、合作范围等多个方面发展迅速。

二、在俄罗斯远东地区发展农业的优势

(一)土地资源丰富,利于规模化种植

首先,俄罗斯远东地区土壤肥沃。远东地区耕地面积约为320万公顷,实际的播种面积为140万公顷,还有大量土地尚未开发。远东地区土质与我国黑龙江地区的土质相比具有优越性。以远东地区的滨海边疆区为例,该地区土壤主要是黑土,有机含量高,为3.5%~6%,土层深厚,土壤肥沃,土地比较集中,多为低丘和平原。其次,该地区农业开发成本低,远低于中国流转土地的租金。在俄罗斯农业科技越来越成熟并发展现代化农业的情况下,采用机械作业、规模种植,并与联网信息管理相结合,能够实现农业的规模化发展、农业的现代化发展,为该地区农业的发展提供动力。同时,低成本会吸引更多的外商对该地区的农业进行投资。

(二)俄罗斯为发展农业提供良好的政策支持

近年来,中俄之间的农业合作呈现出良好的发展趋势,两国之间不断加强经济合作,共创双赢。俄罗斯政府为发展远东地区的农业,在政策上提供了很多支持,此外,近几年俄罗斯政府不断加大对农业发展的扶持力度,提出许多新的政策支持农业发展。例如,俄罗斯政府为吸引外资投资采取相关措施来降低投资风险同时保证投资回报。其中,包括从2006年4月起对部分农业机械设备实行零关税进口;免除进出口关税、免除落实项目前5年涉及利润、财产和土地的税务,并且将前10年劳动报酬基金的保险费用从30%降低至7.6%。此外,还将提供以"统一窗口"原则办公的快速行政程序,远东经济发展的新机制已于2015年启动;2016年11月7日,中俄两国成立俄罗斯远东和中国东北政府间合作委员会,为我国东北地区及远东地区经济发展提供支持;俄副总理A.德沃尔

科维奇在第二届世界粮食论坛上表示，俄罗斯不会再实施对小麦征收出口关税的措施等。这些政策的支持加大了外资对该地区的投资的信心，对中俄农业合作提供了广阔的发展空间，目前俄方表示，愿意为中国企业在远东地区的合作创造良好的政策环境。

与此同时，为了稳定和发展农业生产，提高农业机械化技术水平，扩大农业机械的使用范围，俄罗斯联邦政府相继出台许多方面的政策和措施，支持和鼓励农业机械化的发展。例如，政府每年公布农业机械采购目录，同时成立专门的经营实体，国家提供无息贷款，对列入目录的产品，由这些实体统一购买，然后采取两种形式推广应用：一是实行分期付款卖给农民和农场主，缓解他们资金短缺的压力；二是实行租赁经营，帮助无力购机的农民和农场主能够使用农业机械进行生产。政府还对进口国外农机产品给予减免关税照顾，对农民和农场购买农机作业用油可凭信用证赊购，对农民生产的农产品实行保护价格收购等。最近，俄罗斯联邦政府又出台推进农业发展的民族振兴工程计划，对引进推广动、植物新品种、农业新技术和新机具，发展生物能源产业提供资金支持。

（三）畜牧业等行业的发展需要农业发展的支持

俄远东地区土地充裕，为发展农业提供了基础要素，能够带动其他领域经济的发展，如带动畜牧业、俄罗斯劳务输出，俄罗斯远东地区农机设备输出的发展。畜牧业要想快速发展，则需要农业快速发展的支持。对俄罗斯境外农业开发合作已由过去种植蔬菜向大豆、玉米、水稻、小麦等主要粮食作物种植拓展，由粮食作物种植向生猪、肉牛和禽类养殖，粮食、饲料加工，仓储、物流运输及农产品批发市场建设等多个领域延伸，而这些领域的发展离不开农业发展的支持。据了解，该地区畜牧业、禽类养殖业发展不迅速的主要原因是饲料供应不足，饲养成本高。2015年，肉禽产量下降近15%，肉牛产量下降12%。因此，对俄罗斯远东地区的农业进行投资，发展该地区的农业，将会带动该地区畜牧业、禽类养殖业的发展。农业与畜牧业等的发展是紧密相连的，两者共同发展，相辅相成。目前，黑龙江省全省境外农业经营主体160家，其中，企业110家，农村种植大户30家，农户联合经营20家。农业合作的拓展将吸引外资对该地区农业基础设施的投资，同时也将拓展到农产品进出口、农业技术、农业技术交流等多个领域，这为我国农业投资提供了新的机遇。

（四）远东地区主要生产非转基因农产品

生产加工特色农产品，走农产品差异化道路。在经济高速发展的今天，人民生活质量不断提高,在满足温饱的同时追求更加健康安全的生活,促使非转基因的食品、农产品受更多的消费者欢迎,因此,在俄罗斯远东地区开展非转基因农产品种植并进行初加工及深加工,将是一条可行之路。俄罗斯远东招商与出口事务局 CEO 彼得·舍拉哈耶夫(Petr Shelakhaev)称,对远东地区农业投资的投资者所追求的是清洁、生态安全、绿色的产品,而远东地区恰恰致力于种植非转基因农产品。因此,抓住机遇对该地区非转基因农业生产进行投资,加强对非转基因农业技术发展的研究,提高农业产量,增强企业竞争力。此外,俄罗斯政府明确出台政策要求在农业生产时对化肥的使用有严格要求,因此,该地区在非转基因农业绿色环保种植方面有强有力的保证,增加投资者在该地区的投资选择。

三、远东地区农业投资面临的障碍

(一)自然气候条件差的顾虑

远东地区处于冰冻地带,属温带大陆性气候,冬季寒冷干燥,夏季较短,对农作物生长有较大的的影响,同时气候条件差也将加大对该地区投资的成本。虽然该地区土地承租价格低于本国东北地区,在俄罗斯租赁土地种植粮食每公顷 10 元(一公顷约 15 亩),在内蒙古地区租赁土地每公顷要 4 000~5 000 元不等,相比之下该地区租金低廉,具有很大的投资价值,但自然条件差仍是众多投资者所担忧的阻碍因素。

(二)农业基础设施建设差,物资技术保障落后

技术基础薄弱是导致俄罗斯农工综合体每年损失高达 2 000 万吨粮食的原因之一,俄罗斯远东地区农业企业面临农业基础设施建设差,物资技术保障落后的状况。收割和播种技术设备不足,使农场无法在最佳时间完成所需工作,从而导致产品损失,企业利润受损。长期以来俄罗斯对农业基础建设投入少,忽视农业基础设施建设,大量农机设备陈旧,生产效率低,并且俄罗斯远东地区就存在以上情况,若投资者致力于俄远东地区农业的投资,则需要加强对该地区农业基础设施的建设,而对该地区农业基础设施进行建设将加大对该地区农业投资的成本,降低企业收益,因此,若到该地区进行农业投资将面临很大的风险。中国缺少对境外农业投资风险的评估和保障措施,因此,投资者要考虑企业能否承担成本增加所带来的风险。

（三）农业劳动力人口逐年减少

据俄劳动和社会保障部专家称，由于具有劳动能力的人口比例下降以及教育水平不符合用人单位的需求，2020年俄劳动力市场将出现专业人才短缺的现象。2010~2015年间，俄罗斯劳动力人口减少了360万人，到2020年还将再减少330万人，劳动力人口将为8090万人，即10年间劳动力总量下降7.8%，而超过法定劳动年龄的人口将达到3850万人，增长21%。表1是对俄罗斯渔业、制造业、运输业、农林业这四个行业从业人数的统计。

从表1中可以看出近几年俄罗斯农林业从业人数逐年减少，从2003年起农业从业人数逐年减少，而其他三个行业的从业人员逐年增多，渔业的从业人员人数不稳定。农业从业人员少且逐渐面临老龄化的趋势，而这个现象将可能会影响到该地区农业投资的后续发展，因为该地区在企业劳务人员使用方面采取"劳务配额制"，即75%~80%必须录用本地人，并且从表1中显示的数据来看，农业从业人员的数量正呈逐年递减的趋势，而企业要想正常的运转则需要大劳动力。因此，在农业从业人员人数逐年递减的情况下，投资企业将会考虑人员的减少是否会对农业后续的发展造成影响。

表1 俄罗斯各行业从业人数统计 单位：万人

年份	其他团体、社会和个人服务业从业人员数	渔业从业人员数	运输、仓储和通信业从业人员数	农业、狩猎业和林业从业人员数
2000	483.6	18.8	548.4	924.3
2001	—	19	593.1	686.6
2002	—	17.2	580.9	687.2
2003	—	19.5	597.2	703.5
2004	—	20.5	626.1	662.7
2005	224.7	16.6	624.9	676.9
2006	238.8	17.6	621.1	669.1
2007	243.9	19.2	657.3	615.5
2008	258	14.1	656	599.4
2009	262.7	12.2	652.6	571.8
2010	265.2	11.8	650	541
2011	268.4	12.3	652	521
2012	272.4	13.1	654	518.2
2013	281.2	12.1	658	516.3
2014	285.6	13.5	671	512

资料来源：国际统计局（国际数据统计及其他相关数据统计，"—"代表数据缺失）。

(四) 总体经营环境的恶化

俄罗斯经济总体上呈现衰退的现象，分析其出现这种状况的主要原因是西方制裁和油价下跌的双重打击。根据俄罗斯工企联开展的一项俄罗斯经商环境调查，半数以上受访的外资企业认为经商环境正在不断恶化。约24%的外资受访企业认为经商环境在轻微恶化。此外，企业成本开始加大，主要是因为俄罗斯海关新政引起的关税重估以及税收严核。调查显示，在俄罗斯经营的税负占企业经营总成本的47%。在上述诸多因素的影响下，中资企业多数经营困难。具体来说，卢布贬值造成许多中资企业成本上升；俄罗斯产业界投资减少及民众收入下降造成市场总需求下降；俄罗斯银行界和企业界流动性匮乏，当地银行提高信贷"门槛"，造成企业融资困难。因此，我国企业对经济发展缓慢的俄罗斯的远东地区农业进行投资，需考虑在经营环境不理想的情况下企业将面临投资成本增高的风险。

与此同时，俄罗斯政策的不稳定性和不确定性也对企业的投资发展起到一定的阻碍作用。具体表现为受人为因素影响较大，政策经常变动。俄罗斯经商环境调查显示，绝大多数的俄罗斯商人认为与政府建立私人关系有利于经商，这说明俄罗斯的政策制定和实际操作受人为因素影响很大。中资企业也普遍认为，俄罗斯政策方面的风险很高，因此，政策的不稳定性将加大我国企业对俄远东地区农业投资的风险。

四、远东地区农业投资的发展前景及建议

(一) 完善法律制度，建设良好的投资环境

法律制度的不完善一定程度上会增加企业投资的风险。近些年，我国在对到远东地区农业投资的企业扶持政策、管理法规、监管制度等方面尚不完善。各部门对于企业在俄远东农业投资经营的财务、税务、信贷、外汇、统计等法规制度还没有形成体系。此外，中国尚未建立一个有效的投资企业战略风险监测、评价体系，造成企业投资战略定位不准、融资困难、缺乏国际化人才、信息获取迟缓、管理经营方法落后等问题。虽然我国商务部中国出口信用保险公司为提升中小外贸企业提升国际化经营能力，出台了相关政策，但现阶段处于政策实施阶段，具有一定的滞后性。因此，为降低我国企业对该地区农业投资风险，政府应

组织相关的政策研究部门、社会科学研究机构的相关学者和专家应对俄远东地区农业生产、市场、政策、法规等情况进行系统性的研究，建立相关信息服务平台，为投资企业提供良好的咨询、法律等信息服务。

(二) 加强除土地投资以外其他领域的投资合作

远东地区拥有较低土地租赁成本，因此，大量企业有意对该地区进行农业投资。要充分利用俄罗斯远东丰富的土地资源，进行玉米、水稻、大豆等粮食种植，就地生产、加工、销售或出口，建立相应生产基地，在满足俄罗斯需求的同时回运补充国内需求。同时，在大量种植玉米和大豆提供预混饲料的前提下，加大对相关领域的投资，如加大对俄远东地区的畜牧养殖业的投资。此外，可种植价值相对较高、储运困难的蔬菜、瓜类，进行食用菌栽培等满足俄国内需求。在农机方面，由于政府对该地区的农业补助难以满足用户的需求，农机设备老化，生产效率低的情况仍然存在。俄罗斯现有的食品机械生产企业也难以满足食品加工企业与日俱增的需求，有些包装机械产品不得不从意大利、德国等欧洲国家高价进口。目前俄罗斯及远东地区急需更新农业机械、农机具和建立新的维修体系，而中国的中小型农业机械设备在价格方面具有优势，非常适合俄罗斯远东地区的需求。因此，我国对俄罗斯远东地区投资者应抓住机会，加强在农机和食品加工业方面的投资合作。

(三) 提供降低农业投资风险的政策支持

农业产业对自然资源的依赖度很高，农业的发展常常受到自然天气及环境变化的影响。许多国家都采取了形式多样的农业补贴政策，中国目前也实行了粮食直补、农资综合补贴、农机具购置补贴等多项惠农政策。从事境外的农业开发将会面临更多的风险与困难，因此，需要国家给予一定的资金支持。应在中央财政农业综合开发资金中适当安排一定比例的境外农业开发配套资金，鼓励企业、个人积极参与境外农业开发，大力推进与俄罗斯远东地区的农业合作。加强对境外农业投资风险的评估与保障工作，引入农业保险，同时，将农业保险等业务扩展到俄远东地区，帮助赴俄罗斯农业开发主体规避投资风险。

(四) 增加对高纬度地区农业种植研究，抵御自然环境对作物的影响

自然条件差使投资者对远东地区投资有一定的担忧，需要加强农业科技的研究，增加投资者的信心。近年来，我国东北地区的黑龙江省逊克县始终坚持把建

设现代农业示范园区作为发展现代农业的重要载体和突破口,积极推动农业科技创新、示范和推广,促进农业产业化发展,努力实现传统农业向现代农业的转变。特别是 2011 年以来,逊克启动了场县共建现代农业示范基地建设。目前,该基地已晋升为省级农业科技园区,成为中俄合作高纬寒地现代农业发展新样板,现正积极申报国家级农业园区。该基地的建立,对我国与俄罗斯远东地区具有积极的借鉴作用。因此,我国应与俄罗斯远东地区继续加大对高纬度农业现代化发展的研究,打破自然环境条件对农业发展的约束,从而为有意对俄罗斯远东地区农业投资的投资者做好农业基础建设,增加投资信心。

(五) 提高企业生产效率,加强对技术性人才的培养

加强对高素质的技术性人才的培养,提高企业的生产效率。中国要加大对俄罗斯远东地区农业的投资力度,要重视技术性人才的培养。远东地区自然条件差,其经济的发展速度不如俄罗斯联邦中心区的经济发展的迅速,近些年来人口不断减少,该地区的很多居民选择迁移到其他地方工作和生活,如迁到俄罗斯联邦中心区或者靠近欧洲部分的西部地区。所以远东地区大批高素质人才也在不断地流失,尤其是高科技人才。虽然我国有着丰富的劳动力人口,但是高技术和高素质的人才相对稀缺,所以我国企业应该发挥与俄远东地区的地缘优势以及多文化融合的优势,培养和引进一批先进的人才队伍,尤其是高端人才和紧缺人才,加强与远东地区农业的投资与合作。同时要适宜的属地化、本地化生产和经营,这可以帮助中资企业规避俄罗斯外籍劳动配额、产业保护政策、外在经营环境维护和中俄文化差异与冲突等问题,使中资企业真正融入俄罗斯社会中去,从而保证企业长期、健康和稳定的发展。

(六) 发展远东北部地区农业,提高土地利用率

远东南部农业区占远东联邦区总面积的 21.9%;耕种面积为 128.48 万公顷,占俄罗斯联邦区耕种面积的 93.4%,可见俄远东地区农业的种植主要分布在南部地区。该地区大部分属温带大陆季风性气候,冬季寒冷干燥,1 月平均气温为 $-26.6℃ \sim -21.4℃$;夏季炎热、时间短、雨量集中,7 月平均气温 $17.2℃ \sim 19.2℃$。滨海边疆区属温带海洋性气候,1 月平均气温 $-15℃$,7 月平均气温 $19.6℃$。远东南部农业区主要种植谷类作物包括小麦、燕麦、大麦、荞麦、大豆、马铃薯、蔬菜和饲料作物等农作物。

远东北部的农业不发达地区。远东北部地区的面积为 481.88 万平方千米,

占远东俄罗斯联邦区总面积的 78.1%；耕种面积仅为 9.15 万公顷，占俄罗斯联邦区耕种面积的 6.6%，可见俄罗斯远东北部地区农业发展较为缓慢。主要是因为该地区大部分处于永久冻土地带，冬季气候很冷，1 月平均气温为 -34.6℃ ~ -26.6℃，而夏季很短，7 月平均气温为 11.1℃ ~ 16.4℃，积温低，不适宜农业的种植。谷物、马铃薯和蔬菜种植很少。2010 年马加丹州和楚科奇自治区播种面积几乎为零。该地区土地利用率低，仅有 6.6% 的土地被用于农业。因此，在自然环境恶劣，但农业可开发土地十分充足的情况下，应结合现代农业，采用大棚种植农产品，种植俄罗斯产量不足的农产品，如玉米、蔬菜、大豆等农产品的种植，提高农产品国内供应量，在满足国内需求的情况下开展出口业务，提高该地区土地利用率，从而增强农产品的竞争力。

五、结 论

我国东北地区与俄罗斯远东地区都面临着经济发展问题，加强地区之间经济的友好往来对改善地区经济具有重要意义。"一带一路"倡议强调企业要发展就要"走出去"。俄远东地区经济近年来发展迅速，俄罗斯为发展该地区经济做了很大努力，为加强两国之间的经贸往来，中俄两国都提供了很多政策支持。俄远东地区自然资源丰富，尤其是能源丰富，中俄两国在能源、木材、交通、基础设施建设等领域发展迅速，但在农业经济往来方面合作尚有欠缺，尤其对偏远地区的农业合作应继续加强，深入了解处于俄边境的远东地区农业发展状况，分析两国农业发展的优势以及对该地区农业投资存在的障碍，有效地运用各国在农业技术发展上的优势，共同发展，对促进两国农业合作全方面发展具有积极作用。

参考文献

[1] 王永春，徐明，宋雨星，聂凤英. 中国对俄罗斯远东农业投资潜力、制约因素及对策 [J]. 农业经济问题（月刊），2015（10）.

[2] 阿廖娜. 俄罗斯地区与中国东北地区农业经贸合作发展研究 [D]. 哈尔滨工业大学硕士学位论文，2015（6）.

[3] 封安全，孙爱莉. 俄罗斯远东地区农业资源开发与利用 [J]. 西伯利亚研究，2013（12）.

[4] 张新颖,李淑霞. 中国与俄罗斯农业合作的三大趋势,[J]. 中国农村经济, 2012 (5).

[5] 张忠明,杜楠,童俊,洪仁彪. 中国对俄罗斯远东农业开发的前景及现实困境 [J]. 世界农业, 2015 (8).

[6] 邵立民,邵晨阳. 我国东北地区对俄罗斯远东农业合作与贸易的问题与对策 [J]. 农业经济与管理, 2013 (2).

[7] 智建伟. 中俄农业互补性合作研究 [D]. 东北林业大学博士学位论文, 2013 (11).

区域竞争力专题

中国双边 FTA 发展的导向因素与战略布局

王珊珊

【作者简介】 王珊珊,女,吉林财经大学国际经济贸易学院,讲师。

【摘　要】 双边 FTA 战略作为一项国家战略,应当服务于多元化的战略意图。在选择双边 FTA 伙伴国时,应当综合考虑五方面的因素:第一,贸易因素,包括贸易规模、贸易结构和贸易成本三个方面;第二,市场因素;第三,资源因素;第四,技术因素;第五,地缘安全因素。在综合考虑以上五个方面因素的基础上,从周边和跨区域两个维度上展开空间布局。

【关键词】 双边 FTA;导向因素;战略布局

作为中国的国家战略,双边自由贸易区战略不仅是助力中国由贸易大国走向贸易强国的贸易战略,还应当是可以实现多元化战略意图的综合型战略。研究和制定系统的双边自由贸易区战略,可以更好地指导双边自由贸易区实践的展开。因此,在制定双边自由贸易区战略时既要考虑经济因素,也要考虑非经济因素。选择目标伙伴国时,既要考虑贸易规模、贸易结构、贸易成本、市场规模、技术引进等传统的经济因素,也要考虑能源供应等资源安全因素以及联合反恐等地缘安全因素。

一、贸易导向因素

FTA 的贸易导向因素即优先与主要贸易伙伴国签订双边 FTA,使双边 FTA 起到扩大出口,减少出口壁垒,降低进口成本,稳定进口来源的作用。贸易规模、贸易结构和贸易成本可以作为贸易导向因素的三个主要指标。

（一）贸易规模

从贸易规模来看,中国主要贸易伙伴包括:欧盟、美国、东盟、中国香港地区、日本、韩国、中国台湾地区、印度、俄罗斯、澳大利亚、巴西、加拿大、新西兰、南非等也在中国对外贸易中占有重要地位。以上国家（地区），除独立关税区中国香港地区和中国台湾地区之外，已经与中国签订双边自由贸易协定的国家（地区）包括东盟、韩国、新西兰和澳大利亚，美国、印度、俄罗斯、巴西和南非未与中国达成自由贸易协定。中国—印度双边 FTA 已经进入联合研究阶段，谈判尚未启动。中国与欧盟、中国与美国、中国与巴西、中国与俄罗斯、中国与南非、中国与加拿大的双边 FTA 尚未列入谈判日程。欧盟自 2005 年至今稳居中国贸易伙伴榜首，2015 年中国与欧盟进出口，约占中国进出口总额的 14.3%，其中出口与进口分别占比约 15.6% 和 12.4%。在欧盟国家中，德国是中国第一大贸易伙伴国，中德进出口额约占中国与欧盟进出口的 30%，约等于位列其后的荷兰、英国、法国之和。其中，中国从德国进口占中国从欧盟进口的四成，中国对德国出口约占中国对欧盟出口的两成。2016 年，中国与德国双边贸易额达到 1 512.9 亿美元。中国是德国在欧洲之外的最大贸易伙伴国。如果中国能与欧盟或者欧盟中最大的贸易伙伴德国达成贸易合作协议，将对减少贸易摩擦，促进双边贸易起到明显的促进作用。如果从贸易规模的角度考虑，巴西、加拿大、俄罗斯均可以作为中国双边 FTA 谈判的目标。

（二）贸易结构互补程度

双边 FTA 伙伴国之间贸易互补程度高，则双方优势可以得到充分的发挥，且签订 FTA 之后，对相关产业冲击比较小。在中国已经签订的双边 FTA 伙伴国中，中国与智利、秘鲁的双边贸易互补程度比较高，中国在资本、技术密集型、劳动密集型产品出口方面具有比较优势，智利在矿产品、农产品以及以农产品为原料的加工产品出口方面具有比较优势。此外，中国—新西兰双边贸易也表现出较强的互补性，新西兰的优势在于农、林、牧类产品，而中国的优势则表现在劳动密集型商品和资本技术密集型商品方面。相反，如果贸易伙伴国之间贸易结构相似，则相互竞争性较强而互补性较弱，对双方相关产业可能造成冲击。例如，中国与东盟贸易结构互补性比较小，中国—东盟自由贸易区建成之后，给中国的热带水果以及热带经济作物造成了很大的影响。

如果从双边贸易互补性的角度，俄罗斯可以作为中国双边 FTA 的目标伙伴国。原因是：第一，资源互补。中国经济快速发展需要进口大量资源，俄罗斯是石油、天然气主要出口国，铂、钨、锡、镍、锌、铝、铜、钛等金属资源丰富。除此之外，俄罗斯拥有丰富的水资源、渔业资源和森林资源。中国人口众多，劳动力资源丰裕，而俄罗斯地广人稀，人口增长率低，尤其是远东地区劳动力资源匮乏，双方在劳务合作方面具有很大潜力。第二，产业结构互补性较强。俄罗斯在航空航天、军工、燃料、石油化工、精密仪器、生物和海洋科学等高科技领域具有比较优势，而轻工业比较薄弱。中国在纺织品服装、机电产品、五金等产品方面具有比较优势。并且双方在新材料、新能源、生物科技、海洋科学等方面已经开展了有效的合作。2016年，中俄贸易额达到695.3亿美元，中国继续保持俄第一大贸易伙伴国地位。除俄罗斯之外，与中国双边贸易互补性较强的国家还有南非和巴西。中国从南非进口主要商品有钢铁、贵金属及制品、矿物燃料、矿砂、珠宝等；南非从中国进口的主要商品有钢铁制品、机械器具及零部件、车辆及零部件、电气设备及音像制品、服装及衣着附件等。中国从巴西进口的主要商品包括铜矿石、阴极铜、铁矿砂、石油、纸浆、牛皮、糖、大豆等，巴西从中国进口的主要商品包括纺织品及原料、化工产品、运输设备、机电产品等（见表1）。

表1　　　　　　　　　　2015年中国与主要贸易伙伴贸易概况　　　　　　　单位：亿美元

贸易伙伴	进出口总额	占比（%）	出口额	占比（%）	进口额	占比（%）	是否签订FTA
世界	39 635.27	100.00	22 818.56	100.00	16 816.7	100.00	—
欧盟	5 668.19	14.30	3 570.15	15.65	2 098.04	12.48	否
德国	1 769.05	4.46	892.16	3.91	876.89	5.21	—
荷兰	684.38	1.73	596.3	2.61	88.08	0.52	—
英国	785.94	1.98	596.68	2.61	189.26	1.13	—
法国	520.52	1.31	270.63	1.19	249.89	1.49	—
意大利	447.18	1.13	278.52	1.22	168.66	1.00	—
美国	5 613.49	14.16	4 108.05	18.00	1 505.44	8.95	否
东盟	4 737.04	11.95	2 782.47	12.19	1 954.57	11.62	是
马来西亚	974.5	2.46	441.92	1.94	532.58	3.17	否
新加坡	806.97	2.04	531.39	2.33	275.58	1.64	是
泰国	755.32	1.91	383.11	1.68	372.21	2.21	否
印度尼西亚	541.9	1.37	343.75	1.51	198.15	1.18	否
菲律宾	457.13	1.15	266.93	1.17	190.2	1.13	否
中国香港地区	3 470.64	8.76	3 342.91	14.65	127.73	0.76	是
俄罗斯	680.27	1.72	348.1	1.53	332.17	1.98	是
巴西	717.68	1.81	274.29	1.20	443.39	2.64	否
印度	716.58	1.81	582.62	2.55	133.96	0.80	否
南非	461.04	1.16	158.78	0.70	302.26	1.80	否
加拿大	557.07	1.41	294.26	1.29	262.81	1.56	否
新西兰	115.05	0.29	49.22	0.22	65.83	0.39	是
澳大利亚	1 142.5	2.88	403.79	1.77	738.71	4.39	是

资料来源：根据UN COMTRADE数据库数据整理。

（三）贸易成本

贸易成本包含两部分，一部分是运输成本；另一部分是贸易壁垒成本。运输成本由两国的地理位置、运输条件决定。一般认为，地理位置比较相近的国家运输成本比较低，尤其是两国航运距离较短的国家之间贸易运输成本较低。在中国双边FTA伙伴中，中国与东盟、新加坡、韩国的贸易运输成本比较低，而中国与智利、新西兰、瑞士、秘鲁、冰岛的贸易运输成本比较高。在中国正在谈判的贸易伙伴中，中国与挪威贸易运输成本较高。如果将俄罗斯、中亚五国作为中国的FTA伙伴国，运输成本相对较低。另外，关税壁垒与非关税壁垒，即贸易壁垒也是构成贸易成本的主要部分。与发达国家相比，发展中国家的关税水平一般比较高。如果与关税水平比较低的国家签订自由贸易协定，关税下降的幅度是比较有限的，可是如果与关税水平比较高的国家签订自由贸易协定，自由贸易区建立之后，区内关税将大幅度削减，区内贸易壁垒的降低将对区内贸易产生积极的作用。综上所述，在贸易导向的三个指标中，贸易规模和贸易结构是主要指标，贸易成本为参考指标。

二、市场导向因素

FTA的市场导向战略是指双边FTA的签订有利于开拓出口市场，或开发潜在的出口市场。从市场导向的角度考虑，双边FTA伙伴国应当具备广阔的市场，或者潜在的广阔市场。一国的市场规模由以下几个因素决定：第一，经济总量。一国经济总量大，其市场规模就大。例如，欧盟、美国、日本作为世界第一、第二和第四大经济体，对这三大经济体的出口占中国总出口约40.9%的份额，如果加上中国大陆经香港地区转口，最终出口到欧盟、美国和日本的商品，占据总出口量的近50%。第二，人均收入。在经济总量相同的情况下，人均收入比较高的国家，市场规模比较大。第三，人口规模。例如，中国拟进行FTA谈判的目标国印度，人口规模大，市场的潜力就大。第四，在国际贸易中的地位。如果一国在FTA网络中处于"轮轴"国的地位，其市场潜力大于一般的"辐条"国。中国双边FTA的市场导向战略，不仅是巩固中国传统的出口市场，而是开发新的出口市场，以减少对欧盟、美国、日本的依赖，实现出口市场多元化。在已经与中国签订双边FTA的伙伴国中，仅有东盟、韩国、澳大利亚是中国的主要出口市场之一。谈判中的海湾阿拉伯国家合作委员会①（简称海合会）成员国阿拉伯联合酋长国，拟构建 FTA 的印度均在中国出口比重中占据 1% 以上。除此之外，在中国出口总额中占有 1% 以上比重而未列入 FTA 谈判伙伴的国家还有俄罗斯、巴西和加拿大。中国已经成为巴西、俄罗斯的第一大贸易伙伴；中国是加拿大第二大贸易伙伴，加拿大与中国的贸易规模已经超过了墨西哥，是加拿大在 NAFTA 之外的第一大贸易伙伴国。从市场导向的角度来看，巴西、俄罗斯和加拿大都可以作为中国未来进行双边 FTA 谈判的目标对象国。另外，随着"一带一路"国家经济合作的加强，中国在中亚、西亚和非洲的市场潜力还有待于进一步开发和释放。

三、资源导向因素

资源导向因素是指在选择双边 FTA 伙伴国时，考虑通过 FTA 签订稳定能源、金属矿产等战略性资源的进口。石油作为最重要的能源，是一国经济发展和国家安全的保障性资源。2015 年，中国作为世界最大的石油进口国，石油进口依赖度已经超过 60%，石油净进口量已经达到 3.28 亿吨。美国能源信息署（EIA）认为，在 2020 年，中国对进口石油的依赖度将达到 70%，日均进口石油数量将达到 920 万桶。稳定石油进口已经成为中国双边 FTA 战略的重要目标之一。同时，中国的石油进口约 50% 来自中东地区②，约 19.2% 来自非洲，约 14.9% 来自俄罗斯、中亚五国和东欧，约 12.7% 来自拉丁美洲，仅大约 2.5% 来自亚太地区。对中东石油的依赖是中国石油进口的潜在风险，中东地区的战争曾多次影响国际石油价格。

2015 年，向中国出口原油最多的 10 个国家依次为：沙特阿拉伯（15.1%）、俄罗斯（12.6%）、安哥拉（11.5%）、阿曼（9.6%）、伊拉克（9.6%）、伊朗（7.9%）、委内瑞拉（4.8%）、科威特（4.3%）、巴西（4.1%）、阿拉伯联合酋

---

① 海湾阿拉伯国家合作委员会是海湾地区最主要的政治经济组织，简称海湾合作委员会或海合会。海合会成立于 1981 年 5 月，总部设在沙特阿拉伯首都利雅得，成员国包括阿联酋、阿曼、巴林、卡塔尔、科威特和沙特阿拉伯 6 国。2001 年 12 月，也门被批准加入海合会卫生、教育、劳工和社会事务部长理事会等机构，参与海合会的部分工作。自成立以来，海合会各成员国充分发挥语言和宗教相同、经济结构相似等方面的优势，积极推动经济一体化进程。

② 2011 年、2012 年、2013 年、2014 年、2016 年中国对中东石油的进口依赖分别 51.5%、49.8%、51.9%、52.1%、50.7%。

长国（3.7%）。① 在中国正在谈判的双边 FTA 伙伴中，海合会，是中国重要的石油贸易伙伴国之一，中国从海合会进口石油约占石油进口总量的 30%。从石油贸易的角度考虑俄罗斯、安哥拉、委内瑞拉、以哈萨克斯坦为代表的中亚五国都可以作为中国双边 FTA 的目标伙伴国。另外，石油安全战略还应当包括保证石油运输通道的安全。中国石油进口通道比较单一，例如，霍尔木兹海峡承载了中国 70% 的原油进口，80% 经过马六甲海峡，为开拓其他石油进口通道，降低石油进口风险，中国正在积极开展中俄、中哈、中缅油气管道的建设。目前，中国东北、西北、西南以及东南沿海四大能源进口通道战略布局基本成型。石油进口来源呈现多元化趋势，俄罗斯、非洲、拉丁美洲的委内瑞拉等已经成为中国重要的石油进口来源地。同时，国内非常规油气资源的开发也在一定程度上缓解了中国石油进口的压力，中国能源安全问题将得到进一步保障。2016 年 11 月 13 日，巴基斯坦中资港口瓜德尔港正式通航②，将有效缓解中国石油进口对马六甲海峡的依赖，对保证中国石油进口安全具有重要的意义。

天然气是除石油外最重要的能源，也是石油的主要替代品之一。目前，中国天然气对外依存度约为 30%。中国进口天然气主要方式为液化天然气（LNG）和管道天然气，根据统计，2015 年中国进口 LNG 主要来自澳大利亚（28%）、卡塔尔（26%）、马来西亚（17%）、印度尼西亚（15%）、巴新（8%）、阿尔及利亚和尼日利亚各（2%）等。另外，俄罗斯、缅甸也是中国潜在的天然气进口来源国。中缅天然气管线已于 2013 年 7 月 31 日开通，年输气量达 120 亿立方米。中俄天然气管线的西线、东线将分别于 2016 年、2018 年开始对我国供气，年进口气量分别为 250 亿立方米、350 亿立方米。从远期来看，由于俄罗斯天然气资源丰富，中俄之间还将新建天然气管线，预计新建管线输气能力将达到 300 亿立方米，并于 2019 年投产。

除了石油、天然气之外，铁矿石、有色金属以及稀有金属等矿产资源的进口也应当作为 FTA 资源战略的参考指标。以铁矿石为例，2013 年中国铁矿石对外依存度超 70%，铁矿石进口 8.19 亿吨，同比增长 10.2%，进口总额 1 057.28 亿美元，同比增长 10.4%。中国前四大铁矿进口来源国分别为澳大利亚、巴西、南

---

① 2015 年，向我国出口石油较多的国家还有哥伦比亚（2.6%）、南苏丹（2.0%）、刚果（1.7%）、哈萨克斯坦（1.5%）。

② 瓜德尔港（Gwadar），位于巴基斯坦西海岸俾路支省西南部，南临印度洋阿拉伯海，据霍尔木兹海峡仅 400 千米，是一座深水港。该港口于 2002 年 3 月开工兴建，2015 年 2 月基本竣工，2016 年 11 月 13 日正式开航。中国政府为瓜德尔港的建设提供了技术和资金援助。

非和伊朗。其中，澳大利亚约占49%，巴西约占19%。铁矿石主要进口国中，除了中澳FTA正在谈判中外，巴西、南非、伊朗均未被列入谈判目标。除上述国家之外，俄罗斯、乌克兰、哈萨克斯坦、印度、加拿大等国也是铁矿石储量丰富的国家。铁矿石进口多元化也是今后中国铁矿石贸易的方向之一。

四、技术导向因素

技术导向因素是指通过签订双边FTA，有利于引进实用技术，降低技术引进的成本，减少先进技术引进的障碍。中国出口结构和国内产业结构的升级需要引进大量的先进技术，通过先进设备引进可以提高中国制造业的竞争力。

中国技术引进三大来源地分别为欧盟、日本和美国。由于目前中日政治关系比较紧张，构建中日双边FTA并不现实，中、日、韩FTA谈判也因此搁浅。而美国对中国高科技产品出口一直处于限制状态，中国要进一步与美国搞好关系，按照习近平主席的指示，重建新型大国关系，争取让美国早日取消对中国高科技产品出口限制。欧盟是中国的第一大贸易伙伴，中国是欧盟的第二大贸易伙伴。如果中国能够扩大对欧盟技术设备的进口，将对减少中欧贸易顺差、缓解贸易摩擦起到一定的积极作用。从技术导向的角度考虑，在欧盟国家中，德国是中国技术引进主要来源国之一，德国的制造技术世界第一，中国应争取早日与德国建立双边FTA。欧盟其他成员国如法国、英国、荷兰、丹麦、瑞典、挪威、芬兰等国都拥有中国需要的先进技术，尤其是荷兰、丹麦、瑞典、挪威、芬兰的清洁能源技术，所以这些国家应当作为中国双边FTA目标伙伴国。中国在2013年底，已与欧盟共同发表了《中欧合作2020战略规划》，全面和欧盟加强贸易、金融、投资、高技术、新能源、新型城镇化等领域的合作。随着中欧关系的进一步改善，达成中欧双边FTA可以期待。还有俄罗斯、乌克兰的军工技术与中国都有广泛的合作前景。

五、地缘安全因素

地缘安全导向是指自由贸易区的建立有利于维护国家安全。

第一，有利于联合打击恐怖主义。近年来，恐怖主义成为威胁中国社会安定的因素之一。共同打击国际恐怖主义成为中国双边 FTA 目的之一。在中国已经签订的双边 FTA 中,中国—巴基斯坦双边 FTA 是共同打击恐怖主义的成功范例之一。中亚五国以及土耳其都是威胁中国稳定的恐怖集团主要活动范围。俄罗斯也是受恐怖主义侵害的国家之一,中俄在反恐方面已经进行了密切的合作。与同样受恐怖主义危害的国家进行双边 FTA 合作,一方面通过经贸联系增加两国政治互信,有利于建立国际反恐同盟,共同打击恐怖主义;另一方面可以通过双边贸易发展,带动经济增长,有效减少贫困,逐步提高收入水平,有益于消除极端思想和恐怖主义滋生的土壤。

第二,有利于共同抵制霸权主义。抵制霸权主义一方面与霸权国的盟国签订双边 FTA,通过经济贸易方面的广泛合作增强政治方面的互信和理解,在一定程度上减轻了霸权主义国家对中国的威胁。中韩 FTA 在一定程度上减轻了霸权国家对中国的包围态势。另一方面与霸权主义国家相对立的国家签订双边 FTA,有利于共同抵制霸权主义。如果中俄能够达成双边 FTA,对共同抵制国际霸权主义具有积极作用。

综上所述,双边 FTA 伙伴国的选择,应当综合考虑贸易导向、市场导向、技术导向、资源导向、地缘安全导向五方面的因素。贸易导向应当包括贸易规模、贸易结构和贸易成本三个指标;资源导向应当包括能源矿产、金属矿产、其他资源三个指标;技术导向包括清洁能源技术进口、军工技术进口和制造技术进口;地缘安全导向包括打击恐怖和抵制霸权主义两个指标;加上市场导向,一共九个指标。如果综合考虑以上五个方面、十二个指标,在未与中国签订双边 FTA,或进行双边 FTA 谈判,并且未被中国确定为拟谈判对象国的国家中,俄罗斯应当被确定为中国双边 FTA 对象国,以上指标俄罗斯满足十一个,中亚五国满足九个,加拿大满足五个,南非满足三个,德国满足三个。

六、双边自由贸易区战略的空间布局

依据前面设计的指标,中国双边 FTA 战略在空间维度上分为两个层次,即周边战略和全球战略。周边战略是指中国与邻近国家签订双边 FTA 的战略布局,即双边 FTA 伙伴国在周边地区,主要指亚洲地区的布局;全球战略是指中国签订跨区域双边 FTA 的战略布局,即双边 FTA 伙伴国在欧洲、美洲、非洲以及大洋洲的布局。

(一) 周边布局

1. 东北亚地区。广义的东北亚包括朝鲜、韩国、日本、蒙古国、俄罗斯远东地区以及中国的内蒙古自治区和东北三省。20 世纪 90 年代之后，中国崛起、俄罗斯振兴、日本预走向"正常国家"，东北亚地区因其地缘政治地位，引起了大国力量博弈的焦点，再加上朝核问题，中、日、韩俄领土问题以及在该地区有着广泛利益的美国的参与，使东北亚局势变得错综复杂。未来，东北亚局势的变化，对亚洲乃至整个世界政治经济格局有着重要的影响。而中国与东北亚各国，均有着密切的经济贸易关系。俄罗斯不仅是中国的主要贸易伙伴，而且是中国主要能源、矿产资源进口来源地，在军工技术等方面与中国具有巨大的合作潜力；日本、韩国都是中国的主要贸易伙伴国、FDI 来源国；蒙古国矿产资源丰富，是中国潜在的贸易伙伴。因此，从地缘政治、经济和资源安全三方面考虑，与东北亚国家签订 FTA 对中国具有重要的战略意义。

首先，谋求与俄罗斯双边合作。中国与俄罗斯关系经历了"友好国家""建设性伙伴关系""战略协作伙伴关系"，目前已经成为"全面战略协作伙伴关系"[①]。相对于政治方面的合作，中俄经贸关系还有进一步发展的潜力。《美加自由贸易协定》为中俄双边 FTA 提供了成功范本。目前美国与加拿大互为第一大贸易伙伴，美国对加拿大出口、进口分别占其出口、进口总量的 19% 和 19.4%。加拿大是美国最重要的石油进口国，加拿大向美国出口石油占其石油出口总量的 97% 以上，占美国石油进口总量的 20% 左右。中俄地理位置毗邻，资源禀赋和产业结构方面具有互补性，在能源开发、货物贸易、劳务输出、技术贸易等方面有较大的合作潜力。从贸易导向、资源导向和地缘政治三方面综合考虑，俄罗斯是中国首选的 FTA 合作伙伴。

其次，巩固中韩双边 FTA。中日、韩日之间的历史原因使中日韩自由贸易区短期内难以达成共识，中韩双边 FTA 已经签署。但是，最近中韩经贸关系受到政治关系的影响。从长远来看，中韩双边 FTA 符合中韩双方政治经济利益，是可以实现双赢的 FTA。

除了俄罗斯、韩国之外，蒙古国可以作为中国 FTA 远期规划的合作伙伴国。

---

① 中俄关系发展进程：1992 年 12 月叶利钦第一次访华，双方签署《中俄联合声明》确立了双方互为"友好国家"；1994 年 9 月江泽民访俄，双方签订《中俄联合声明》，确立了"建设性伙伴关系"；1996 年叶利钦第二次访华，双方签署《俄中联合声明》，确立了"战略协作伙伴关系"；2012 年 6 月，普京访华，双方发表《中俄全面战略协作伙伴关系的联合声明》，中俄确立"全面战略协作伙伴关系"。

蒙古国有丰富的矿产资源①和林业资源，是中国主要铜进口国之一。蒙古国与中国内蒙古自治区地理接壤、民族和文化相似，有利于中国与蒙古国经济贸易合作。从远期来看，中国、蒙古国、俄罗斯如果能够参照 NAFTA 的合作模式，建立中、俄、蒙自由贸易区，将为三国带来巨大利益。

2. 东南亚。地理上的东南亚包括东盟十国和东帝汶。中国已经与东盟十国建立了双边 FTA，并且与新加坡在东盟基础上建立了重叠式双边 FTA 合作关系。中国在东南亚地区的双边 FTA 发展重点，一方面是进一步推进与东盟的"10 + 1"合作；另一方面是重叠式 FTA 的构建。例如，马来西亚是中国在东盟的第一大贸易伙伴，中国是马来西亚第一大贸易伙伴，马来西亚是中国主要的液化天然气进口国之一，也是中国在东南亚地区重要的石油进口国之一。与马来西亚进行更深层次的 FTA 合作，对进出口贸易、能源供应以及和平解决南海岛屿争端都具有积极的意义。缅甸也是中国在东南亚最重要的能源供应国之一，中缅经贸合作对两国能源贸易、联合打击跨国犯罪等方面具有积极的意义。

3. 中亚。从广义上讲，中亚应当包括中国新疆维吾尔自治区、阿富汗、哈萨克斯坦、吉尔吉斯斯坦、塔吉克斯坦、土库曼斯坦和乌兹别克斯坦；从狭义上讲中亚仅包括中亚五国即哈萨克斯坦、吉尔吉斯斯坦、塔吉克斯坦、土库曼斯坦和乌兹别克斯坦。中亚五国市场潜力有待开发，是中国潜在的贸易伙伴国。中国在中亚的双边 FTA 战略如果能够与"丝绸之路经济带"的建设互相促进，将成为中国进出口贸易和经济发展的新增长点。中亚不仅有丰富的石油和天然气资源，而且在地缘政治等非经济因素方面与中国具有重要的合作潜力。随着"一带一路"的建设，中亚与中国经济联系将更为密切，经济贸易方面的合作潜力将进一步体现。如果能够优先与哈萨克斯坦签订 FTA 的框架协议，将对中国与其他中亚国家开展经贸合作起到示范效应。

4. 南亚。地理上的南亚包括巴基斯坦、不丹、马尔代夫、孟加拉国、尼泊尔、斯里兰卡、印度以及克什米尔地区。其中，中国—巴基斯坦双边自贸协定已经签订，马尔代夫、斯里兰卡与中国的双边 FTA 正在谈判当中，印度、尼泊尔与中国双边 FTA 正处于联合研究阶段。中国在南亚地区双边 FTA 发展的重点应当是尽早启动与印度双边 FTA 的谈判，争取早日达成"早期收获"协议。同时尽快与尼泊尔、斯里兰卡、马尔代夫签订协议。

5. 西亚。从地理意义上讲，西亚国家应当包括阿富汗、阿塞拜疆、巴勒斯

---

① 蒙古国现已探明的有铜、钼、金、银、铀、铅、锌、稀土、铁、萤石、磷、煤、石油等 80 多种矿产。其中，额尔登特铜钼矿已列入世界十大铜钼矿之一，居亚洲之首。

坦、格鲁吉亚、黎巴嫩、塞浦路斯、土耳其、叙利亚、也门、伊拉克、伊朗、以色列、约旦，以及阿曼、阿拉伯联合酋长国、巴林、卡塔尔、科威特、沙特阿拉伯六个海合会成员。对中国而言，西亚的地理位置非常重要，中国石油进口的咽喉霍尔木兹海峡地处西亚。西亚也是中国最重要的石油进口来源地之一。目前，中国—海合会双边 FTA 已经进行了九轮谈判谈判。促进中—海双边 FTA 早日达成是中国在西亚地区开展 FTA 合作的重点。此外，从远期来讲，土耳其也应当纳入中国的视线。

（二）跨区域布局

1. 欧洲。中国双边 FTA 全球战略应当将欧洲作为重要的关注地区。因为欧洲是中国货物贸易出口的主要市场、进口的主要来源地之一，欧盟是中国的第一大贸易伙伴。在与欧洲的贸易合作方面，韩国已经走在了中国的前面。目前，欧洲国家中，瑞士和冰岛已经与中国达成了双边 FTA，挪威与中国双边自由贸易谈判已经进行了八轮。如果挪威与中国的双边 FTA 达成，中国就与欧洲自由贸易联盟四国中的三个国家建立了双边 FTA。德国是中国在欧洲地区第一大贸易伙伴国，中国机械设备、汽车、航空航天等行业对德国进口具有较高的依赖度，德国对中国进口原材料、纺织品服装在德国同类进口商品中占有较大比重，此外，中国是德国船舶和笔记本电脑的最大供应国。中国与德国的 80% 贸易额是在传统成本优势互补基础上进行的，中德贸易呈现中国生产的消费品换取德国生产特种投资品的特点。德国应当作为中国在欧洲地区贸易合作伙伴国之一，中德经济贸易合作需要学术界进一步研究和论证。除此之外，荷兰作为中国在欧洲的重要贸易伙伴，下一步也应当作为中国在欧洲进行贸易合作的目标对象国。通过与德国、荷兰的贸易合作最终实现中国与欧盟的双边自由贸易合作。

2. 非洲。中国与非洲在能源开发、基础设施建设等方面以及开展了广泛的合作，非洲是中国石油及其他矿产资源的主要进口来源地之一。但是中国与非洲国家的双边 FTA 依然处于空白。南非是"金砖五国"之一，在中国贸易伙伴中排在第 12 位，占中国出口总量的 0.75%，进口总量的 2.45%，是中国铁矿石进口的第三大来源国。应当作为中国在非洲的目标对象国之一。同时，已经被归为新兴经济体的尼日利亚，已经于 2005 年与中国建立"战略伙伴关系"，是中国在非洲的第四大贸易伙伴、第二大出口市场，也是中国主要投资目的地国。也应当成为中国在非洲优先发展的双边 FTA 目标伙伴国。

3. 美洲。在南美洲，中国已经与南美洲的智利、秘鲁达成双边 FTA，目前，中国与哥伦比亚自由贸易协定已经进入联合研究阶段。中国应当将巴西作为双边FTA首要目标，远期来看应当谋求与整个南方共同市场的合作。除此之外，委内瑞拉也应当进入中国的视野。在中美洲，中国已经与哥斯达黎加签订了双边FTA。而北美洲作为中国最重要的出口市场之一，在与中国的双边FTA合作方面仍然是空白。与韩国相比，中国在北美乃至整个美洲的双边FTA步伐是滞后的。韩国与美国已于2007年6月签署了自贸协定，该协定于2012年3月生效；韩国—加拿大FTA已于2013年3月11日签署。韩国—墨西哥FTA谈判已经启动，如果韩—墨FTA建成，韩国将成为世界上第一个与NAFTA各国均达成FTA的贸易大国。中国是加拿大在NAFTA之外最大的贸易伙伴国，加拿大也是中国重要的贸易伙伴。鉴于中加两国巨大的市场规模和经济总量以及双方互补的贸易结构，如果中国能够与加拿大达成双边FTA协议，中加贸易还有进一步提升的空间。

4. 大洋洲。中国在大洋洲地区的双边FTA战略的实施，已经初见成效。目前，中国已经成功与新西兰、澳大利亚签订双边FTA。中澳、中新经济均存在高度互补性，中国已经成为澳大利亚和新西兰的第一大贸易伙伴、第一大出口市场和第一大进口来源国。澳大利亚是中国铁矿石、液化天然气进口重要来源国之一，从贸易导向和能源导向两个方面考虑，中国应当进一步巩固中—澳双边自由贸易协定。新西兰是中国重要的农产品贸易伙伴国，中国—新西兰FTA对中国与新西兰均具有重要的意义。

参考文献

［1］李云娥，郭震洪．墨西哥多重区域贸易协定策略［J］．山东社会科学，2007（5）：90－92.

［2］邓霓．新加坡自由贸易协定战略分析［D］．北京：中国社会科学院研究生院，2004.

［3］王莉．中韩两国FTA战略的比较分析［D］．大连：东北财经大学，2012.

［4］刘德标，祖月．中国自由贸易协定概论［M］．北京：中国商务出版社，2012.

［5］梁明，李西林．中国自由贸易区发展报告［M］．北京：中国商务出版社，2013.

［6］中国自由贸易区服务网. http：//fta. mofcom. gov. cn/index. shtml.

［7］中经网，http：//202. 106. 125. 32：91/haiguan. htm.

［8］许庆，范英，吴方卫. 零关税政策背景下中国—东盟自贸区农产品贸易对中国经济影响的模拟分析［J］. 世界经济研究，2012（11）：81 – 86.

［9］周曙东，胡冰川，吴强，等. 中国—东盟自由贸易区的建立对区域农产品贸易的动态影响分析［J］. 管理世界，2006（10）：14 – 21.

［10］刘岩，储昭舫，林学伟. 中国潜在自贸区伙伴的选择战略：基于贸易效应的局部均衡分析［C］. 加快实施中国自由贸易区战略研究（论文集）. 北京：中国商务出版社，2013：21 – 28.

［11］全毅. 中国推进区域合作与 FTA 建设的战略研究［C］. 加快实施中国自由贸易区战略研究（论文集）. 北京：中国商务出版社，2013：2 – 20.

［12］张宇燕，管清友. 世界能源格局与中国的能源安全［J］. 世界经济，2007（9）：25 – 28.

［13］贾俐贞. 构建上海合作组织自由贸易区的战略思考［J］. 俄罗斯中亚东欧研究，2007（1）：25 – 28.

［14］李雪威，吴昊. 新贸易环境下中韩 FTA 促进战略评析［J］. 东北亚论坛，2013（3）：62 – 71.

［15］孙楠. 周边国家力推 FTA 合作［N］. 国际商报，2011 – 1 – 7（003）.

［16］卢国政. 中国自由贸易区建设的形式与应对思考［A］. 加快实施中国自由贸易区战略研究（论文集）［C］. 北京：中国商务出版社，2013：29 – 46.

［17］林永生，张生玲. 中国能源贸易进展与思考［J］. 国际贸易，2013（9）：14 – 18.

［18］邢玉升，曹利战. 中国的能耗结构、能源贸易与碳减排任务［J］. 国际贸易问题，2013（3）：78 – 86.

FTA 背景下中韩经贸关系

王素玉[1]　凌敏[2]　杨喆[3]

【作者简介】　1. 王素玉，女，吉林财经大学国际经济贸易学院，副院长；2. 凌敏，女，吉林财经大学国际经济贸易学院，研究生；3. 杨喆，女，吉林财经大学国际经济贸易学院，研究生。

【摘　要】　在进程迅速的的全球化时期中，中韩关系经历了一系列新的发展，在给两国带来巨大收益的同时也不可避免地出现了一些问题，但总体前景仍然非常可观。随着中韩 FTA 的建立，两国间的贸易往来也更加密切，自贸区的建立很大程度上降低了贸易壁垒，促使双方在更多的领域间达成合作，这就使两国进一步达成了互赢互利。本文通过对中韩经贸关系的梳理，以中韩经贸发展渊源和背景作为分析点，探究了中韩 FTA 建立的基础。而后以中韩 FTA 的建立为着眼点，分析了现阶段下中韩关系的新发展与新挑战，并对其未来的发展态势做展望，从而为更好地了解中韩经贸关系予以借鉴和参考。

【关键词】　中韩经贸关系；FTA；机遇与挑战

一、中韩经贸关系发展历程

（一）中韩经贸关系"冰融期"

在 20 世纪 70 年代以前，中韩两国由于 20 世纪 50 年代初的朝鲜战争的历史问题以及国家意识形态的差异，在过去很长的一段时间里胶着于敌对状态，相互没有任何直接交往。由此造成的一些隔阂，使得双方贸易受到了一定的阻碍。虽然期间有一些间接交易，但也仅限于小规模的民间贸易。这种贸易局限于小范围，且并未在一定时期内推广开来。临近 1980 年，中韩双方间关系慢慢趋于缓和，并且开始达成了共识，着手于构建中韩新友谊关系。这都得益于中国改革对外开放等相关措施的实施以及中美两国建交打开的世界新格局。从 1992 年开始，中韩正式建交，两国邦交正常化且双边贸易迅速发展，贸易总额逐年增长，自此中韩的贸易关系开始了新的节点。数据表明，在中韩双方刚刚达成合作的时期，贸易额只有大约 60 亿美元。但在后期随着合作进一步增强，双方的贸易额也呈现出高速提升的态势。中韩两国间关系的改善和发展，给两国经济贸易带来巨大的效益，也使得各方的政治文化更加和谐。

（二）金融危机后的二次合作大潮时期

1997 年 7 月 2 日开始，亚洲金融危机的席卷各国，使各涉及国的经济急剧紊乱，欣欣向荣的大发展景象被打破，并且渗透到国家的各个方面。这次危机使韩国的经济、政治受到重创，给其带来了始料未及的破坏。这场金融风暴的席卷也造成了中韩两国的交易量的下跌，所以在危机发生的时期，中韩的交易往来步入了僵持阶段。但是自 2002 年起，韩国对国内经济进行了整顿并且调整了产业结构，其经济开始回暖，国内大局逐渐平稳，这就使得韩国重新对中国伸出了贸易之手，对华贸易也开始逐步上升，促使两国新的贸易局面打开。

与此同时，世界贸易组织部长级会议批准了中国成为 WTO 的一员。加入 WTO 使得中国面临的贸易壁垒大大减少，这有利于中韩两国之间的贸易便利，使双方之间的经济合作更加紧密。获得世界贸易组织的成员国身份之后，中国做出了进一步敞开大门对外开放的决策，在与各国友好往来的同时，也加强了中韩经贸关系，使得双方皆从中受益。

（三）中韩 FTA 开启经贸合作新阶段

随着中韩关系的不断发展，双方政府都开始进一步寻求更为密切的合作方式，建立中韩自贸区便成为两国合作意愿的主要体现。2004 年 11 月，两国领导人就民间联合研究的可行性达成一致，后又在服务业、贸易政策、投资融资等项目上达成共识。2012 年起，中韩两方共同进行了多次商谈交流，正式掀开了协商谈判的序幕。

以此为起点，中韩两方政府互相协作磋商，在相互了解的基础上进一步推进双方发展，于优化经贸合作以及建立 FTA 自贸区上做出了各自的贡献。而后在 2015 年两国确立并正式生效《中华人民共和国政府与大韩民国政府自由贸易协定》，自此中韩两国之间的往来关系进入了一个崭新的时期，使得双方政府、企业间合作加强，提升了双边贸易便利化水平。与此同时，也提高了两国投资贸易的可见性与公开性，促进了彼此的经济提升，各自资源的交互流动。这就使得中韩合作伙伴关系进一步深化,并且为双方创造了新的机遇与便利的贸易环境。

二、中韩 FTA 建立的契机

在历史上中韩有着一定的友好历史,并且都地处亚洲,由于儒家思想的影响,两国间的文化根源也有一定的共同点。双方自从 1992 年达成互惠友好协作以来,经济交往大范围增加,合作也越加紧密。之后建立的中韩自贸区也是迄今为止中国所签订的涉及国别贸易额最大、涉及领域最多的自贸协定。

(一)理论分析

1. 贸易互补和贸易竞争理论。重庆社科院在 2015 年发布的中韩贸易关系指数,其包含两个方面:中韩贸易竞争指数(简称 CS)和中韩贸易互补指数(简称 TCI),这两个指数的数据来源是联合国贸易发展组织(UNCTAD),涉及全球国际贸易所有商品名录类别共 99 类 5 299 种。CS 指数代表两国在出口结构方面的相似之处,相似度越高的两国竞争则越激烈,该指数理论上最大为 1,目前收集到的国家之间 CS 指数实际最高的达到 0.7 左右;TCI 指数指代的是一国的出口与另外一个国家的进口之间的相似度,相似度越高的两国,贸易互补性也就越高。

从表 1 中可以得到,韩国与中国的 TCI 指数是 0.41,这高过了韩国与所有欧盟国家的 TCI 指数,并且它的 CS 指数是 0.40,位列第五。与 TPP12 国相比,韩国跟中国的 TCI 指数排在了第三位,CS 指数位列第四。这也就说明中韩贸易关系是合作大于竞争的。这也是为什么两国都致力于推动中韩 FTA 的原因。[①]

表 1　　　　　　2014 年中国、韩国与欧盟 16 国贸易关系

国别	中国 CS	排名	中国 TCI	排名	韩国 CS	排名	韩国 TCI	排名
韩国	0.40	2	0.34	13	—		—	
中国	—		—		0.40	5	0.41	1
捷克	0.41	1	0.45	1	0.32	10	0.40	2
波兰	0.37	3	0.43	5	0.40	7	0.40	3
土耳其	0.22	6	0.33	14	0.30	11	0.38	4
瑞典	0.27	4	0.43	3	0.43	4	0.37	5
德国	0.16	8	0.42	6	0.34	9	0.37	6
法国	0.13	13	0.43	4	0.20	14	0.36	7
丹麦	0.13	12	0.43	2	0.17	15	0.35	8

---

① 重庆社科院发布中韩贸易关系指数——详解中韩 FTA 影响 [J]. 华龙网. 2015 - 12 - 09。

续表

国别	中国 CS	排名	中国 TCI	排名	韩国 CS	排名	韩国 TCI	排名
葡萄牙	0.19	7	0.37	11	0.53	2	0.34	9
英国	0.14	11	0.42	7	0.28	12	0.34	10
奥地利	0.22	5	0.42	8	0.25	13	0.34	11
西班牙	0.12	15	0.37	10	0.39	8	0.34	12
比利时	0.13	14	0.31	15	0.43	3	0.34	13
芬兰	0.14	9	0.36	12	0.40	6	0.34	14
挪威	0.02	16	0.41	9	0.05	16	0.33	15
希腊	0.14	10	0.29	17	0.53	1	0.31	16
冰岛	0.01	17	0.30	16	0.03	17	0.29	17

资料来源：重庆社科院，2015年1月24日。

2. 比较优势和要素禀赋。比较优势的定义：若一国在本国生产一种产品的机会成本低于在另外国家生产该产品的机会成本的话，那么这个国家在生产该种产品上就拥有比较优势。机会成本是用其他产品来衡量的。韩国的优势产业大多是在资本、技术密集型产业，除此之外，个别劳动密集型产业也稍有优势。中国利用本国廉价的劳动力和丰富的自然资源参与到国际分工和生产中来，向韩国出口初级产品，也包括低技术含量的和低附加值的劳动密集型工业制成品，另外从韩国进口技术和资本密集型产品。总体而言，中国的初级产品相比韩国市场具有比较优势，竞争力较强。而韩国的初级产品竞争力则较弱；劳动密集型产品方面，中韩两国具有比较优势的产品差异较大，有互补的趋势；同时，两国在资本密集型产品方面，比较优势较为相近，大体而言，后者的竞争优势强于前者。

要素禀赋 H-O 理论也称即赫克歇尔—俄林理论，其客观依据是要素分布，旨在强调各个国家或地区不同的要素禀赋和不同商品的生产函数差异对贸易产生的决定性作用及影响。要素合作型 FDI 是在这个基础上的进一步扩展，基本原则在于转移可流动要素与不可流动要素的结合，从而提高各种生产要素的利用效率。要素禀赋是一个相对的概念，指的是一个国家拥有的两种生产要素的相对比率，与这个国家拥有的生产要素绝对数量并无关系。

中韩两国要素禀赋不同。相比于韩国，中国在自然资源以及劳动力这两个因素上具有绝对优势。因此，中国政府致力于发展劳动密集型产业，并且制定一系列产业政策，重心在劳动密集型产品和资源产品。发展规模存在"天花板"。而韩国较中国而言，具有技术和资本的优势，因此产业政策集中与汽车、重化工业和高科技产品的生产和出口，这些产业属于产业链的上游，具有可持续性，也正是我国需要学习和加强的领域。

(二) 实际背景环境分析

1. 韩国方面。在政治方面中韩之间虽建立友好关系，但仍面临一些分歧。文在寅就任总统后，各界期待中韩关系有望迎来转机。2017年11月1日中韩两国同时公布："双方一致认为，加强韩中两国之间的交流与合作符合双方的共同利益，双方同意迅速将所有领域的交流与合作带回到正常发展的轨道上来。"由此中韩两国的关系开始逐步回暖，双方间经济合作逐渐恢复。

经济方面，中韩两国的经贸关系的升温为后续的合作奠定了基石。自2004年起的十年时间内，双方间的贸易额成倍增长，总额从300亿美元翻了8倍，韩国的对外贸易数额中，中国的比例不断提升，由此中国也成为韩国的最大进口和出口对象。双边服务贸易总额和韩国对中国的FDI数量也飞速增长（见图1）。

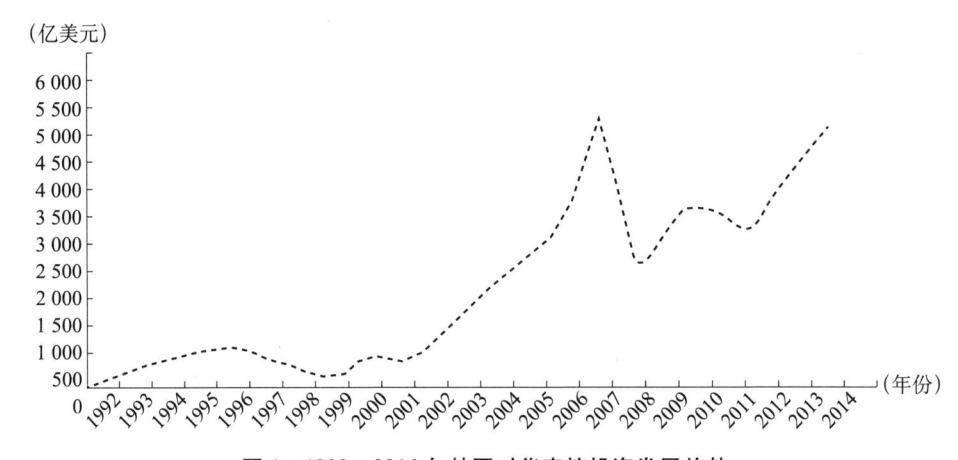

图1　1992~2014年韩国对华直接投资发展趋势

资料来源：韩国进出口银行。

2. 中国方面。在政治方面，2013年10月习近平主席在访问东盟期间首次提出了"海上丝绸之路"的构想，11月在中共十八届三中全会审议明确提出，推进丝绸之路经济带、海上丝绸之路建设，形成全方位开放新格局。因为"一带一路"倡议着眼于欧亚非大陆和附近海洋的交流协作，是以开放包容的思想实现沿线国家的共同发展，这就为中国坚定地实施对外开放战略吹响了号角。最为重要的是，其与韩国的"欧亚倡议"均以提升区域、国家间的互联互通为核心。正因为如此，加强区域间的合作成为了中韩两国共同的经济诉求，中韩自由贸易协定也正是在"一带一路"建设的过程中应运而生。这就为两国友好关系创造了政治政策上的保障。

经济方面，中国幅员辽阔，地理位置优越，并且各类资源充足，同时有着广阔的消费市场，这就满足了韩国人少地薄，资源匮乏的空缺。除此之外，中韩两国的合作贸易可以补充彼此的不足，使双方都得能益于此。①

3. 大背景环境。全球化的进程要求各国打开国门，积极地进行对外开放合作，从而使自身跟上时代脚步。中韩两国面对世界潮流的大趋势，同时也为了促使自身发展，提高竞争力，彼此间的合作与交流势不可当，这就为中韩两国进一步达成共识以及后面 FTA 的建立铺垫了有利的国际环境。

除此之外，中韩两国有着特殊的地理及人文环境渊源，同属儒家文化圈，共同的历史记忆、相近的文化传统，是沟通中韩两国人民的精神桥梁。并且在建交之后，"汉风"的中式文化与韩国文化潮流在中韩两国人民间相互交融，相得益彰。深厚的文化相似性和地理环境，使得中韩合作的差异隔阂大大减小，这也为促成 FTA 的建立，奠定了不可或缺的基础。

三、中韩 FTA 建立的影响和挑战

（一）中韩 FTA 建立带来的机遇

中韩自贸区促使贸易规模扩大，加快两国经济发展，造就更强大的能力来建立良好的对外风险防护。除此之外，通过对科研技术发掘，新知识新领域的共同探究，能够促成更为雄厚的科技生产力。韩国有着自身独特的优势和强势领域，通过彼此间的交流合作，就能使双方互通有无，进一步在彼此学习的基础上提升能力，创造有益的价值。

中韩自贸区的建立大大减少了两国的贸易壁垒，双方可以更加有效、便捷的合作。进出口活动随着友好关系的发展也会更加频繁，合作的领域、方式等都会大范围增加，这就为双方的经济发展提供了良好的资源和背景，中国可以节省大量成本，韩国也扩大了投资范围，双方都会从中获取新增长转型，产业结构升级的助力。

中国自身是一个农业大国，有着丰饶的资源，但是之前由于贸易壁垒的存在，中韩之间并不能达到有效的贸易合作。所以尽管韩国农业相比不太发达，但却在自身供给不足的情况下碍于壁垒无法大量进口中国农产品。而中韩自贸区的

---

① 引自"一带一路"政策及内容引自《推动共建丝绸之路经济带和 21 世纪海上丝绸之路的愿景与行动》。

建立贯通了交易渠道，扫清了阻碍，中国对韩国的农作物出口将大大提升。

中韩自贸区将有利于两国在环境、知识产权、服务业、市场、国际关系等诸多方面提升话语权。双方之间不仅仅在经济上有了共同利益，政治上也更为紧密，在不断提升自身经济竞争力的同时，加强友谊合作，形成广泛的支持和互助互利。

（二）中韩 FTA 建立面对的挑战

中韩自贸区在获益的同时也遇到一些挑战，主要存在于三个方面：一是自贸区对两国敏感产业产生的冲击；二是中国对韩国的贸易逆差；三是贸易保护措施。

1. 敏感产业。在中韩 FTA 谈判过程中对关税方面进行了详细的讨论。中韩两国产品类别都相对齐全，两者之间竞争性强，在谈及中韩自贸区 FTA 货物贸易条款时，双方不约而同对各细分产业都给予高度关注，在谈判中也都互不退让，因为每一个小小的税目，关税的小小升降浮动都代表了巨大的经济利益。并且不可避免地涉及双方的敏感产业。

对中国的货物贸易方面而言，中韩自贸协定的建立对我国的弱势产业有一定程度的冲击作用。相比于韩国，中国位于弱势的产业主要是一部分的中高端机械设备、大部分化工产品以及汽车等资本和技术密集型产业。从之前中国进出口数据看来，中国大量地进口韩国的钢铁，主要包括高端钢铁商品。在服务业和通信业中国也落后于韩国。这也就意味着中韩 FTA 的建立让中国电信通信业举步维艰，不得不进行大刀阔斧的改革与调整。

对韩国敏感产业亦是如此。其实韩国对中国的农产品方面开放程度历来不高。参照之前与美国和欧盟签署 FTA 时，韩国当地农民就曾出现过严重反弹现象。因为农民们走进了一种误区，他们认为一旦国外农产品出口到了韩国，那么当地农产品就将会失去销路。韩国农村发展大多数是小规模、小农。物流渠道以及流通手段的不便利使得农产品的出口受限。而中国不同于韩国其他自贸伙伴，两国不仅仅地理相邻、生产品种雷同，并且口味也相似，韩国方面担心中国的农水产品，尤其是水果、蔬菜等时蔬给韩方带来较大冲击。[①] 虽然韩国工业竞争能力强于中国，但是韩国的农业以及纺织业明显还是处于弱势。韩国这两个产业将面临巨大的挑战。这也正是阻碍当时中韩建立 FTA 的最大的绊脚石。[②]

---

① 李垚，孙萍. 中韩经贸合作的分析与思考 [J]. 商场现代化. 2015 – 13.
② 杨文生. 建设中韩自贸区的机遇、挑战及对策 [J]. 宏观经济管理. 2015 – 8.

2. 贸易逆差。这里所说的贸易顺差是指在指定年度一个国家的出口贸易总额大于进口贸易总额，也被称"出超"，则表示该国这一年对外贸易处于有利地位。根据 UNOMTRADE 公布的数据表明：韩国和中国的贸易收支一直呈现为顺差，除了 2008 年始发于美国的金融危机期间，出口同比增长率为负。而且这一现象有逐年加强的势头。然而中方对韩方的贸易收支却一直未有逆差出现，这种趋势也从 2000 年以来越发明显起来。韩国贸易协会表示，中韩贸易额 2013 年突破 2 000 亿美元，2015 年达 3 000 亿美元。而中韩贸易额达 3 000 亿美元，则中国贸易逆差要达 900 亿~1 000 亿美元。2009 年，全部中美贸易中，中国对美国方面的贸易顺差仅 1 176 亿美元，中国出口环境的恶化以及增加向美国进口产品都造成了中国 2010 年甚至有些许月度出现了贸易逆差的现象。这也意味着中国对韩国的贸易逆差额度在 2015 年就几乎等同中国对美国的顺差额度，甚至还要些许超过中国对美国的贸易顺差，也就是说中国 13 多亿人从美国用高污染、高耗能、低劳动力赚来的血汗钱将全部送给韩国 5 000 万国民。

中国长期处于逆差状态，这一不平衡现象从中韩开始建交后就一直存在，而且在近年来有明显扩大的趋势。究其根本，便在于中韩经济发展水平以及贸易商品的结构差异，其原因在于韩对华经贸政策是建立在不断瞄准中国产业软肋的基础上的。

中韩贸易在进出口结构方面的差异在于中韩两国处于不同的经济发展阶段，中国出口的大多是技术含量低、附加值低、劳动密集型的工业制成品。相反，韩国出口中国的多为技术密集型和资本密集型。即便中国有向韩国出口一些电子产品，但也只是零部件居多。这是一种基于技术水平上的差异。此简单的商品结构，使得两国贸易不平衡的因素更为明显。

相比韩国出口到中国的产品，中国向韩国出口的货物的价格弹性相对较高。当国际市场出现波动时，后者更容易受到影响。在亚洲金融危机之后，市场极不稳定，此时若中国出口产品价格相对提高，那么此举将不可避免地造成大量的市场份额流失。贸易结构差异也将导致贸易失衡的情况更加严重。这代表垂直分工的劳动力是进出口商品结构的一个基本特征，也是导致双边贸易失衡的重要原因之一，并且是愈演愈烈的节奏。目前中国在中韩贸易方面提到的最大问题便是贸易不均衡，中韩 FTA 的签订也许会进一步恶化贸易不均衡问题。

3. 贸易保护政策。韩方的反外资倾向和贸易保护主义较为严重，即便中韩两国建立了 FTA，我国也不得不正视这一挑战。韩国持反外资态度，对招商引资的积极性也不高，尤其担心造船、钢铁、汽车等产业受外资控制。此外，韩国历届政府对中国农产品进口方面，采取的态度也都比较消极。为维护本国农民的利益，韩国对进口的农产品一向都是设置壁垒或者课以重税。在2015年签订的中韩 FTA 协议中也能看出，韩国在对中国征收 100% 以上的高关税税目的仍然有143 项，相比于之前的 151 项，可见变化并不大。此外，韩国还有 16 项产品不受自贸区的协议约束，其中，包括汽车零部件、电子产品等。此外，韩国方面声称将在 20 年内取消中国输送韩国 92% 的产品以及韩国输送中国 91% 产品的关税，可这等优惠幅度相比于韩国同美国、欧盟间的差距仍在。中国经济发展快速，韩国逐渐有了对中国的警惕。在这种情况下，韩国对贸易合作中出现的争议往往态度过激。其在许多产品进口设置了多种的限制。有相对竞争力的产品很大程度影响了中国的出口。韩国对中国的农产品、水产品和畜产品采取的关税壁垒包括调节关税、配额关税以及特殊保障措施关税等。此外，韩国方面原产地政策比较严格，中韩贸易协定中就贸易商品是否符合原产地标准以及相应享受关税的优惠进行了明确规定。若要享受关税减免政策优惠，商品必须符合原产地条件。这也就是说，使用外来材料进行加工的产品无法享受关税减免这一优惠待遇。而原产地政策相对复杂，成本也高，这可能造成许多企业宁愿选择缴纳关税而放弃 FTA 协议带来的关税优惠。

迄今为止，中方在 FTA 协商过程中采取的都是渐进式，并未准备打开服务市场。这也意味着中国想保护目前仍脆弱的服务市场。然而对韩国而言，其拥有较强服务市场的，想一揽子协商服务和知识产权市场。并且，劳务市场开放之后，中国的廉价但高质量的服务人力将大量冲击韩国。在服务市场的开放问题上，两国遭遇尖锐的对峙状态，中国拥有劳务市场价格竞争力，而韩国拥有服务市场品质竞争力，两国需要从遵守互补原则，才能妥善解决服务市场问题。

四、FTA 背景下的中韩经贸关系展望及建议

（一）展望

尽管中韩 FTA 在 2015 年正式签订并生效，但 FTA 协议签署之后，贸易不但没有实现预期增长，反而出现了下降，这一现象引发了思考。其中，有很大部分的与国际需求变动、汇率波动和两国经济情况共同作用有关。

中韩双方之间的关系随着 FTA 的建立愈加的紧密，利益与损害也相互关联。尽管两国间贸易经历了一些变故与挫折，但合作的前景仍然值得期待。随着双方

合作领域的扩宽，经济发展劲头更加迅猛，中韩将迎来互利共赢的新篇章。

(二) 建议

1. 建立监督管理体制，制衡优势产业。中韩双边贸易具有一定的互补性，也有一定的相互冲突，故有必要建立一个双边政府间的贸易协调制度。二者可以在国内建立相应的争端预警机制，以此来避免不必要的冲突，降低冲突事件对两边正常贸易的消极影响。双方要合力建立一个贸易谈判制度，定期就双方贸易关系中存在的冲突进行交流探讨，并积极制定解决方案，与此同时，当地政府和官员也要积极响应，提出有针对性的建议和政策，来避免不必要的冲突。此外，机构方面也可以设立贸易调解和纠纷诉讼机构，使得各机构间能够有效地进行信息交换和沟通，以便快速解决问题。

2. 以重要城市为主要核心，成立地区式经济合作体系。原本属于地方层次的特色产业也可以通过这种地区式合作体参与国际贸易，从而扩大贸易市场增加产品产业质量与效率。与此同时，地方企业可以通过改善过去封闭经营的企业经营模式来提高其企业效率，除了可以扩展企业的原本的职能以外，还可以提高企业的自主判断的能力、决策的能力，从而增强地方企业的生存能力。

3. 建立重点合作项目，加大技术性合作。中韩贸易现在是互补型，中韩自贸协定可以加速两边贸易发展，促进经济增长从而平稳度过后危机时代。然而，中国经济科技蓬勃发展，这势必会给韩国方面无形的压力，在未来的某时刻成为其竞争对手，这种非长期的合作关系被终止，双方的贸易也会从机遇转变成挑战。故需要中韩两国建立一个更为密切的贸易关系，即企业项目的合作。建立重点企业合作项目，即是双方在企业项目上取长补短以及合作创新，中韩两国各自有各自的技术优势，双方可以在这些优势的基础上进行相关合作，将竞争变为共同发展。

4. 建立贸易均衡机制，扩大对韩商品出口。中韩贸易已经进入了稳定阶段，双方可以建立"中韩贸易协会"性质的协调机构来避免贸易纠纷升级，以有效地协商双边贸易合作相关事宜，谋求双方贸易均衡性全面协调发展。此外，韩国应进一步向中国开放国内市场，取消对进口中国部分商品的限制及调高关税率的政策，改变过分注重对华出口，不积极进口中国商品的做法，实现对等贸易。

5. 扩大信息沟通渠道。目前而言，中韩两国的信息沟通渠道相对有限，中方介绍韩国方面的资料虽较前有所增加，但相对全面性的实用资料还较缺乏；韩国介绍中国方面的资料相对多些，但准确性和全面性不够。所以，两国应进一步加大信息交流，建立多渠道、多种方式结合的信息交流机制，使得双方企业咨询服务更为全面系统。另外，双方相关机构可组织企业界人士到对方进行实地考察，了解和熟悉对方的风俗习惯、企业经营和管理方式、人际关系和企业文化等，以促进企业相互投资，并提高企业当地化水准，进一步推动两国经贸合作的发展。

参考文献

[1] 顾海波，赵越. 中韩经贸关系的发展及其战略优化 [J]. 沈阳干部学刊, 2011（2）.

[2] 中韩贸易关系指数——详解中韩 FTA 影响 [J]. 华龙网, 2015 - 12 - 09.

[3] 李垚，孙萍. 中韩经贸合作的分析与思考 [J]. 商场现代化, 2015（13）.

[4] 李晓梅. 中韩自贸协定对中韩双边贸易的影响及对策 [J]. 中国高新技术企业. 2016（19）: 1 - 3.

[5] 推动共建丝绸之路经济带和 21 世纪海上丝绸之路的愿景与行动. 国家发展改革委文件.

[6] 赵广英. 中韩自贸区为我国外经贸发展带来的机遇和挑战 [J]. 中国对外贸易·新锐论坛, 2016: 80 - 82.

[7] 杨文生. 建设中韩自贸区的机遇、挑战及对策 [J]. 宏观经济管理, 2015（8）.

[8] 2015 韩中农业新经济论坛举行 聚焦中韩农村互鉴合作 [N]. 人民网, 2015 - 12 - 04（10）.

[9] 李杨，冯伟杰，黄艳希. 中韩自由贸易协定的影响效应研究 [J]. 东北亚论坛, 2015（6）.

[10] 李冬新. 中日韩 FTA 构建的经济障碍与战略对策研究 [J]. 韩国研究论丛, 2015（1）.

[11] 张蕾. 新形势下中韩经贸发展的特点及前景 [J]. 现代经济信息, 2009（12）.

[12] 崔秀明. 东北亚区域金融合作的基础研究 [EB/OL]. 知网, 2009.

[13] 牟英梅，段继校，王恩武. 中韩经贸关系的现状与发展对策 [J]. 黑

龙江对外经贸，1999（1）．

［14］尹圣男．中韩经贸关系发展现状及前景分析［J］．对外经贸，2014（3）．

［15］顾海波．中韩经贸关系的发展及其战略优化［N］．沈阳干部论坛，2011．

［16］刘瑞，周人杰．全球金融危机下的中韩经贸关系调整及对策［J］．国际经贸探索，2009（3）．

［17］汤庶．中韩经贸合作前景广阔［J］．今日科技，2006（12）．

［18］王雪燕，戴士权．中韩经贸关系的发展现状及前景展望［J］．改革与战略，2009（9）．

［19］刘妤．浅析中韩经贸合作的现状与展望［J］．现代商业，2012（15）．

［20］朱辽野，洪莲君．中韩经贸关系存在的问题与发展趋势［J］．经济纵横，2008（1）．

［21］金美子．中国加入世贸组织对中韩经贸合作的影响［J］．黑龙江社会科学，2002（4）．

［22］张东明．地缘政治经济学视角下的中韩FTA［Z］．东北亚国家年鉴，2013．

［23］陈相芬．中韩FTA对两国农产品贸易的影响及对策研究［J］．农业经济，2016（10）．

日本农业制成品进口贸易模式特征分析

洪宇[1]　孙巍[2]

【作者简介】　1. 洪宇，男，吉林财经大学国际经济贸易学院，副教授；2. 孙巍，女，吉林财经大学国际经济贸易学院，研究生。

【摘　要】　本研究运用1976~2015年的年度贸易数据，考察了日本的进口贸易模式。具体而言，笔者建立了一种衡量政府对贸易进行干预程度的方法。经验性研究的结果显示日本在农业制成品的进口贸易上具有比较劣势、处于贸易逆差地位。然而并没有任何证据表明，日本通过限制农业制成品进口的贸易保护主义政策以试图提高其比较优势。

【关键词】　显示性比较优势；净出口比率；贸易模式；贸易保护

一、导　论

1973年第一次石油危机迫使日本通过促进贸易的发展来刺激经济增长。很多文献都将关注的重点集中于对日本出口贸易以及经常账户盈余的研究。正如两缺口模型所指出的那样，一国外部的国际收支缺口可以用来弥补内部投资储蓄缺口。[1-2]换而言之，日本的经常账户盈余正是通过扩张总需求保障了经济增长。而一些研究认为日本主要是通过促进出口来实现经常账户盈余的。

李嘉图的自由贸易理论指出，一国应该分工生产并出口其具有比较优势的产品，同时进口自身具有比较劣势的产品。然而动态比较优势理论则强调：一国尤其是发展中国家政府应通过促进具有重要战略意义新兴产业的出口，同时限制进口来实现提升其比较优势。[3]当存在规模报酬的递增时，平均成本将会随产量的扩大而递减。由于出口促进与进口限制通常涉及国内相关产业的大规模生产，这些产业还受益于"从出口中学"的效应，技术溢出将推动其动态比较优势的形成与发展。[4]应该注意的是无论出口促进还是进口限制，同样都属于对贸易模式进行扭曲的贸易保护主义。因此,除了对出口促进进行分析之外,研究日本的贸易政策会使其贸易模式与均衡状态相比向何种方向扭曲,也是值得深思的问题。

本文实证分析了日本的进口贸易政策对日本进口贸易模式的影响。由于一般认为,农产品贸易是日本贸易保护主义的重点领域,因此,本文着重分析日本的农业制成品进口贸易中所表现出的贸易保护主义程度究竟有多高。本研究的结果不但可以使政策决策者和理论界重新审视战略性贸易政策的适用性,对于正处于经济发展方式和贸易模式转型关键时期的中国而言也具有较强的实际意义。

二、方法和数据

(一) 贸易模式的测度方法

1. 进口"对称的显示性比较优势指数"。一些文献用"显示性比较优势指数"(revealed comparative advantage,RCA)来衡量一国体现在某种产品出口当中的比较优势。

$$RCA_{ik} = (X_{ik}/X_i) / (X_{wk}/X_w) \qquad 公式(1)$$

其中 X 表示出口,X_{ik} 表示 i 国 k 产品的出口,X_{wk} 表示全世界各国 k 产品的出口总额,而 X_w 代表世界所有产品的出口总额。$RCA_{ik} > 1$ 表明 i 在专业化生产 k 产品贸易上更具有比较优势。[5-6]

RCA 的值域为零到无限大,但其平均值并不确定,其分布也是不对称的。Dalum(1998)通过对 RCA 指数进行对数转换来解决上述问题[7]:

$$RSCA_{ik} = (RCA_{ik} - 1) / (RCA_{ik} + 1) \qquad 公式(2)$$

$RSCA_{ik}$ 是 i 国 k 产品出口的"对称的显示性比较优势指数",(revealed symmetric comparative advantage index,RSCA),其值域为 [-1,1],平均值为 0。当 $RSCA_{ik} > 0$ 时,必然有 $RCA_{ik} > 1$,说明 i 国在 k 产品出口上具有比较优势;当 $RSCA_{ik} < 0$ 时,则有 $RCA_{ik} < 1$,说明 i 国在 k 产品出口上处于比较劣势。而当 $RSCA_{ik} = 0$ 时,i 国的产品 k 出口比较优势状况与全世界的其他国家相同,该国的产品 k 出口既无比较优势也无比较劣势。由于本文分析的重点之一是"显示在进口当中的比较优势",因此,需要对公式(1)和公式(2)进行适当的变形:

$$RCA_{ik}^M = (M_{ik}/M_i) / (M_{wk}/M_w) \qquad 公式(3)$$

代表进口的比较优势,其中的 M 代表进口,而下标 i,k 和 w 分别代表 i 国、

k产品以及世界。相应地，进口的"对称的显示性比较优势指数"则可以写作：

$$RSCA_{ik}^M = -(RCA_{ik}^M - 1)/(RCA_{ik}^M + 1) \quad \text{公式（4）}$$

之所以添加了一个负号（－）是由于根据比较优势理论，i国进口的商品k越多，在其他条件相同的情况下，说明其比较优势越小，而不是越大。

2. 净出口比率。笔者用净出口比率（net export ratio，NX）

$$NX_{ik} = (X_{ik} - M_{ik})/(X_{ik} + M_{ik}) \quad \text{公式（5）}$$

反映产品k的进出口在i国贸易当中的相对地位，用以反映i国的净出口能力。容易看出NX的取值范围与RSCA相同也是[－1,1]，且其平均值也同样为0。当$NX_{ik} > 0$时，说明i国在产品k贸易上处于顺差地位；而当$NX_{ik} < 0$时，i国在产品k贸易上处于逆差地位。更为重要的是，值域和平均值相同，也使得同时对RCA_{ik}和NX_{ik}进行分析成为可能。

3. 政策干预指数。赫克歇尔—俄林模型认为一国应该专业化生产和出口密集使用其丰裕要素并具有比较优势的产品[8-9]，而根据李嘉图的自由贸易理论，一国在某种产品上的比较优势越强，则应更多地出口、更少地进口某种产品。在均衡状态下，NX_{ik}应该与$RSCA_{ik}$严格一致，即$NX_{ik} - RSCA_{ik} = 0$。因此可以认为：

$$NX_{ik} = RSCA_{ik}^M \quad \text{公式（6）}$$

是自由贸易的充分必要条件。而NX_{ik}和$RSCA_{ik}$之间的差异，即

$$h_{ik} = NX_{ik} - RSCA_{ik}^M \quad \text{公式（7）}$$

其中i国在产品k进口贸易中的"政策干预指数"，它反映了当i国显示在产品k进口当中的比较优势一定时，其净出口能力究竟是高于还是低于比较优势的实际状况。贸易模式均衡时，应当有$h_{ik} = 0$。如果$h_{ik} > 0$，则净出口比率大于进口的显示性比较优势，说明i国采取了通过限制进口、提高其产品k净出口比率的贸易政策；如果$h_{ik} < 0$，则意味着i国所采取的进口贸易政策不但不具有限制性，反而具有鼓励进口的特征。

4. 加权平均的政策干预指数。由于本研究所关注的日本农业制成品包含n种具体的产品种类，因此，有必要通过加权平均得到整个产品类别的进口贸易政策干预指数。

$$H_{ij} = \sum_{k=1}^{n} W_{ik}(NX_{ik} - RSCA_{ik}) \quad \text{公式（8）}$$

H_{ij}为第j类产品的贸易政策干预指数。其中权重$W_{ik} = (X_{ik} + M_{ik})/(X_i + M_i)$为每一种具体的产品k在日本农业制成品进出口贸易当中的比重。之所以选

择用农业制成品的进出口贸易总额而不是进口总额来进行加权,是由于在 h 以及 H 指数的计算过程当中,其中 NX 部分会不可避免地同时涉及出口额和进口额。[10]

相应地,在对第 j 类产品的 NX 指数进行加权平均时,其方法与公式(8)相同;而在对 RSCA 加权时,所使用的权数为某种产品占整类产品进口总额的比重。

（二）数据来源与处理

本文使用的是联合国统计署 UN Comtrade Database① 提供的,1976~2015 年按照"国际贸易标准分类法第二修正版"(Standard International Trade Classification Revision 2, SITC Rev. 2)三位数分类的年度贸易数据。②

Lall (2000) 对 SITC Rev. 2 下的三位数分类产品按照技术结构进行了分类。[11]根据这种方法,笔者在以日本为报告国,1976~2015 年期间的进出口贸易产品中,识别出 27 种农业制成品。各种农产品的世界进口总额(M_{wk})通过对数据库中所有国家加总得到。表 1 给出了所涉及的全部 27 种农业制成品的 SITC Rev. 2 编码。

表 1   SITC Rev. 2 三位数分类的农业制成品（共 27 种）

281, 282, 286, 287, 288, 289, 323, 334, 335, 411, 511, 514, 515, 516, 522, 523, 531, 532, 551, 592, 661, 662, 663, 664, 667, 688, 689

三、实证分析结果

（一）日本农业制成品进口的贸易模式的演进

图 1 刻画了日本农业制成品进口的加权平均的 NX_{ij},$RSCA_{ij}$ 以及 H_{ij} 指数在 1976~2015 年的变动情况。可以发现:

第一,无论 $RSCA_{ij}$ 还是 NX_{ij} 指数在样本期间内均为负,说明日本的农业制成品进口始终处于比较劣势和贸易逆差地位,这与已有文献的发现和结论一致。

第二,反映日本对农业制成品进口政策干预的 H_{ij} 指数始终为负,说明日本

---

① http://comtrade.un.org/db。
② 数据采集时间为 2016 年 5 月 30 日。

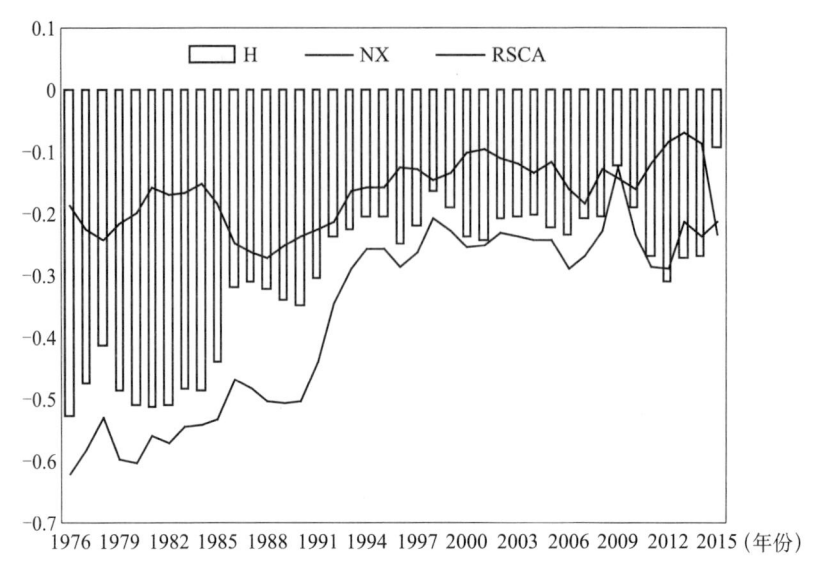

图1　日本农业制成品的贸易模式演进趋势（1976~2015年）

农业制成品的净出口能力一直低于其比较优势所对应的水平。日本对于农业制成品的进口贸易政策很有可能并不是限制，反而是鼓励的倾向。这一现象与多数学者对日本农产品进口实施较多限制的印象大不相同。不过图1也显示出H_{ij}指数的演进似乎存在一定的上升趋势。

然而，三个反映日本农业制成品进口的贸易模式指标究竟是否存在趋势，抑或它们当中有些是平稳的时间序列，仍然需要通过单位根检验得到结果。

（二）贸易模式时间序列的ADF单位根检验

根据李子奈（2002）的方法，本文对日本农业制成品进口贸易模式的三个时间序列的单位根检验按以下步骤完成[12]，使用的计量经济分析软件为Eviews5.1。

第一步检验的模型形式是假定时间序列的生成过程为"既有截距，又含确定的线性时间趋势"。如果截距或时间趋势无法在0.05的显著水平下通过显著性检验，则进入第二步，第二步检验的模型形式是假定时间序列"有截距，但没有确定的线性时间趋势"。如果截距无法在0.05的显著水平下通过显著性检验，则进入第三步，第三步检验的模型形式假定时间序列的生产过程无任何附加项，即"既没有截距，又没有确定的线性时间趋势"。

以上步骤实际上是在选择最优模型形式，最优滞后期则由软件根据Schwarz最小信息准则自动选择。如果ADF检验的t统计量能够在0.05水平下通过显著性检验，则说明该序列是平稳的，否则则对原序列进行一阶差分后再重复以上三个步骤，以判断该序列是否为一阶单整序列。值得注意的是，如果在检验形式中包含了"确定的线性时间趋势"，即便 ADF 检验的 t 统计量能够通过显著性检验，本研究仍然认为它是非平稳的。由于平稳时间序列要求"均值一定，方差不变"，如果包含显著的线性时间趋势则说明其均值一定变化。检验结果如表 2 所示。

表 2　　　　对日本农业制成品贸易模式时间序列的 ADF 单位根检验结果

变量	水平序列				一阶差分序列		
	检验形式	t-stats	Prob.	变量	检验形式	t-stats	Prob.
NX_t	N, N, 0	-0.754	0.383	ΔNX_t	N, N, 0	-6.276	0.000
$RSCA_t$	C, T, 0	-3.117	0.117	$\Delta RSCA_t$	N, N, 0	-5.932	0.000
H_t	C, N, 1	-4.786	0.000	ΔH_t	N, N, 3	-6.365	0.000

说明：1. Δ 代表序列的一阶差分；2. 检验形式 "C, T, p" 中，C, T 和 p 分别代表截距、时间趋势和最优滞后期。

ADF 单位根检验结果说明 H_{ij} 的原序列是平稳的，而 NX_{ij} 和 $RSCA_{ij}$ 两个贸易模式指标的原序列则都是非平稳的。但三个贸易模式的一节差分序列都能够通过显著性检验，因此，NX_{ij} 和 $RSCA_{ij}$ 为一阶单整序列。此外，在 $RSCA_{ij}$ 原序列的最优检验形式中含有确定的线性时间趋势，线性时间趋势的参数为 0.002，t 统计量和伴随概率分别为 2.753 和 0.009，在统计学意义上具有显著性。因此，日本农业制成品进口的对称的显示性比较优势（$RSCA_{ij}$）存在着显著上升的线性时间趋势，而净出口比率（NX_{ij}）和进口的政策干预指数（H_{ij}）的原序列中并不存在显著的确定线性时间趋势。

（三）贸易模式时间序列的单样本 t 检验

本研究还逐年对日本农业制成品进口的三种贸易模式的时间序列进行了单样本 t 检验，检验值为 0，以考察是否显著区别于 0。所检验的数据均未进行加权，使用的统计软件为 SPSS 19.0。表 3 报告了单样本 t 检验结果。

表 3　　　对日本农业制成品贸易模式时间序列单样本 t 检验结果

年份	NX_{ik}		$RSCA_{ik}$		h_{ik}	
	均值差异	Sig.	均值差异	Sig.	均值差异	Sig.
1976	-0.241*	(0.069)	0.142*	(0.070)	-0.384***	(0.000)
1977	-0.207	(0.116)	0.144*	(0.061)	-0.352***	(0.000)
1978	-0.201	(0.127)	0.203**	(0.018)	-0.414***	(0.001)
1979	-0.242*	(0.061)	0.215**	(0.014)	-0.457***	(0.000)

续表

年份	NX_{ik} 均值差异	Sig.	$RSCA_{ik}$ 均值差异	Sig.	h_{ik} 均值差异	Sig.
1980	-0.211	(0.101)	0.268***	(0.004)	-0.480***	(0.000)
1981	-0.198	(0.127)	0.255***	(0.002)	-0.453***	(0.000)
1982	-0.228*	(0.072)	0.236***	(0.005)	-0.465***	(0.000)
1983	-0.244*	(0.062)	0.179**	(0.035)	-0.424***	(0.000)
1984	-0.248*	(0.054)	0.170**	(0.028)	-0.418***	(0.000)
1985	-0.230*	(0.058)	0.155*	(0.060)	-0.384***	(0.000)
1986	-0.273**	(0.025)	0.098	(0.242)	-0.371***	(0.002)
1987	-0.305**	(0.013)	0.071**	(0.038)	-0.376***	(0.002)
1988	-0.300**	(0.013)	0.052	(0.492)	-0.353***	(0.001)
1989	-0.322**	(0.006)	0.076	(0.332)	-0.609***	(0.001)
1990	-0.312**	(0.006)	0.090	(0.255)	-0.402***	(0.000)
1991	-0.315**	(0.007)	0.076	(0.343)	-0.390***	(0.001)
1992	-0.213*	(0.056)	0.096	(0.235)	-0.309***	(0.001)
1993	-0.209*	(0.057)	0.088	(0.229)	-0.297***	(0.001)
1994	-0.221**	(0.045)	0.114	(0.146)	-0.335***	(0.001)
1995	-0.257**	(0.020)	0.115	(0.132)	-0.371***	(0.001)
1996	-0.244**	(0.022)	0.106	(0.150)	-0.349***	(0.000)
1997	-0.281**	(0.008)	0.061	(0.344)	-0.342***	(0.001)
1998	-0.212**	(0.044)	0.073	(0.307)	-0.285***	(0.002)
1999	-0.211**	(0.041)	0.082	(0.271)	-0.293***	(0.002)
2000	-0.250**	(0.012)	0.090	(0.222)	-0.340***	(0.002)
2001	-0.237**	(0.020)	0.080	(0.257)	-0.316***	(0.001)
2002	-0.280***	(0.009)	0.069	(0.333)	-0.350***	(0.002)
2003	-0.285***	(0.007)	0.036	(0.596)	-0.322***	(0.003)
2004	-0.273***	(0.007)	0.042	(0.554)	-0.510***	(0.003)
2005	-0.280***	(0.006)	0.057	(0.422)	-0.337***	(0.003)
2006	-0.276***	(0.006)	0.068	(0.341)	-0.343***	(0.003)
2007	-0.287***	(0.005)	0.056	(0.429)	-0.342***	(0.002)
2008	-0.289***	(0.004)	0.062	(0.369)	-0.555***	(0.001)
2009	-0.205**	(0.047)	0.077	(0.267)	-0.282**	(0.010)
2010	-0.242**	(0.015)	0.115	(0.133)	-0.357***	(0.005)
2011	-0.275***	(0.005)	0.123	(0.105)	-0.398***	(0.001)
2012	-0.222**	(0.023)	0.152**	(0.042)	-0.374***	(0.001)
2013	-0.226**	(0.021)	0.139*	(0.058)	-0.557***	(0.001)
2014	-0.295***	(0.005)	0.126	(0.110)	-0.422***	(0.001)
2015	-0.300***	(0.004)	0.003	(0.969)	-0.303**	(0.014)

说明：1. Sig. 为相应双尾检验 t 检验中，样本显著区别于 0 的伴随概率；2. 均值差异中，***、**和*分别表示样本在 0.1、0.05 和 0.01 置信水平下显著区别于 0。

首先，各种农业制成品的净出口比率（NX_{ik}）均值在样本期间内全部小于0。除了1977~1978年和1980~1981年外，均值差异至少在0.1水平下显著，说明在大多数年份中日本在农业制成品的进出口贸易中处于统计学意义上显著的逆差地位。与图1进行比较可以发现，加权平均的NX_{ij}指数在上述几个年份都比较小，说明这一时期日本在进出口贸易总额较小的农业制成品上容易取得贸易顺差。

其次，日本各种农业制成品的对称的显示性比较优势（$RSCA_{ik}$）的均值自1976年起始终保持为正值，但1985年后只有在个别年份（1987年、2012年和2013年）才能在0.1的置信水平下通过显著性检验。虽然难以认为样本期间内日本在农业制成品的进口贸易当中具有比较优势，但此结果至少说明其显示在进口当中的比较优势程度与世界整体的水平并无显著差异。一个可能的解释是：外国农产品在日本所遇到的各种阻碍很有可能并非是由于遭遇了限制进口的日本贸易政策，而是由于其比较优势本身就并不是很高所致。

最后，日本在农业制成品进口贸易当中的政策干预指数（h_{ik}）的均值始终为负，而且每一年都至少在0.05置信水平下能够通过显著性检验。由于本研究针对的是进口贸易，因此h_{ik}指数显著为负说明日本对于农业制成品进口的贸易政策并不是要限制进口。甚至可以说，日本的贸易政策是显著地鼓励农业制成品进口的。

四、结　论

本研究实证分析了1976~2015年日本农业制成品进口的贸易模式。发现衡量进口贸易模式的三个指标始终都全部为负，而且政策干预指数（h_{ik}）在每一年内都在通常的置信水平下显著。这一方面说明日本的农业制成品进口处于比较劣势地位并且存在贸易逆差；另一方面也说明日本的农业制成品进口贸易政策并不存在通过限制进口的政策倾向。至少从比较优势与净出口之间的关系而言，与之恰恰相反，日本的农业制成品进口贸易政策具有鼓励进口的特征。

尽管ADF单位根检验发现日本农业制成品进口的对称的显示性比较优势（$RSCA_{ij}$）中存在统计学意义上显著的线性时间趋势，但这种比较优势的提升似乎并不是由于限制进口导致的。考虑到日本在样本期间内在一定程度上采取的是鼓励农业制成品进口的贸易政策，至少可以确认动态比较优势理论并不适用于日本的农业制成品进口贸易。至于政策干预程度与日本农业制成品进口比较优势之间的相互关系，则需要进一步进行格兰杰因果关系检验才能够进行判断。

参 考 文 献

［1］H. B. Chenery, and M. Bruno, Development alternatives in an open economy: the case of Israel, The Economic Journal, vol. 72, (1962) pp. 79 – 103.

［2］H. B. Chenery, and A. M. Strout, Foreign assistance and economic development, American Economic Review, vol. 56, (1966) pp. 679 – 733.

［3］A. Portugal-Perez, and J. S. Wilso, Export performance and trade facilitation reform: Hard and soft infrastructure, World Development, vol. 40, (2012) pp. 1295 – 1307.

［4］K. Zigic, Strategic trade policy, intellectual property rights protection, and North-South trade, Journal of Development Economics, vol. 61, (2000) pp. 27 – 60.

［5］B. Balassa, and M. Noland, The Changing comparative advantage of Japan and the United States, Journal of Japanese and International Economics, vol. 3, (1989) pp. 174 – 188.

［6］I. Fertö, and L. J. Hubbard, Revealed comparative advantage and competitiveness in Hungarian agri-food sectors, World Economics, vol. 26, (2003) pp. 247 – 259.

［7］B. Dalum, K. Laursen, and G. Villumsen, Structural change in OECD export specialisation patterns: De-specialisation and "stickiness", International Review of Applied Economics, vol. 12, (1998) pp. 423 – 443.

［8］P. M. Morrow, Ricardian-Heckscher-Ohlin comparative advantage: theory and evidence, Journal of International Economics, vol. 82, (2010) pp. 137 – 151.

［9］D. Pang, and Y. Hong, Measuring distortions of trade patterns: an application to China. IEEE International Conference on Service Operations and Logistics, and Informatics, (2010) pp. 424 – 429.

［10］Y. Hong, H. Su, A test of dynamic comparative advantage hypothesis using panel data of the Chinese trade in medium-technology products, 2010 International

Conference of Management, Science and Engineering, (2010) pp. 1600 – 1605.

［11］ S. Lall, The technological structure and performance of developing country manufactured exports, 1985 – 98, Oxford Development Studies, vol. 28, (2000) pp. 337 – 69.

［12］ 李子奈. 高等计量经济学［M］. 北京: 清华大学出版社, 2002.

中韩两国文化产业现状及竞争力对比分析

刘丽娟[1] 闫可可[2]

【作者简介】 1. 刘丽娟，女，吉林财经大学国际经济贸易学院，教授；2. 闫可可，女，吉林财经大学国际经济贸易学院，研究生。

【摘　要】 进入21世纪之后，文化产业发展进入一个快速发展期，世界文化产业在世界经济的比重越来越大，并在促进经济增长、拉动就业方面有突出的贡献。尤其是美、英、日、韩等主要经济强国的文化产业发展迅速，并已经成为其经济增长的主要动力和新的经济增长点。中韩两国文化渊源颇深，同属东亚文化圈，历史上受到中华文化广泛而深远的影响，有着相似的文化基因。本篇文章首先通过大量文献研究，分析中韩文化产业发展现状，然后通过国际市场占有率和RCA指数模型归纳分析两国文化产业各自的竞争力优劣势。最后，针对中国文化产业发展现状，将文化产业发展的共性和中国文化产业本身的特殊性结合起来，利用美国学者迈克尔—波特国家竞争优势理论中的"钻石"模型，从六个不同角度分析当前中国如何由文化资源大国向文化强国转变，促进中国文化产业服务体系不断完善，逐步将文化产业建设成国民经济的支柱产业。

【关键词】 中韩；文化产业；竞争力；文化贸易

引　言

21世纪，文化产业将成为促进经济发展最具潜力的朝阳产业之一，也是一国国家软实力的重要体现，在国家竞争中的优势越来越突出。近几年，文化贸易在国际贸易中的比重不断提升，尤其是发达国家通过文化贸易从世界文化市场获得了诸多利益。中国若由文化资源大国向文化资源强国转变，借鉴和学习世界先进文化强国的发展经验是必要的。美国文化产业的特点是文化内容的创新性和包容性，日韩文化产业内容特点是传承性和创新性。由于中国同韩国从地理位置到文化基因上都比较接近，尤其是近几年在中国刮起的"韩流"，都值得我们去研究韩国文化产业是如何快速发展并取得了如此大的进步。

中国作为一个历史悠久、文化深远的文化大国，在历史上为世界文化的发展做出过重要的影响，尤其是促进东亚文化圈的形成和发展有着卓越的贡献。所以，日韩两国与中国可谓文化渊源颇深，在历史上受中国文化的影响十分深远，而且，日韩两国在文化产业的发展上既各具特色，又在世界文化市场上拥有极强的竞争力。中国虽然文化资源丰富，但文化产业发展落后，不能高效地将文化资源转化为产业优势，因此，向文化基因相似且文化产业发展优势突出的韩国学习有着极为重要的意义。

中国经济发展已经进入新常态阶段，经济发展速度明显放缓，这对中国来说既是一个挑战，也是推进我国文化产业机构调整，释放文化产业经济活力的重要战略机遇期。在 21 世纪，推动文化产业发展，发挥文化产业高附加值、高知识性、强融合性、资源消耗低、环境污染小、市场前景广阔、回报率高的优势，促使文化产业"走出去"，让中国文化再次走向世界，是中国文化产业坚定不移的发展方向。

一、中韩两国文化产业发展现状对比

（一）中国文化产业发展现状

1. 中国文化产业发展优势。

（1）规模优势凸显，经济效益提升。中国文化产业发展起点较低，改革开放后缓慢发展，进入 21 世纪后发展速度才开始不断提升，至今产业整体规模优势已经凸显，产业化程度不断提高。

图 1 中，2005～2015 年中国文化产业及相关产业增加值由 4 212 亿元增长到 27 235 亿元，10 年间增长幅度巨大，并呈现指数级增长趋势。这对进一步提升中国文化产业整体优势，提高文化产业整体国际市场竞争力有重要的推动作用，也为接下来中国文化产业不断升级，产业化程度不断提升打下坚实基础。

从图 2 中可以看出，中国文化及相关产业已经成为国民经济的一个新的经济增长点，在促进中国经济结构不断调整，推动文化产业不断地向国民经济支柱产业快速迈进，维护经济持续健康发展中的作用越来越突出。

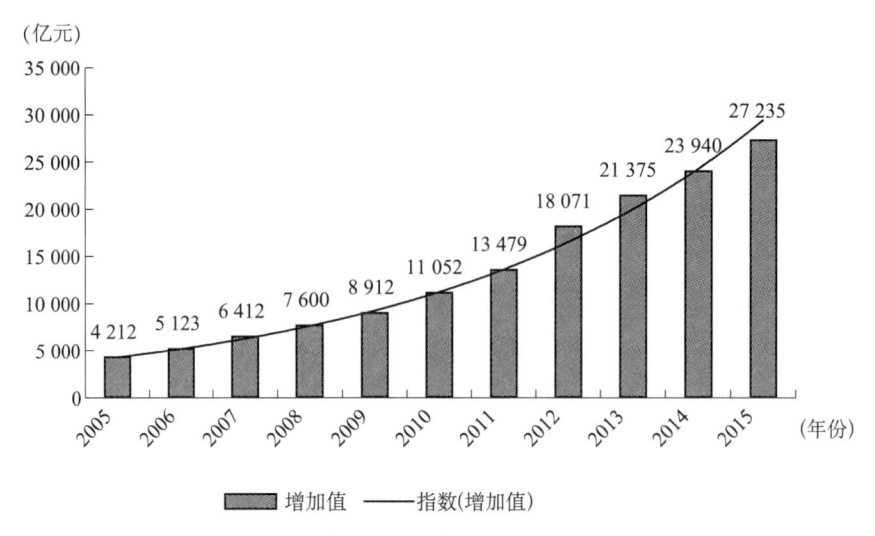

图1 2005~2015年中国文化及相关产业增加值（单位：亿元）

资料来源：中国产业信息网。

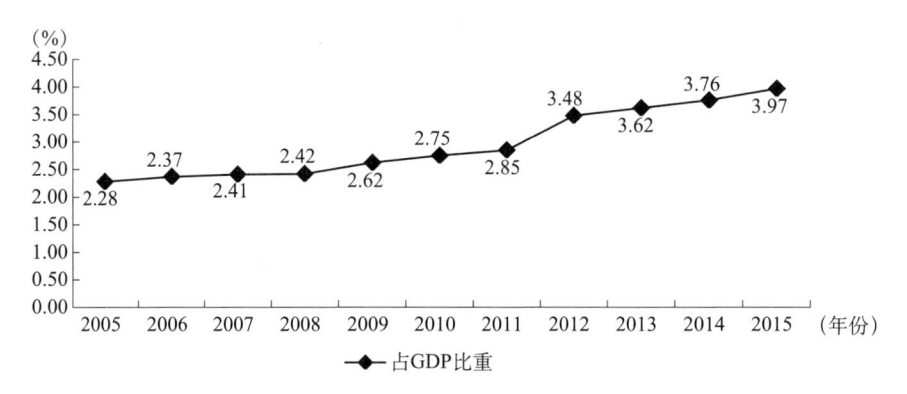

图2 2005~2015年中国文化及相关产业占GDP比重

资料来源：中国产业信息网。

（2）文化产业地域性集聚优势初见成效。目前中国已基本形成六大文化产业园区：以北京为首的首都文化产业园区；以广州、深圳为代表的珠三角文化产业园；以三亚和昆明为代表的滇海文化产业园区；以成都、重庆、西安为代表川陕文化产业园区；以上海为龙头的长三角文化产业园；以武汉、长沙和郑州为代表中部文化产业园区。文化产业集聚化优势不断提升，成为带动区域经济和全国经济发展的新动力。而且，由表1可以看出，中国文化产业园区自2010~2015年有大幅度增长，截至2015年年底，中国各个类型的产业园区已经拥有2 500座以上，这其中包括由国家命名的文化创意产业各类相关基地、园区已超过350个。至此，中国文化产业格局已经形成以国家级文化产业示范园区为龙头，以省市级文化产业园群为骨干，以各地方特色文化产业基地为基点的发展态势。

表1　　　　　　　2010~2015年中国文化产业园类型数量　　　　　　单位：座

年份 类型结构	2010	2011	2012	2013	2014	2015
产业型	331	453	518	532	534	535
混合型	740	992	1 378	1 575	1 733	1 661
艺术型	40	61	77	79	80	82
地方特色型	58	80	100	107	110	110
休闲娱乐型	65	85	106	113	113	118
合计	1 234	1 671	2 179	2 406	2 570	2 506

资料来源：文化创意产业网。

2. 中国文化产业发展存在的问题。

（1）开放化程度不断提升，逆差问题更加凸出。中国加入WTO这15年间，对外开放程度进一步加大，不仅注重"引进来"，更加注重"走出去"，中国文化产业在这15年间国际化程度不断提升，文化产品贸易额从2002年的39.3亿美元增加到2015年的27 235亿元，文化产业的对外贸易程度不断提高。

以电视节目进出口为例（见图3、图4），从统计数据可以看出中国电视节目的进出口贸易总额总体趋势不断上升，从2010年68 404万元增加到2014年的238 616万元，除去2012~2013年度增长稍有下滑外，中国电视节目进出口额整

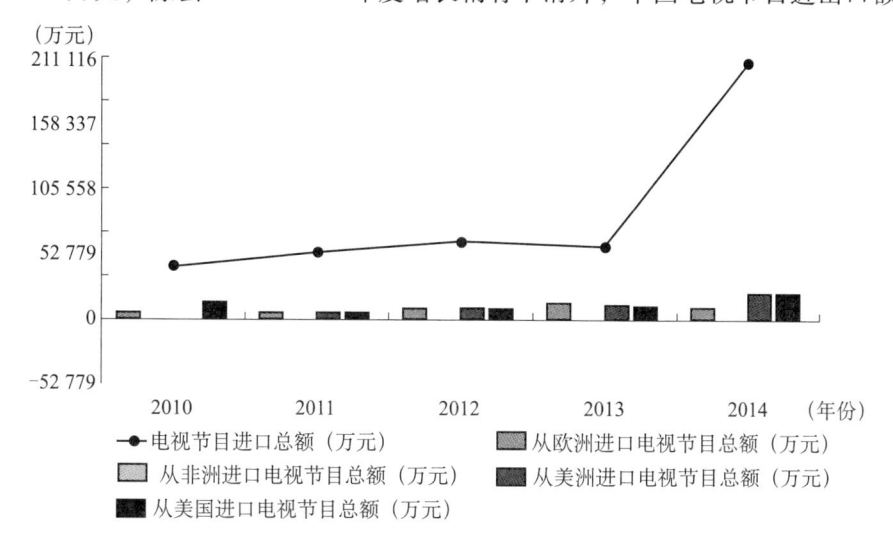

图3　2010~2014年中国电视节目进口总额及各国家地区进口额

资料来源：中国国家统计局。

```
(万元)
27 500
20 625
13 750
 6 875
    0
-6 875
       2010    2011    2012    2013    2014   (年份)
```

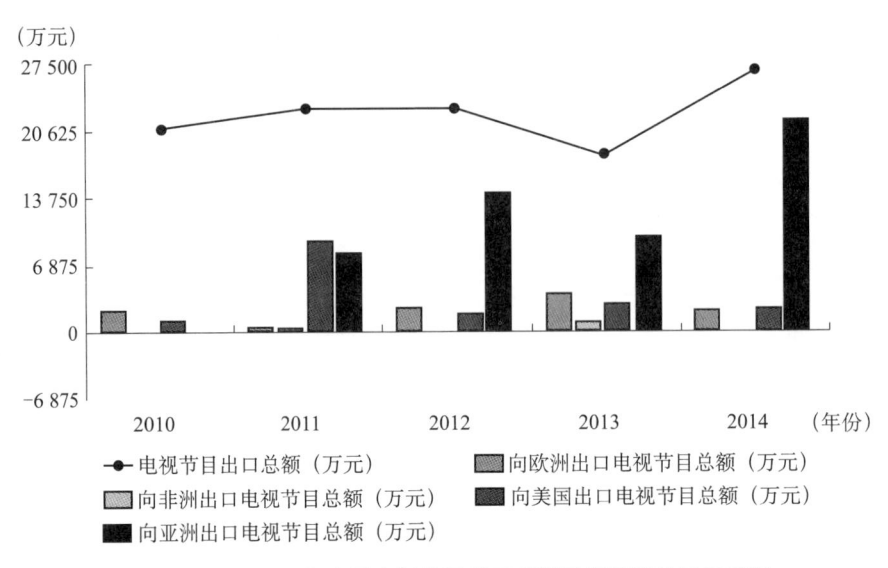

→─ 电视节目出口总额（万元）　　▨ 向欧洲出口电视节目总额（万元）
▨ 向非洲出口电视节目总额（万元）　　■ 向美国出口电视节目总额（万元）
■ 向亚洲出口电视节目总额（万元）

图4　2010~2014年中国电视节目出口总额及各国家地区出口额

资料来源：中国国家统计局。

体增加趋势明显。但从中看出逆差问题严重，中国2014年的电视节目出口总额27 490万元，进口总额211 116万元，差额为193 626万元，并且出口地区也相对集中在亚洲地区。这也表明中国电视节目的出口仍然处于劣势，在欧美发达国家和地区的竞争优势不明显。

（2）国际竞争力低，贸易额占世界比重小。中国文化产业近些年尽管发展迅速，但整个文化产业贸易逆差仍然十分严重，整个文化产业国际竞争力与发达国家相比竞争优势不明显。虽然中国已经成为世界第二大贸易国，但是文化产业在整个贸易额的比重并不大，以2012年为例，中国文化贸易进出口总额占中国产品贸易进口总额的0.6%，占出口总额的0.2%，而在2005年韩国文化产业进出口总额大致和汽车产业相当。而且，中国文化产业贸易文化服务贸易比重小，主要集中在文化货物贸易上，这就决定了中国文化产品附加值不高，很难在国际文化市场上具备竞争优势。据国家统计局统计，2012年美国文化产业占本国GDP比重的24%，日本文化产业占本国GDP比重的10%，韩国文化产业占本国GDP比重的7%，而中国不足4%，贸易额占世界市场总额也比较小。

由表2可以看出，虽然中国已经是世界第二大贸易体，但中国文化产业在世界市场占比仅有3%，美、欧占比近70%。一个国家的文化软实力的提升很大程度取决于本国文化产业发展程度，当今世界强国都在不断地加大对文化产业的投资力度。与发达国家相比，中国文化产业的投入产出能力不强，开发文化资源效率和资源转化为产业效益的能力差,文化产业增加值占 GDP 比重较低,逆差问题严重,使中国文化产业在国内和国际竞争中都处于劣势。

表 2　　　　　2014 年世界主要国家和地区世界文化市场占有比例

国家或地区	美国	欧盟	日本	韩国	中国	其他
世界文化市场占有比(%)	41	32	9	5	3	10

资料来源:国际经济与贸易论坛。

(3)文化产业结构单一,资源优势利用不足。中国文化产业发展主要集中在低附加值的劳动密集型文化货物产业贸易,文化贸易出口也多集中在劳动密集类文化产品上,进口多集中在以文化内容和文化服务类产品为主的产品消费上。例如,中国出口的文化货物类产品主要以游戏设备、体育器材、文教娱乐产品为主,其贸易额占到中国文化产品出口的一半以上,而以知识密集型和技术密集型为核心的文化内容产业和文化服务类产业出口贸易额占比很低。由于文化核心产业,知识和技术类发展明显欠缺,造成了中国文化产业结构发展过于单一化。以 2010 年到 2014 年五年的版权进出口数量为例,虽然数量的差额在缩小,但是贸易额却逐步拉大。

文化产业结构的单一性,造成了中国文化产业资源利用的不平衡性,对中国积累下的几千年深厚的文化底蕴和文化资源造成了极大的浪费。例如,近几年《功夫熊猫》系列电影、《功夫之王》、《花木兰》、《变形金刚2》等含有浓郁中国文化元素的好莱坞电影不断增多。一方面是中国电影票房市场发展迅速,2010 年至今可谓如火如荼,不断有世界知名导演和演员来到中国宣传电影;另一方面中国的文化中确实有很多可以挖掘的深厚优秀文化资源。在中国物质生活逐渐满足的今天,人们对精神文化生活的高层次、多样性要求越来越高,中国的文化产业只有抓住这一个机会才能够在不断优化自身产业结构,满足国内消费市场的同时,进军国际市场(见图 5)。

(二)韩国文化产业发展现状

1. 整体发展迅速,产业结构日趋合理。韩国文化产业发展起步于 20 世纪 80 年代,由于国内政治因素,起步并不算太早,几乎和中国相当,整体优势并不明显。但 20 世纪 90 年代中后期,韩国政府大力调整韩国文化产业结构,发展韩国文化产业,大幅度提高了韩国文化产业发展效率。如 1993 年,韩国文化体育部发布"韩国文化繁荣五年计划",为韩国文化产业发展打下了重要基础。随后,韩国政府又推出了一系列法律政策(《演出法》《著作权法》《国民政府新文化政策》《影像振兴基本法》《文化产业发展五年计划》)等提升文化产业发展效率。

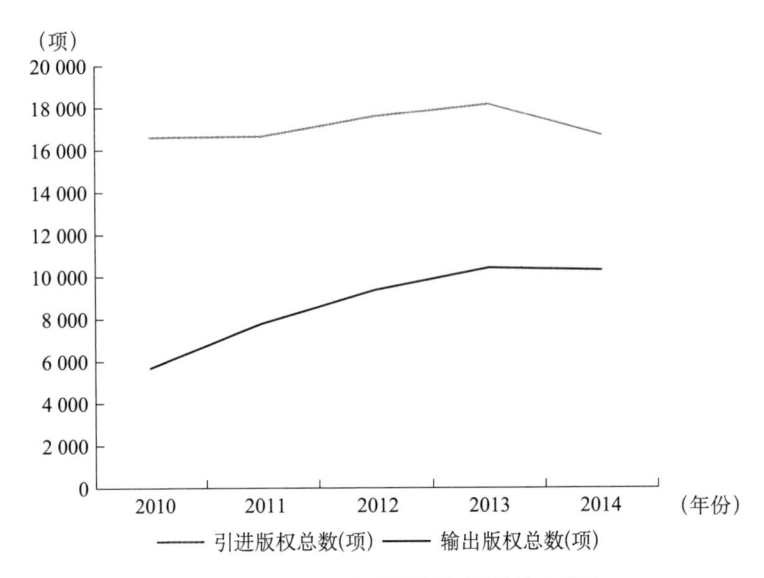

图 5 2010~2014 年中国版权引进输出总数

资料来源：国家统计局。

因此，韩国文化产业 10 年间就实现了跨越式发展，使文化产业成为韩国国民经济的重要支柱，并且已经在国际文化市场上占有一席之地。据韩国文化体育观光部统计，2005~2015 年间韩国文化产业相关值年均增长率为 4.8 个百分点，2015 年，文化产业增加值比重占 GDP 的 6.5% 左右，产值达 69.4 亿韩元。另外，韩国文化产业贸易出口主要集中在亚洲地区，图 6 为 2014 年韩国文化产业出口国和地区的具体统计。

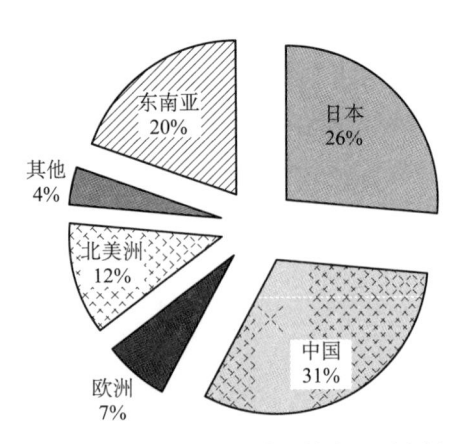

图 6 2014 年韩国文化产业输出国别比例

资料来源：韩国文化体育观光部网站。

由图6可以看出，亚洲市场，尤其是中国和日本市场是韩国文化产业贸易发展的主要市场推动力，近几年"韩流"在中国的兴起也证明了这一点。

另外，韩国文化货物贸易出口额在文化贸易中占比甚少，出口主要集中在文化产业服务部门，文化企业也主要集中在游戏、电影、出版、动漫、音乐等主要产业部门。从2000年至今，韩国文化服务贸易一直保持着高增长率，其总产值占韩国整个文化产业的60%以上，已经是韩国文化发展的支柱产业。

从图7中可以看出，游戏、互联网信息传播、音乐是韩国文化产业的发展方向和主要产业优势。对韩国文化产业发展来说，这种发展定位是比较符合韩国整体文化资源和文化发展国情的，这种产业结构也比较合理化，使韩国在世界文化市场上有自己独特的发展优势，有自己的立足之地。

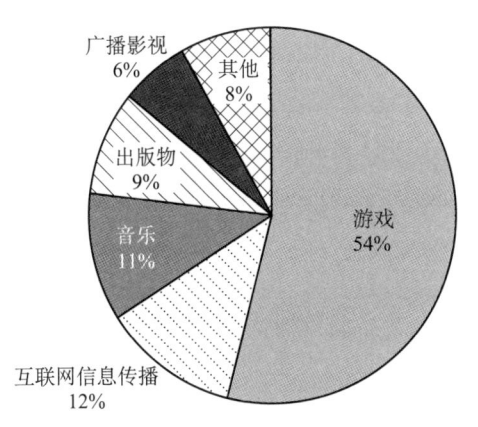

图7　2014年韩国文化产业输出国别比例

资料来源：韩国文化体育观光部网站。

2. 文化产品优势突出，附加值高。韩国文化产业发展的主要着力点集中在文化产品创新和高附加值研发上，由图7可以看出韩国出口的文化产品中游戏产业和互联网信息产业占据主要地位。其中，中国是韩国的主要游戏出口市场，例如，近几年在中国流行的《天堂》《传奇》《地下城与勇士》等大型网游，2014年韩国对中国市场游戏出口额占其游戏出口总额的32%。据艾瑞咨询统计，2014年全球电竞游戏用户大约2.05亿人，其中中国用户约0.8亿人，占世界比例35.6%，排名世界第一。近几年，中国的游戏玩家还在持续快速地增长，这给韩国游戏产业的发展起到了拉动刺激作用，而且中国的游戏产业还十分落后，几乎不能和韩国游戏产业抗衡。

对中国来说，2003年的《大长今》使得韩国影视在中国影视市场掀起了一场"韩流"。近两年《来自星星的你》《太阳的后裔》在中国的热播，2016年7

月、8月刚上映的《釜山行》《隧道》两部影视作品，在国内外电影市场引起好评，其中《釜山行》以低成本制作，高票房佳绩，连续打破多个纪录。韩国影视的发展也带动了韩国旅游业的繁荣，近几年，中国去韩国购物、旅游的人数大幅度增加，尤其是韩国化妆品和整容整形深受女性消费者的青睐。据韩国观光社统计最新数据，2015年中国赴韩旅游人数达620万人，平均消费金额2 200美元。韩国文化产业文化类产品附加值高，产品优势突出，以其高品牌知名度和相当"粉丝"占据着广阔的海外市场，并以其独特的发展方式带动国内相关产业链的发展繁荣。对韩国这个文化资源不太丰富的国家来说，这条独辟蹊径的文化产业发展路径，给韩国文化产业和相关产业的发展带来了强大的升级和活力。

二、中韩两国文化产业竞争力对比分析

下文将用国际市场占有率和显示性比较优势指数对中韩两国文化产业竞争力进行对比分析，来更深入的认识两国文化产业发展的程度，以便更客观揭示中国文化产业当下发展过程中的优劣。

（一）中韩两国文化产业国际市场占有率对比分析

国际市场占有率是指一国出口额在世界出口总额中的比重。某个国家某项产品的国际市场占有率用公式表示为：

i国j产品的国际市场占有率 = X_{ij}/X_{wj}

其中，X_{ij}表示i国j产品的出口额，X_{wj}表示世界j产品的出口额。

国际市场占有率主要反映一国某项产品国际竞争力的大小和变化。国际市场占有率越高，说明该国该项产品的国际竞争力越强；反之，说明该国该项产品的国际竞争力越弱。

从表3和表4可知，中国的文化产业国际市场占有率高于韩国，有比较优势。但是，根据文化产业国际市场占有率，分析表3和表4发现，中国文化产业贸易优势主要在文化货物贸易领域，韩国文化产业贸易优势主要集中在文化服务贸易领域。虽然，中国文化服务贸易国际市场占有率在不断提升，但中国文化服务贸易发展基础仍然十分薄弱，文化货物贸易出口的优势已经逐渐消失。由于中国经济发展进入新常态阶段，处于产业结构调整的关键时期，中国文化产业货物贸易优势正在不断丧失，文化服务贸易发展仍十分缓慢。所以，在此危机时期，

文化服务业实力能否快速发展提高,逐步在国内市场站住脚,直接决定接下来10年中国文化产业国际竞争力和文化软实力提升。

表3　2010~2015年中韩两国文化产业服务贸易国际市场占有率对比　　单位:%

国家\年份	2010	2011	2012	2013	2014	2015
中国	0.19	0.15	0.16	0.14	0.18	0.21
韩国	0.67	0.78	0.77	0.79	0.80	0.78

资料来源:联合国货物贸易统计数据库。

表4　2010~2015年中韩两国文化产业货物贸易国际市场占有率对比　　单位:%

国家\年份	2010	2011	2012	2013	2014	2015
中国	9.24	9.36	9.34	9.31	9.36	9.38
韩国	0.50	0.41	0.42	0.39	0.37	0.36

资料来源:联合国货物贸易统计数据库。

(二)中韩两国文化产业RCA指数对比分析

显示性比较优势指数(revealved comparative advantage),又称RCA指数,由美国学者巴拉萨提出,它是用来反映一国产品或某一行业在国际市场中竞争力的优势程度。通过RCA指数能够揭示一国产业国际竞争力的强弱。

计算公式:$RCA_{ij} = (X_{ij}/X_{ti}) / (X_{iw}/X_{tw})$

其中,X_{ij}表示一国j出口i产品的出口额,X_{tj}表示一国j的总出口额;X_{iw}表示世界产品i的出口额;X_{tw}表示世界产品总出口额。RCA值越大,表明该国产业越具有竞争优势,划分标准如下:

RCA<0.8,表明该国国际竞争力弱。

0.8≤RCA<1.25,表明该国国际竞争力中等。

1.25≤RCA<2.5,表明该国国际竞争力强。

2.5≤RCA,表明该国国际竞争力极强。

由表5可以看出,中韩两国文化产业国际市场竞争力都不强,RCA指数都偏低,韩国在2011年之后RCA指数开始大于0.8,进入中等国际竞争力区间。而中国的总体还比较弱,近几年RCA指数比较稳定,在0.25左右波动。通过对比可以发现中韩两国的RCA指数差别还是相当大,并且2010年之后在不断扩大,这说明韩国的文化产业海外市场的国际竞争力在不断地提升。韩国的文化产业出口方向主要集中在文化服务业领域,并且韩国文化产业高端产品的创新力和产品附加值在不断提高。由于韩国的文化产业出口主要是东亚和东南亚国家市场,其中，中国又是韩国文化产品出口的主要市场，而中国文化产业发展又集中在文化货物贸易领域，高端文化产业发展缓慢。近年来，中国对文化服务产品的需求在不断扩张，存在巨大的市场潜力，这给韩国文化产品出口带来了广阔的空间，美国、日本、英国等文化产业发达国家也在不同文化行业占据中国巨大的文化服务业消费市场，这对中国文化产业发展十分不利。

表5　　　　　　2008~2015年中韩两国文化产业RCA指数对比

年份 国家	2008	2009	2010	2011	2012	2013	2014	2015
韩国	0.54	0.61	0.63	0.68	0.83	0.87	0.91	0.94
中国	0.31	0.23	0.24	0.24	0.23	0.25	0.24	0.26

资料来源：联合国货物贸易数据库和中国文化产业统计年鉴整理得出。

三、相关对策与建议

本文通过对中韩文化产业现状和竞争力的对比分析，认清中国文化产业当今发展的内外格局，给中国文化产业发展提出一些建议。笔者认为通过分析中国文化产业当前发展现状，利用美国学者迈克尔—波特提出的国家竞争优势理论的"钻石"模型（见图8），通过六个方面：生产要素，需求条件，相关支撑产业，企业的战略、结构和竞争，政府，机会。通过这六个角度来为中国文化产业不断发展壮大，走向世界提供一些参考。但并不拘泥于此理论，而是以此理论为基础，根据当前文化产业发展的具体情况，为文化产业当下亟待解决的突出问题，因时、因势提供一些合理化的参考建议。

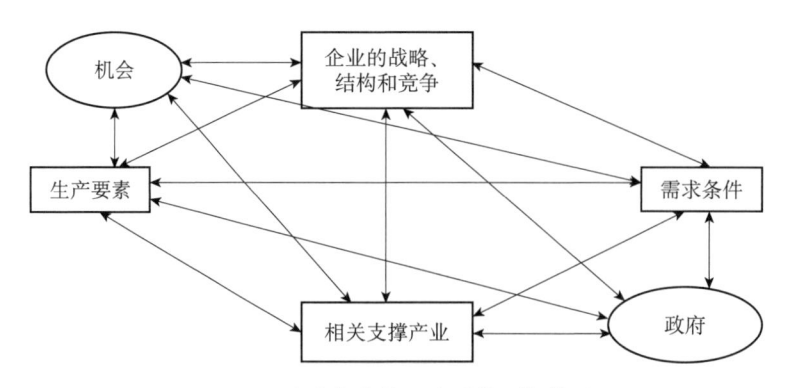

图8　国家竞争优势理论"钻石"模型

(一) 生产要素角度

1. 资金：加大文化产业资金投入，完善投融资体系。由于中国文化产业发展时间并不长，产业基础薄弱，当前需要大量的资金支持。中国现在已经拥有庞大的资金市场，但是由于文化产业投资见效慢，大量资金并不乐意将大量资金投入到文化产业市场上。马云、王健林等一批企业家已经开始涉足国内外文化市场的投资，但是单靠几个企业家并不能对我国文化产业市场的薄弱的投融资体系格局产生根本性的变革，更不能满足庞大的资金缺口。应增强投资的平衡性，加大中小文化企业的资金投入，降低中小文化企业的融资"门槛"，减少投资企业的投资风险，完善整个文化市场投融资运作体系，引导投融资企业与文化企业合作，提高文化产业创业企业的成活率，使得中国文化产业市场的资金体系运作更加流畅，资金利用率显著提高。

2. 人才：加强专业化人才培养，完善产业内奖励机制。人才是发展文化产业的根本。文化类企业本身对从事的工作人员要求既具有较高的文化专业素质，又具有娴熟的管理技能；既要熟悉文化市场基本状况，又要精通市场运行规则。中国文化产业根子薄弱，当今的人才储备根本无法满足文化产业快速发展的需求。这就需要加强中国文化产业专业化人才的培养力度，加强学校理论教育、企业实践教育、社会补充教育等多层次、立体化、全方位的人才培养教育体系。使高等学校理论教育和大量社会文化实践结合起来，为中国培养一批综合型、战略性的高素质人才。

同时，也要加强文化企业内部整个奖励体系的建设，吸引优秀人才的加入，不仅能培养得出人才，更要留得住人才。"十年树木，百年树人"，发展中国文化产业，提高中国文化产业国际竞争力，不会一蹴而就，也不是一代、两代人的事情。不断优化整个文化产业的人才培养体系，建立健全整个文化产业的奖惩制度，是为中国文化产业五十年、一百年，甚至更久远的文化产业发展战略打基础。

(二) 需求要素

1. 资源需求：深入挖掘文化资源，提高文化传承和创新能力。文化需要传承，这是我们的责任，缺少传承，文化产业如无源之水，无本之木；但文化更需要结合时代勇于创新，缺少创新文化则如一潭死水。利用现代化的传播工具，将中国丰富深厚的优秀文化资源挖掘出来，使文化产品与文化内容结合起来，推动文化产品和文化内容的创作、创新,既让文化内容有依附性,又增强文化产品的人文情怀和内在质感。将中国五千年历史长河中优秀的文化资源向世界分享,既是我们的责任,也是我们向世界文化的繁荣发展做出的贡献,不仅可以帮助中国更好地"走出去",更让世界更好地了解中国。

2. **市场需求:升级文化产业结构,提高文化市场化水平。**随着中国人民收入的不断增长,收入水平不断提高,新的"80后""90后"成为消费的主力军,这对中国文化产业提供给当下人民消费的文化产品提出了更高的要求。中国已然成为全球第二大消费市场,但是文化产业在国民经济中的比重与发达国家还有巨大的差距,尤其是我国影视市场急需要一大批优秀的文化作品,而不是良莠不齐的文化产品,这既不浪费大量资源,又促进了电影市场的发展。人民物质生活水平的不断提升,使得文化市场将成为拉动中国市场消费的强劲动力,广阔的市场空间急需推动中国文化产业结构更加合理化、高效化,使文化产业市场发展更加成熟、完善。

(三)企业战略

1. **发扬工匠精神,提高文化产品创新性和附加值。**我们生产的每一件产品几乎都有文化的影子,文化产品与其他产品不同,文化产业的发展对其他产业产品的影响也有显著的影响。企业在研发文化产品时,将科技与文化融合到产品中,既展现产品的艺术气息,又能提高文化产品的商业附加值。在促进文化内容繁荣发展的同时,也要提高文化内容和文化载体的融合力和创新力,文化艺术只有和同时代的传播载体完美融合,才能使文化产业发展插上腾飞的翅膀。由于中国文化产业结构的不合理,生产的文化产品主要集中在劳动密集型、科技含量低、低附加值的产品上,尤其是具有高附加值的国际知名文化品牌非常稀少。发扬工匠精神、追求极致、生产高质量的文化产品对提高中国文化产业及其他产业的产品质量有积极的促进意义。随着消费者消费层次的提高,更加关注产品本身的性能、舒适度、个人体验度,这对文化产品本身的文化特性和个性化要求也越来越高。文化企业要想在以后的市场竞争中不被淘汰,除了最基础的产品质量外,提高产品本身的文化价值、文化特性是在未来市场竞争中获胜的关键。

2. **加强企业营销能力,培养民族文化品牌。**虽说"酒香不怕巷子深",但是在信息化时代的21世纪这句话恐怕已不再适用,文化企业做好产品是最基本的要求,更重要的是加强企业对文化产品的营销和推广能力,要毛遂自荐,把好的文化产品介绍给世界市场,更重要的是建立自己的民族文化产品品牌,同时把中国文化传播到世界。例如，苹果公司不仅将文化艺术和先进科技进行了完美的融合，还在产品的营销上独树一帜，让产品对消费者的吸引力更加提升。因此，企业只有形成具有自己风格的品牌文化，才能赢得世界市场的认同；只有让世界市场接触到中国这种既有文化传承性和创新性，又具有中国特色的文化产品，才能逐步建立起我们本民族的文化产业品牌。随着中国综合国力的快速提升，越来越多的外国人对中国文化感兴趣，这对培养中国文化特色的品牌文会非常有利，也会使中国文化产业更加坚定地进入国际市场。

（四）政府行为

1. 健全文化管理体制，完善文化产业法律法规体系。随着文化产业的不断发展，政府已经出台了一系列的法律法规，但是这远满足不了快速发展的文化市场的需要和保障，尤其是知识产权的侵权问题亟待解决。借鉴国外文化产业先进的法律法规体系，尤其是韩国的优秀经验，将它们与我国当下文化产业的现状结合起来。例如，像"抗日神剧""手撕鬼子"等这类完全脱离实际，不和逻辑的影视剧，应加强管理。政府应该把文化产业发展的权利交给市场，做好法律法规的完善工作，加强对不合法文化企业，文化产品的监管，引导中国文化产业发展，促进中国文化资源的深入挖掘和利用，使中国文化产业在完善的法律法规和先进的文化管理体制下，不断释放活力，国际竞争力不断提升。

2. 推动社会文化机构和社会文化团体的发展。文化产业发展需要一个立体式、开放性的发展格局，仅依靠市场力量促进文化产业的繁荣发展，力量毕竟有限，不能涉及全面。这就需要政府通过法律引导、政策鼓励、资金支持等帮助，培养社会文化机构和社会文化团体积极参与到中国特色社会主义文化建设中来，丰富文化活动，并为文化企业的发展提供更加丰富专业的市场服务，使整个文化市场的生产环节、运营环节、提供消费者服务环节运行更加流畅，完善整个文化产业发展链条。使得中国文化市场在最大限度上满足国内文化消费者的同时，提高向世界输出文化产品的能力，促进整个文化市场和文化产业体系发展更合理化、专业化、全面化。

（五）相关产业

文化产业本身的特点，决定了其涉及面非常广泛，不仅反映在我们生活的方方面面，在许多产业和产品上几乎都有影响。利用"文化+"的发展思路和发展模式推动我国文化相关产业之间相互促进、相辅相成良性发展。韩国在这方面做得尤为值得借鉴，例如，前两年在中国很火的韩剧《来自星星的你》带动了"啤酒、炸鸡"在中国的火热消费，又如真人秀《RUNING MAN》引进中国，并且经常去韩国的旅游景点、文化景点录节目，这都带动了中国消费者，尤其是女性消费者去韩国旅游的欲望。

中国不仅有优秀的历史文化资源、文物古迹，还有美轮美奂、丰富多彩的自然资源，尤其是我国幅员辽阔，地理特征差异大，民族风情，民族文化各有千秋，这将对"文化+旅游"的发展提供了良好的资源基础，二者结合促进文化产业和旅游业的发展上相得益彰。近两年像《舌尖上的中国》优秀纪录片的热播，不仅传播了中国博大精深的饮食文化，也带动了民间饮食产业的发展；最近的《功夫少林》纪录片更是受到国内外的一致好评，将中国传统的哲学和功夫、佛学以一个全新的角度介绍给观众，使观众对中国文化、功夫文化、禅宗文化的融会贯通、一脉相承有了更深入的认识。少林寺这些年已经在世界各地建立了比较成熟的佛教文化、功夫文化的传播基地，更为少林寺旅游业及周边产业的发展起到巨大的带动作用。"文化+旅游""文化+科技""文化+影视"等相关产业的发展将会给文化产业发展带来更大的活力和发展空间。

（六）机遇

1. 国际机遇。全球的文化产业正在快速发展，虽然受到现在全球经济疲软，复苏乏力的影响，发展节奏稍稍放缓，但是世界主要发达国家，如美国、英国、法国、日本、韩国等文化产业已经成为国民经济的支柱产业，也已成为经济增长的主要动力。由于文化产业本身低能耗、高环保、高附加值、高回报的特性，使得世界大国和经济组织都十分重视和积极推动文化产业的发展，这对于提高全球经济发展质量，向环保型经济发展提供了一条光明之路，也为中国文化产业提供了赶上这次发展潮流的机遇。

2. 国内机遇。一方面，"互联网+"为文化产业的发展提供了新的发展机遇，极大促进了传统文化产业与"PC互联网和移动手机互联网"的融合，使文化产业能够多层次、立体化、全方位深入挖掘中国优秀传统文化资源，多角度地创新文化产品。以2016年前三季度为例，通过"互联网+"为主要形式的文化信息传输服务业营业收入增长30.8%，营业收入为3 917亿元。互联网的使用使得文化产业在传播渠道上更加具有便捷化、低成本、高时效性的优势，从根本上变革了文化产业的传播方式，进而推动文化产业实现集约化、专业化、全方位、立体式的产业发展格局。

另一方面,"一带一路"本来就是我国历史上进行文化交流的重要文化遗产,"一带一路"倡议的实施在促进我国经济发展的同时,也为中国文化产业利用这个契机"走出去",进行跨区域文化交流提供了重要机遇。这将推动中国文化产业突破地域限制,更好地利用国际国内各个民族优秀的文化资源整合创新,提高整个文化产业的国际视野,加强与国际优秀文化企业的交流合作,促进中国文化产业和中华文明以更自信、更开放的姿态走向世界。

（七）总结

通过运用美国经济学家迈克尔—波特"国家竞争优势理论",利用"钻石"模型六个要素进行分析,但这六个方面不是单个分开的,它们是促进文化产业发展的一个有机整体,只有充分协调好生产要素、需求要素、企业、政府、相关产业之间的市场关系,发挥好各自的优势,抓住国内、国际市场机遇,才能更有效地推动我国文化产业国际竞争力有一个质的提升,促进中国文化产业发展有一个质的跨越,使中国由文化资源大国真正转变为文化强国。

参考文献

［1］穆宝江. 韩国文化产业发展与中韩文化产业合作［D］. 长春：吉林大学，2012.

［2］王鸣. 韩国文化产业竞争优势分析及对中国的启示［D］. 北京：首都经济贸易大学，2015.

［3］刘倩含. 我国文化产业发展现状及对策研究［D］. 辽宁大学硕士学位论文，2013.

［4］车树林. 中韩两国图书版权贸易逆差问题研究［D］. 南京财经大学硕士学位论文，2015.

［5］黎佳韵. 中韩两国文化贸易竞争力研究分析［D］. 广州：广东外语外贸大学，2015.

［6］金之善. 中韩文化产业发展现状及合作研究［D］. 大连：东北财经大学，2013.

［7］权贤珍. 中韩文化产业现状研究［D］. 北京：中央民族大学，2011.

［8］赵学峰. 中韩文化贸易发展与竞争力的比较研究［D］. 大连：东北财经大学，2013.

[9] 王魏. 中日韩三国文化产业竞争力研究 [D]. 南京：南京农业大学，2008.

[10] 崔义真. 中国与韩国文化贸易发展比较研究 [M]. 东北亚经济探索，2013.

[11] 曹世潮. 文化竞争战略 [M]. 北京．中国人民大学出版社，2006.

[12] 方英，李怀亮，孙丽岩. 中国文化贸易结构和贸易竞争力分析 [J]. 商业研究，2012 (1).

[13] 肖景元. 我国文化产业贸易薄弱原因浅析 [J]. 中国外资，2011 (8).

[14] 方慧，尚雅楠. 基于动态钻石模型的中国文化贸易竞争力研究 [J]. 世界经济研究，2012.

[15] 大卫·赫蒙德芙. 文化产业 [M]. 张菲，译，北京，中国人民大学出版社．

[16] 张媛. 中国文化产业发展现状与趋势分析 [Z]. 前瞻网综合.

[17] 我国文化产业的发展特征和发展趋势 [EB/OL]. 国研网，2015 - 12 - 18.

[18] 2014 年我国文化产业发展现状分析 [R]. 中国报告大厅，2014 - 08 - 14.

[19] 2015 年中国文化产业发展新态势 [N]. 光明日报，2015 - 04 - 02.

[20] 高书生. 我国文化产业发展的总体状况和主要特征 [EB/OL]. 中国经济网，2015 - 06 - 16.

[21] 卫绍生. 文化产业供给侧结构性改革 [EB/OL]. 中国文化产业信息网，2016 - 08 - 04.

东北亚区域文化产业跨境发展研究与启示

汪亚[1]　王艳秀[2]

【作者简介】　1. 汪亚，男，苏州工业职业技术学院电子与通信工程系，研究员；2. 王艳秀，女，吉林财经大学国际经济贸易学院，副教授。

【摘　要】　文化产业的发展助推了日韩两国经济发展质量与速度的提升，促进了国内产业结构的优化。东北亚区域内的国家彼此发展文化贸易，将有利于文化产业成功经验的传播，在原来文化产业合作方式基础上，若能探索出更深层次的文化贸易模式，对于东北亚区域产业间的深度合作将起到一定的助推作用。文化产业在中国的发展作用，正在向国民经济支柱产业的行列迈进，它不可避免会遇到一些"瓶颈"和制约因素，在推进区域合作的进程中，开放思想，提升人力资本的支撑作用，完善相关法律措施，将有助于中国文化产业的快速平稳发展。

【关键词】　文化贸易；文化产业；创新

文化产品可分为文化商品与文化服务两类，不仅可以作为消费品，实现一定商业价值，而且，它对加强一国社会的凝聚力起着重要的作用。从对外贸易来看，文化贸易出口一定程度上体现该地区（国家）文化产业发展程度，从全球来看，文化贸易一直都是发达国家的文化贸易向较不发达的国家或地区进行输出；反之，则较少。

从20世纪90年代以来，文化产业作为软实力的核心部分，它在世界诸多国家得到迅速发展，它对经济增长与就业的贡献度日益受到关注，甚至在一些国家文化产业已经作为重要的支柱产业之一。在东北亚地区中，日本和韩国在文化产业发展方面已经取得了骄人的业绩。对于中国而言，2012年的数据显示，中国文化产品输出仅占输入比重的1/3，文化产品贸易存在严重的"逆差"现象。[1]对于地域比邻的东北亚地区的国家来说，推进彼此间文化产业贸易、促进文化企业跨境发展，是推动各国友好合作的重要内容之一，中国需要通过双边或多边的文化合作，改变文化产业贸易的"赤字"现状。

一、东北亚区域内文化产业贸易与合作的深度

一国在世界文化贸易的比重越大，在世界文化引领作用与感召作用就会越强，而且会带动本国其他相关产业的发展。文化产业作为一国软实力的重要方面，越来越在东北亚区域各国内引起更大的关注。东北亚区域内的文化贸易发展，需要正视各国文化间的差异，整合文化中可以商业化的要素，借助地缘、资源和文化等诸多便利条件，继续推进文化交流的广度与深度。

1. 日渐加深的中、蒙、俄文化交流与合作。1994年，中蒙两国签订了《中蒙文化合作协定》，推动了两国间的文化交流与合作；2006年和2007年，中俄两国通过举办"俄罗斯旅游年"与"中国旅游年"促进旅游文化发展；2011年，《中华人民共和国教育部与蒙古国教育文化科学部2011~2016年教育交流与合作执行计划》签署，中蒙间的文化交流得到更深入的发展。"一带一路"倡议的实施，为中、蒙、俄之间的人文交流，尤其是文化产业合作提供了新动力与新契机，将使三国的合作深度与广度达到一个新的高度，各国互惠共赢。2014年，蒙古国的"草原之路"计划被提出与实施，以期通过加强与中俄过境运输和贸易来助推该国经济进一步发展，同年，俄罗斯提出，由俄罗斯主导的欧亚联盟可以与中国倡议的"丝绸之路经济带"进行对接。2015年，中、蒙、俄三国正式签署了《三方合作中期路线图》，这更进一步推动了三国间的双边与多边文化交流的深层次发展。[2] 2016年4月，"CCTSS（中国文化对外翻译与传播研究中心暨中国文化译研网）中、蒙、俄文化交流项目签约仪式"在北京举行，从几家广播电视台联合共同制作纪录片《茶路》、共同搭建一个跨国的公共文化事业传媒平台等方面达成了四项合作意向[3]可见，"一带一路"倡议背景下，中、蒙、俄三国间的文化交流合作得到了更进一步的发展。

2. 中、日、韩文化贸易的纵深发展。从中、日、韩文化贸易各自发展的竞争优势而言，中国文化贸易不仅出口份额在国际市场上的比重较小，在三国之中，也处于比较弱势，日本和韩国在文化贸易领域具有显著优势，两国在文化产业的内容创新、模式创新、组织创新等方面相对中国而言具有相对优势。郭新茹等（2010）利用中日、中、韩文化贸易的数据，通过实证研究认为，在国际竞争

市场上,中、日、韩三国的目标有所差异,显现的竞争性关系较弱,彼此间表现出的互补性关系比较明显,从长期发展趋势上预测,三国间文化贸易的竞争关系将日益凸显,互补关系将趋于弱化。[4]由于中国文化产业的优势不明显,在组织管理、政策支持与人才培养方面与日韩两国文化产业发展的水平也存在梯度的差异,这使得中国文化贸易对日韩两国一直处于贸易逆差的态势。日韩两国文化产业在营销力与衍生产品开发方面都具备中国文化产业需要学习的经验。如韩国通过影视剧将文化理念向中国传播,提升了韩国文化的影响力,进而带动了韩国商品的热销。[5]韩国在中国热播的电视剧,通过版权销售可以获得很高的收入,有的可达几千万元人民币,而其成本动却不到收入的1/3。韩国通过电视剧、电影、音乐和游戏等文化产品出口,对中国一直保持着文化贸易的盈余状态,为该国不断创造财富与带来更多的就业,相反,中国对韩国的文化贸易逆差却一直未被扭转。[6]

对于中国而言,需要加强与各国的文化交流,汲取日韩两国文化产业发展的成功经验,提升中国在东北亚区域中文化产业的贸易竞争力,把握"一带一路"倡议带来的新机遇,提升影视、音乐等文化产品输出的质与量。

二、日韩文化产业跨境发展经验

东北亚区域内的国家经济文化一体化的诉求已经日趋显现,各国间日益方便的交通条件使原本便利的地理交流环境更具文化贸易优势,尤其是中、日、韩三国,从正统的儒教文化领域到国际文化交流,彼此间文化更为相近,但是,日、韩两国在东北亚区域的文化贸易发展方面,却具有自身显著的比较优势,因此,对于文化产业贸易处于劣势的国家,汲取两国成功的文化发展经验,有利于实现本国文化产业贸易水平的提升,创造出更多的更为高端的文化产品,也有利于更好地创造文化产业间有序竞争与产业间资源互补的良好市场环境。

(一)政府的宏观调控助推韩国文化产业发展

20世纪末,韩国"文化立国"的战略被提出,以期通过文化产业来推动该国金融危机后的经济恢复。迄今为止,文化产业在韩国已经对经济发展与拉动就业起到了非常重要的作用。2008~2011年,韩国文化产业出口以年均高于 20 个百分点的增长速度在迅速增强该产业的竞争实力；2011 年，文化产品贸易所创造的附加值超过 50 亿美元；2012 年，文化产业的出口贸易已达 43.2 亿美元，仅次于汽车产业，排名第二，以每 100 万美元出口拉动的就业效应来计算，文化产业已经超过传统制造业，可带动 14~15 个人就业。2008~2012 年文化创意产业产值每年的出口增长率均为 18.5%。[7] 分析韩国文化产业发展的重要助推力——政府扶持与帮助。21 世纪初，韩国政府通过设立影音分轨公司，对韩文翻译为外语和产品制作费用给予最高可至千万韩元的补助，以鼓励文化产品的出口。[8] 韩国成立了文化产业振兴院，构筑韩国的文化产业综合支援体系，以让韩国成为世界五大文化产业生产国为主要业务目标。为提升韩国文化产品对外贸易的输出实力，韩国进出口银行为文化产业提供有力的资金支援。总之，文化产品与服务的对外贸易发展，对于助推韩国经济发展，增强国家软实力，起到了重要的角色作用，韩国的国际影响力也因此得到提升。

（二）日本文化产业的创新与法律体系构建

20 世纪 80 年代开始，日本更加重视文化产业发展，90 年代，日本提出了"文化立国"的口号。1993 年，文化产业产值仅次于制造业，位居第二。2010 年，日本的文化产业年出口额已达 15 900 亿日元，文化产业占总生产的比重达 10.19%，发展速度仅次于美国，位居世界第二。总结其经验，一是注重创新。日本文化产业链的每个环节几乎都体现了不断创新的思维模式，产品、组织和概念等各方面的创新中，每一个创新都会集聚一定数量的消费者，各个价值链条合理分工，紧密协作。[9] 二是不断完善法律体系。21 世纪伊始，在不断健全与完善政策和法律体系推动下，日本参与国际和地区文化市场的竞争力得到了迅速的提升，有关法律政策的完善与实施详见表 1，可以看出，在日本，文化产业立法呈现出新闻出版广播电视类、观光旅游类、文化艺术类等行业法细分特点，通过这些法律规定，既明确了日本振兴文化艺术的方向，也对文化成果作者的权利进行了保护。日本政府对文化产业发展的支持主要是靠这些政策的制定进行有效的宏观调控，文化产业项目的发展在市场中自主运作。日本在不断增强文化产业的竞争力过程中，更多是通过产业自身融入国外的元素以适合不同国家消费者的需求，因此，产业的自主创新与政府的宏观调控各自都发挥了有效的作用。三是政府积极进行有效的宏观调控，督促文化产业发展。日本的经济产业省和文化部门省分别从经济角度与文化角度对文化产业的发展进行指导和管理，这使得文化产业发展得到了巨大的支持。[10]

总之，文化产业成为日本支柱产业的重要助推力就是——完善的法律体系与机制，文化产业制度创新主要关键是推进立法，采用的分散型立法模式，从立法上对文化产业进行了有效的保护、管理与促进。[11]除此之外，从制度、管理和组织等方面的创新在日本文化产业发展中的正面作用也非常显著，使其形成了独特的文化产业体系，文化产业发展的成本与风险得到有效的降低，提高了产业发展创新的效率和收益。[12]

表1　　　　　　2001年以来日本对文化产业的法律政策实施情况

时间	内容
2001年12月7日	颁布实施《振兴文化艺术基本法》
2002年12月	《有关振兴文化艺术的基本方针》被制定
2004年	出台《文化产品创造、保护及活用促进基本法》
2005年	《文字、印刷物振兴法》《重要文化的景观的选定与申请等相关规则》
2007年	《电影盗版防止法》
2011年	《展览会上美术品损害补偿法》
2012年	《剧场、音乐厅堂等灵活运用法》
2014年	修订《文化财产保护法》

综上，日韩文化产业的优势形成来源于日积月累的产业链条建设与完善，两国各自的文化贸易结构不仅合理，而且具有明显的竞争力优势，对于中国而言，若想推进文化产业以"指数级"的增长速度快速发展，需要挖掘文化产业发展的潜在积极因素，快速提升文化产业的核心竞争力。

三、中国文化产业发展的启示

在东北亚区域内，各国文化产业发展水平明显呈现梯度发展差异，随着各国间经济文化联系的日益加深，文化产业的跨域、跨国发展将成为常态。从发展阶段进行对比，日本和韩国文化产业的向外输出创汇能力和自身创新实力，明显具有很强的竞争优势，与之相比，中国文化产业存在很大的追赶空间，亟待优化文化要素的资源配置，增加文化产品与服务的附加值，汲取其他国家的成功经验，结合中国文化产业的特点，加快提升文化贸易的对外输出实力。

（一）文化产业发展的潜力

2005年至今，中国文化产业一直保持了平稳地发展态势。2012年，中国文化产业增加值为 18 071 亿元，同比增长 16.47%。2014 年，文化产业市场规模达到 24 000 亿元左右，但是，中国文化产业占 GDP 的比重却不足 5%，美国这一指标为 25%。[13]2014 年，文化产业增加值比 2013 年提升十余个百分点，包括：文化服务业增加值 11 641 亿元，文化制造业增加值 9 913 亿元，文化批发零售业增加值 2 386 亿元。2015 年，文化产业增加值占 GDP 的比重为 3.82%，虽然这一指标有所提升，但是，还有很大的文化消费空间亟待挖掘，存在着大约 3.7 万亿元的文化消费缺口，文化产业与 GDP 占比指标仅为发达国家的 1/3 左右，我们还需要增强有效的文化产品供给来提升文化产业的消费与就业带动效应。[14]从资本市场来看，2010 年，有多个文化产业基金被设立，整体基金规模超过 300 亿元；文化产业中有超过 10 家的上市企业；2011 年上半年，国内互联网公司融资活跃。以上数据表明，中国文化产业的市场规模存在很大的发展空间，发展前景良好。

综上所述，文化产业对于经济的贡献作用在中国也是日益增强，虽然，中国有着历史悠久的传统文化，在世界多个国家都具有一定的影响力，但是，将传统文化中的要素资源进行优化整合形成具有竞争优势的文化产业还需要诸多努力，当前，中国文化企业尚没有将博大的传统文化资源转化为强大的经济资源，企业作为市场主体的能动作用也没有完全发挥出来，各产业价值链还亟待健全与完善。

（二）亟待解决的问题

中国的文化产业发展需要将可商业化的文化要素的附加值逐步提升，文化的产业化发展也需要经历由初级到高级的发展阶段，必不可免会遇到一些亟待解决的问题，我们需要针对当前存在的问题与不足，分析深层次的原因。

1. 法律体系有待进一步完善。2000 年，中国共产党第十五届五中全会后，才开始实施中国文化产业化，"文化产业"概念才被提出。随之，相关的法律、法规陆续出台，比如：《文化产业发展第十个五年计划纲要》《文化产业振兴规划》《关于深化文化体制改革推动社会主义文化大发展大繁荣若干重大问题的决定》等。与日韩国家的法律体系发展状况相比，我们还处于亟待完善和细化有关政策规定与措施的阶段。第一，协调有关部门的职能，合理分工，贯彻有关政策。对于不同细分行业，需要结合实际，制定差异化的措施，有针对性地解决具体问题。第二，需要科学配置文化资源，建立健全管理体制与运行机制。在跨区域合作日益加深的背景下，建立有序的文化市场竞争环境，将文化要素资源进行有效整合形成更强的经济效应,增强国际竞争力。

2. 转变观念,不断提升和挖掘文化的商业价值。一直以来,我国文化产业的市场化较低,这与作为智力资本、文化资本、数字资本为运营方式的文化产业特点不相适应,科技创新与文化创意没有进行有效的整合,文化产业化发展速度较慢,这与对文化产业的认知程度也存在密切关系。以前是习惯将文化和产业分开谈,即使讲到文化产业,也仅涉及新闻出版与广播影响等几个方面,视野不宽广,严重阻碍文化产业跨越式的发展。文化产业市场体系的构建与完善,需要打破传统的思维方式,建构外向开放的格局,突破地域空间的限制,转变大众消费观念,推动文化企业由数量与质量同步发展。

3. 人才存在缺口,需要培育优质文化人才队伍,为文化产业发展与繁荣提供有力的人才支撑。根据按行业划分的城镇单位就业人数的统计,文化、体育和娱乐业从业人数,2011 年、2012 年、2013 年、2014 年分别为 135 万人、137.7 万人、147 万人和 145.5 万人,占城镇单位就业人数总比重大致分别为 0.93%、0.9%、0.81%、0.8%,这说明文化产业的就业带动潜力空间很大。对文化领域而言,文化是思想创造和精神创造的特殊领域,对人才素质的要求更高,对人才的需求更迫切。[15]我们需要高度重视有关人才的培养工作,在全社会形成尊重人才、关爱人才的良好氛围,完善机制激励人才培育,发挥人才能动作用,扩大文化产业的创新范围,激活民间的文化想象力与创造力。

综合以上论述,文化产业与经济、科技、法律等诸多方面密不可分,它已经成为诸多国家经济增长的重要动力,既可以体现一国的经济实力,也可以彰显一国的科技创新程度,体现一国的法律健全完善状况。中国需要加强文化产业发展的速度,需要专门的立法为文化产业发展提供保障,需要与世界贸易组织文化贸易规则的接轨,构建文化产品内容审查制度、文化产业市场准入制度、文化产业市场管理制度和文化产业知识产权保护制度。在"一带一路"倡议背景下,中国需要与毗邻国家加强文化贸易的往来,把握时代机遇,提升文化产业的竞争力。

参 考 文 献

[1] 文化产品出口占进口 30% 《对话》寻求解决思路 [EB/OL]. 新浪网, http://book.sina.com.cn/cul/c/2013 - 03 - 01/0741427882.shtml, 2013 - 3 - 1.

[2] 齐勇锋,张超. "一带一路"战略与中蒙俄文化产业走廊研究 [J]. 东

岳论丛, 2016 (6): 16-24.

[3] CCTSS 中蒙俄文化合作项目签约仪式在京举行 [EB/OL]. 搜狐网, http://mt.sohu.com/20160420/n445209351.shtml, 2016-4-20.

[4] 郭新茹, 顾江, 朱文静. 中日韩文化贸易模式的变迁: 从互补到竞争 [J]. 经济问题探索, 2010 (5): 93-98.

[5] 成林. 中韩文化产品贸易研究 [J]. 商业经济, 2009 (6): 77-78.

[6] 中韩文化贸易逆差何在? [N]. 国际商报, A2 版观察, 2016-3-25.

[7] 孙佳音. 韩国文化产业爆发式增长 并非一日之功, 新民网, http://shanghai.xinmin.cn/xmsq/2015/08/30/28492182.html, 2015-8-30.

[8] 裴秋菊. 韩国文化产业快速发展的动力与野心 [N]. 中国文化报, 2014-3-15 (4).

[9] 王一凡. 创新——文化产业增添双翼——试析日本文化产业成功的原因 [J]. 上海企业, 2015 (3): 51-53.

[10] 周虹. 日本文化产业发展的创新路径 [J]. 人民论坛, 2016 (28): 138-139.

[11] 饶世权. 日本文化产业的立法模式及其对我国的启示 [J]. 新闻界, 2016 (11): 67-72.

[12] 庄严. 日本文化产业创新的实现路径及经济效应分析 [J]. 现代日本经济, 2014 (2): 18-30.

[13] 曹越, 陈醒. 中国文化产业高速增长空间依然巨大 [J]. 国际融资, 2016 (10).

[14] 文化产业发展潜力和空间巨大 消费缺口达 3.7 万亿 [EB/OL]. 中国投资咨询网, http://www.ocn.com.cn/chanye/201607/rcwjh12085005.shtml, 2016-7-12.

[15] 张乙秀. 为文化强市建设提供人才队伍保障——建设文化强市系列评论之五 [N]. 宿迁日报, 第 A01 版, 2011-11-23.

东北亚各国 FTA 建立的文化 "瓶颈" 研究

张智远[1]　荆瑞环[2]

【作者简介】　1. 张智远，男，吉林财经大学国际经济贸易学院，副教授；2. 荆瑞环，女，吉林财经大学国际经济贸易学院，本科生。

【摘　要】　伴随着世界经济格局的变化，东北亚地区在世界经济合作中发挥着越来越重要的作用。积极地开展东北亚地区的经济文化交流将对我国的发展起到巨大的推动作用。如果能建立东北亚自由贸易区，必将大力促进区域经济的发展和维护地区的和平。但是由于东北亚地区局势的复杂性，建立东北亚地区自由贸易区的进程却远远落后于其他地区。东北亚各国在建立 FTA 的进程中遇到了很多的挑战和障碍。本文将主要研究东北亚各国在建立自由贸易区时遇到的文化阻力因素。

【关键词】　东北亚自由贸易区；儒家文化；文化共性

文化是由多种元素构成的一个复杂的道德价值体系。这个体系中的各个部分在功能上互相依存，在结构上相互联结，共同发挥社会整合和社会导向的功能。然而特定的文化有时也成为社会变迁和人类自身发展的阻力。下面将从五个方面具体分析东北亚各国 FTA 建立的文化 "瓶颈"。

一、东北亚国家的文化共性

（一）理论共享——儒家文化

东北亚各国的文化是复杂多样的，但是在长期的现实发展过程中相互学习、借鉴、融合，逐渐形成了相似的文化并且保留了自己的个性文化，有许多共同的文化取向和基础。从古至今，作为东方文化核心的儒学在东北亚 FTA 建立过程中起到重要的纽带作用，对东北亚文化的繁荣和发展产生了极其重要的影响。东北亚各国政府应该采取文化交融、和而不同的策略。在认同各国文化差异、尊重文化多样性的基础上，用协调求得互利，用互利求得合作，用合作求得发展，用发展求得矛盾的解决。[1]

（二）区域共享——地域文化

东北亚地区是一个地理概念，即亚洲东北部地区。为亚洲、东亚所属的次区域，一般是指中国东北地区、日本、韩国、朝鲜、俄罗斯远东和西伯利亚地区、蒙古国等。东北亚地域广袤，资源丰富，市场广阔，资金和技术力量雄厚，由于一些特殊原因，东北亚区域经济合作还处于萌芽阶段。虽然开发较晚，但却是当代最有发展前景的地区之一。中、日、韩、朝、俄、蒙等国各自不同的自然地理环境，也就自然拉开不同文明发展的差距。因此，建立东北亚FTA的进程中自然而然地受到了不同文明的冲击。中国在自然条件上给人类提供了较好的生存条件，中国先民又较好地参与自然发展的创造活动，不断地改善自己的生活环境以至现在能够屹立于东方民族之林。中国与朝鲜是唇齿相依的邻邦，和日本是一衣带水的邻邦，邻国之间利用地缘条件，古往今来的经贸往来、文化交流一直不断，为东北亚建立FTA起了很好的推进作用。

（三）历史共享——东方文化

东北亚的历史是文化交流的历史，而历史的文化交流也推动着东北亚历史的不断发展。[2]中国的大陆文化带动朝鲜半岛的文化发展继而传播到日本，再进一步拓展到整个东北亚区域。在中国隋唐时期，新罗和日本不远千里跋山涉水，到唐朝学习先进的文化和制度。新罗几乎完全复制了唐朝的文化和制度；日本也派出了遣唐使、留学生和学问僧赴唐学习，大化改新便是模仿隋唐制度进行的。唐朝的制度、宗教、文化在新罗和日本生根发芽。[3]中国的先进文化促使东北亚社会繁荣发展，当时朝鲜半岛进入律令体制的统一新罗时期，朝鲜"社会经济显著发展，出现了所谓的'圣代''仓廪积于丘山'"。[4]而处在那个时代的日本，正是大化改新的历史时期，来自中国大陆的大量移民，给日本注入了生机和活力。大量输入的汉文化使得当时的日本异常繁荣。

二、东北亚各国文化共性的表现形式

（一）俄罗斯儒家文化分析

在俄罗斯人心目中，儒家代表人物孔子是中国的智者、圣人。他富有哲理、精湛的语言,如"有朋自远方来,不亦乐乎""三人行必有我师""己所不欲,勿施于人"被俄罗斯人信奉为至理名言。在17世纪,俄罗斯的民族文化精英们就对中华文明倾慕不已,尤其倾慕中国孔子的儒家学说。当时一些学者在喀山大学开始宣讲"四书"。到了18世纪中期,莱蒙诺索夫在圣彼得堡大学创办了"东方研究院"。俄罗斯大文豪列夫·托尔斯泰曾说,中国的孔子和孟子"很大",他在给国学大师辜鸿铭的信中还经常引用孔子的哲语。被誉为"俄罗斯的良心"的著名作家亚历山大·伊萨耶维奇·索尔仁尼琴,即使在监狱被关押期间,还在研究孔子的格言,探寻俄罗斯社会时代所需要的文化道德规范。20世纪50年代正值中苏关系十分友好的时候,有大批苏联专家来到中国,感受到儒家学说的宏大和深邃。[5]学者费奥克基斯托夫有一段精辟的论述:儒学不仅是一种精神思想学说,同时也是一种实用的人生哲学,并且是世界哲学的一个重要组成部分,是最富有人性的哲学。国立莫斯科文化学院院长安德烈·弗莱尔博士认为:"就目前来说,我们很难找到能与孔子媲美的思想家,在他身上具有特殊的人性与人文色彩。"俄罗斯汉学界非常自豪地认为,俄罗斯是世界上最强的汉学研究学派之一。因此,儒家文化已经深深地影响着俄罗斯的方方面面。

(二)日本儒家文化分析

中国儒学传入日本大约是在晋末,而且是经由朝鲜传到了日本。从中国唐朝时起,日本就大量派送遣唐使,研究儒学经典,并携带大量的汉语儒学典籍回国。同时将大量先进的生产技术、文学艺术、音乐、绘画、宗教、哲学思想等中华璀璨文明带回日本,甚至包括国家法律、政府机构的设置、服装服饰、日常起居、民俗节目都以中国唐朝为参照。儒学不仅对古代日本产生了重大的影响,还对现代日本的政治经济社会文化发展起了促进作用。对日本民族来说,虽然儒学是外来的思想,但是它已被日本民族所吸收并在江户时代发展成为独特的日本儒学。在漫长的历史长河中,日本儒学这一文化思想对日本社会经济教育起到了决定性作用。同时,儒学融合到了日本国民道德伦理之中,成为日本现代民族精神的重要支柱和思想来源,并且表现为日本人独特的民族性格特征。正确的认识儒学文化的共性和差异,将有助于东北亚自由贸易区建立的进一步发展。

(三)韩国儒家文化分析

虽然儒学是从何时传入韩国的尚未有明确的考证,但可以肯定的是在三国时代,随着汉字和儒家典籍的传入,儒学思想已经通过国家律令的制定、国史编纂、教育机关的设立等方式对韩国的国家发展以及人们的日常生活领域产生了很大的影响。后来儒学在韩国的土地上经过了本土化和民族化的历程，形成了自己的特色。若追究韩国儒学与中国儒学的相异之处，可以概括地认为中国的儒学思想是宇宙论层面上具有包括性的"远心的哲学"，而韩国儒学则是人性论层面上具有内在性的"求心的哲学"。[6]韩国从20世纪60年代开始，经济开始起飞时，就利用儒家"忠"的思想指导经济。从与经济最密切的角度出发，就能发现儒家思想的几个基本特征：（1）中央集权的政治观；（2）忠孝一致的伦理观；（3）重农抑商的经济观等。[7]进入80年代和90年代后，韩国仍然有哲学学者锲而不舍地探讨和研究儒家文化。韩国在接纳西方文明的同时，没有放弃儒家文化，而是以现代思想的视角研究和考察儒家文化。

（四）朝鲜儒家文化分析

儒学最初传入朝鲜，与战国时期汉字的传入密不可分。伴随着汉字的传入，中华文字中所蕴含的思想观念也必然会随之传入。公元前108年，卫满朝鲜与汉朝发生战争，被汉武帝所灭。汉朝以卫满朝鲜地域为中心，设置了"汉四郡"。当时汉武帝推行独尊儒术的政策，不仅在京城设立太学，而且在各郡县设立学校，"汉四郡"内亦如此。于是儒学通过四郡学校，迅速在朝鲜半岛北部地区得以传播。在汉四郡建立起的体现儒家思想的政治、礼仪制度，标志着儒学已传入朝鲜。[8]中国儒学进入朝鲜的过程大致可以分成四个阶段：第一，三国时代初步传入的汉代五经思想；第二，统一新罗和高丽前期传入的隋唐文学的儒教思想；第三，高句丽末叶，传来朱子思想；第四，朝鲜后半期传来的清代实学思想。[9]儒家文化不仅保全了朝鲜民族的国土完整和民族独立，更是塑造了朝鲜民族的文化品格。儒家文化的生长土壤是农耕经济和宗法血缘社会。朝鲜民族的儒家风范使其作为弱小民族在复杂的国际环境中最终得以维护自己民族的独立与国土的完整；儒家文化也塑造了朝鲜民族鲜明的文化品格及其个性，使得朝鲜民族的文化特色至今都为世人瞩目。

（五）中国儒家文化分析

儒家思想博大精深，在我国传统文化中占据了重要的地位，是中国民族精神的支柱，是东亚文明的精神内核。"察业识某如佛，观事变莫若道，而知性尽性，开价值之源，树价值之主体莫若儒。"儒学的这种地位是历史形成的，在2 500多年前，孔子创立儒家学说，不是凭空创造的，而是在社会的大动乱中通过对三代流传下来的中国传统文化遗产进行反思，认真清理和重新加以诠释而形成的思想学说体系。孔子提倡"信而好古"和"好古敏以求之"，使儒学具有深厚的历史渊源，成为中国原典的保存者和当时中国传统文化的集大成者。孔子非常注重实地考察，坚持"察知征信""因革损益"的原则，使儒学又具备审慎的因时制变的品格。在中国处在第一次社会形态大变革的时代，儒学应运而生，突出了中华传统文化需要保存、延续和发展的历史必然。儒家思想对中国教育做出了巨大的贡献，主要表现在"因材施教"。教育本应以学生实际出发，既要提出统一要求，又要照顾个别差异，把集体教学和个别指导结合起来，使每一个学生的才能都得到充分发挥。儒家思想不仅对国内教育起到了非常重要的作用，对人的思想道德方面的建设也有着不可忽视的作用。儒家思想，讲求修身、齐家、治国、平天下。其中，最重要的第一要义就是修身。修身，也就是个人修养。儒家文化中坚信一条：获得人生成功的最根本方法就是提高道德修养。而现在的道德教育，也是如此，我们需要的是一个优的个人品德。至今，儒家思想依然是中华文化的精髓。在经历了 2 000 多年的历史发展，儒家文化构建了中国的道德体系，是中国文化的重要组成部分。在今天，其对于中国文化软实力的提升，对于中国文化构建具有重要意义。中华文化需要在交流中去发展，需要不断根据形势去发展，这样才有利于从文化角度促进东北亚 FTA 的建立和发展。

三、东北亚各国文化差异的表现形式

（一）俄罗斯文化双面性分析

俄罗斯地跨欧亚两大洲，这一地理位置上的特点为它在历史方面、文化方面、民族性格及民族精神等方面带来了一系列的影响。所以俄罗斯民族既不是真正意义上的欧洲民族，也不是真正意义上的亚洲民族，但它却将欧洲与亚洲民族的特点结合在了一起，形成了俄罗斯文化的两重性。"俄国社会生活的欧化，不能不同时带来俄国社会意识的欧化。然而这种主动的文化演变过程往往更多的是一种吸收和扬弃，与蒙古国近时期开始更多地接受西方文化现象一样，不可能邯郸学步，丢弃自己深入民族骨髓的文化之根，至少它是一个极其漫长的过程。"[10]俄罗斯因受到双重文化因素的制约，使俄罗斯在发展过程中总遇到这样的矛盾：关闭西方化大门，自我封闭于西方文明之外，这样就会拉大与不断前进的西方的差距，并受到后者更为严峻的挑战，迫使俄国再次打开西方化之门。时至今日，俄罗斯在经历了一段西方化阶段而又深感收效甚微之后，又逐渐转向东方。俄罗斯应走上同时吸收西方与东方优点于一身的独特之路，为建成东北亚自由贸易区贡献自己的力量。

(二) 日本文化双面性分析

日本文化长久以来的"双重性"一直为很多学者津津乐道。在《菊与刀》一书中就有完美、详尽的概括——爱美而黩武、尚礼而好斗、喜新而顽固、服从而不驯这种矛盾长久根植于大和民族的民族性格特征中。最典型的就是"大和抚子"和"武士"，前者文静温柔，稳重得体；后者桀骜不驯，凶狠决绝。在日本的传统文化中，诸如"樱花""茶道""花道""和歌""俳句"这些文化符号也都是柔美儒雅、感伤哀愁的代表。它们也可以被称作日本文化传统，向内、保守的一面；与这些形成鲜明强烈对比的同样也有很多，例如"武士道""切腹""介错""幕府"等。这又反映了其文化向外、争斗、开放的另一面。这种矛盾性、双重性也渗入在当今流行文化的方方面面。日本文化中存在很多看似矛盾对立的方面却又能和谐统一地共存，光怪陆离的西方外来事物之中又夹杂着本土的东西，但唯一不变的是贯穿始终的矛盾、双重性，它们渗透在人们生活、性格的方方面面。日本作为世界经济最发达的经济体之一，正努力地维护其在东北亚地区的主导地位，在尽可能地保护本国农业、水产业等弱势产业的同时，努力扩大汽车等主要工业品市场。[11]

(三) 韩国文化双面性分析

在空间与时间上，过去与现代、后现代，东方与西方，这一切都糅和在韩国文化里。西方社会用一百年走完的路，韩国只用了短短30年就实现了。从空间上看，在近代以前，韩国深受中国文化的影响；在近代以后，更多的则是受日本及西方文化的影响。韩国的现代是欧式的，赤裸裸的、快速的欧化，就连韩流、明星文化都成了"快消品"；韩国的另一面则是沉稳的缓慢，至今仍然保留着各个朝代的文化，从宫殿到宫廷美食，从文字到书法，无一不在复原古昔的精华。韩国人尊老爱幼，特别注重辈分长次之分。作为晚辈与长辈说话一定要用敬语，否则会被认定为不礼貌，没有家教。韩国虽然面积小人口多，但是经济发达，是成功的典型。随着韩国的迅速崛起成为世界上电子化程度很高的国家，网络新闻向保守的主流媒体垄断发起了挑战，控制新闻传播的媒体俱乐部遭到了削弱。韩国希望通过发挥其连接大陆和海洋的地理优势，在东北亚地区建立开放而活跃的市场，从而实现其经济的二次腾飞。

（四）朝鲜文化双面性分析

朝鲜民族有着悠久的历史、优良的传统，并创造出了灿烂的文化。朝鲜人民无论男女老幼都能歌善舞。朝鲜政府和朝鲜人民十分重视文艺工作。其观点是文艺必须为朝鲜革命现实服务，必须具备民族形式和社会主义的内容。社会主义的内容就是革命的内容、阶级的内容；民族形式就是朝鲜人民喜闻乐见的、合乎朝鲜人民风俗习惯的形式。阿里郎文化是朝鲜民族最具代表性的文化，公众的政治意识是朝鲜文化独特性的另一重要呈现，而领袖崇拜、崇尚中朝友谊等是其重要方面。言及朝鲜文化的这种特殊性，并非是站在他者的角度对此进行褒贬，而是讲述一种真实的存在。[12]虽然朝鲜战争后朝鲜半岛的南北对峙导致了以朝鲜族为主体民族的南北朝鲜现代社会文化的差异，但是双方语言和传统文化却一脉相承。所以韩朝在文化上的许多共性会稍微地减少东北亚 FTA 建立进程迅速推进的困难。

四、东北亚各国文化差异的因素分析

（一）历史原因

任何一个民族的繁衍壮大无不以民族文化的内聚为核心。从这一个角度来看，民族也好，国家也好，都是历史的概念。因此构成民族或国家内聚力的文化也在不断变化，中国当代文化就与古代文化有很大的差别。但是无论从哪个角度来看，任何一个民族文化都有着与其他文化相同或相似的内容，即基于人类的共性和理性所建构起来的文化内容的相同和相似性。这就可能在适当的条件下，使文化可以在超越本民族的文化差异和狭隘视角，在更大的范围内进行认同和融合，从而推动文化自身的发展。东北亚各国及其民族在长期的历史进程中也都形成了新的形态，产生了新的文化，形成了各自优秀的文化。只有平等地看待其他国家的文化，尊重各国的文化传统，才能更好地促进东北亚的发展。

（二）政治原因

霸权主义和冷战思维是症结所在。在新的历史条件下，美国和日本依旧顽固地坚持唯我独尊的霸权主义和集团对抗的冷战思维，在亚洲刻意寻求对立、对抗而非合作、和平，使建立东北亚自由贸易区陷入低谷、举步维艰。由于历史遗留问题使得各国之间的政治互信基础不够牢固，中俄边境，中日关于钓鱼岛的领土的争论，日韩关于独岛的领土争论以及中、日、韩海洋权益的分歧，所有这些因素都会在一定程度上影响东北亚自由贸易区的进程。东北亚地区各国的政治体制具有多样性特征，这种多样性处理得好，并不必然构成对立和敌视，但是由于美日两国坚持霸权主义和冷战思维，安全顾虑和政治纠葛使地区内国家难以达成政治妥协和共识。政治制度的差异性再次人为地提升为妨碍建立政治互信的重要因素，东北亚地区各国友好关系的提升受到严重影响和制约，进一步地阻碍了加快东北亚自由贸易区的建立进程。

（三）经济原因

东北亚地区经济上有很大的差异性，各国的发展水平不一、产业结构梯度明显。首先，日本经济高度发达，处于最高的层次，以技术密集型和资本密集型产业为主，正在发展高技术产业。其次，韩国处于第二等级，以资本密集型产业为主，最近技术密集型产业飞速发展，而劳动密集型产业所占的成分急剧下降。处于第三层次的有中国、俄罗斯、朝鲜、蒙古国。这些国家的产业基本上以劳动密集型和资源密集型产业为主，经济发展比较落后。东北亚区域多边合作落后的原因很大程度上在于东北亚地区经济强国日本、韩国、中国、俄罗斯的经济重心和战略重点不在本地区。日本的经济利益的重点在欧美。韩国发展经济的战略重点首先是美国，最后，才是东北亚和东南亚。东北亚各国在各自迈向现代化的道路上，都走出了各自的发展模式，积极积累吸收外来经验，被世界所认可。目前，东北亚地区的国内生产总值已占到世界的20%，但是和欧盟的60%、北美自由贸易区的40%比起来还有很大的差距。如果能在东北亚形成自由贸易区，那么东北亚地区的经济总额将会大幅度提升。在国际上占据更重要的战略地位，同时也会提高各国之间的国内生产总值，有助于提高各国的经济政治地位。

（四）地域原因

历史上由于沙皇俄国对中国的侵略以及对北方大片的领土的强占；日本近代对中、朝、韩的殖民侵略以及由此遗留下来的相关问题，这里面既有事实的问题也有是非的问题。

五、东北亚各国区域合作一体化的文化因素分析

（一）共性大于分歧

东北亚各民族在其中所依凭的文化价值基础上形成了各国相应的伦理道德观念。在相互认同、相互习得的情况下所形成的民俗习惯有许多共性。儒学、汉字、筷子等皆为东北亚各国所采用，从而积淀成具有共同认同基础的文化及习俗。在东北亚地区，民族间共生的文化基础是稳固的，儒学思想的"仁、义、礼、信""以人为本"的道德取向；"修身、齐家、治国、平天下"的集体价值观念；以及"天人合一"，追求"中庸""和谐"的精神已深植于各民族文化的内涵之中。日本是东北亚最重要的国家之一，但是它过去的侵略和掠夺，曾给东亚各国人民带来了巨大的灾难，留下了很深的历史伤痕。目前，中韩两国还存在着历史的及现实问题上的一些纠葛，还有许多不信任，但关系总体情况是好的。这些年来中韩关系发展迅速，在各个领域都取得了许多新的进展。2015年韩食泡菜出口增势明显，加工食品出口额同比增长18.2%，达5.27亿美元。其主要原因是由于韩剧在中国逐渐流行起来，韩国文化通过韩剧影响中国生活的某些方面。中俄和中朝也在逐渐加深彼此文化的合作与发展。尽管东北亚地区还存在很多分歧，但是如果能把东北亚历史上的和文化上的有利因素结合起来，就能够增强各国之间的彼此信任、相互之间的和平共处，加速推进东北亚自由贸易区的建立。

（二）大文化概念趋同

在东北亚地区，除俄罗斯以外，其他国家均属于同一文化圈，其最大的特点就是以儒学为主导，佛教为主要宗教。儒学的整体主义、温情主义、权威主义影响甚至决定了东北亚伦理文化的发展，形成了鲜明独特、不同于西方的东北亚价值理念体系。以儒家文化为背景的传统文化，包括对家庭的重视、对道德与善的崇尚、共同体精神等，在这些方面，中韩两国的文化具有很大的共同点。正是由于这些共同点使得中国人对韩国电视剧没有产生心理障碍，反而能像自己的东西一样自然地接受并加以欣赏。在这里，中国、韩国、日本、朝鲜虽然不是同一民族，但在文化上同属于儒家一脉。蒙古国因为历史的原因也受中原文化和满族文化影响颇深。历史上，日本、韩国、朝鲜、蒙古国均将本民族文化和儒家文化、

佛教文化相融合,并将其本土化,从而形成了东北亚以儒家文化为核心的多元文化格局。

(三) 文化合作有利于凸显地区竞争优势

由于地缘关系,东北亚国家之间存在经济上相互依存的合作与联系,文化上有千丝万缕的渊源。无论是在和平时期还是在政治紧张时期,这里的民间经济文化合作一直没有间断。它不像政府合作那样需要有强大的背景,受国际形势影响相对较小,因此,合作范围越来越广泛。如今东北亚的形势总体趋向缓和,但是在地区内仍然存在着一些重大的安全隐患,正是这些决定了地区现状的过渡性和东北亚自由贸易区未来前景的不确定性,政府间合作面临挑战。当前民间交流合作进展顺利,稳中有升;各国民间企业、社团都朝着更好的方向发展而努力,合作更加务实。中国处于东北亚经济核心位置,在更深层次和更广泛的领域同各国开展民间合作,这是东北亚区域经济繁荣、共同发展 FTA 的多赢选择。

(四) 文化合作绕开政治、历史另辟蹊径

从中国与东北亚地区各国民间经济文化合作发展来看,可以看出各国彼此通过民间交流达到共荣,各国之间已经形成了彼此依赖关系,而且这种相互依赖从某种程度上影响着官方政府的行为。第一,加强政府服务协调,促进国家间政策交流,建立政府与民间组织良性互动。第二,加强区域文化战略研究。不仅应该研究微观层面,更应该深入地研究宏观层面。文化的动力来源于组成文化基底的微观要素。但文化的扩展则要依托于宏观的传播。[13]第三,鼓励以私人方式跨国交流合作,促进民间跨国友好往来。[14]第四,推动对外文化产业和产业文化的发展,经济与文化的交融已经越来越成为一种趋势,两者的结合赋予了文化交流以动力。东北亚各国之间应该积极开展与周边民间的交流,进一步促进东北亚区域的经济发展,推动互利互惠的全面合作。

参 考 文 献

[1] 李英武.交融互动和而不同——东北亚文化合作与发展的必然选择[J].长白文刊,2007 (2).

[2] 陈放,李宗勋.东北亚文化与东北亚历[J].东疆学刊,2007 (2).

[3] 汪高鑫,程仁桃.东亚三国古代关系史[M].北京:北京工业大学出

版社，2006.

[4] 金光洙，朴真爽. 朝鲜简史 [M]. 延吉：延边大学出版社，2008.

[5] 柳承国. 韩国性理学的隆盛与特色 [J]. 栗谷正论，2002（4）.

[6] 洪鲁鲁，邢琴琴. 儒家文化对韩国经济发展的贡献. 中国教育学会教育史分会学术年会，2006.

[7] 陈放. 论朝鲜文化与儒学的关联 [J]. 延边大学学报，2008（12）.

[8] 严绍汤，刘渤. 中国与东北亚文化交流志 [M]. 上海：上海人民出版社，2000：111 – 112.

[9] [俄] 戈·瓦·普列汉诺夫，孙静工，译. 俄国社会思想史（第一卷）[M]. 商务印书馆，1999.

[10] 廉晓梅. 日本区域经济一体化战略及对东北亚合作的影响 [J]. 现代日本经济，2006（6）.

[11] 赵卫防.《平壤之约》：独特的朝鲜文化呈现 [J]. 当代电影，2012.

[12] 李宏君. 东北亚区域合作的文化视角 [J]. 学理论，2008（4）.

[13] 祝丹. 东北亚民家经济文化合作现状研究. 第九届沈阳科学学术年会，2012.

[14] 王升. 文化心理因素对东北亚国际经济合作的影响 [J]. 东北亚论坛，2000（1）：93 – 95.

[15] 方国根，罗本琦. 文化全球化视野中的儒学与东亚现代化 [J]. 现代哲学，2005（2）.

[16] 赵立新. 东北亚区域合作的深层障碍——中韩日民族主义诉求及其影响 [J]. 东北亚论坛，2011.

中韩工业制成品产业内贸易研究

李铭宇[1] 郑晰毓[2]

【作者简介】 1. 李铭宇,女,吉林财经大学国际经济贸易学院,讲师;2. 郑晰毓,女,吉林财经大学国际经济贸易学院,本科生。

【摘 要】 自中韩建交以来,中韩两国的贸易迅速发展,工业制成品是两国贸易的主要商品。工业制成品在对外贸易中所占的比重,是评价一国对外贸易水平和层次的重要指标。本文利用 G-L 指数对中韩两国工业制成品的产业内贸易水平进行测算,分析制约中韩产业内贸易发展的主要因素,并且从政府和产业两方面对如何提高双边工业制成品产业内贸易给出建议。

【关键词】 制成品;产业内贸易;中韩

中国和韩国位于经济发展活跃、经济前景稳定的东亚地区,中韩两国凭借其地理位置和文化背景优势成为彼此重要的贸易伙伴。2015 年韩国已成为中国第六大贸易伙伴,双边贸易总额达 2 758.1 亿美元。自 1992 年中韩两国建交后,中韩两国的进出口贸易迅速发展,而工业制成品又在其中占据了重要的位置,所以对于中韩工业制成品的产业内贸易进行研究具有重要的意义。

一、中韩工业制成品贸易现状

工业制成品是当今国际贸易的主要商品,工业制成品的生产和贸易水平在很大程度上标志着一国的技术研发能力以及贸易竞争能力,工业制成品贸易对中韩两国贸易的迅速发展起到了至关重要的作用。本文在界定工业制成品时采取了国际贸易标准分类(standard international trade classification,SITC Rev3)的标准,将工业制成品划分为四大类,包括化学制品及相关产品(SITC5)、按原料分类的工业制成品(SITC6)、机械及运输设备(SITC7)和杂项制品(SITC8)。

(一) 贸易规模

1992年中韩两国正式建立外交关系以来,双边的经贸合作日益密切,特别是工业制成品贸易迅速发展。1992年中国对韩国的工业制成品进出口额分别为23.68亿美元、11.33亿美元,到2015年分别增长为1 656.01亿美元、948.5亿美元;在二十多年间,中国对韩国工业制成品进口增长了68.93%,出口增长了82.72%。如图1所示,中国对韩国出口的工业制成品比重由1992年的47.10%上升到2015年的93.47%,增长2倍以上;中国从韩国进口的制成品比重一直维持在90%左右。从整体上看,中韩工业制成品贸易持续稳定增长,尤其是制成品出口一直保持非常高的增长态势。

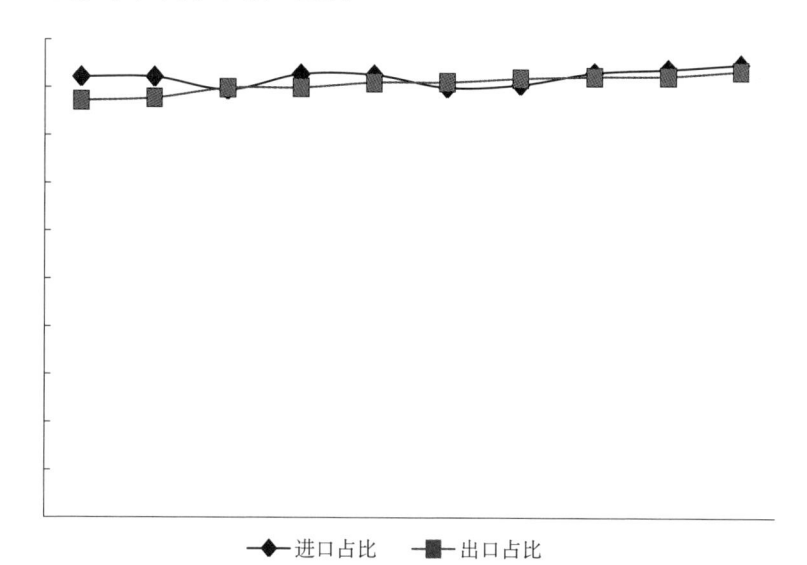

图1 近十年工业制成品占中国对韩国进出口比重的变动

资料来源:根据UN Comtrade数据库的统计数据整理和计算得出。

(二) 贸易结构

从产品密集度的角度划分,一般认为,SITC5+7属于资本和技术密集型产品,SITC6+8属于劳动密集型产品。1992~2013年,中韩两国SITC5+7进出口贸易发展迅速,1992年,SITC5+7仅占中国对韩国出口的10.94%,到2015年已经达到57.30%,增长了5倍以上。如表1所示,自2008年起,中国对韩国出口的SITC5+7占总出口的比重超过SITC6+8的比重。在进口方面,SITC5+7的比重从1992年的37.87%提高到2015年的74.20%,而SITC6+8的比重从1992

年的52.43%下降到2015年的20.67%。由此可见，随着科技的进步及双边贸易关系的日益密切，两类工业制成品在中韩两国贸易中呈现出截然相反的变化趋势。

表1　　　　　2006~2015年SITC5-8类商品占中国对韩国进出口比重　　　单位：亿美元

	年份	2006	2007	2008	2009	2010	2011	2012	2013	2014	2015
出口	SITC5+7	187.50	245.46	339.65	300.71	374.94	431.94	489.34	530.89	560.89	581.49
	占比（%）	42.11	43.50	45.94	56.02	54.52	52.09	55.81	58.23	55.90	57.30
	SITC6+8	200.52	249.56	324.33	181.94	250.74	323.07	316.08	310.11	365.78	367.02
	占比（%）	45.04	44.22	43.87	33.89	36.46	38.96	36.05	34.02	36.46	36.17
进口	SITC5+7	574.15	668.16	702.20	657.89	896.62	1 040.94	1 121.15	1 292.03	1 296.84	1 295.22
	占比（%）	63.99	64.40	62.62	64.15	64.81	63.97	66.45	70.57	68.22	74.20
	SITC6+8	252.28	287.20	301.10	292.93	384.33	421.83	406.05	411.87	485.53	360.79
	占比（%）	28.12	27.68	26.85	28.56	27.78	25.92	24.07	22.50	25.54	20.67

资料来源：根据UN Comtrade数据库的统计数据整理和计算得出。

在出口方面，SITC5+7两类产品中，SITC7的增长明显快于SITC5。1992年SITC7占中国对韩国总出口比重仅为4.16%，到2015年已经迅速提高到49.77%。如图2所示，近10年来SITC7占总出口比重提高41.03%，而与此同时，SITC5几乎没有增长，并且目前已经是所有制成品出口中最低的一类。在劳动密集型产品方面，SITC8的比重小幅增加而SITC6的比重呈下滑态势，于是在两者的共同作用下劳动密集型制成品总体出口比重下滑。

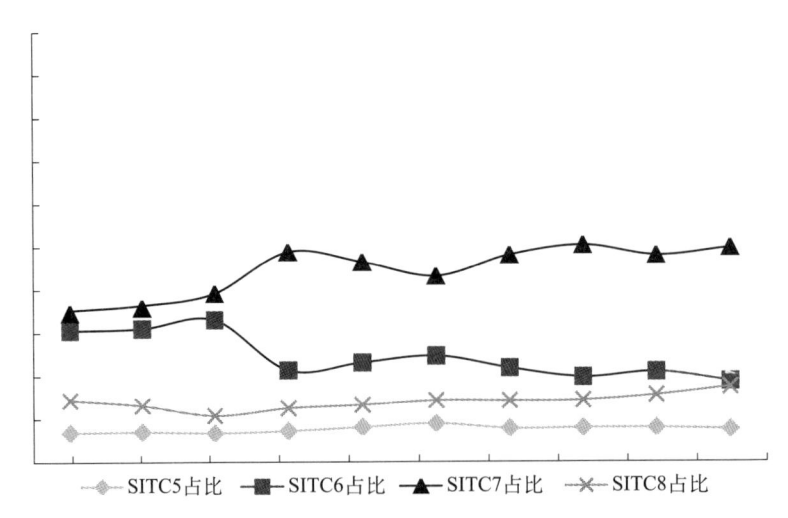

图2　2006~2015年中国对韩国SITC5-8类商品出口占比

资料来源：根据UN Comtrade数据库的统计数据整理和计算得出。

在进口方面，如图3所示，SITC7所占比重明显高于其他三类产品，这是资本技术密集型制成品在进口中的比重快速提高的一个主要原因。SITC6＋8 的比重从 1992 年的 52.43% 下降到 2015 年的 20.67%，下降了一半以上，主要是由于 SITC6 在进口中的比重急剧下滑，从 49.62% 下滑到 7.39%。

综合进出口的整体情况来看，目前中韩制成品贸易以资本和技术密集型产品为主，并且呈现出逐渐增长的态势，原因主要有两点。一是改革开放以来，中国吸收了大量来自发达国家的外资，这些资金用于投入资本和技术密集型产业，加快其发展和升级。二是加入世界贸易组织之后，中国自身调整产业结构，劳动密集型制造品的比例下降说明中国将不再拥有丰富而廉价的劳动力优势，逐渐失去"世界工厂"的地位。

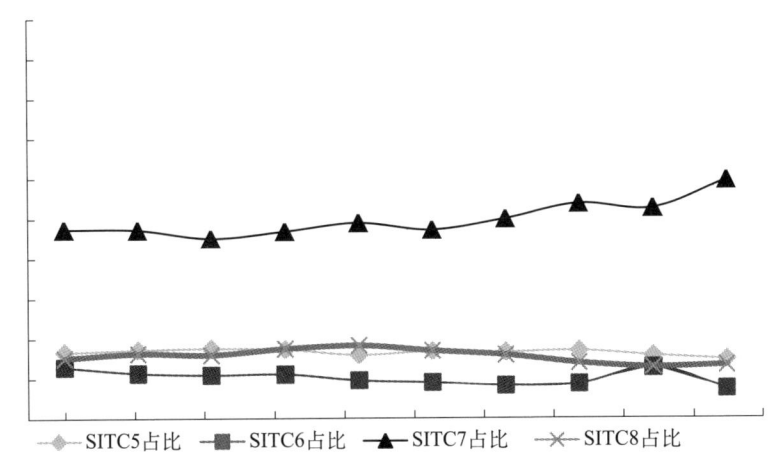

图 3　2006～2015 年中国对韩国 SITC5－8 类商品进口占比

资料来源：根据 UN Comtrade 数据库的统计数据整理和计算得出。

二、中韩工业制成品产业内贸易

产业内贸易是指一国进口和出口的是同一产业部门生产的产品，例如，日本向美国出口汽车的同时，也从美国进口汽车。第二次世界大战后，产业内贸易迅速发展，目前全球贸易的 75% 以上都是发达国家之间的产业内贸易，究其原因，主要是由于第二次世界大战后国际市场的不完全竞争及规模经济的不断深化。一国制成品的产业内贸易的发展水平可以在一定程度上反映出该国制成品的国际竞争能力及贸易结构的合理性。

(一)测算方法

产业内贸易水平可以通过产业内贸易指数来衡量,自20世纪70年代以来,经济学家们对产业内贸易指数的研究不断深入,提出了一系列不同的测算方法,其中,最简单且最常用的指标仍为1975年由Grubel和Lloyd提出的G-L指数,其具体如公式(1)为:

$$GL_i = \left[1 - \frac{|X_i - M_i|}{(X_i + M_i)}\right] \quad \text{公式(1)}$$

其中,X_i和M_i分别表示一国某行业的出口额和进口额,G-L指数介于0~1。当指数为1时,该国i行业的进出口额相等,说明该行业只有产业内贸易;当指数为0时,该国i行业的进口额或出口额为0,说明该行业只有产业间贸易。G-L指数越大,产业内贸易水平越高。

(二)测算结果及分析

表2显示了1992~2015年中韩各类工业制成品产业内贸易指数。

表2　　2006~2015年中韩工业制成品产业内贸易指数

年份	G-L (SITC5)	G-L (SITC6)	G-L (SITC7)	G-L (SITC8)	G-L (SITC5+7)	G-L (SITC6+8)
1992	0.464 3	0.703 0	0.361 3	0.619 5	0.418 9	0.774 7
1995	0.420 5	0.812 7	0.443 3	0.705 2	0.431 9	0.900 9
1998	0.330 8	0.456 4	0.624 1	0.846 9	0.440 4	0.577 9
2001	0.388 0	0.549 6	0.642 8	0.615 5	0.519 4	0.766 7
2004	0.373 5	0.712 2	0.549 1	0.622 7	0.481 6	0.725 2
2006	0.338 5	0.920 9	0.539 2	0.641 7	0.492 4	0.885 7
2007	0.363 9	0.805 6	0.591 6	0.610 7	0.537 3	0.929 9
2008	0.403 7	0.667 7	0.728 9	0.618 0	0.652 0	0.962 9
2009	0.357 2	0.996 5	0.706 0	0.546 1	0.627 4	0.766 3
2010	0.401 6	0.905 3	0.641 8	0.531 7	0.589 7	0.789 7
2011	0.424 7	0.833 1	0.636 4	0.601 0	0.586 5	0.867 4
2012	0.391 0	0.840 0	0.667 2	0.635 9	0.607 7	0.875 5
2013	0.376 9	0.934 7	0.636 8	0.678 2	0.582 5	0.859 1
2014	0.419 7	0.929 9	0.650 8	0.779 4	0.603 8	0.859 3
2015	0.459 1	0.807 8	0.654 3	0.865 0	0.619 7	0.991 4

资料来源:根据UN Comtrade数据库的统计数据整理和计算得出。

由表2、图4可以得出以下结论。

(1)从产业分类上看,SITC6和SITC7的产业内贸易水平高于其他两类产品,SITC6+8的产业内贸易水平高于SITC5+7。这说明中韩两国劳动密集型制

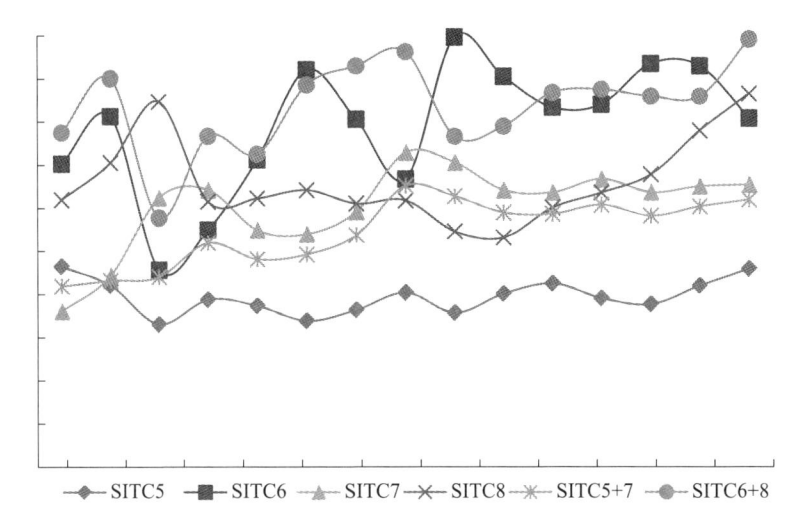

图 4 1992~2015 年中国对韩国 SITC5-8 类商品 GL 指数变化趋势

资料来源：根据 UN Comtrade 数据库的统计数据整理和计算得出。

成品的产业内贸易水平较高，贸易结构较合理；而资本技术密集型制成品产业内贸易发展较为落后，但近年来增长速度较快，发展前景向好。资本技术密集型制成品在 2006 年前主要以产业间贸易为主，说明双方在此类产品上的贸易互补性较强；2006 年之后双方资本技术密集型制成品的产业内贸易水平逐渐提高，这在一定程度上反映了中国技术进步和产业结构调整的成效。

（2）从变动趋势上看，1992 年，四类产品中 SITC6 的产业内贸易水平最高，表明该产业进出口结构较合理；SITC7 的产业内贸易水平最低，该产业进出口结构有待完善。2015 年，SITC8 的产业内贸易水平最高，达到 0.8650；SITC5 的 G-L 指数最低，仅为 0.4591。1992~2015 年，SITC7 的 G-L 指数增长速度最快，已经由产业间贸易转变为产业内贸易；SITC5 的 G-L 指数变化不明显，一直呈现产业间贸易的特征；SITC6、SITC8 的 G-L 指数波动较为剧烈，但始终呈现产业内贸易的特征。在此期间，全部四类制成品的 G-L 指数均明显提高，这说明随着中韩贸易自由化程度的不断提高，两国的工业制成品的进出口结构日趋合理。

（三）影响因素

1. 人均 GDP 水平。根据斯塔芬·林德的重叠需求理论，一国的经济发展水平（人均 GDP 水平）既影响消费者的消费能力，又影响消费者的消费偏好；人均 GDP 水平相近的两个国家，贸易结构较为相似，产业内贸易水平较高。与此同时，一国的经济腾飞可以加大国家对高新技术产业的政策支持和资金投入，有利于推动产业创新并实现产业内部的转型，有利于推动本国走向世界市场。

自改革开放以来中国的经济实力有显著的提升。2015年，中国GDP总量居世界第二位，达到108 664亿美元。但中国的人均GDP排名相当落后，居世界第79位，仅为7 925美元，而韩国的人均GDP居世界第35位，达到27 222美元，大约相当于中国的4倍。如表3所示，中韩两国虽然在相当一段时间内都保持差距较大的人均GDP水平，但是相比过去差距在逐渐缩小，1992年中韩人均GDP差距高达91.42%，到2015年差距已降为54.90%。中韩两国未来将进一步缩小人均GDP的差距，两国的消费结构和需求偏好将更相近，这为产业内贸易的发展提供了条件。

表3　　　　　　1992~2015年中国与韩国人均GDP对比

年份	韩国		中国		中韩人均GDP差距（%）
	人均GDP（美元）	同比增速（%）	人均GDP（美元）	同比增速（%）	
1992	8 140.22	5.77	364.76	14.28	91.42
1993	8 869.02	6.33	375.81	13.94	91.87
1994	10 275.28	8.77	471.76	13.08	91.22
1995	12 403.91	8.93	607.57	10.99	90.66
1996	13 254.64	7.19	707.03	9.92	89.87
1997	12 196.77	5.77	778.94	9.23	87.99
1998	8 133.73	-5.71	825.55	7.85	81.57
1999	10 432.21	10.73	869.65	7.62	84.61
2000	11 947.58	8.83	954.55	8.43	85.20
2001	11 255.95	4.53	1 047.48	8.30	82.97
2002	12 788.58	7.43	1 141.76	9.09	83.61
2003	14 219.19	2.93	1 280.60	10.02	83.48
2004	15 921.94	4.90	1 498.17	10.08	82.80
2005	18 657.52	3.92	1 740.10	11.35	82.94
2006	20 917.03	5.18	2 082.18	12.69	81.89
2007	23 101.51	5.46	2 673.29	14.19	79.26
2008	20 474.89	2.83	3 441.22	9.62	71.22
2009	18 338.71	0.71	3 800.47	9.23	65.67
2010	22 151.21	6.50	4 514.94	10.63	66.14
2011	24 155.83	3.68	5 574.19	9.48	62.50
2012	24 453.97	2.29	6 264.64	7.75	59.21
2013	25 997.88	2.90	6 991.85	7.68	57.61
2014	27 989.35	3.34	7 587.29	7.27	57.35
2015	27 221.52	2.61	7 924.65	6.90	54.90

资料来源：中国和韩国人均GDP数据来源于世界银行网站，中韩人均GDP差距计算方法：

$$AGDP = \frac{韩国人均GDP - 中国人均GDP}{韩国人均GDP + 中国人均GDP}$$

2. 规模经济。规模经济的一个重要特征就是企业的平均成本随着生产规模的扩大而降低，而平均成本的降低可以使企业在日益激烈的国际竞争中获得更大的竞争优势。为充分利用规模经济效益，企业应尽可能扩大其生产规模。然而，企业或国家的生产能力是有限的，不可能面面俱到地将生产范围覆盖到一个产业所有的产品部门。为了扩大生产规模，企业只能集中生产有限类别的产品，而消费者的需求是多样化的，生产的有限性和需求的多样化之间的矛盾可以通过国际分工和贸易来解决。规模经济可以令生产要素、技术条件相似的两国实现企业和产业之间的传递和扩张，企业可以通过资源共通、优势共享实现规模化生产，进而形成产业内贸易。

中国许多出口企业生产规模较小，很难形成规模经济，这是当前制约中韩产业内贸易发展的一个主要因素。近年来，中国不断深化市场化改革，市场竞争日益激烈，优胜劣汰是市场自由竞争的必然结果。那些效率低、成本高的企业将会逐渐退出市场，使得一部分技术先进、具备竞争优势的企业占有更多的市场份额，进而不断扩大生产规模，实现规模经济效益的最大化。中国拥有世界上规模最为庞大的消费市场，且发展潜力巨大，随着中韩自贸协定的签订，两国的市场开放程度不断扩大，这为中韩两国发展产业内贸易创造了有利条件。

3. 要素禀赋水平。1992年，埃塞尔（Ethier）得出结论：要素禀赋差异较大的两个国家之间产生的是低水平的产业内贸易。从中国和韩国的实际出发，发现两国要素禀赋有很多不同。中国地大物博，人口众多，具有丰富且廉价的劳动力资源，而韩国面积狭小，人口稀少，却拥有充足的资金和领先的技术。中韩两国要素禀赋差异的较大，两国利用要素的方式也各不相同。在中国缺乏核心技术，只能利用丰富的劳动力资源对产品进行加工制造时，韩国已经利用其富余的资金和先进技术优势对产品不断升级及创新。所以，要素禀赋及利用要素的差异造成中韩工业制成品贸易中的中国产品在品质、功能、创新性等方面处于劣势的位置。

4. 贸易状况。两国的进出口贸易严重不平衡时，无论是巨大的顺差还是逆差，两国间产业内贸易水平都将被拉低。当一国存在非常大的贸易逆差额时，可以看作该国的出口已经完全被进口所抵消，产业内贸易水平趋近于零。从表4可以看出，2013年之前，中国逆差额不断扩大，制成品逆差额也逐年增加，这在一定程度上影响了两国间产业内贸易程度的加深。自2014年起，随着中国产业结构和贸易结构的调整，两国无论是贸易总差额还是工业制成品贸易差额都在逐渐缩小，这将促进两国产业内贸易水平的提升。

表4　　　　　1992~2015年中韩贸易差额及工业制成品贸易差额　　　　单位：亿美元

年份	中韩贸易中国逆差额	中国工业制成品逆差额
1992	2.18	1.24
1995	36.05	42.51
1998	87.63	87.76
2001	108.58	113.69
2004	344.23	344.05
2006	452.02	438.41
2007	473.20	460.34
2008	382.06	339.33
2009	488.72	468.17
2010	695.73	655.26
2011	797.97	707.75
2012	810.55	721.78
2013	919.08	862.91
2014	897.71	855.71
2015	730.89	707.51

资料来源：根据 UN Comtrade 数据库的统计数据整理和计算得出。

5. 国际直接投资。当一国为了扩大市场规模和跨国公司子公司所在国的市场份额而进行对外直接投资时，将产生贸易替代作用。母公司利用子公司所在国较低的原材料及劳动力价格生产并就地销售满足当地市场，在一定程度上会使子公司所在国减少进口，不利于产业内贸易的发展。当一个国家以降低生产成本为目的进行对外直接投资时，将会产生贸易互补效应，有利于更加合理利用和分配资源。母公司在生产成本低于本国的其他国家生产，产品投入整个市场而不是当地市场，可能会实现母公司规模经济效应最大化，同时也可以推动两国间贸易全方位深入发展。

韩国对中国的投资主要集中于制造业，韩国的企业投资目的是能够降低生产成本，因此主要集中于投入少、收益快的产业。韩国的投资的方式主要是利用中国的富足且价格低的劳动力生产零部件再加工组装后返回本国销售，中国仅仅是一部加工的机器，这种方式将会产生贸易替代作用。由于韩国的投资目的在于利用中国劳动力优势而并不是向中国转移先进的技术，所以其对中韩工业制成品的产业内贸易产生消极影响。

三、完善中韩制成品产业内贸易的建议

（一）从政府角度出发

1. 缩小两国的人均 GDP 差距。缩小中韩两国之间的人均 GDP 的差距能够提升产业内贸易水平。虽然中国目前已经成为世界第二大经济体，但传统产业结构和区域经济发展不平衡等弊端仍然阻碍着中国经济发展。中国的总GDP在世界主要经济体中名列前茅，但由于中国人口数量庞大，所以人均GDP水平很低。而韩国是发达国家，经济发展先于中国，中韩两国人均GDP还有很大的差距。要想提高中国的人均GDP，应当同时实现经济稳增长和产业结构升级。据世界银行估计，我国的劳动力优势可以持续到2020年左右。中国应该对传统劳动密集型产业进行升级和改造，调整产业结构，增加对高新技术产业的投入和补贴，提高服务业和高新技术产业的发展水平，优化经济发展空间格局，实现发展和升级同步进行，互相促进，互相补充。

2. 进一步推进中韩贸易自由化。中韩两国相近的地理位置，为建立中韩自贸区创造了得天独厚的条件。中韩自贸区的建成使双方货物贸易自由化比例均超过"税目90%、贸易额85%"，极大程度地扫除两国贸易间的障碍，加大开放程度。中韩自贸协定估计将推动两国双边贸易额突破3 000亿美元，比2012年的2 151亿美元增长39.5%，两国将成为更加亲密的贸易伙伴。中国有了与冰岛、瑞士建立自贸区的经验之后，已经准备好和韩国共同进步，共同走向世界市场。中韩自贸区会增强两国的优势，两国都会获得更大的发展空间和规模经济效应，促进中韩产业内贸易的进一步发展。

3. 增加研发投入，加快产业升级转型。相对韩国等发达国家，中国的资本和技术密集型产业起步时间晚，发展速度慢，因此，在中韩制成品贸易中，中国一直处于相对劣势的地位。政府应该增加研发投入，完善产业政策，给予资金、技术和政策支持，鼓励发展集成电路、开发新能源等战略性新兴产业。政府应当鼓励生产技术含量高、需要资金支持、更新换代快的电子、机械制造、通信设备等资本和技术密集型产品，加快产业升级转型。这样可以提高中国制成品的技术含量，逐步缩小中韩工业制成品的质量差距，进而提高中国制成品在世界市场的竞争能力。

4. 正确、合理利用外资，鼓励对外投资。中国政府应在积极吸引更多投资的基础上，从实际情况出发，引导外资投向需要资金支持的产业。目前，韩国在对我国投资方面存在结构不合理、投资规模及地域范围狭窄等方面的问题，这些问题抑制我国的经济的发展。当前我国应当放宽外资进入的条件，引导韩国投资高新技术、绿色环保、机械制造等产业，引导外资产生贸易互补作用。同时，中国要利用新一轮产业调整和产业转移的时机，鼓励中国企业走向世界，实施"走出去"战略。引导企业向境外投资，将自身的优势和技术转移到相对不发达的亚、非、拉等发展中国家。

（二）从产业角度出发

1. 追求规模经济。中国的很多企业都存在规模不经济的现象，所以企业自身应该改革内部，努力建立现代化的企业制度，追求规模经济效益，提高企业专业化水平。中国工业制成品要面向国内国际两个市场的需求，实施规模经济战略，必须要改变目前规模不经济的现状：一是要完善市场准入制度，对于申请进入的企业进行预先了解和严格审核，避免不必要的资源浪费；二是要对已有的企业进行整合，淘汰生产技术落后、高污染的企业，鼓励实力强的企业进行兼并重组，优化资源配置，加强专业化生产，打破垄断的局面。企业达到规模经济有利于增强中国产品的竞争力，增强产业活力，有利于产业内贸易水平的提高，推动中国更加深入地加入国际分工中来。

2. 促进品牌塑造。品牌往往能够代表一个公司甚至国家的文化和形象，消费者的心目中对不同品牌商品的档次、质量、设计、包装等特质有着不同的定位。一个好的品牌能够在时间的检验中沉淀下来，一定是商品有优良的质量和独一无二的特色，这样才会获得消费者的青睐。中国企业一直以来大多从事加工等劳动密集型产品，在产品创新和品牌塑造方面基础极差。中国企业应该借鉴其他国家成功品牌发展的历史，塑造自己的民族品牌，生产企业特色的产品，把"中国制造"的现象改变为"中国创造"。

参考文献

［1］肖汀. 中国与韩国工业制成品产业内贸易研究［D］. 上海：上海外国语大学，2012.

［2］田彦，方立昆. 中韩工业制成品产业内贸易发展及影响因素［J］. 中国商贸，2012（11）.

［3］方立昆. 中韩工业制成品产业内贸易的实证研究［D］. 北京：首都经济贸易大学，2012.

［4］项义军. 中国工业制成品产业内贸易研究［D］. 哈尔滨：哈尔滨商业大学，2011.

［5］秦曼曼. 中国与日、韩制成品产业内贸易及其影响因素实证研究［D］. 宁波：宁波大学，2013.

[6] 黄庆波, 戴庆玲, 李焱. 中韩两国工业制成品产业内贸易水平的测度及影响因素研究 [J]. 国际贸易问题, 2014 (1).

[7] 陈帅. 韩国对华直接投资对中韩产业内贸易的影响 [D]. 沈阳: 辽宁大学, 2013.

[8] 刘青, 周丽, 麻志萍. 中韩工业制成品产业内贸易影响因素实证分析——以 SITC5 为例 [J]. 齐齐哈尔大学学报 (哲学社会科学版), 2012 (10).

[9] 李盾. 中韩产业内贸易的实证分析——以工业制成品贸易为例 [J]. 国际贸易问题, 2007 (4).

[10] 王亚莉. 中国与东亚主要贸易伙伴制造业产业内贸易研究 [J]. 国际贸易问题, 2007 (4).

[11] Kyoji Fukao, Hikari Ishido, Keiko Ito. Vertical intra-industry trade and foreign direct investment in East Asia [J]. Journal of The Japanese and International Economies . 2003 (4).

[12] David Greenaway, Robert Hine, Chris Milner. Country-specific factors and the pattern of horizontal and vertical intra-industry trade in the UK [J]. Weltwirtschaftliches Archiv . 1994 (1).

[13] 刘钧霆. 中国与东亚经济体制造业产业内贸易研究 [M]. 北京: 经济科学出版社, 2007.

"一带一路"合作专题

"一带一路"下中俄能源贸易问题研究

刘丽娟

【作者简介】 刘丽娟,女,吉林财经大学国际经济贸易学院,教授。

【摘　要】 中国现在经济增速缓慢,产业结构调整缓慢,国内产能过剩和能源不足现象并行,"一带一路"倡议给中国产能输出提供了方向,同时也促进了中俄能源贸易的发展。本文依据两大传统国际贸易理论分析了中俄两国进行能源贸易的必要性,通过对中俄能源贸易现状的分析,指出了影响中俄能源贸易的政治经济环境和价格机制因素,最后提出解决建议。指出首先要维持经济政治环境的稳定,然后两国加强沟通和合作,共同推进中俄能源贸易的持续快速发展。

【关键词】 一带一路;中俄能源贸易;能源贸易问题对策

引　言

在经历了2008年的国际经济危机、乌克兰事件和美欧制裁之后,原本脆弱的俄罗斯经济已满目疮痍。如何解救俄罗斯经济发展,提升俄罗斯人民收入水平,成为当前俄罗斯政经界的首要难题。

俄罗斯在此次危机中受影响严重,经济增长速度出现了明显下滑,贫富差距不断扩大,社会问题不断显露。2008年之前国际油价的一路飙升,使得以石油出口为主要外汇来源的俄罗斯经济不断增长,与此同时也掩盖住了俄罗斯经济不合理的产业结构,经济增速在7%左右,但是经济增长内容单一,产业结构单一,经济增长严重依赖出口,其中能源出口占到总出口量的半数之上,相比之下,制造业发展缓慢,俄罗斯人民的生活资料很大比重依赖于进口。从财政盈余上也可以看出俄罗斯经济发展状况,危机前财政预算年年盈余,危机之后财政预算转为赤字。俄罗斯金融自由化使得国内的银行和金融业对外依存度很高,一旦发生全球性金融危机,俄罗斯境内的金融业很容易陷入瘫痪。可以说,俄罗斯一切都以稳定的国际金融环境为核心，一旦危机爆发，俄罗斯GDP下滑严重。

在2008年全球经济危机的影响下，中国启动一揽子刺激经济发展的政策实施，在当下世界经济复苏乏力，增长动力不足的背景下，中国经济增长速度一路下滑以至6.9%，产业结构严重失调，产能不足与过剩现象并存，经济增长质量不高，创新型产业链竞争性不足等一系列经济问题不断出现，中国经济已然步入"新常态"。在这样的大背景下，中国提出了"一带一路"的经济发展倡议，在解决自身经济发展的问题时也促进了其他很多国家的经济发展。

中俄两国无论在要素禀赋和产业结构方面都是互补的，中国人口基数很大，人均能源占有量很低，又因为经过改革开放三十多年的粗放型经济发展，中国在取得经济硕果的同时，能源消耗十分巨大，煤炭、石油等能源的国内产量日益萎缩，国内能源开采难度越来越大，成本节节攀升，加之中国处于世界经济总量第二的位置，能源问题成为制约中国经济可持续发展的关键。近几年虽然新能源领域有突破发展，但是在经济的发展中传统能源消费依然是不可替代的且是需求巨大的。而俄罗斯境内能源储量居世界前列，且俄罗斯人口少，人均能源充足，俄罗斯的经济增长方式与中国不同，它的制造业发展水平低，原产品出口为俄罗斯经济增长提供了重要的支撑。中俄能源贸易不断发展就是基于以上的背景分析。

一、文献综述

能源贸易对于经济增长有非常重要的促进作用，近两年随着中俄两国经济贸易的不断加深以及两国的稳固的政治经济伙伴关系，关于中俄能源贸易的研究很多，有很多定性分析的文章，同时在定性分析的基础上也有很多采取计量建模方式的定量分析文章，不胜枚举。以下是关于国内学者近年来关于中俄能源贸易的分析。

陈小沁（2016）在中国提出共建"新丝绸之路"的倡议下，通过对中俄各自关于欧亚大陆的建设构想的叙述后，从政策、政治经济、文化和地理位置等因素分析了中俄进行合作的诸多利好，并且从能源战略角度分析了合作共赢的可能性。关雪凌（2014）分析了自2008年国际金融危机以来，尤其是2014年乌克兰危机之后，中俄能源贸易的进展，文中指出中俄双边贸易额节节攀升，提出了中俄两国应该秉持优势互补、互利共赢的交往理念。从政府层面开始进行经贸协商,一直到企业之间进行经贸合作,保障中俄经贸合作进入新阶段。《中俄关于全面战略协作伙伴关系新阶段的联合声明》提出建立全面的中俄能源合作伙伴关系,包括石油、天然气、煤炭和发电等方面的全面合作,预示着中俄能源贸易进程顺利。陈春烨(2016)基于"一带一路"倡议分析对中俄贸易发展的影响,首先通过阐释政策背景和中俄贸易近况,分析了贸易中存在的贸易壁垒、合作不稳定、贸易结构单一等问题,展望了中俄贸易发展的未来。张博、安亚人(2014)通过选取1992~2012年的经济数据,基于VAR模型分析了影响中俄能源贸易的经济影响因素,指出中俄能源贸易存在贸易惯性,中俄两国经济发展水平、能源技术、能源生产与消费以及中国其他主要能源供应国的供给等因素对中俄能源贸易额有不同程度的影响,中国应在加大与俄罗斯能源贸易的基础上寻求其他能源供给。

二、中俄能源贸易现状和问题

(一)中俄能源贸易现状

中俄能源贸易发展历史悠久,已经在多个方面实现了贸易突破。尤其在传统能源方面发展稳定,石油贸易、天然气贸易、煤炭贸易和电力贸易方面不断加深合作,贸易量与贸易额不断上升,切实地为中俄两国经济发展注入了新鲜血液。

1. 石油贸易方面。俄罗斯的探明石油量为119亿吨,虽然只占世界总探明量的5.2%,但占欧洲及欧亚大陆石油探明总量的62%。在2003~2010年,中俄以铁路运输方式进行原油贸易,一直在1 000万吨以上,并且在经济危机发生的第二年,中俄协议建造一条年供应原油量1 500万吨的东西伯利亚至太平洋的输油管道。由于中国经济的不断发展,对于能源的需求也是与日俱增,加上中国境内石油现有可开采量不断减少,所以从2011年开始俄罗斯每年向中国出口原油数开始上升,时至今日,俄罗斯出口中国的原油已经超过年4 000万吨大关,中俄原油贸易额占中国原油进口总量的10%以上(见表1)。

表1　　　　中国石油原油及从沥青矿物提取的原油进口情况

贸易期限	贸易量(万吨)	贸易额(亿美元)	进口排名
2014年1~12月	3 310.69	250.04	三
2015年1~12月	4 243.3	172.33	二
2016年1~10月	4 283.49	133.22	一

注:以上数据通过中国海关信息网获取。

2. 天然气贸易方面。俄罗斯拥有丰富的天然气资源，其天然气探明储量排在世界第二位，为32.9万亿立方米。俄罗斯与欧洲是传统的天然气贸易伙伴，近年来由于一系列政治经济问题，使得俄罗斯把目光投向了亚太地区，中俄之间能源的互补性以及共有的战略目标使得近年来中俄之间天然气贸易进展飞速。

中俄天然气贸易一直在曲折中发展，直到2014年5月21日，中俄之间关于天然气贸易才有了实质性的进展，中石油与俄罗斯天然气工业股份公司签订《中俄东线供气购销合同》，这份合同的签订使得俄罗斯从2018年开始每年需要通过中俄天然气管道向中国最大供气量为380亿立方米，一直到2048年，总交易额为4 000亿美元。

3. 煤炭贸易方面。俄罗斯同时拥有丰富的煤炭资源，根据2013年BP（英国石油公司）数据显示，俄罗斯煤炭探明储量为1 570.1亿吨，排名世界第二，俄罗斯半数以上的煤炭资源分布在亚洲的西伯利亚和远东地区。中俄之间进行煤炭贸易具有得天独厚的地理优势，交通成本小，同时中国能源利用中，煤炭使用量居于首位，同时也是世界上煤炭使用的大国，对煤炭依赖很大，现在中国每年都要进口大量的煤炭，中俄之间有进行煤炭贸易的巨大前景。从2009年至今，中俄之间签订多次煤炭贸易的协议（见表2）。

表2　　　　　　煤、煤砖、煤球及煤制成的类似固体燃料进出口

贸易期限	贸易量（万吨）	贸易额（亿美元）
2014年1~12月	2 526.67	21.87
2015年1~12月	1 577.97	10.45
2016年1~10月	1 499.46	8.03

注：以上数据通过中国海关信息网获取。

4. 电力贸易方面。中俄之间进行电力贸易的历史很长，从1992年布黑线的运营开始，中俄电力贸易合作不断加深，现在中俄之间已建成了三条跨国输电线路，110千伏的"布黑线"（俄罗斯布拉戈维申斯克—中国黑河输电线路）、220千伏的"布爱线"（俄罗斯布拉戈维申斯克—中国爱辉输电线路）、500千伏的"阿黑线"（俄罗斯布阿穆尔—中国黑河输电线路）。中国向俄购电从低压时代步入了特高压时代，中俄之间电力贸易额有了大幅提升（见表3）。

表3　　　　　　中俄自从2014年到2016年10月的电力贸易数据

贸易期限	贸易量（亿千瓦时）	贸易额（亿美元）
2014年1~12月	37.875 8	1.644 2
2015年1~12月	34.114 6	1.754 6
2016年1~10月	27.186 7	1.268 1

注：以上数据通过中国海关信息网获取。

(二) 中俄能源贸易中存在的问题

1. 政治环境不稳定性因素。中俄两国稳定的政治外交环境是中俄两国顺利进行贸易的保障，能源在一个国家的经济发展中和居民的日常生活中都占据着重要位置，是不可替代的必需品，所以能源贸易很容易与政治牵扯到一起。中俄进行能源贸易有利于实现各自的政治经济利益，两国对它的重视程度很深。现在的中俄已经是全面战略合作伙伴关系，并且关系日益加深，中俄两国关系是世界大国关系的典范。中俄能源贸易是俄罗斯多元化能源贸易中的一个方面，主动权在俄罗斯，俄罗斯对中国能源贸易的倾向程度很大程度上取决于俄美关系的发展以及美欧针对俄罗斯的态度。现在在东西方的联合压力下，中俄能源贸易有了实质性的进展。相反，能源贸易情况的逐渐加深也促进两国全面合作战略的顺利推进，2016年12月1日，俄罗斯总统普京在发表年度国情咨文时说，俄中全面战略协作伙伴关系是保障全球和地区稳定的关键因素之一，这种伙伴关系已成为国际合作的典范。

2. 价格协商机制不健全。中俄能源贸易尤其是油气贸易的主要障碍点就是价格，俄罗斯作为能源供给方有价格的话语权，中国作为能源需求方想要以合理的价格贸易，中俄之间能源价格的差别一度使得贸易搁浅。如在2011年中俄能源讨论会上，俄罗斯定价天然气350美元/千立方米，而中国可以接受的最高价格应维持在235美元/千立方米，双方就天然气价格问题存在很大差异，协商无果。后经过双方领导人的不懈沟通协商才使得能源贸易突破之前的困难，向前发展。

3. 中国产业政策调整。2016年开始中国实行供给侧改革，去库存、降杠杆等一系列产业政策以调整过剩产能消耗，减少资源浪费，从经济学原理出发，利用供给原理调整经济发展方向。目前，中国已经陆续关闭了许多中小煤矿，整合了资源，限制大型煤矿与电力等一系列能源板块的过度生产。从以上近几年的能源贸易数据中可以看出，除了石油贸易量的上升，煤炭和电力贸易量一直在萎缩，原因之一是受世界经济危机的影响，中国出口量减少，工业制品产生过度剩余，政府实行减能降产措施，对能源的需求降低，从而影响中俄能源贸易量。

4. "一带一路"倡议的实行。2016年中国发起的"一带一路"倡议对中俄能源贸易也会产生积极影响。"一带一路"类似于中国古代的"丝绸之路"，即建设一条与其他国家自由贸易的通道，使各个国家利用自己的资源禀赋与其他国家进行商品交换，从而共享经济发展果实。中国实行"一带一路"倡议要寻找多个突破口，铺设若干条经济沟通道路把中国的过剩的优质产能输出到工业化程度低的国家和地区，在这一过程中，首先输出的是基础设施建设，如铁路、电建与建筑等，而这些产业正是需要大量能源投入的行业，展望未来，"一带一路"的顺利实行不但可以解决中国产能过剩问题，并且会促进国内工业化发展，刺激工业对能源的需求，而中国紧挨着能源大国俄罗斯，必然会加大能源贸易深度和纬度。

三、针对中俄能源贸易问题的对策

（一）维持和推进两国政治关系，积极为能源贸易清理障碍

政治环境的稳定是经济发展的保障，中俄两国稳定的外交关系有力地促进了两国能源贸易的不断加深。中俄两国领导人历来"礼尚往来"，政治互信和经济合作全面加深。中俄两国政府要建立长效的互信机制，切实为两国经济贸易制定可实施性政策。关键是转变政府职能，做经济的"守夜人"。

转变政府职能，建设服务型政府是对中俄两国政府提出的共同建议。目前俄罗斯国内腐败问题严重，政府监管职能不能发挥，短时间内难以有较大改善，并且其国内官商关系复杂，产权结构不明晰，能源贸易发展受阻。中国近年来一直在抓贪腐，成果显著，但是涉及能源产业这个垄断行业，贪腐低效率的现象还是普遍存在的，我国政府在党中央的正确领导下，正在向服务型政府转变，为更好地促进能源贸易服务，实行政企分离，放开政府的过度监管，让市场在能源贸易中发挥配置资源的作用。只有两国政府的正确引导，才能保障能源贸易的顺利进行。

（二）建立长效的沟通机制，解决能源价格分歧

中俄两国能源贸易历史悠久，虽然近年来能源贸易不断突破，但是也是在磕磕碰碰中蜿蜒前进，在双方的供给与需求中，价格分歧成为最大的"拦路虎"。中俄应该建立一套完整的高效的价格协商与调节机制，在共同利益的基础上不断减少分歧点，使得能源贸易不断取得发展。中俄能源贸易牵动两国经济基础发展，为两国的经济注入强大动力，在价格产生分歧之后，两国政府要出面协商，就能源贸易问题交换意见，持续沟通，倒逼两国企业解决矛盾点，实现共赢。

(三) 抓住"一带一路"发展机遇,加大政策扶持力度

在政策方面,中俄双方继续增加贸易合作,加快能源合作特别是天然气能源合作进程,两者有相同的目标,互为伙伴关系。在中国施行"一带一路"的大政策下要赶紧抓住机遇,加快能源贸易进程。中俄要加大政策扶持力度,制定利于能源贸易的双边税收政策,确保中俄能源贸易合作互利互赢。俄罗斯具有严重的贸易壁垒和排外倾向,中俄应加强沟通协商,减少贸易壁垒,扩大合作范围和力度。

在金融方面,要加快中俄能源贸易的金融体系建设,在"一带一路"的带领下,加大能源基础设施投融资建设,鼓励中国企业勇敢走出国门,增加对俄能源产业的投资力度。人民币纳入 SDR 加快了人民币国际化进程,也为"一带一路"经济建设提供了货币金融上的支持。

(四) 完善能源贸易结构,提升相互依赖度

中俄能源贸易结构单一,新能源贸易少,能源贸易上下游产业关联少。中俄应从保护环境角度出发,减少对煤炭石油等重污染能源的贸易,增加能源贸易中天然气贸易比例,以切实行动参与到全球的绿色行动中来。中国太阳能、风能等新能源研发技术日益成熟,中国应改变自身高能耗的产业结构格局,转变经济发展模式,向集约型经济转变。在美国页岩气革命取得重大突破之后,中俄应加强能源产业链的合作,中俄境内虽然能源丰富,但是开采难度大,中俄应本着合作共赢的理念,增加技术交流,共同开发能源,增强相互依赖度。

参考文献

[1] 陈鹤高,刘恺,陈赟. 习近平强调建立以合作共赢为核心的新型国际关系 [EB/OL]. http://world.huanqiu.com/regions/2013-03/3761887.html, 2013-03-24.

[2] 习近平. 顺应时代前进潮流,促进世界和平发展 [N]. 人民日报,2013-03-24 (2).

[3] 中俄关于全面战略协作伙伴关系新阶段的联合声明 [EB/OL]. http://news.xinhuanet.com/world/2014-05/20/c_1110779577.htm,2014-05-20.

[4] 刁秀华. 俄罗斯与东北亚地区的能源合作 [M]. 北京:北京师范大学

出版社，2011.123-124.

　　[5] 李楠桦. 中俄能源合作20年大事记 [EB/OL]. http：//www.rmzxb.com.cn/sy/yw/2014/05/28/330907.shtml，2014-05-28.

　　[6] 毛旦飞. 中俄石油贸易现状分析 [J]. 俄罗斯中亚东欧市场，2008 (4)：35-39.

　　[7] 陆南泉. 中俄原油管道走向问题 [EB/OL]. http：//www.china.com.cn/chinese/OP-c/431452.htm，2003-10-29.

　　[8] 邹秀婷. 黑龙江省与俄远东石油天然气合作升级研究 [J]. 西伯利亚研究，2006，33 (6)：16-19.

　　[9] 陆南泉. 中俄能源合作现状与前景 [N]. 东方早报，2012-08-07 (10).

　　[10] 王明毅，宋杰，常斐. 中国石油集团总经理马富才谈中俄及中国与中亚石油合作 [EB/OL]. http：//news.sina.com.cn/c/2003-02-19/1108913908.html，2003-02-19.

　　[11] 陆南泉. 中俄能源合作态势论析 [J]. 黑龙江社会科学，2010，118 (01)：16-22.

"一带一路"倡议下东北亚四国贸易格局问题分析

周亚成[1] 郭天宝[2]

【作者简介】 1. 周亚成,男,吉林财经大学国际经济贸易学院,研究生;2. 郭天宝,男,吉林财经大学国际经济贸易学院,副教授。

【摘 要】 本文以中国、俄罗斯、日本、韩国作为代表来分析东北亚贸易格局。文章首先对"一带一路"倡议进行说明,阐述"一带一路"倡议是什么、"一带一路"和各国之间的地理位置关系以及中国出台的推进"一带一路"建设的相关政策,在此基础上分析了"一带一路"倡议提出前后东北亚四国的出口传统贸易格局和新贸易格局,并对"一带一路"倡议提出前后东北亚四国之间的传统贸易格局和新贸易格局进行分析,研究结果表明,四个国家对外贸易格局以及东北亚四国之间的贸易格局没有明显好转;四个国家没有充分参与到"一带一路"倡议的建设中去。最后,在如何参与"一带一路"建设、如何抓住机遇以扭转东北亚贸易不利格局等问题上给出政策建议。

【关键词】 一带一路;东北亚;贸易格局

一、"一带一路"倡议的提出以及与东北亚四国之间的区位联系

(一)"一带一路"倡议提出

2013年9和10月中国习近平总书记访问中亚和东南亚国家期间先后提出建设"新丝绸之路经济带"和"21世纪海上丝绸之路"的战略构想,简称"一带一路"。"一带一路"对于东北亚贸易格局的演变和贸易新格局的形成与发展起到举足轻重的推动作用,东北亚贸易进入贸易发展的新篇章。

(二)"一带一路"倡议与东北亚四国的区位联系

"一带一路"贯穿欧亚非大陆,将东亚、东南亚、南亚、中亚、澳大利亚、

欧洲南部、非洲东部的大部分地区紧密联系在一起，向东连接日本和韩国，向南经过南海到达南太平洋和澳大利亚，向西经过中亚连接西欧，向西南经过印度连接北非，向北与俄罗斯相连接。"一带一路"包括三条路上丝绸之路（丝绸之路经济带）和两条海上丝绸之路（21世纪海上丝绸之路）：

1. 北线A：北美洲（美国，加拿大）—北太平洋—日本，韩国—日本海—扎鲁比诺港（海参崴，斯拉夫扬卡等）—珲春—延吉—吉林—长春—蒙古国—俄罗斯—欧洲（北欧，中欧，东欧，西欧，南欧）。

2. 北线B：北京—俄罗斯—德国—北欧。

3. 中线：北京—西安—乌鲁木齐—阿富汗—哈萨克斯坦—匈牙利—巴黎。

4. 南线：泉州—福州—广州—海口—北海—河内—吉隆坡—雅加达—科伦坡—加尔各答—内罗毕—雅典—威尼斯。

5. 中心线：连云港—郑州—西安—兰州—新疆—中亚—欧洲。

"一带一路"能够辐射到东北亚的所有国家，东北亚区域经贸合作将面临新的机遇。"一带一路"倡议的提出，将对该区域国家的对外贸易带来积极作用，在新的环境下，各国纷纷出台相关政策，加大该区域的发展力度[1]。

（三）中国关于"一带一路"倡议的相关政策

"一带一路"倡议是我国21世纪重要的国家级战略，为了保障"一带一路"倡议的顺利实施，需要相关配套政策为其保驾护航。国务院部委局联合发展改革委、财政部、商务部、交通运输部、海关总署、国家能源局以及外交部出台相关政策，政策内容包括财税支持政策、金融支持政策、投资贸易合作支持政策、海关支持政策、交通运输支持政策等。

1. 财税支持政策。国税总局表示，将认真研究和积极落实关于"一带一路"倡议的税收措施。然而具体的财税政策还在研究之中。

国家层面的财税政策正在研究之中，但是有些地方已经走在前面，研究财税政策如何更好地服务"一带一路"倡议。

2014年，江苏省连云港市财政部门研究了关于"一带一路"倡议的财税政策，提出了24项税收政策、启运港退税政策，以及13项目财政资金需求等建议。2014年6月底，一些重要课题，例如，连云港市委托财政部财科所和江苏省财政厅财科所共同研究的《"一带一路"交汇点连云港服务全局的财税政策研究》《连云港市争取丝绸之路经济带（连云港）自由贸易港区相关财税政策研究》，已经取得研究成果。

2014 年，福建省福州市福州经济技术开发区国税局提出了以"一带一路"建设为契机，构建税收信息在经贸、海关、地税等多部门的共享平台，以达到规避风险的目的。

2. 金融支持政策。"一带一路"倡议的实施需要大量资金的支持，因此，资金融通显得尤为重要。目前对于"一带一路"的金融支持政策是成立亚洲基础设施投资银行（AIIB）和丝路基金，接下来将会在"一带一路"沿线省份成立地方丝路基金，以及成立其他类型的基金。

在国家层面的金融支持政策蓬勃发展的同时，地方也积极配合出台相关金融支持政策，福州市政府正推进设立基金，规模预计达到 100 亿元人民币。广东省政府正在计划设立"21 世纪海上丝绸之路建设基金"。

3. 投资贸易合作支持政策。投资贸易合作是"一带一路"倡议建设的重中之重，因此"一带一路"沿线国家需要相互协作，解决投资便利化问题，一方面尽可能消除贸易壁垒和投资壁垒，另一方面各国共同创建自由贸易区，深入合作。中国关于投资贸易合作的支持政策主要包括以下七个方面：

一是努力提高贸易自由化便利化水平，中国将从信息、海关通关条件、海关检验检疫加强以及"一带一路"沿线国家的合作等方面，提高便利化水平。

二是努力促进贸易转型升级，中国将提升贸易的深度与广度；巩固传统贸易，发展现代贸易；发展跨境电子商务；将投资和贸易相结合。

三是努力加快投资便利化进程，中国将与有关国家建立投资保护协定，为投资创造良好环境。

四是拓展相互投资领域，在现有的投资领域基础上不断拓展国与国之间投资的领域范围，实现多领域，全方位的投资合作态势。

五是加强产品产业链的合作；让服务业在国与国之间更加开放；积极参与建设境外经贸合作区、跨境经济合作区等；鼓励各国企业来华投资，鼓励本国企业参与沿线国家基础设施建设和产业投资。

六是在建设"一带一路"倡议的同时，突出"绿色"的理念，经济发展与环境保护并重。

七是突出丝绸之路友好合作精神，加强文化领域的交流。

4. 海关支持政策。海关是贸易往来的重要环节，也是"一带一路"建设的重要方面。中国在 2015 年 5 月 27~28 日，由国家海关总署主办的"一带一路"

海关高层论坛商讨了如何加强海关合作、推进贸易便利化以及促进区域经济发展，中国海关总署已制定出台 16 项支持措施，措施主要包括使大通道更加顺畅、提升经贸的发展水平以及深化合作三个方面。

5. 交通运输支持政策。交通运输也是"一带一路"倡议建设的重要因素，"一带一路"交通建设的焦点包括中蒙、中俄等交通基础设施的建设。中国在交通运输方面也出台相关文件给予政策性的支持，2015 年 5 月 7 日，国家发展和改革委员会发布《关于当前更好发挥交通运输支撑引领经济社会发展作用的意见》，该文件的主旨是强调交通运输对于"一带一路"倡议参与国家经济的重要性，并提出对沿线基础设施的建设，建设包括北京、天津、河北、长江三角洲、珠江三角洲以及沿海港口城市在内的海上丝绸之路走廊，并构建"一带一路"陆上交通走廊。2015 年 6 月 1 日交通运输部披露《落实"一带一路"倡议规划实施方案（送审稿）》已经审核通过。同日，商务部又发布《全国流通节点城市布局规划（2015～2020 年）》，强调提升"一带一路"沿线国家间海陆交通互联互通水平。

二、"一带一路"倡议提出前后东北亚四国贸易格局分析

"一带一路"倡议提出后，一方面各国参与力度不同使得各国对外贸易格局受到的影响程度不同，另一方面由于"一带一路"对于各国贸易的影响具有滞后性，因此，东北亚各国的对外贸易格局宏观政策的调整和微观数据的变化也具有一定的滞后性。

（一）中国的贸易格局分析

1. 中国贸易传统格局。从宏观政策上看，2007 年以前的几年里，中国的对外贸易政策主要倾向于优化出口商品结构，通过引进国外先进设备与技术提升产品质量。由于外贸方式的转变，2007 年贸易顺差达到 0.26 万亿美元，大量的贸易顺差，一方面导致人民币发行量增加，引发通货膨胀，另一方面导致来自逆差国的贸易摩擦，使得中国外部环境变得恶化。2007 年以后，为了减少巨大的贸易顺差，中国将"重出口、轻进口"政策转变为"进出口双向促进"政策。然而，2008 金融危机导致外部需求大大减少，中国政府又出台一系列政策，以达到稳定贸易增长的目的。2010 年政府对出口退税政策进行调整。

2011年政府着眼于稳定增长，进口国内短缺商品。2012年，中国政府印发《关于加快转变对外贸易发展方式的指导意见》，确定平衡进出口是对外贸易政策制定的导向。

从微观数据上看，自从金融危机爆发，全球贸易受到极大冲击，东北亚各国的对外贸易也受到前所未有的影响[2]。各国政府都在不同程度上对于本国贸易实行保护，全球贸易环境恶化，中国对外贸易环境也受到影响。2007年中国对外贸易总额为2.18万亿美元，同比增长为23.6%，进口总额为0.96万亿美元，同比增长20.8%，出口总额为1.22万亿美元，同比增长25.9%。2008年对外贸易总额、进口总额以及出口总额都出现增长，而三者的增长率却有所下降。由于金融危机的影响，2009年对外贸易总额下降至2.21万亿美元，下降13.9个百分点，进口总额下降至1.01万亿美元，下降11.2个百分点，出口总额降至1.20万亿美元，下降16.0个百分点。2010年和2011年的贸易形势有所好转，对外贸易总额增长率分别突破30%和20%。但是2012年对外贸易总额增长率却只有6.2%，贸易总额增速大幅度放缓，外需不足[3]（见表1）。

表1　　　　　　　　　2006~2012年中国对外贸易额

年份	总额（亿美元）	同比（%）	进口（亿美元）	同比（%）	出口（亿美元）	同比（%）	差额（亿美元）
2006	17 603.97		7 914.61		9 689.36		1 774.75
2007	21 761.75	23.60	9 561.15	20.80	12 200.60	25.90	2 639.45
2008	25 632.55	17.80	11 325.62	18.50	14 306.93	17.30	2 981.31
2009	22 072.02	-13.90	10 055.55	-11.20	12 016.47	-16.00	1 960.92
2010	29 737.66	34.70	13 960.02	38.80	15 777.64	31.30	1 817.62
2011	36 417.83	22.50	17 433.95	24.90	18 983.88	20.30	1 549.93
2012	38 669.81	6.20	18 181.99	4.30	20 487.82	7.90	2 305.83

资料来源：UN Comtrade Database。

2. 中国贸易新格局。从宏观政策上看，"一带一路"倡议提出后，中国奉行的对外贸易政策主要是提高贸易便利化水平，消除贸易壁垒，增加进口，实现贸易稳定增长。从中国的对外贸易宗旨可以看出，中国致力于加强与"一带一路"沿线国家的贸易往来。

从微观数据上看，2013年中国对外贸易总额的增长率有所提升，进口总额增长率从2012年的4.3%增长到2013年的7.2%，出口总额下降0.1个百分点。2014年开始，对外贸易总额、进口总额、出口总额都开始下降。2015年中国对外贸易总额下降7.8个百分点，进口总额下降14.1个百分点，出口总额下降2.6个百分点，其中进口总额增长率为近10年最低（见表2）。

表2　　　　　　　　　2012~2015年中国对外贸易额

年份	总额（亿美元）	同比（%）	进口（亿美元）	同比（%）	出口（亿美元）	同比（%）	差额（亿美元）
2012	38 669.81	2.20	18 181.99	3.30	20 487.82	1.50	2 305.83
2013	41 589.99	7.60	19 499.92	7.20	22 090.07	7.80	2 590.15
2014	43 003.64	3.40	19 580.21	0.40	23 423.43	6.00	3 843.22
2015	39 635.27	-7.80	16 816.71	-14.10	22 818.56	-2.60	6 001.85

资料来源：UN Comtrade Database。

（二）俄罗斯的贸易格局分析

1. 俄罗斯贸易传统格局。从宏观政策上看，"一带一路"倡议提出之前俄罗斯的对外贸易政策主要倾向于三个方面：首先，提升国内商品在国际市场的占有率，不断扩大对外贸易规模；其次，调整对外贸易的商品结构，提升科技产品在出口中所占比重，从而提升国家竞争力和在国际分工中的地位；最后，加强与亚欧国家的贸易合作，争取在欧亚经济一体化中占据主导地位。

从微观数据上看，和中国相比较而言，俄罗斯因金融危机的冲击而造成的经济损失更为严重，2009年对外贸易总额下降35.7个百分点，进口总额下降36个百分点，出口总额下降35.5个百分点。除2009年外，2006~2011年贸易保持较高增长率，增长率维持在25%~30%，但是在2012年，贸易总额增长率降至2.2%，出口总额增长率更是降至1.5%，增幅也大幅度降低[4]（见表3）。

表3　　　　　　　　　2006~2012年俄罗斯对外贸易额

年份	总额（亿美元）	同比（%）	进口（亿美元）	同比（%）	出口（亿美元）	同比（%）	差额（亿美元）
2006	4 393.62		1 378.11		3 015.51		1 637.40
2007	5 519.92	25.60	1 997.26	44.90	3 522.66	16.80	1 525.40
2008	7 350.45	33.20	2 670.51	33.70	4 679.94	32.90	2 009.43
2009	4 726.23	-35.70	1 708.27	-36.00	3 017.96	-35.50	1 309.69
2010	6 259.80	32.40	2 289.12	34.00	3 970.68	31.60	1 681.56
2011	8 230.84	31.50	3 060.91	33.70	5 169.93	30.20	2 109.02
2012	8 409.59	2.20	3 161.93	3.30	5 247.66	1.50	2 085.73

资料来源：UN Comtrade Database。

2. 俄罗斯贸易新格局。从宏观政策上看，"一带一路"倡议提出后，俄罗斯的对外政策主要为发展与苏联国家的战略关系；致力于构建欧亚经济联盟；发展美俄关系的同时全面深化中俄关系；将目光投向亚太地区。

从微观数据上看，从2012年开始，俄罗斯贸易总额增长率、进口总额增长率以及出口总额增长率都呈现下降趋势，到2015年，三项指标更是分别降至-32.9%、-36.2%以及-30.9%，贸易格局不容乐观（见表4）。

表 4　　　　　　　　　2012~2015 年俄罗斯对外贸易额

年份	总额（亿美元）	同比（%）	进口（亿美元）	同比（%）	出口（亿美元）	同比（%）	差额（亿美元）
2012	8 409.59	2.20	3 161.93	3.30	5 247.66	1.50	2 085.73
2013	8 422.11	0.10	3 149.45	-0.40	5 272.66	0.50	2 123.21
2014	7 844.83	-6.90	2 866.49	-9.00	4 978.34	-5.60	2 111.85
2015	5 266.90	-32.90	1 827.82	-36.20	3 439.08	-30.90	1 611.26

资料来源：UN Comtrade Database。

（三）日本的贸易格局分析

1. 日本贸易传统格局。从宏观政策上看，"一带一路"倡议提出之前日本的对外贸易政策可概括为两个方面：一方面减小进口壁垒，对外资的态度也有所好转，并积极促进吸收外来资本；另一方面积极融入 WTO 多边贸易体制。而且，日本一直以来都奉行"贸易立国"的对外贸易政策。

从微观数据上看，日本同样受到金融危机的影响，2009 年对外贸易总额下降 26.6 个百分点，进口总额下降 27.6 个百分点，出口总额下降 25.7 个百分点。2010 年经济开始复苏，贸易总额增长率达到 29.2%，出口总额增长率超过 30%。2011 年贸易总额增长率、进口总额增长率以及出口总额增长率都有所下降。2012 年，日本与中国、俄罗斯相似，贸易总额、进口总额以及出口总额的增长率都大幅度下降，分别为 0.4%、3.6% 以及 -3.0%，外需疲软（见表 5）。

日本是一个对外贸易依存度很高的国家，贸易的增长不足将导致经济发展严重受阻[5]。

表 5　　　　　　　　　2006~2012 年日本对外贸易额

年份	总额（亿美元）	同比（%）	进口（亿美元）	同比（%）	出口（亿美元）	同比（%）	差额（亿美元）
2006	12 257.89		5 790.64		6 467.25		676.61
2007	13 365.70	9.00	6 222.43	7.50	7 143.27	10.50	920.84
2008	15 439.46	15.50	7 625.34	22.50	7 814.12	9.40	188.78
2009	11 327.04	-26.60	5 519.85	-27.60	5 807.19	-25.70	287.34
2010	14 638.33	29.20	6 940.59	25.70	7 697.74	32.60	757.15
2011	16 785.64	14.70	8 553.80	23.20	8 231.84	6.90	-321.96
2012	16 846.51	0.40	8 860.31	3.60	7 986.20	-3.00	-874.11

资料来源：UN Comtrade Database。

2. 日本贸易新格局。从宏观政策上看，"一带一路"倡议提出之后日本的贸易政策并没有发生较大的变化，依旧奉行"一带一路"倡议提出之前的对外贸易政策。

从微观数据上看，从 2013~2015 年，日本对外贸易总额、进口总额、出口总额都为负值，2015 年三项指标都出现大幅下降，分别下降 16.8 个、23.0 个、

9.5 个百分点。可以看出,日本的对外贸易格局不容乐观,且呈现衰退趋势(见表6)。

表6   2012~2015年日本对外贸易额

年份	总额(亿美元)	同比(%)	进口(亿美元)	同比(%)	出口(亿美元)	同比(%)	差额(亿美元)
2012	16 846.51	0.40	8 860.31	3.60	7 986.20	-3.00	-874.11
2013	15 482.63	-8.10	8 331.66	-6.00	7 150.97	-10.50	-1 180.69
2014	15 024.02	-3.00	8 121.85	-2.50	6 902.17	-3.50	-1 219.68
2015	12 504.42	-16.80	6 255.68	-23.00	6 248.74	-9.50	-6.94

资料来源:UN Comtrade Database。

(四)韩国的贸易格局分析

1. 韩国贸易传统格局。从宏观政策上看,韩国实行政府主导的外向型经济法发展战略,由于国家面积小,国内资源贫乏,所以一直奉行"贸易立国"的对外贸易政策,从而拉动本国经济的发展。

从微观数据上看,韩国与中国、俄罗斯以及日本一样受到经济危机的严重影响,2009年对外贸易总额、进口总额、出口总额都出现负增长,增长率分别为 -19.9%、-25.8%以及-13.9%。2010~2011年经济呈现不断复苏的态势,三项指标增长率都在20%以上。2012年韩国的对外三项指标增长率急剧下降,贸易总额增长率、进口总额增长率以及出口总额增长率都为负值,分别为-1.1%、-0.9%以及-1.3%,贸易情况恶化[6](见表7)。

表7   2006~2012年韩国对外贸易额年度表

年份	总额(亿美元)	同比(%)	进口(亿美元)	同比(%)	出口(亿美元)	同比(%)	差额(亿美元)
2006	6 348.36		3 093.79		3 254.57		160.78
2007	7 283.19	14.70	3 568.42	15.30	3 714.77	14.10	146.35
2008	8 572.74	17.70	4 352.71	22.00	4 220.03	13.60	-132.68
2009	6 866.13	-19.90	3 230.82	-25.80	3 635.31	-13.90	404.49
2010	8 915.89	29.90	4 252.08	31.60	4 663.81	28.30	411.73
2011	10 796.14	21.10	5 244.05	23.30	5 552.09	19.00	308.04
2012	10 674.30	-1.10	5 195.76	-0.90	5 478.54	-1.30	282.78

资料来源:UN Comtrade Database。

2. 韩国贸易新格局。从宏观政策上看,由于多种因素,例如,贸易保护主义、国际价格竞争、世界经济不景气等原因,韩国经济出现衰退,为了改变这种状况,政府继续鼓励出口,优化出口商品结构,并大力发展技术性产品和鼓励出口资本密集型产品向出口技术密集型产品的转变。

从微观数据上看,韩国的贸易形势要好于俄罗斯以及日本,但是不如中国,从2013~2015年,对外贸易总额增长率、进口总额增长率以及出口总额增长率一直为负值，2015 年，三项指标分别为 -16.8%、-23.0% 以及 -9.5%。与中国、俄罗斯以及日本一样，韩国贸易新格局十分险峻（见表8）。

表8　　　　　　　　　　2012~2015 年韩国对外贸易额

年份	总额（亿美元）	同比（%）	进口（亿美元）	同比（%）	出口（亿美元）	同比（%）	差额（亿美元）
2012	10 674.30	-1.10	5 195.76	-0.90	5 478.54	-1.30	282.78
2013	10 751.92	0.70	5 155.73	-0.80	5 596.19	2.10	440.46
2014	10 986.32	2.20	5 255.57	1.90	5 730.75	2.40	475.18
2015	9 634.33	-12.30	4 365.36	-16.90	5 268.97	-8.10	903.61

资料来源：UN Comtrade Database。

通过以上分析可以看出，尽管"一带一路"倡议已经启动，但是对于贸易格局的影响不是十分明显，东北亚四国的贸易格局仍然十分险峻，另外，在出台相关政策方面，只有中国积极出台相关政策为"一带一路"建设添砖加瓦，俄罗斯、日本以及韩国并没有明显举动。2015 年各国对外贸易都出现恶劣的负增长现象，因此东北亚四国应当积极参与"一带一路"建设，抓住机遇，深化本国与"一带一路"沿线国家之间的合作，加强贸易往来，并借助"一带一路"带来的历史性机遇，以扭转东北亚不利的贸易格局。

三、"一带一路"倡议提出前后东北亚四国之间的贸易格局分析

进入 21 世纪，东北亚区域内贸易来往十分密切，贸易额也十分巨大，在世界贸易总额中占有较大比重，同时，东北亚区域也是世界经济最活跃的区域之一。然而，中国、俄罗斯、日本以及韩国又是东北亚区域内最主要的贸易大国，四国利用各自的比较优势，形成了紧密的贸易伙伴关系。下文将对"一带一路"倡议提出前后的东北亚四国间贸易格局进行对比分析。

（一）"一带一路"倡议提出前东北亚四国之间的贸易格局

从宏观上看，在"一带一路"倡议提出之前，东北亚四国间形成了良好的双边合作基础，并签署了多个双边贸易合作条约，例如，中俄之间签订了《中俄睦邻友好合作条约》，中日之间签订了《中日和平友好条约》，韩俄之间签订了《俄韩基本条约》等。此外，东北亚四国举办多次重要会议，例如，"环日本海地方政府首脑会议"、东北亚经济论坛、东北亚经济会议、图们江开发计划。以上签署的双边协议、论坛以及会议都有利于促进东北亚四国间的贸易往来。

从微观上看，中、日、韩三国之间的贸易往来非常密切。中日两国互为彼此最大的贸易伙伴国，到 2012 年年底，中国对日本的贸易进出口额分别为 1 778.32 亿美元和 1 516.27 亿美元，数额十分巨大。中国是韩国最大的贸易伙伴国，而韩国是中国的最大的贸易伙伴国，同时是中国最大的国外投资国，到 2012 年年底，中国对韩国的贸易进出口额分别为 1 687.28 亿美元和 876.74 亿美元（见表 9）。日韩两国贸易关系较为稳定，贸易增长率也较为稳定，到 2012 年年底，日本对韩国的贸易进出口额分别为 405.32 亿美元和 615.28 亿美元（见表 10）。2012 年俄罗斯对中、日、韩三国的进出口额都较大，此外，中国是俄罗斯的第四大贸易伙伴。表 11 为俄罗斯对中、日、韩三国的进出口贸易额。

表 9　　　　2007~2015 年中国对日、韩、俄三国进出口额

单位：亿美元

年份	项目	日本	韩国	俄罗斯
2007	进口	1 339.51	1 037.52	196.89
2007	出口	1 020.62	564.32	285.30
2008	进口	1 506.00	1 121.38	238.33
2008	出口	1 161.32	739.32	330.76
2009	进口	1 309.38	1 025.52	212.83
2009	出口	979.11	536.80	175.14
2010	进口	1 767.36	1 383.39	259.14
2010	出口	1 210.44	687.66	296.12
2011	进口	1 945.68	1 627.17	403.63
2011	出口	1 482.69	829.20	389.03
2012	进口	1 778.32	1 687.28	441.38
2012	出口	1 516.27	876.74	440.57
2013	进口	1 622.46	1 830.73	396.68
2013	出口	1 501.33	911.65	495.91
2014	进口	1 628.42	1 901.05	416.19
2014	出口	1 494.10	1 003.35	536.75
2015	进口	1 430.93	1 745.64	332.17
2015	出口	1 358.97	1 014.75	348.10

资料来源：UN Comtrade Database。

表 10　　　　2007~2015 年日本对中、韩、俄三国进出口额

单位：亿美元

年份	项目	中国	韩国	俄罗斯
2007	进口	1 279.22	273.07	105.63
2007	出口	1 092.71	543.33	107.70
2008	进口	1 432.30	294.76	134.18
2008	出口	1 249.01	594.93	165.34
2009	进口	1 225.74	219.84	88.48
2009	出口	1 097.27	472.73	32.86

续表

年份	项目	中国	韩国	俄罗斯
2010	进口	1 532.03	286.01	161.28
	出口	1 494.51	623.61	80.26
2011	进口	1 838.82	398.11	190.12
	出口	1 620.35	661.74	118.13
2012	进口	1 885.00	405.32	208.09
	出口	1 441.85	615.28	125.91
2013	进口	1 809.78	358.22	236.53
	出口	1 294.01	565.13	109.58
2014	进口	1 812.94	333.85	247.56
	出口	1 263.61	515.20	91.77
2015	进口	1 605.60	268.07	157.41
	出口	1 092.78	440.19	51.04

资料来源：UN Comtrade Database。

表11　　　2007~2015年俄罗斯对中、日、韩三国进出口额

单位：亿美元

年份	项目	中国	日本	韩国
2007	进口	244.07	127.16	88.38
	出口	151.67	74.91	60.90
2008	进口	347.69	185.90	105.21
	出口	211.47	104.29	77.87
2009	进口	228.60	72.56	48.68
	出口	166.69	72.63	56.89
2010	进口	389.61	102.60	72.82
	出口	197.83	124.94	104.08
2011	进口	480.38	150.13	115.76
	出口	346.92	142.35	133.30
2012	进口	517.68	156.76	109.77
	出口	357.67	155.88	138.65
2013	进口	531.73	135.60	103.05
	出口	356.25	196.68	148.67
2014	进口	508.53	109.17	89.72
	出口	374.15	198.31	180.82
2015	进口	351.99	68.19	45.32
	出口	283.35	144.26	131.96

资料来源：UN Comtrade Database。

（二）"一带一路"倡议提出后东北亚四国之间的贸易格局

从宏观上看，中、日、韩、俄四国一直保持良好的贸易伙伴关系，但是各国之间的经济合作仅限于双边合作，与欧盟以及北美自由贸易区比较而言，这种合作还处于"初级阶段"，但东北亚四国间目前的合作深度也是不容忽视的，如

2015年11月，中、日、韩三国领导人会议再次召开，各方领导人表态愿意改善彼此间的外交关系；中、日、韩签署了自由贸易协定以及TPP基本协议，这将有助于改善贸易谈判的政治环境，从而促进三国之间的贸易往来；2015年6月1日，中、韩自由贸易协定正式签署。然而俄罗斯与中、日、韩三国的双边外交关系并未得到较大程度的改善。

从微观上看，通过表9、表10以及表11可以看出，从2013~2015年，东北亚四国之间的贸易额波动较大，且存在下降的趋势。2013年中国对日本的进出口量都有所下降，进口总额从2012年的1778.32亿美元下降到2013年的1622.46亿美元，出口总额则是从2012年的1516.27亿美元下降到2013年的1501.33亿美元。2012~2013年，中国对韩国以及俄罗斯的进出口额都呈现上升的态势。此外，从表中可以看出，中、日、韩三国之间的贸易往来较为紧密，且贸易额较大。

通过以上综合分析可以看出，"一带一路"倡议提出之后，东北亚四国之间的贸易格局并没有发生较大改变。因此东北亚四国应该借助"一带一路"带来的机遇，加大各国之间的贸易往来力度，并改善东北亚贸易格局，从而提升各国在国际竞争中的地位[7]。

四、"一带一路"倡议下东北亚四国对外贸易发展的政策建议

"一带一路"倡议的提出为东北亚四国带来了前所未有的发展机遇，同时也带了巨大的挑战，因此，东北亚四国要抓住机遇，发挥各自的比较优势，在实现长足发展同时树立危机意识、风险意识以及面对困难的意识，从容面对挑战，并从以下几个方面着手，借助"一带一路"的东风实现国内经济的发展和对外贸易的发展。

（一）加强与"一带一路"沿线国家的合作

加强各国间政策和战略的沟通，共同制定有利于多边的规划与措施；推进各国之间合作的广度与深度；建立大众的、全方位的多边合作机制和合作平台；以互联互通为纽带把"一带一路"沿线国家纳入"一带一路"倡议中来，从而推进东北亚国家与国际间的交流与合作，为贸易发展提供宏观政策性支持[8]。

(二)利用亚投行支持"一带一路"沿线基础设施建设

推进互联互通项目建设,加强各国政府间高层磋商与对话,深化全面战略合作。通过"一带一路"沿线国家间的高层互访机制,推动铁路、公路、输油管道、输气管道、输电设施、陆海地光缆、卫星等关键设施的建设与互通[9],为贸易发展提供基础性支持[10]。

(三)实施"一带一路"倡议要以大图们江通道的建设为核心

大图们倡议(GTI)是东北亚区域合作的重点项目,大图们江国际通道贯穿中、俄、蒙、朝四国,这条通道包括一条运输通道和一条海上大通道,其中运输通道连接西边的西伯利亚铁路,进而连接欧洲国家,而海上大通道通过俄朝港口与日本、韩国、欧洲以及北美连接,这两条通道的建设符合"一带一路"的倡议意义,利用好这两条通道能够为东北亚地区对外贸易发展提供强劲动力。东北亚四国应当积极参与加快大图们江国际运输通道的建设和海上大通道的建设,为本国贸易的发展提供便利通道。

(四)鼓励人文交流

以"一带一路"倡议为纽带积极宣传国内传统优良文化,让"一带一路"沿线国家更加了解本国的文化特色,发挥文化魅力与感召力,从而形成对国内文化产品的外部需求,进而促进本国的对外贸易发展[11]。

(五)积极推进贸易便利化,消除贸易壁垒

积极参与构建与"一带一路"沿线国家之间的自由贸易区[12];加强海关合作,降低通关难度;降低非关税壁垒,同时提高绿色贸易壁垒以及技术性贸易壁垒的透明度;提高贸易自由化、便利化水平。

参考文献

[1] 刘卫东."一带一路"战略的科学内涵与科学问题[J].地理科学发展,2015,(5).

[2] 侯福来."一带一路"国家战略下中国与欧盟经贸关系研究[D].北京:外交学院硕士学位论文,2015.

［3］赵俊.东北亚区域贸易结构分析［D］.天津：天津财经大学博士学位论文，2012.

［4］邱询立，张志强.东北亚国际贸易发展的新态势［J］.贵州财经大学学报，2010（5）.

［5］庞德良，刘胜君."一带一路"沿线国家对华对日贸易格局演变［J］.东北亚论坛，2016（6）.

［6］杨小梅.中国与"一带一路"亚洲国家的经贸问题和策略研究［D］.郑州：河南大学硕士学位论文，2015.

［7］吴昊，李征.在"一带一路"战略下的地位——应否从边缘区提升为重点合作区［J］.东北亚论坛，2016（2）.

［8］周晓阳."一带一路"战略背景下西藏沿边开放政策调整研究［D］.拉萨：西藏大学硕士学位论文，2016.

［9］蒋屹."一带一路"战略背景下我国海外矿产资源开发外部安全风险研究［D］.北京：中国地质大学博士学位论文，2015.

［10］耿增涛."一带一路"沿线国家基础设施建设及投资研究［D］.北京：外交学院硕士学位论文，2016.

［11］刘佳劼."一带一路"战略下的东北地区边境口岸旅游发展研究［D］.哈尔滨：哈尔滨师范大学硕士学位论文，2016.

［12］曾旭达."一带一路"背景下中国自贸区发展模式研究——基于GTAP的分析［D］.杭州：浙江大学硕士学位论文，2016.

我国"一带一路"重点省份基础设施建设与经济增长实证研究

关嘉麟[1]　宋帅[2]

【作者简介】　1. 关嘉麟，女，吉林财经大学国际经济贸易学院，副教授；2. 宋帅，男，吉林财经大学国际经济贸易学院，研究生。

【摘　要】　自2013年我国提出"一带一路"倡议，2015年圈定"一带一路"沿线18个重点省份以来，我国重点省份的基础设施建设明显加快，其地区生产总值也迅速增长。本文通过对"一带一路"沿线18个重点省份1996~2015年地区生产总值和基础设施存量的核算，考察其20年的动态变化，特别是"一带一路"倡议提出以来的变化。利用因子分析法，探究我国"一带一路"沿线18个重点省份经济发展水平和基础设施建设等指标之间的联系。实证研究表明：我国基础设施建设水平可以较大程度地反映经济发展水平；基础设施建设对经济增长的促进作用十分明显，具有正相关关系；基础设施建设对缩短区域发展差距有促进作用；基础设施建设在短期内能有效拉动经济增长，冲抵经济周期性危机。

【关键词】　一带一路；基础设施存量；区域经济增长；因子分析法

一、导　论

2013年，习近平总书记在出访中亚和东南亚国家期间提出了共建"丝绸之路经济带"和"21世纪海上丝绸之路"的倡议。在"一带一路"倡议中，基础设施建设是先行领域和投资重点。基础设施投资作为固定资本投资的重要组成部分，将会持续创造和改善良好、健康的投资环境与商业环境。大规模基础设施建设对拉动我国内部需求、推动经济增长有巨大助益，一方面，"一带一路"沿线我国部分重点省份基础设施相对落后，在东部沿海基础设施较发达省份也存在改进空间，但由于基础设施通常建设周期长、资金需求巨大，地方政府迫于财力，难以独立承担；另一方面，我国"一带一路"倡议重点推动基础设施互联互通，在国内发展方面，以支持"一带一路"重点省份的交通、电力、燃气和通信等基础设施改善来对接"一带一路"沿线国家。如此，既能缓解地方政府财政压力，改善基础设施条件，服务经济发展；又能实现我国与其他国家的互联互通，促使"一带一路"倡议的实现。基础设施建设对"一带一路"倡议的意义重大，具体体现在以下几个方面：

第一，基础设施建设带动"一带一路"国家和地区经济发展的先行作用。由于基础设施的"先行性"特点，"一带一路"倡议把设施联通即基础设施建设作为战略重点。就是说为了达到"一带一路"带动沿线国家互利共赢、共同发展的目标，首先必须要做好基础设施建设，这也与我国改革开放以来经济发展的历史经验相吻合。我国"一带一路"重点省份特别是西北六省（市、区）（蒙、宁、陕、甘、青、新）和西南四省（市、区）（渝桂滇藏）的基础设施相对于基础设施集中的沿海五省（市、区）（沪浙闽粤琼）和传统工业省份东北三省（黑、吉、辽）无论是地理条件、工程造价还是当前基础设施水平都有很大差距。而西北和西南地区又是"一带一路"我国连接"丝绸之路经济带"中北亚和东南亚的陆路交通通道。因此，该区域的基础设施建设不光对拉动当地经济增长作用巨大，对未来"一带一路"布局的发展和深化更是具有非同寻常的意义。

第二，基础设施建设有利于缓解我国产能过剩的现实情况。我国目前经济进入"新常态"，其中一个重要的表现或者说是问题是生产能力过剩。目前，产能过剩问题集中体现在钢铁工业，其他还有建材、水泥、石油和化纤工业等领域。这些产品难以由普通居民消费来消化，而基础设施建设却亟须这些行业的产品。"一带一路"18个重点省（市、区）的大规模基础设施建设一方面满足"一带一路"倡议基础设施互联互通，承接沿线国家陆路、海路的目标要求；另一方面，也为化解我国过剩产能，充分利用巨额外汇储备，拉动地方经济增长产生巨大作用。基础设施建设在当前我国经济"新常态"的背景下，有既化产能又促增长的双重功效，对于解决我国目前的经济和社会问题无疑是一剂良药。

第三，基础设施建设有利于降低我国能源对外依存度，打通资源进口多元通道。我国地大物博，资源丰沛，但许多能源、矿产资源集中在西北或西南沙漠、山区等地理条件险恶、基础设施匮乏和经济发展落后地区。与此同时，我国又是一个资源需求大、能源对外依存度高的国家。能源对外依存度是一个国家能源净进口量占本国能源消费量的比例，是衡量一个国家和地区能源供应安全的重要指标。2016年我国全年原油消费量5.778亿吨，同比增长5.6%，原油对外依存度高达65.4%。要保证能源供给充足必须保障能源供给渠道的多样性。要想利用西北地区石油、天然气和西南地区矿产资源必须要加强西北、西南地区的输油管道、铁路公路、电气网络等基础设施建设。与此同时，"一带一路"重点省份向西辐射亚欧，海上部分连接大洋洲、美洲。其港口、机场、公路、铁路、电力、管道和通信网络等基础设施建设都将有效防范由国际形势变化可能带来的某些国家钳制我国资源进口通道的风险。西部地区的建设承接"一带一路"国际部分中巴经济走廊，保障石油、燃气经由瓜达尔港直接输入我国内地。内蒙古和东北地区的建设也可以打通中蒙俄的陆路交通，新疆等西北地区的建设沟通中亚、北亚，这些措施既能对接"一带一路"国际部分，又能打通我国资源进口多元化通道，保证能源安全。

第四，基础设施建设有利于加强中西部省份发展，减小区域发展差距。"一带一路"18个重点省份不少处于我国内陆边疆，经济较发达地区落后，少数民族众多。我国政府把东北地区黑龙江、吉林和辽宁，西北地区新疆、甘肃、内蒙古、青海、宁夏和陕西以及西南部西藏、云南、广西、重庆作为重点省份，集中体现基础设施建设与区域经济增长相互促进的相关关系，也可以看出基础设施建设所带来的区域经济发展的后发优势，经济增长规模逐年增大，西北、西南多省增长速度也逐年加快。考虑到目前国际形势较为稳定，我国内陆边疆是各个时期以来最为和平的时期，基础设施建设对于缩小东部西部地区基础设施水平、经济发展程度的差距，拉动地区经济增长，提高多民族地区居民生活水平，保证边境地区繁荣稳定，承接"一带一路"倡议下中外陆路贸易、文化交流意义非凡。

现代海陆空运输条件的改善为"一带一路"沿线地区的自然、矿产资源及人力资源等实现了较为有效的空间区域交流。那么，沿线重点省份大力推动的基础设施建设对经济增长是否有利，作用有多大呢？本文以"一带一路"背景下我国18个重点省（市、区）为依托，综合其20年基础设施建设和经济增长动态变化，采用理论分析和实证分析相结合的研究方法，利用基础设施相关指标和地区生产总值进行因子分析，明确基础设施建设与"一带一路"沿线18个重点省（市、区）经济增长的关系，阐明我国政府大力投资基础设施建设以促进经济增长的依据和原因，进而推动18个重点省（市、区）与"一带一路"倡议更好承接。

二、"一带一路"重点省份基础设施建设与经济增长的一般分析

(一) 基础设施的概念及特点

对于基础设施的概念，一般定义为国民经济中为社会生产和居民生活提供公共服务的物质工程设施。世界银行1994年的世界发展报告《为发展提供基础设施》中将经济基础设施定义为：永久性工程构筑、设备、设施和它们所提供的为居民所用和用于经济生产的服务。这些基础设施包括三类，一是公用事业，电力、燃气、通信、供水、环境工程、卫生设施和排污、垃圾处理系统；二是公共工程，例如，大坝、灌渠等；三是交通部门包括公路、铁路、城市交通、海港、水运和机场。社会基础设施则通常指文教、医疗保健等。

基础设施具有以下特点：第一，先行性。美国经济史学家沃尔特·惠特曼·罗斯托（Walt Whitman Rostow）把交通基础设施建设称为工业发展与经济起飞的社会先行资本之一。基础设施提供的公共服务是所有的商品和服务生产所必不可少的，缺少这些公共服务，其他商品与服务生产便难以为继。第二，垄断性。部分基础设施具有非竞争性和非排他性，类似于公共物品。基础设施建设动辄需要几亿元乃至上百亿元人民币的巨大资金，一般企业或个人难以独自承建。基础设施所提供的公共服务将为大多数人服务，无法或用很高的代价才能禁止其他人的使用。例如，京沪高铁的修建不只是北京和上海享受交通基础设施所带来的便利，沿途其他站点都可以享受其所带来的便利。第三，整体性。通常情况下，基础设施需要达到一定规模或维护到一种程度才能提供服务或提供有效服务，例如，一座桥梁，只有完整的时候才能联通两岸，修一半和不修同样无用。

(二) "一带一路"重点省份基础设施建设与经济增长

2015年3月，国家发展和改革委员会、外交部、商务部联合发布了《推动共建丝绸之路经济带和21世纪海上丝绸之路的愿景与行动》。圈定18个省（市、区）为"一带一路"重点省（市、区）。

新疆、重庆、陕西、甘肃、宁夏、青海、内蒙古、黑龙江、吉林、辽宁、广西、云南、西藏13个省（区）被圈入丝绸之路经济带，上海、福建、广东、浙

江、海南5省（市）被确定进21世纪海上丝绸之路，共计18个省（市、区）。西北四省（区）包括陕西、甘肃、宁夏、青海被定位为面向中亚、南亚和西亚国家的通道、物流枢纽、重要产业和人文交流基地。对上海、浙江、福建、广东及海南沿海诸省（市）的定位为通过加强港口建设，强化国际枢纽机场作为远洋贸易、海上丝绸之路的源头。西南三省（区）西藏、云南、广西和重庆为面向南亚、东南亚的辐射中心，其中广西为衔接丝绸之路经济带和21世纪海上丝绸之路的节点。对内蒙古及东三省的定位则是面向蒙、俄、日、韩等东北亚国家开放的窗口。

从图1可知，"一带一路"倡议圈定的重点省（市、区）其区域生产总值和基础设施存量都呈逐年增长状态。一是2008年国际金融危机全面爆发后，为了避免经济面临硬着陆的风险，政府推出了"四万亿计划"。"四万亿计划"中大部分投资是用于基础设施建设方面，从折线变得陡峭也可以明显看出基础设施存量的快速增长，积极的财政和货币政策在短期内明显拉动了经济增长。二是2013年"一带一路"倡议规划的提出，相关重点省份政府接连发布为"一带一路"建设的实施方案，其中大部分内容都是增加投资到基础建设方面，从图1中也可以观察得出2013～2015年基础设施存量折线明显变得陡峭，基础设施存量大幅度提升。综合两条折线的变化趋势和历年来我国经济政策、经济发展状况，可以得出积极的财政和宽松的货币政策会使得基础设施建设投资增加；基础设施建设在短期内能通过拉动经济增长来抵御经济周期性危机。基础设施存量和区域生产总值的联系十分密切且变化趋势基本相同，两者相互影响，同向变化。

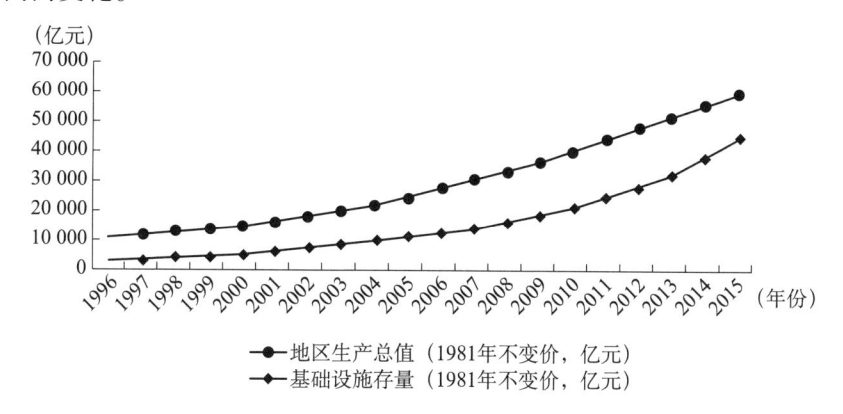

图1 重点省份地区生产总值和基础设施存量走势图（1981年不变价）

资料来源：通过《2016年中国统计年鉴》和《中国基础设施与非基础设施资本存量及其产出弹性估算》中所估算出的省域基础设施存量再计算整合所得。

(三)"一带一路"重点省(市、区)不同区域基础设施建设与经济增长的差异

从图2和图3可知,虽然各个区域发展水平不同、发展速度差异较大,但"一带一路"重点省(市、区)基础设施存量和区域生产总值都呈现随时间序列而递增的趋势,反映了基础设施建设与经济增长关系十分密切,同向变动,基础设施建设拉动经济增长,经济增长也导致有更多的资金可以投入基础设施建设方面。除此之外,区域间的显著差异,特别是沿海地区和西北地区的发展差异值得分析:首先,两者在区域生产总值和基础设施存量的基数上差异巨大,基期1997年西北地区的区域生产总值和基础设施存量分别为4 777.91亿元和1 775.6亿元,远远低于沿海地区的19 181.49亿元和6 195.4亿元。其次,两区域基础设施存量增长速度不同,特别是2008年到2015年之间,随着"四万亿计划""西部大开发"战略及"一带一路"倡议的跟进和深入,西北地区基础设施建设迅猛发展,基础设施存量折线变得极为陡峭。一是因为其基数小,相对发展快;二是国家投入明显增多,加快了该区域的发展。归纳来看,加大基础设施建设可以有效缩小区域间经济发展水平的差异,促进区域一体化,促进经济增长;经济增长也会增加对基础设施建设投入,进一步提高基础设施存量。

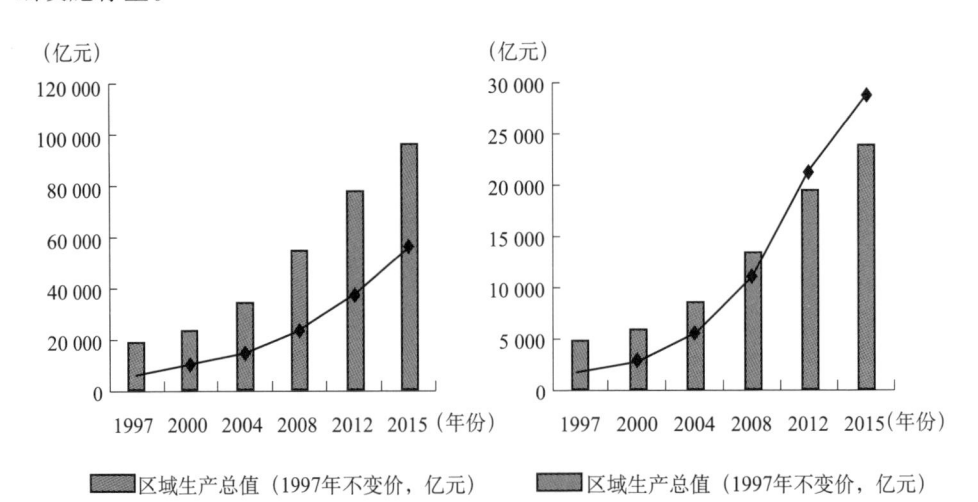

图2 东北三省(黑、吉、辽)和西南四省(区)(渝、桂、滇、藏)区域生产总值和基础设施存量

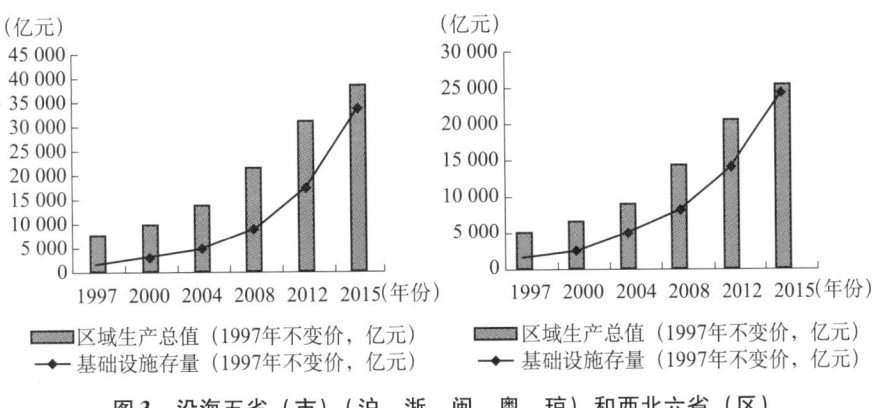

图 3　沿海五省（市）（沪、浙、闽、粤、琼）和西北六省（区）
（蒙、宁、陕、甘、青、新）区域生产总值和基础设施存量

三、基础设施建设与经济增长关系的理论与经验分析

（一）基础设施建设影响经济增长的理论基础

基础设施影响经济增长的理论，可以追溯到亚当·斯密在《国富论》中的观点。他把"建设并维持某些公共事业及某些公共设施"作为政府须尽的一项职能。亚当·斯密的分工理论指出分工水平取决于市场规模，而市场规模及商业发展程度由道路、桥梁、河运及港口等基础设施建设水平决定。亚当·斯密的这些思想都强调了基础设施对于国民财富积累的重要性。而到 20 世纪 30 年代的凯恩斯主义兴起时，基础设施的作用得到更进一步的认识，针对 30 年代全球性经济危机后的"大萧条"，凯恩斯撰文从经济理论层面论证了公共工程政策主张的可行性和必要性，提出了较为系统的乘数原理和初步的有效需求思想。面对"大萧条"时期的有效需求不足，他主张借助政府干预危机，将基础设施投资作为政府反经济危机的手段，以弥补个人有效需求的不足。基础设施投资作为国民经济的一项要素投入不仅能引起总产出直接增加，还会通过乘数效应影响资本积累，带动数倍于投资额的社会总需求，提高国民收入，加速社会经济活动。40 年代，基础设施建设得到了强调资本积累重要性的发展经济学家的重视，基础设施建设被视为经济发展的前提条件。

除此之外，内生增长理论把基础设施的外部性作为研究的重点。内生增长理论认识到经济性基础设施的生产性，其作为中间投入品能够降低其他生产要素的生产成本、提升生产率，避免要素边际生产力下降，还有利于深化劳动分工、促进社会化大生产，随着分工和中间投入品数量的拓展，经济获得内生增长动力。在福利效应相关理论的研究中，基础设施对于提高居民福利，消除贫困和缩小地区发展差异方面都有显著的作用。

（二）基础设施建设影响经济增长的研究综述

从国际经验看，阿肖尔（Aschauer，1989）开创性用实证分析方法研究了基础设施与经济增长的关系，其实证结果证明非军用公共资本存量对经济增长的作用显著。罗兰（Roland，2006）的研究结论为：基础设施投资的结构性凯因斯乘数效应非常强，可以通过产业链拉动煤铁、石油等矿产初级原材料，钢铁、机器设备等工业制成品，以及金融、研发、销售等生产性服务需求。

如表1数据所示，大多数学者衡量基础设施水平都选择采用实物指标，例如，采用交通基础设施：等级公路里程、港口吞吐量等实物指标或者用当年的基础设施投资流量来测算。这些代理指标很难全面地衡量基础设施的存量水平，不同种类的实物基础设施指标还面临着加总的问题。基于这些问题，国内外学者利用基础设施存量这一指标对基础设施进行衡量。国内学者张军、章元（2003）为了衡量基础设施，采用永续存盘法计算了基础设施资本存量作为研究基础设施的基础数据。朱亚敏（2004）在其博士论文中用大量的实证和理论分析，得出我国1985~2002年基础设施对经济增长的平均贡献了达19.40%。金戈（2012、2016）完善张军、章元和范九利等对基础设施存量的计算方法，估算了1953~2012年的中国基础设施存量和各省的基础设施存量，填补了基础设施领域相关的数据空白。

表1　　　　多个学者对基础设施生产力的研究统计

研究区域	弹性	对收益的影响	作者及年份	基础设施的统计口径
美国	0.39	60	Aschauer, 1989	非军事公共资本
日本各地区	0.20	96	Mera, 1973	工业基础设施
法国各地区	0.08	12	Prud'homme, 1993	公共资本
中国台湾	0.24	77	Uchinurat 和 Gao, 1993	交通运输、供水和通信
以色列	0.31~0.44	54~70	Bregman 和 Marom, 1993	交通运输、电力、供水和卫生设施
多个OECD国家	0.07	19	Ganning 和 Fay, 1993	交通运输
多个OECD国家和发展中国家	0.01~0.16	—	Baffes 和 Shah, 1993	基础设施资本存量

资料来源：节选自世界银行《1994年发展报告——为发展提供基础设施》。

(三) 基础设施建设与经济增长的经验分析

从纵向历史发展程度和横向经济发展水平两个角度来看，基础设施与经济增长有着密切的关系。世界区域发展差距拉开最大的时期，即18世纪60年代从英国发端的"第一次工业革命"。工业化得益于基础设施建设，基础设施的完善又催生更多的投资，反哺工业的发展。铁路产业作为19世纪英、法、美、德等资本之一强国的第一代领先工业使得西欧和北美地区如水电、通信和路网等基础设施升级完善，经济也相应迅猛增长，远远好于世界其他国家和地区。20世纪以来，美国高速路网的建设和成形亦催生了第二代领先工业汽车工业的蓬勃发展。

20世纪中期以来，随着工业化的不断深入和信息通信技术的不断发展，数字时代的到来，让交通基础设施的作用有所下降，通信基础设施的地位日益突出。电信产业、网络产业已经成为国家经济发展的新兴产业。据《2016年世界发展报告——数字经济》中的数据显示，随着信息通信技术的发展，在过去的40年中，世界电信通信网络以5.5%的速度稳步发展，市场总量年均增长7%~8%，高于全球GDP的增长速度。信息基础设施的发展，直接促进了数字经济的到来。图4反映了信息通信技术作为基础设施的一部分对发展中国家和发达国家GDP增长的贡献。信息通信技术在发达国家对GDP的贡献远远高于发展中国家，而发达国家的经济实力强于发展中国家，由此可以看出通信基础设施在经济发展中的作用。

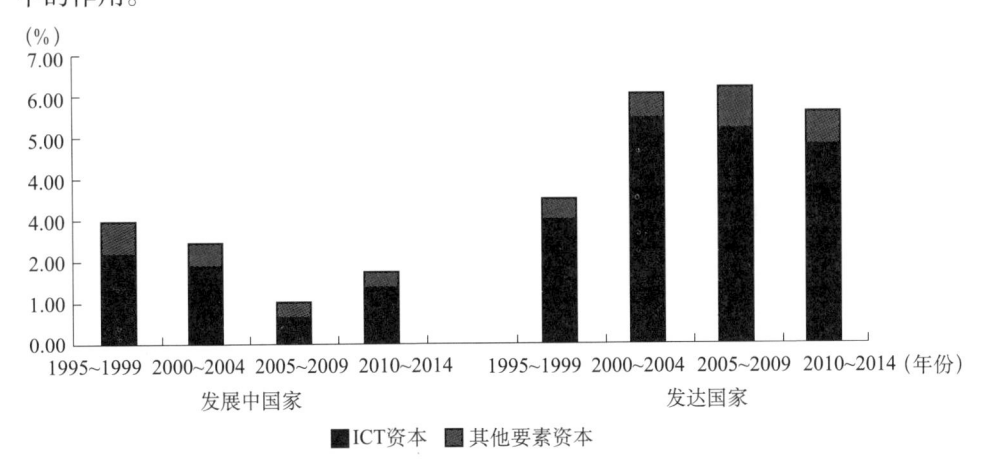

图4 ICT部门对于GDP增长的贡献

注：GDP = 国内生产总值；ICT = 信息通信技术。

资料来源：《2016世界发展报告——数字红利》。

(四)基础设施建设促进经济增长的路径分析

针对发达国家和发展中国家的不同情况,围绕基础设施投资与经济发展的关系世界银行进行了专门的研究。研究指出:基础设施通过提高生产要素的生产力和改善居民生活质量来促进经济发展。

首先是基础设施降低生产成本。基础设施作为公共产品,所提供的公共服务在所有的商品与服务的生产中必不可少。例如,交通运输、通信网络、水、电、燃气等基础设施服务都是实现生产的必要投入品。基础设施的完善势必会减少在这些投入成本。其次,基础设施提高其他生产要素(如劳动、其他资本)的生产力。如交通基础设施建设会大大增加区域间劳动力流动、加速贸易进行。通信基础设施通过电子数据交换提高信息流动的效率,基础设施服务有效提高了劳动力和其他资产的生产力。但是基础设施建设如果过多或者重复,可能会对环境产生负面影响,进而导致其服务质量和对生产力的贡献都会下降。

另外,许多基础设施服务,例如,清洁的喝水卫生服务设施对于个人的福利都是一大促进,拥有完善的基础设施环境会带来很多便利。而基础设施的不断发展,如更多种可选择的交通基础设施、稳定长久的电力和清洁水源的供应、更迅速的网络等服务让消费者在需求端有了更多选择,也为经济增长提供了更多贡献。同时,基础设施建设和运营往往需要大量的劳动力,有利于解决就业问题。需要强调的是在上面提到的所有基础设施对经济增长和提高人们生活质量的贡献中,不仅源于物理上基础设施建设的存在,还源于它的实施和由基础设施服务所产生的价值。这里所讨论的都不仅是物质上的存在,还包含它的有效性和使用者必须可以得到这种设施所提供的服务。

四、"一带一路"重点省(市、区)基础设施资本存量对经济增长贡献的实证分析

(一)建立模型

1. 因子分析法的基本思想。因子分析法是用少数几个因子去描述许多指标或因素之间的联系,即将相关度比较密切的几个变量归在同一类中,这样处理之后,每一类变量就成为一个因子。之所以称之为因子,是因为它并不是直接观测得出来的变量,而且因子也是不可以通过直接观测得出。这样就能通过少数几个

因子来反映原始数据的大部分信息。

2. 因子分析法的数学模型。因子分析法中,每一个变量都可以表示成公共因子的线性函数与特殊因子之和,而因子分析的目的就在于找出能够反映众多变量的公共因子。

设模型中共有 p 个变量,X_1,X_2,K,X_p,并且这 p 个变量满足均值为 0,方差为 1 的要求,即原始数据标准化之后的数据。本研究选取的样本是 2015 年我国"一带一路"18 个重点省份,选取的基础设施相关指标为 13 个,即地区生产总值、铁路营业里程、等级公路里程、内河航道里程、社区卫生服务中心数量、社区卫生服务站个数、供水总量、互联网宽带接入端口数量、移动电话基站数量、光缆线路长度和电力供应量,所有的数据来自《2016 年中国统计年鉴》。文中与这 p 个变量对应的即为所选取的 13 项基础设施相关指标标准化之后的数据。将原有的每个变量利用用 k 个因子(k≤p)F_1,F_2,K,F_k 的线性组合进行表示。

$$\begin{cases} X_1 = a_{11}F_1 + a_{12}F_2 + a_{13}F_3 + \cdots + a_{1k}F_k + \varepsilon_1 \\ X_2 = a_{21}F_1 + a_{22}F_2 + a_{23}F_3 + \cdots + a_{2k}F_k + \varepsilon_2 \\ \cdots \\ X_p = a_{p1}F_1 + a_{p2}F_2 + a_{p3}F_3 + \cdots + a_{pk}F_k + \varepsilon_p \end{cases}$$ 公式(1)

其矩阵表示形式为:

$$X = AF + \varepsilon$$ 公式(2)

3. 部分指标的含义。

(1)因子载荷。我们将 a_{ij} 称为因子载荷,A 称为因子载荷矩阵。对于经过标准化的数据 X_i,

$$h_i^2 = \sum_{j=1}^m a_{ij}^2$$ 公式(3)

a_{ij} 是 X_i 与 F_j 的相关系数。它一方面表示 X_i 对 F_j 的依赖程度,其绝对值越大,密切程度也就越高。另一方面也反映了变量 X_i 对公共因子 F_j 的重要性。

(2)变量共同度。我们将因子载荷矩阵 A 第 i 行元素的平方和为变量 X_i 的共同度。变量共同度描述了全部公共因子对变量 X_i 的总方差所做的贡献,反映了公共因子对变量 X_i 的影响程度。

$$g_j^2 = \sum_{i=1}^p a_{ij}^2$$ 公式(4)

(3)方差贡献率。我们将因子载荷矩阵第 j 列元素的平方和称为公共因子 F_j 对 X 的方差贡献率,表示了同一公共因子 F_j 对各变量所提供的方差贡献之和。

(4)因子旋转。因子旋转的目的是为了使得因子载荷矩阵的结构简化,便于对公共因子进行解释。这里所说的结构简化是使每个变量仅在一个公共因子上有较大的载荷，而在其余因子上载荷较小，这样就突出了每个公共因子和其载荷较大的那些变量的联系。因子旋转的方法有两种正交旋转和斜交旋转两种，本文采用了实践中普遍采用的正交旋转。

（5）因子得分。因子分析的数序模型是将变量表示成公共因子的线性组合，而在实际应用中，往往需要用公共因子代表原始变量，即将公共因子表示为变量的线性组合。

$$F_j = \beta_{j1}X_1 + \beta_{j2}X_2 + \cdots + \beta_{jp}X_p \qquad 公式（5）$$

（二）因子分析

1. 数据检验。从表 2 中可以看出，巴特利特球形检验的统计量观测值为 277.075，相关的概率 P 值接近 0，在 0.05 的显著性水平下，应拒绝零假设，各变量显著相关，所选数据可以进行因子分析。

表 2　　　　　　　　　　KMO 和巴特利特检验

\	KMO 取样适切性量数	0.589
Bartlett 的球形度检验	上次读取的卡方	277.075
	自由度	55
	显著性	0.000

从表 3 可以看出，所选变量的共同度均大于 0.6，其中大部分大于 0.8，平均共同度达到 0.825。可以看出原始变量的共同度较高。原始变量共同度反映了原始变量中能被公共因子所解释的部分，共同度越高，变量能被公共因子说明的程度越高，那么在公共因子替代原始变量后，原始变量的信息被保留的程度也就越高。公共因子能够代表和反映原始变量的大部分信息，确保因子分析结果有意义。

表 3　　　　　　　　　　公因子方差

\	初始值	提取
VAR00001	1.000	0.905
VAR00002	1.000	0.753
VAR00003	1.000	0.745
VAR00004	1.000	0.811
VAR00005	1.000	0.836
VAR00006	1.000	0.650
VAR00007	1.000	0.624
VAR00008	1.000	0.957
VAR00009	1.000	0.964
VAR00010	1.000	0.933
VAR00011	1.000	0.897

2. 特征值，特征值贡献率和累积贡献率。选择所选数据标准化后的相关系数矩阵为对象，用主成分的方法提取公共因子，利用 SPSS22.0 得出了数据的特征值、特征值贡献率和累积贡献率。从表 4 中数据结果中，选择特征值大于 1 的因子，那么可以提取到两个因子。方差累计百分比超过 80% 的有两个，说明了两个因子对于方差的解释程度在 80% 所以最后选两个因子进行分析。

表 4　　　　　　　　　　　　总方差解释

组件	初始特征值			提取载荷平方和			旋转载荷平方和		
	总计	方差百分比	累积 %	总计	方差百分比	累积 %	总计	方差百分比	累积 %
1	7.404	67.309	67.309	7.404	67.309	67.309	6.514	59.215	59.215
2	1.671	15.189	82.498	1.671	15.189	82.498	2.561	23.282	82.498
3	0.649	5.904	88.401						
4	0.483	4.391	92.792						
5	0.387	3.522	96.315						
6	0.199	1.813	98.128						
7	0.105	0.957	99.084						
8	0.085	0.773	99.857						
9	0.008	0.074	99.932						
10	0.006	0.051	99.982						
11	0.002	0.018	100.000						

3. 因子旋转。在因子分析中，每个变量都是各个公共因子的线性组合，某个变量在一个公共因子上的载荷较大时，就说明了这个公共因子主要反映的是该原始变量的信息（见表 5）。

表 5　　　　　　　　　　　旋转后的成分矩阵 a

	组件	
	1	2
VAR00001	0.913	0.267
VAR00002	-0.101	0.862
VAR00003	0.348	0.790
VAR00004	0.875	0.215
VAR00005	0.796	0.449
VAR00006	0.797	-0.120
VAR00007	0.313	0.725
VAR00008	0.965	0.161
VAR00009	0.940	0.285
VAR00010	0.948	0.184
VAR00011	0.838	0.442

提取方法：主成分分析
旋转方法：Kaiser 标准化最大方差法
a. 旋转在 3 次迭代后已收敛

4. 因子得分及排名。为了进一步分析，还需要将标准化的原始数据代入因子得分函数当中，计算因子得分（见表6）。

表6　　因子得分排名

省（市、区）	F1	F2	F1 方差贡献率	F2 方差贡献率	综合得分
广东	2.483 02	1.272 88	0.673 09	0.151 89	1.864 633 675
浙江	2.658	-1.128 39	0.673 09	0.151 89	1.617 682 063
福建	0.323 3	-0.202 34	0.673 09	0.151 89	0.186 876 574
辽宁	0.205 91	0.241 55	0.673 09	0.151 89	0.175 284 991
云南	-0.080 21	0.382 73	0.673 09	0.151 89	0.004 144 311
广西	-0.144 81	0.468 41	0.673 09	0.151 89	-0.026 323 368
上海	0.242 35	-1.322 97	0.673 09	0.151 89	-0.037 822 552
黑龙江	-0.333 64	1.092 4	0.673 09	0.151 89	-0.058 645 112
陕西	-0.189 76	0.267 85	0.673 09	0.151 89	-0.087 041 822
重庆	-0.018 98	-0.516 88	0.673 09	0.151 89	-0.091 284 151
内蒙古	-0.652 62	1.927 97	0.673 09	0.151 89	-0.146 432 633
新疆	-0.612 98	1.516 63	0.673 09	0.151 89	-0.182 229 778
甘肃	-0.490 14	0.042 51	0.673 09	0.151 89	-0.323 451 489
吉林	-0.520 94	0.066 13	0.673 09	0.151 89	-0.340 595 019
海南	-0.624 23	-1.238 33	0.673 09	0.151 89	-0.608 252 914
宁夏	-0.687 94	-1.031 63	0.673 09	0.151 89	-0.619 739 815
青海	-0.749 61	-0.764 84	0.673 09	0.151 89	-0.620 726 543
西藏	-0.806 71	-1.073 66	0.673 09	0.151 89	-0.706 066 651

（三）实证结果分析

1. 基础设施建设水平和经济发展水平的关系。表7显示了2015年我国"一带一路"重点省（市、区）地区生产总值排名和因子得分排名的对比。因子得分综合了13项基础设施建设相关指标，其排名反映了省（市、区）的基础设施建设水平。本文用2015省（市、区）地区生产总值代表当地的经济发展水平。可以看出，基础建设水平和经济发展水平的省（市、区）排名基本吻合，这也与前文的一般分析和理论分析的结论相一致。基础设施建设和经济增长的关系十分密切，具有正相关关系；基础设施建设水平可以有效反映当地经济发展水平。其中，云南省和内蒙古自治区的两者排名差距较大。云南省基础设施建设水平排名较高而经济发展水平排名较低，其原因可能为：地处西南边陲，临近缅甸、老挝、越南及"金三角"地区，边境局势错综复杂，其相邻地区毒品活动猖獗，武装袭击频繁，制约经济发展；基础设施建设水平相对较高，但基础设施服务质量较低，高等级公路、高速铁路里程短。内蒙古基础设施建设水平排名较低而经济发展水平较高，其原因为：地域面积达，毗邻邻国和国内省份多，与京津冀、东北等经济较发达地区经济技术合作关系密切，形势稳定；其农、畜产品产量大且类型独特，又是"一带一路"倡议及"亚欧大陆桥"的重要节点，经济增长快。

表7　2015年省（市、区）基础设施建设水平和经济发展水平对比

省（市、区）	综合得分	综合排名	省（直辖市）	2015年地区生产总值（亿元）
广东	1.864 633 675	1	广东	72 812.55
浙江	1.617 68 206 3	2	浙江	42 886.49
福建	0.186 876 574	3	辽宁	28 669.02
辽宁	0.175 284 991	4	福建	25 979.82
云南	0.004 144 311	5	上海	25 123.45
广西	-0.026 323 368	6	陕西	18 021.86
上海	-0.037 822 552	7	内蒙古	17 831.51
黑龙江	-0.058 645 112	8	广西	16 803.12
陕西	-0.087 041 822	9	重庆	15 717.27
重庆	-0.091 284 151	10	黑龙江	15 083.67
内蒙古	-0.146 432 633	11	吉林	14 063.13
新疆	-0.182 229 778	12	云南	13 619.17
甘肃	-0.323 451 489	13	新疆	9 324.8
吉林	-0.340 595 019	14	甘肃	6 790.32
海南	-0.608 252 914	15	海南	3 702.76
宁夏	-0.619 739 815	16	宁夏	2 911.77
青海	-0.620 726 543	17	青海	2 417.05
西藏	-0.706 066 651	18	西藏	1 026.39

2. 聚类结果分析。聚类分析是一种探索性的分析，在分类的过程中，人们不必事先给出一个分类的标准，聚类分析能够从样本数据出发，自动进行分类。聚类分析的目标就是在相似的基础上收集数据来分类，是将数据分类到不同的类或者簇这样的一个过程，所以同一个簇中的对象有很大的相似性，而不同簇间的对象有很大的相异性。如表8和图5聚类结果分析可知，广东和浙江分为第一类，海南、西藏、宁夏和青海分为第三类，其他省（市、区）为第二类。这也与前文关于各省域基础设施建设与经济增长的分析相一致。广东和浙江无论是基础设施建设水平还是经济发展水平都高于平均水平，其分一类也验证了因子分析的正确性。同样，海南、西藏、宁夏和青海分为第三类，原因在于其基础设施建设水平和经济发展水平与其他地区差异较大。

表8　2016年我国"一带一路"重点省（市、区）基础设施数据聚类

省（市、区）	分三类类别	省（市、区）	分三类类别
黑龙江	2	西藏	3
吉林	2	云南	2
辽宁	2	广西	2
上海	2	内蒙古	2

续表

省（市、区）	分三类类别	省（市、区）	分三类类别
浙江	1	宁夏	3
福建	2	陕西	2
广东	1	甘肃	2
海南	3	青海	3
重庆	2	新疆	2

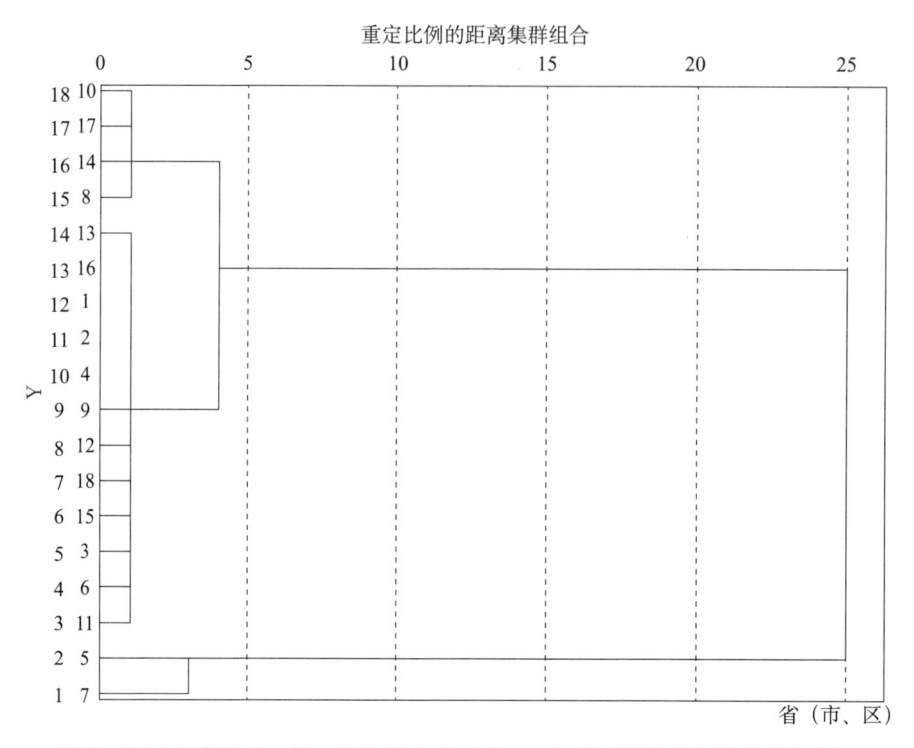

图 5　2016 年我国"一带一路"重点省（市、区）基础设施数据聚类分析结果

五、结论与政策建议

通过对"一带一路"18 个重点省（市、区）20 年来基础设施建设和地区经济增长的细致研究，对基础设施先行性、垄断性、整体性等特点了解的深入以及就基础设施与经济增长的理论进行详尽分析，再采用因子分析法和聚类结果分析，本文得到了一些结果作政策制定参考。

第一，基础设施建设水平可以较大程度反映经济发展水平，一个地区的基础设施建设越完善其经济发展水平通常越高。这一点无论是通过一般分析、理论分析还是通过实证分析所采用的因子分析法都能得到很好的验证。所以在考察一个地区的经济发展时,可以把基础设施建设水平作为一个重要参数。

第二,基础设施建设和经济增长的关系十分密切,两者存在着较强的正相关关系。2008年,在美国"次贷危机"引发的全球经济危机的背景下,我国政府出台的"四万亿计划",掀起了一轮以基础设施投资为主的投资热潮,抵御了经济危机对我国经济的冲击。2013年启动的"一带一路"倡议,增加在基础设施建设方面的投资有力地推动了相关地区的经济增长,其作用路径在带动就业、拉动投资、优化服务及基础设施"先行性"带动其他产业发展的基础作用从而促进经济增长。所以,基础设施建设能够当作政府反经济周期调整的政策工具。

第三,基础设施建设与经济增长关系的研究对中国实践和"一带一路"倡议的建设有很强的现实意义。实践经验表明,基础设施投资增加在承接"一带一路"建设和促进地区经济增长方面起了重要作用。从中国目前的经济发展看,随着人口红利的日渐消失和对外投资边际收益的不断下降,经济增长方式向效率性转变迫在眉睫,虽然目前投资驱动型经济增长的可持续性备受质疑,但应该看到基础设施建设不单纯是一项"投资",还具有"溢出效应"和"福利效应"等特殊性质,故而重点不应局限于基础设施建设的短期逆周期效果,更应该重视其推动经济长期持续发展的作用。

第四,基础设施建设能有效缩小地区发展差距。通过因子分析法和聚类分析结果以及前文关于各区域经济增长与基础设施建设关系的研究,可以发现:在经济发展水平相对落后地区加大基础设施投资可以缩小区域经济发展差异。2016年各省(市、区)GDP增速达8%的省(市、区)中有西藏、重庆、云南、青海和宁夏等经济发展水平相对较低省(区)。作为"一带一路"沿线重点省(市、区),其基础设施投资加大,致使经济发展加快,领跑其他省(市、区),展现了基础设施建设对于经济增长的后发优势。基础设施建设是经济增长的必要条件。但需注意的是,合理规划基础设施的融资渠道,建设区位和建设规模是政府在制定政策时需要审慎考虑的问题。

参考文献

[1] 国家发展改革委,外交部,商务部.推动共建丝绸之路经济带和21世纪海上丝绸之路的愿景与行动[A].廊坊市应用经济学会.

［2］朱亚敏. 经济基础设施对我国经济增长贡献研究［M］. 北京：清华大学，2004.

［3］隋广军，黄亮雄，黄兴. 中国对外直接投资、基础设施建设与"一带一路"沿线国家经济增长［N］. 广东财经大学学报，2017：32-43.

［4］周正清. 基础设施与经济发展——对中国的地区和城乡研究［M］. 上海：复旦大学，2008.

［5］刘育红，王曦."新丝绸之路"——经济带交通基础设施与区域经济一体化——基于引力模型的实证研究［N］. 西安交通大学学报2014（3）：43-48.

［6］蔡新民，刘金全，方毅. 我国交通基础设施建设对经济增长的影响研究［J］. 经济纵横，2017（4）：70-76.

［7］胡李鹏，樊纲，徐建国. 中国基础设施存量的再测算［J］. 经济研究，2016（8）：172-186.

［8］金戈. 中国基础设施资本存量估算［J］. 经济研究，2012（4）：4-14.

［9］金戈. 中国基础设施与非基础设施资本存量及其产出弹性估算［J］. 经济研究，2016（5）：46-56.

［10］World Bank，2016，World Development Report 1994：Digital economy，Oxford：Oxford University Press.

［11］World Bank，1994，World Development Report 1994：Infrastructure for Development，Oxford：Oxford University Press.

［12］Demurger，Sylvie，2001，"Infrastructure Development and Economic Growth：An Explanation for Regional Disparities in China？"，Journal of Comparative Economics，29（1）：95-117.

［13］Aschauer，David A.，1989，"Is Public Expenditure Productive？"，Journal of Monetary Economics，23（2）：177-200.

长吉图开发开放与国家"一带一路"倡议对接分析

张晓明

【作者简介】 张晓明,女,吉林财经大学国际经济贸易学院,教授

一、"一带一路"推动全球区域经济一体化和互联互通新潮流

经 2014 年 11 月北京 APEC 会议的(促进经济创新发展、改革与增长)主题推动,"一带一路"的国家倡议获得了 APEC 成员方和经济网带相关国家的积极响应。该战略对通过外向投资减少我国外汇储备、缓解产能过剩、推动人民币国际化,打造新的产业链、供应链和价值链,振兴整个网带区域的经济,加强全方位基础设施与互联互通建设,探索南南合作新模式,具有全球意义。

自习近平总书记 2013 年向世界提出"一带一路"倡议以来,至 2014 年 12 月围绕"一带一路"和东北亚经济合作形成了一系列重大成果。

(一)成立金砖国家开发银行,拉开国际金融新体系的序幕

2014 年 7 月 15 日,中国、巴西、俄罗斯、印度和南非五国领导人正式签订协议,成立金砖国家开发银行,总部设在上海。"金砖"国家的行动拉开了打破由西方主导国际金融体系的序幕。

(二)成立亚投资行、丝路基金

2014 年 10 月 24 日,中国牵头,21 个首批意向国一致同意成立亚洲基础设施投资银行,中国为最大的股东。该行将为"一带一路"有关沿线国家的基础设施建设提供资金支持,并可能成为带动经济增长的一个新的增长点。

2014 年 11 月 4 日,习近平提出设立丝路基金,并在 APEC 会议上宣布中国

将出资400亿美元成立丝路基金，利用国内资金实力直接支持"一带一路"建设。基础设施建设作为互联互通的前提条件，在亚洲基础设施投资银行和千亿规模专项基金的支持下，国内工程机械等基建企业，有望加快"走出去"步伐，迎来掘金海外市场的良好机遇。

亚洲基础设施投资银行专门针对亚洲基础设施提供资金支持，按照多边开发银行的模式和原则运营；丝路基金则向整个沿路沿带国家开放，投资涵盖多领域多范围，对基础设施建设（交通、电力、通信）、资源开发、产业合作等有关项目给予支持。

（三）构筑《APEC互联互通蓝图》，将沿线国家纳入"一带一路"倡议

2014年11月5日，APEC领导人会议发布《APEC互联互通蓝图》，规划了公路、铁路、航路，基本覆盖了"一带一路"沿线的主要经济体和互联互通的对象，从而为打通从太平洋到大西洋的战略通道奠定了基础，对输出资本、剩余产能、商品、服务、规则等具有重要意义。

（四）通过亚太自由贸易区路线图，打造全球供应链、价值链

北京APEC会议批准亚太自贸区路线图，是一个"载入史册"的决定。今后很多外交经贸决策都可以亚太自贸区名义推进，对落实APEC自贸区信息交流机制、促进亚太地区区域一体化、创造巨大的经济收益具有重要意义。这意味着亚太自贸区将从孵化阶段上升到目标行为阶段。

供应链是融合物流网（物流）、金融网（资金流）、信息网（信息流）等多元一体的集成链条，"一带一路"是中国的全球化供应链传输带。APEC成员方将致力于打通阻碍本地区供应链联结的阻塞点，加快推进供应链能力建设和海关合作等领域的务实合作，积极营造良好的区域营商环境；全面推进全球价值链政策和贸易核算领域的合作，将APEC建成全球价值链发展合作的范例。

（五）中韩自贸谈判成功，将产生自贸区建设的骨牌效应

2014年11月10日中韩两国自贸协定的签署，是中国迄今为止对外商谈的覆盖领域最广、涉及国别贸易额最大的自贸区。这对东北亚合作、突破美国遏制、推行自由贸易具有重大的示范意义。紧接着在11月17日，中国和澳大利亚也达成了自贸协定。这对日本、美国、欧洲和中国台湾地区，构成了战略压力。

（六）中日关系出现转机，中美新型大国关系初露端倪

中美两国元首2014年11月10日签署协议，11日夜在中南海瀛台"不扎领带"会面。两国同意把学生签证有效期延长至5年、商业旅游签证延长到10年，对避免危险摩擦作出安排，表明中美已进入坚守核心利益、避免对抗、在摩擦中寻求合作的新型大国关系时期，也即形成了中美两国在东北亚地区的合作基调。

二、"一带一路"和自贸区战略要求长吉图战略与之相融合

20世纪80年代中期，中国区域经济发展按"点轴开发理论"逐步展开，形成"T字形"战略布局。但"点轴开发理论"却使工农差距、城乡差距、地区差距不断扩大。"一带一路"和面向全球的自由贸易区网络将能迅速打破原有点状、块状的区域发展模式，彻底改变过去近20年中国与其他国家点状、块状自由贸易协议的发展格局。

（一）"一带一路"倡议

加强全方位基础设施与互联互通建设，促进经济创新发展、改革与增长，打造沿着扩充的古丝绸之路和放射全球的海上丝绸之路的全球性经济带，即为全球性的"一带一路"倡议。

"一带一路"沿线大多是新兴经济体和发展中国家，总人口约44亿人，经济总量约21万亿美元，分别约占全球的63%和29%。"一带一路"经济带的建设包括基础设施互联互通、能源资源合作、园区和产业投资合作、贸易及成套设备出口、自贸区建设等领域。基础设施方面的对接需要构建铁路、公路、输油管、输气管、电信线、电力线、水路、航空线等八条线路网。在"一带一路"建设中，中国将以资源型产业和劳动密集型产业为重点，在沿线国家发展能源在外、资源在外、市场在外等"三头在外"的产业，带动产品、设备和劳务输出。

新陆上丝绸之路东起东北亚海参崴，西至荷兰鹿特丹，南至新加坡，北到欧亚大陆桥沿线。此外，从中国西部进入巴基斯坦探入印度洋，将可能成为陆海丝绸之路的战略新通道。新疆维吾尔自治区发展和改革委员会"中巴铁路预可行性研究报告"：中巴铁路计划从喀什站引出，经疏勒县至红其拉甫口岸站后进入巴控克什米尔地区，经拉瓦尔品第市至巴基斯坦首都伊斯兰堡接入巴国内铁路网，

线路总长约 1 196 千米。

1. 新陆上丝绸之路。经济的内联关系机理（商流、物流、信息流、资金流，会共同作用于产业链、供应链和价值链），使新陆上丝绸之路较古丝绸之路有所延长和拓宽。2014 年 9 月 11 日，习近平会晤俄、蒙总统时指出，要把丝绸之路经济带同俄罗斯跨欧亚大铁路、蒙古国"草原之路"倡议进行对接，打造中蒙俄经济走廊。这意味着"一带一路"扩围，东北地区将可以构建经过蒙古国、俄罗斯的丝绸之路经济带。

新陆上丝绸之路总的是由中国向西，经中亚、西亚抵达欧洲，由于欧亚大陆桥的重要地位，新陆上丝绸之路向北拓宽至俄罗斯，向东延伸至东北亚地区，贯穿整个东起日本海西岸西至大西洋东岸的新兴经济带。

2. 海上丝绸之路。"海上丝绸之路"是新陆上丝绸之路的延伸，是一个辐射全球所有国家的友好合作的概念。海上互联互通合作主要通过海空航运实现。目前"海上丝绸之路"从 3 个辐射起点联通其他地区：摩洛哥海岸向南北美洲辐射；巴基斯坦的瓜达尔港连接西亚、南亚、非洲东部；以中国台湾地区为核心的我国东南沿海向东北亚、东南亚和太平洋地区辐射。东北亚的互联互通网建成后将形成向北冰洋、东南亚、北美地区的辐射。

（二）建设自由贸易区网的国家战略

立足周边、辐射全球，构筑"一带一路"沿线国家和地区的自由贸易区网络，即为全球化自由贸易区的国家倡议。广义自由贸易区是指独立的经济体或国家之间按照 WTO 的协议框架来设计的自由贸易区，如中韩自由贸易区。狭义自由贸易区是一国海关管理体制下的一种比较有效的、相对特殊的监管园区，如上海自由贸易区。中国与其他国家签订的协定称为自贸区，国内成立的"自贸区"称为自由贸易园区。

勾画自贸区网状辐射蓝图，会推进多边贸易体制进程，使我国与沿线国家合作更加紧密，往来更加便利，利益更加融合。这不仅丰实了"一带一路"的内涵，提供了"一带一路"新的支点，为中国和世界经济的网状发展了注入新的动力，也为长吉图设定了新的发展目标。

（三）吉林融于"一带一路"在东北亚的交汇点

从新陆上丝绸之路经济带铁路通道图来看，吉林省从哪个方向都没有与"一带一路"的直接联系，纳入"一带一路"倡议只能向西开发两山铁路，向北经哈满铁路入欧亚大陆桥，向东借港出海，向南入环渤海经济圈。这既反映出吉林省在"一带一路"中的初始弱势地位，也反映出吉林省跨国通道建设的重大意义。

1. 长吉图是"一带一路"在东北亚的发动机。因欧亚大陆桥的联通和以中国台湾地区为核心的我国东南沿海向东北亚、东南亚和太平洋地区辐射，海上丝路与新陆上丝路在东北亚交汇。在这里向西融入新陆上丝绸之路，向南融入海上丝绸之路，向北将开辟北冰洋航线，向东繁荣日韩和北美航线。如此东北亚、长吉图方能融入"一带一路"系统之中，并可能成为新的陆海联通的东端起始点。

中亚国家和俄罗斯是与丝绸之路经济带关联度极高的区域，通过打造"中国—上海合作组织经济走廊"，可以将陆路周边的四大对外合作通道（中国—东盟经济走廊、孟中缅印经济走廊、中巴经济走廊、中国—上海合作组织经济走廊）连为一体，形成统一的丝绸之路经济带。

2. 东北亚的地缘政治经济地位赋予长吉图自由贸易园区的优势条件。以推动建设自由贸易园区或港区的形式推动经济走廊建设成为新的战略互动体，是"一带一路"实现的重要路径。国家关于同沿线国家和地区商建自贸区的要求，使融入"一带一路"的长吉图看到了新的前景，唯一的三国连体交汇的地缘优势，加上俄向东发展的外在推力，使长吉图获得了战略制高点。只要加强类似于法律咨询、离岸金融中心、新海关模式、复制上海等自贸区经验，在珲春—哈桑—罗津合作区和长吉国家开发区基础上建设自贸园区是基本可行的。

东北亚区域是世界上经济互补、经济总量、经济发达程度和国家地位最具优势的地区，但由于东北亚地区的历史、政治、外交、人文等因素的复杂关系，东北亚区域整体合作虽经20余年的推动却收获不大，至今这些阻滞因素仍然存在，各国间的关系此起彼伏，劲使不到一起，过去受限于俄国、韩国、蒙古国，现在受限于日朝和有关联度的美国。

吉林省地处东北亚，是所有关联方最有热情的一极，从意欲向东出日本海确立沿海省份，到退却建设边疆近海省，再向西靠拢环渤海经济圈，深深感受到东北亚区域合作的艰难。但吉林省身负国家战略的重任，也关乎本省外向经济的发展，谋划东北亚跨境经济合作和通道建设的努力是吉林融入"一带一路"和自贸区网络辐射战略的不二选择。

长吉图开发合作专题

中、日、韩自贸区对吉林省对外贸易政策调整的影响及对策
——基于 SWOT 模型的研究分析

刁巍杨[1]　薛靓雁[2]　蔡铮吟[3]

【作者简介】 1. 刁巍杨，女，吉林财经大学　国际经济贸易学院，讲师；2. 薛靓雁，女，吉林财经大学　国际经济贸易学院，本科生；3. 蔡铮吟，女，吉林财经大学　国际经济贸易学院，本科生。

【摘　要】 中、日、韩自贸区（FTA）的建立对吉林省对外贸易的发展有着极大的现实意义，对此吉林省的对外贸易政策也会发生调整以适应需要。政策的调整能够使吉林省和日、韩两国间的双边贸易得到快速发展，从而推动吉林省经济的快速发展。所以，本文将运用 SWOT 模型来具体分析中日韩自贸区对吉林省对外贸易政策的影响并提出相应对策。

【关键词】 中日韩自贸区；吉林省；对外贸易政策；SWOT

中、日、韩三国于 2002 年正式提出构建中、日、韩自贸区这一设想，2012 年中、日、韩三国经贸部长会晤，宣布开始启动中、日、韩自贸区谈判。2016 年 6 月 27 日在韩国首尔举行中、日、韩自贸区第 10 轮谈判首席谈判代表会议。中、日、韩自贸区的建立已经是区域经济一体化发展的必然结果，此时吉林省更应该抓住机遇，迎接挑战，促进吉林省对外贸易的快速发展。

一、中日韩自贸区

自由贸易区（Free Trade Area，FTA），是指两个或两个以上国家或地区通过签订相关协定，相互之间更进一步开放市场，取消彼此之间绝大部分货物和商品

的关税和非关税壁垒,改善服务领域的市场准入条件,从而实现贸易和投资自由化,并且成员方(地区)保留了他们自身对自由贸易区外部市场决策的自由,各国仍各自独立地实行对非成员方的关税和其他贸易限制。① 2015 年,中国、日本、韩国 GDP 分列全球第二、第三和第十一,约占东亚 90%,亚洲 70%,全球 20%,由此看来中、日、韩三国在亚洲乃至全球的经济发展中都居于主要地位。在 21 世纪经济全球化不断发展的情况下,区域经济一体化也呈现出猛烈的发展态势,中、日、韩三国为了提高各自在全球市场上的竞争力,中、日、韩自贸区的建立是一种必然的发展趋势。中、日、韩自由贸易区一旦成立,将是一个由世界上最大的发展中国家与发达国家组成的一个拥有近 15 亿消费者的自由贸易区。

二、吉林省对外贸易现状分析

(一) 吉林省对外贸易额

自 1978 年改革开放以来,吉林省的对外贸易项目快速成长。自 2001 年我国加入 WTO 后,吉林省内的对外贸易经历了一个快速发展时期。吉林省 2001 年的进出口贸易总额为 31.33 亿美元,于 2007 年突破 100 亿美元大关,2014 年吉林省的进出口总额达到 263.78 亿美元(见图 1)。在快速发展的同时,吉林省的对外贸易也存在不少问题。首先虽然吉林省对外贸易额不断攀升,但始终落后于全国多数省份,2015 年对外贸易总额仅排名全国第 21 位。其次贸易结构不合理,进出口商品结构不合理,外贸依存度低等问题仍令人担忧。相信随着中、日、韩自贸区进程的不断推进,可以给吉林省的外贸进出口发展带来巨大的突破与发展。

(二) 吉林省与日韩贸易概况分析

日本与韩国都是吉林省对外贸易发展中的重要国家。近年来,吉林省对日本的进出口贸易总额已经由 2004 年的 141 284 万美元上升至 2014 年的 304 700 万美元,增长了 2.157 倍;同时对韩国的进出口总额由 2004 年的 47 395 万美元增长至 2014 年的 71 948 万美元,增长了 1.518 倍。从另一方面来看,近年吉林省对

---

① 黄丹. 中国参与自由贸易区的现状和战略选择 [J]. 中国集体经济,2010 (13):27 - 28.

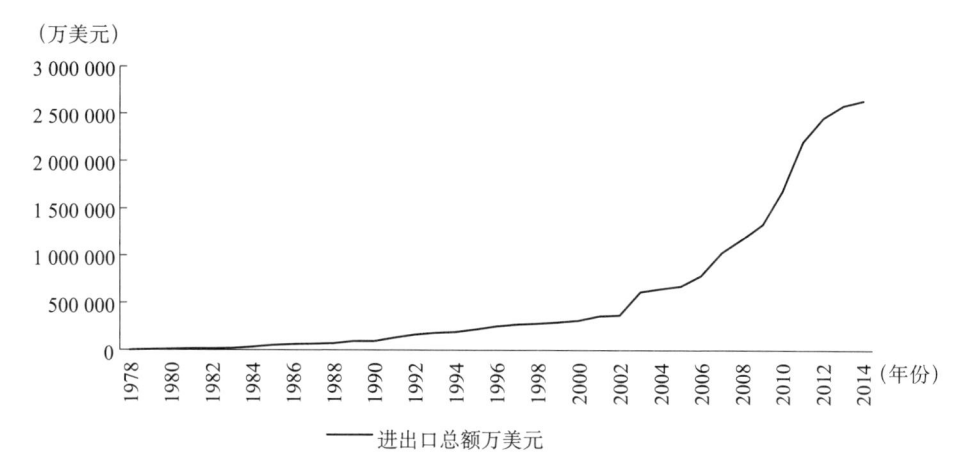

图 1　吉林省自 1978 年以来的进出口贸易额

资料来源：《吉林省统计年鉴》（2015），图表由笔者自行整理绘制。

日本和韩国的出口总额占吉林省对外总出口额的比例波动幅度较大，说明吉林省对日韩的出口贸易还处于不稳定的状态（见图 2）。从图 3 中可以分析出吉林省从日本进口的总额占吉林省对外总进口额比例逐步趋于平稳，反映出吉林省对日本进口的相对依赖。对韩进出口则不是特别理想，说明吉林省与韩国的贸易还存在很大发展空间。

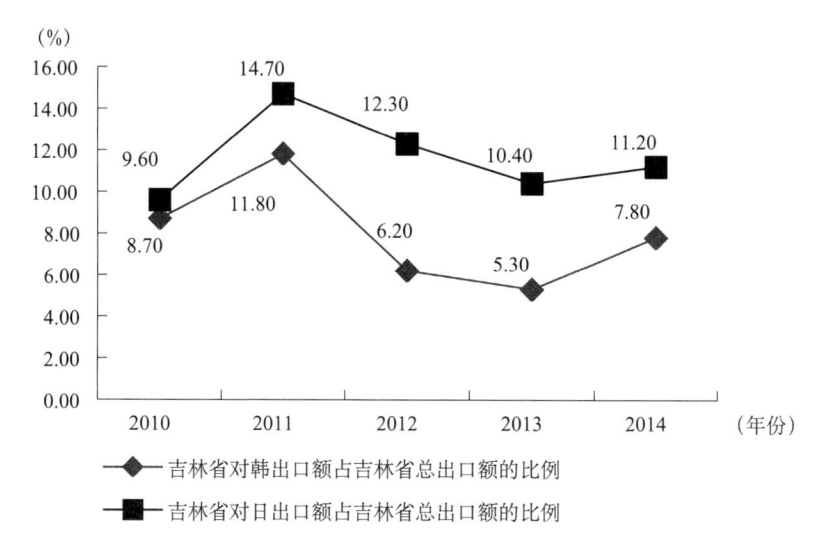

图 2　2010~2014 年吉林省对日韩出口额占吉林省总出口额的比例

资料来源：吉林省统计年鉴（2015），图表由笔者自行整理绘制。

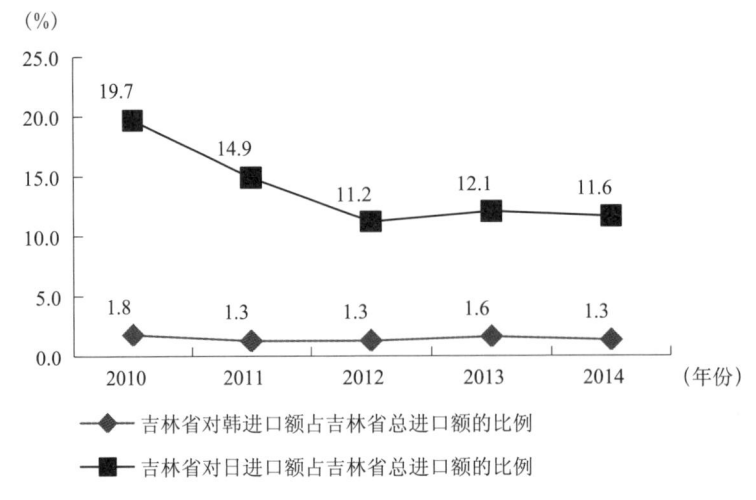

```
(%)
25.0
      19.7
20.0
            14.9
15.0
                   11.2    12.1   11.6
10.0
 5.0  1.8   1.3    1.3     1.6    1.3
 0.0
     2010  2011   2012    2013   2014  (年份)

   ━◆━ 吉林省对韩进口额占吉林省总进口额的比例
   ━■━ 吉林省对日进口额占吉林省总进口额的比例
```

图3 2010~2014年吉林省对日韩进口额占吉林省总进口额的比例

资料来源：吉林省统计年鉴（2015），图由笔者整理绘制。

三、基于SWOT分析中、日、韩自贸区的建立对吉林省对外贸易的影响

SWOT分析法作为一种战略决策的分析方法已在很多方面得到了应用，小到个体微观企业，大到国家发展战略决策等各种层面，SWOT分析方法均为最终决策提供了有价值的参考。[①] 本文将从优势（strengths）、劣势（weakness）、外部机会（opportunities）和威胁（threaten）四个方面来具体分析中日韩自贸区的建立对吉林省对外贸易政策的影响。

SWOT战略如图4所示。

```
                  优势（S）      劣势（W）
     机会（O）    SO战略         WO战略

     威胁（T）    ST战略         WT战略
```

图4 SWOT战略

---

① 申彧. SWOT分析法的应用进展及展望［J］. 知识经济，2009（09）：1.

(一) 内部优势

(1) 地缘优势。吉林省位于我国东北部,属于东北亚中心位置,与日本、韩国临近,自建交以来相互贸易往来频繁,经济联系密切。

(2) 文化优势。中、日、韩三国同属东亚国家,历史文化方面具有亲缘性,特别是吉林省延边自治州与韩国的文化更为相似。

(3) 经济及产业结构互补。"世界上的任何地区都没有像东北亚地区这样,有着如此广泛和明显的互补性。"这种互补性来自东北亚地区各国和各地区自然条件的显著差异性和经济发展的不平衡性。[1] 首先吉林省作为农业大省,在粮食出口上有着巨大的优势,正好可以弥补日本、韩国在这方面的不足。其次吉林省在原材料、资源和劳动力与日本和韩国的技术、资金具有较强的互补性,从而达到互利共赢。

(二) 内部劣势

首先,出口商品相对集中,生产加工的产品对资源依赖性强。由表1可以看出,吉林省的对外贸易始终以传统产业为主,出口的大多是资源密集型的初级产品以及初加工产品,导致进出口产品结构不合理并且产品附加值小。吉林省在国内外市场均处于低层次的劣势地位。

表1　　　　　　　　　2014年吉林省出口商品前十位

	商品	单位	数量	金额
1	服装及衣着附件	万美元	0	44 303
2	胶合板及类似多层板	吨	137 801	39 542
3	汽车零件	万美元	0	27 972
4	钢材	吨	529 041	27 811
5	汽车	辆	21 970	24 987
6	纺织纱线、织物及制品	万美元	0	22 751
7	粮食	万吨	18	16 571
8	医药品	吨	15 623	14 580
9	鲜、干水果及坚果	吨	10 308	14 412
10	肥料	吨	412 232	11 802

资料来源:《吉林省统计年鉴》(2015),图表由笔者自行整理绘制。

其次,产品创新能力低。近年来中国一直在强调"中国智造"而不是"制造",吉林省作为曾经的东北老工业基地观念较为陈旧,对制度和政策跟随时代

---

[1] 李玉潭. 东北亚区域经济概论 [M]. 长春:吉林大学出版社,2001 (3):72.

的不断发展而调整不能敏感地作出反应,从而导致吉林省对高新技术产业不够重视。处于内陆地区的吉林省也不能像沿海城市一样得到国内外投资者的青睐,这也是吉林省高新技术产业发展不充分的一部分原因。企业自主创新能力不足,产品附加值低缺少国际竞争力。

(三) 外部机会

第一,吸收外资。流入中国的外国直接投资主要来自亚太地区,其中日本和韩国都是中国最大的外国直接投资来源地。中、日、韩自贸区的形成,一方面减少了我国同日本和韩国之间的贸易摩擦,另一方面贸易壁垒及关税的降低,吉林省内大量的劳动力和丰富的资源,吉林省内乃至整个中国的消费市场,势必会吸引韩日两国的大量投资。以韩国对吉林省的投资为例,2010~2014年韩国对吉林省的外国直接投资总额基本呈逐年上升趋势。(见表2和图5)

表2　　　　　　　　2010~2014年韩国对吉林省投资情况

年份	项目数(个)	实际使用金额(万美元)	增加百分比(%)	实际投资额占对华投资总额的比重(%)
2010	70	12 320	-2.01	4.57
2011	54	50 996	314.53	19.99
2012	35	23 554	-53.83	7.75
2013	30	35 342	50.11	11.57
2014	34	49 319	39.55	12.44

资料来源:根据《吉林统计年鉴》(2010~2014年)及吉林省商务厅公开数据,图表由笔者自行整理绘制。

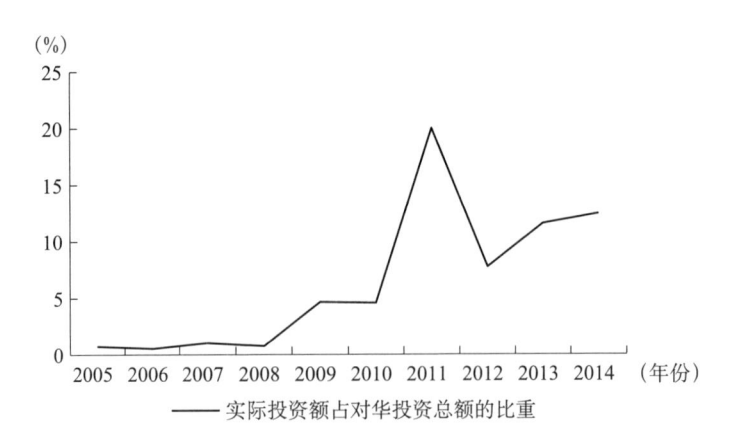

图5　2005~2014年韩国对吉林投资情况

资料来源:《中国统计年鉴》(2011~2015年)及吉林省商务厅公开数据,图表由作者自行整理绘制。

第二，引进先进人才和技术。日本、韩国相较于吉林省在资本密集型产品、技术密集型产品和工业制成品都具有优势，吉林省可以把握机会，借助来自高新技术产业发展迅速的日本韩国，加大对科学技术和高素质人才的引进，改变省内的整体技术水平。

第三，三国在文化产业的合作。三国在影视、游戏、动漫及文学方面的交流与融合，可以使吉林省特色文化进行广泛传播，助力吉林省经济的增长。

第四，促进国外就业和跨境旅游。利用语言文化优势，吉林省可以加大劳务出口，促进国外就业，缓解省内就业压力，同时也弥补日韩在劳动力资源上的欠缺。旅游业被认为未来中、日、韩三国发展的重点项目。三国同属旅游大国，吉林省利用在地缘上的优势，加强与日韩旅游的合作，大力发展跨境旅游，在发展旅游业的同时，也可以带动旅游周边服务业的快速蓬勃发展。

（四）外部威胁

第一，大量进口高新技术产品，抑制省内中小民族企业的创新与发展。大量技术的引进使吉林省不断增加对国外技术的依赖性，不断的技术模仿，最终导致省内企业缺少创新意识，抑制自身的发展，无法形成知识产权优势。

第二，贸易合作国家较为集中，不利于长期发展。由表3可以看出，吉林省的外贸进出口市场主要集中在德国，日本，匈牙利等地区，特别容易受到这些国家经济环境和经济政策的影响，简而言之就是对这些国家有了较强的依赖性，导致吉林省的对外贸易的可能会发生不定期的波动。

表3　　　　　　　　　　2014年吉林省主要贸易伙伴国

单位：亿美元

国家	进出口总值	出口总额	进口总额
德国	102.54	2.47	100.07
日本	30.47	6.47	24.00
匈牙利	9.91	0.08	9.84
美国	9.5	4.68	4.82
韩国	7.19	4.48	2.71

资料来源：《吉林省统计年鉴》（2015），表由笔者自行整理绘制。

第三，政治历史问题尖锐。中国、日本和韩国之间存在着比较复杂的历史问题，而这些复杂情况都有可能随时影响到中日韩自贸区的谈判进程。

四、SWOT 战略下吉林省对外贸易政策调整

吉林省对外贸易政策调整 SWOT 战略分析如图 6 所示。

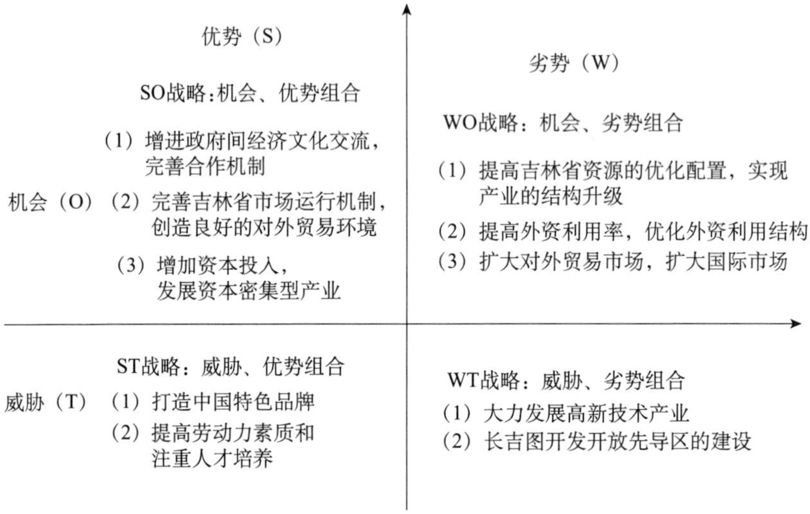

```
                    优势（S）              劣势（W）

              SO战略：机会、优势组合
                                    WO战略：机会、劣势组合
              （1）增进政府间经济文化交流，
                   完善合作机制        （1）提高吉林省资源的优化配置，实现
                                          产业的结构升级
  机会（O）   （2）完善吉林省市场运行机制，
                   创造良好的对外贸易环境  （2）提高外资利用率，优化外资利用结构

              （3）增加资本投入，       （3）扩大对外贸易市场，扩大国际市场
                   发展资本密集型产业


              ST战略：威胁、优势组合
                                    WT战略：威胁、劣势组合
  威胁（T）   （1）打造中国特色品牌
                                    （1）大力发展高新技术产业
              （2）提高劳动力素质和
                   注重人才培养         （2）长吉图开发开放先导区的建设
```

图 6　吉林省对外贸易政策调整 SWOT 战略分析

资料来源：图表由笔者自行整理绘制。

（一）S—O 政策

中、日、韩自贸区一旦成立，区域内经济的快速发展和外贸进出口总量的不断增加都能给吉林省带来巨大的机遇与挑战，所以在这种背景下吉林省应顺应国际潮流变化，不断调整对外贸易政策，同时结合自身的优势与机会，最大限度地发展。

第一，增进政府间经济文化交流，完善合作机制。政府间定期组织日韩企业和吉林省企业的相互考察与交流，举办大型经贸活动，为省内企业搭建良好的合作平台，深化经贸领域合作。与此同时政府间协同举办商品博览会，产品交流会等来扩大省内中小私营企业的外贸销售渠道。

第二，完善吉林省市场运行机制，创造良好的对外贸易环境。省内企业应该研究日韩的进出口标准，改进技术提高产品质量，使之符合标准，特别要注意日韩对农产品的高标准。企业也需要根据日韩市场特点，制定和实施匹配的市场营

销策略，避免不必要的损失。同时，政府应该不断加强对市场经济体制的监管，完善法律和金融体系，出台相应的政策为省内大中小企业给予一定的信用支撑，为吉林省的对外贸易提供一个良好的外部软环境。其次加强吉林省内基础设施建设，特别是保障交通运输体系的合理布局，加快高速公路、铁路、机场等基础设施建设，建设现代化物流及供应链系统，改善吉林省对外贸易的硬环境。

第三，增加资本投入，发展资本密集型产业。通过吸引外资和自身的投融资体制改革，扩大吉林省的资本密集型产业规模，发展深加工，高附加值的产业链，逐步改善吉林省需要进口大量深加工高附加值的高新技术产品，从而造成长年严重贸易逆差的局面。

（二）W—O 政策

在21世纪区域经济一体化的大背景下，吉林省要充分利用随着中日韩自贸区的推进发展所带来的机遇，通过高效地利用机遇去克服自身存在的劣势。

首先，提高吉林省资源的优化配置，实现产业的结构升级。2016年中国经济社会发展任务主要是"三去一补一降"，即指去产能、去库存、去杠杆、降成本、补短板五个部分，其中去产能是指去除高污染、低利润的过剩产能，补短板是优化资源配置的必要条件。政府大力推进产业结构调整，倡导企业将高能耗、高污染、技术含量低的产业不断转移。在政府主导资源配置的制度下，资本技术密集型企业，受到政府的政策扶持和补贴，致使企业缺乏动力进行技术改进、产品创新，忽视参与国际市场的竞争的重要性。所以政府在一定程度上需要合理配置资源，深化改革开放，着力改造和巩固吉林省的传统产业，重点是提升汽车、石化和农产品加工，不断提高外向型经济的核心竞争力，同时壮大医药健康、装备制造业、电子信息和旅游业，积极培育新经济、新业态。充分发挥比较优势，大力推动省内主导产业的出口，形成竞争力和支撑力并存的产业体系。

其次，提高外资利用率，优化外资利用结构。近年来吉林省国外资本的"引进来"发展快速，但多集中在第二产业。对此政府可以利用吉林省在农产品种植和加工上的比较优势，科学引导外资加大在第一产业上的投资力度，增加省内的农业管理经验及提高农业生产技术。企业在利用外资时，应做到合理、合适、高效，政府引导外资的主要流向，以高效的资本配置机制支持相关产业的发展。

最后，进一步扩大对外贸易市场，扩大国际市场。政府可以积极倡导中小企业与其他国家进行贸易，开拓新兴市场，争取与更多产业结构互补性强的发达国家建立合作关系，达到进一步扩大全球市场，促进吉林省对外贸易发展并且达到解决吉林省对部分贸易国过分依赖的目的。

(三) W—T 政策

为了防止不稳定因素和阻力对吉林省的对外贸易产生巨大的冲击,吉林省在充分了解自身劣势和外界威胁的基础上,应采取防御型政策,大力发展省内产业和建立试验区,积极应对多变局势。

一是要大力发展高新技术产业,实现科学技术创新。省内的大部分企业都缺少自主创新能力,缺乏智能创新型技术,导致出口的产品多为附加值较低的初加工品。从政府层面来说,吉林省应该加大在技术科研方面的投资,给予企业研发补贴,与省内吉林大学等高等学府建立合作关系,生产、教学、研究充分结合在一起,将高校的科研成果真正运用到实际生产中,改进传统技术,增强科技创新能力,提高生产力水平,随着发展不断扩大高新技术产业的规模,从而提高产品的核心竞争力。同时企业也应该做到自主创新,自主研发,树立品牌,拥有属于自己的知识产权,减少对日本、韩国等的进口依赖性。创新是进步的灵魂,科技创新是产业结构升级的强大动力。去煤炭、粗钢产能完成产业结构升级的任务都离不开强大科学技术的支撑。另外,吉林省作为中国的主要粮食产区,农业始终是引领吉林省经济发展的强大动力。科技的进步能够加快现代化农业的建设,利用科学技术推动机械化进程,促进农业的高质量,高产量发展,将吉林省的优势农产品出口规模进一步扩大。

二是积极推进长吉图开发开放先导区的建设。吉林省位于东北亚区域腹地,可以利用独特的区位优势为吉林省提供在东北亚各国开展经济合作的有利条件。2009 年 8 月 30 日,国务院批复了《中国图们江区域合作开发规划纲要——以长吉图为开发开放先导区》,一个涵盖大部分吉林省的城市圈正在建设之中。① 长吉图先导区以珲春为开发窗口,以延龙图(即延吉—龙井—图们)为开发前沿,长春、吉林作为依托,不断提升沿边的开放程度,来扩大与周边国家在经济领域的合作,加快吉林省边境贸易的快速发展。长吉图先导区作为吉林省与东北亚地区经贸合作的桥梁,政府应该充分调动积极性,重视重点城市发展,加快基础设施建设,完善先导区内物流和金融体系,吸引资本、技术、人才,以边境贸易带动全省发展。长吉图开发开放先导区从某一方面来说可以看作中日韩自贸区的一个提前试验区,为将来自贸区的正式建立打下基础。

---

① 吴昊,闫涛. 长吉图先导区:探索沿边地区开发开放的新模式 [J]. 东北亚论坛,2010 (2): 3 – 10.

（四）S-T 政策

随着三国贸易范围的不断扩大，势必引起各方在众多领域展开竞争，对彼此形成威胁。吉林省应该在竞争威胁与优势互补之间寻求一种平衡，处理好这两方面之间的关系，利用优势降低威胁。

第一，要打造中国特色品牌。中国的对外贸易虽然比较起步晚，但发展十分迅速。随着国内经济实力的不断增强，中国正在逐步向全世界市场开放，中国文化正在逐渐渗透进全世界消费者的生活。其中，同为东亚国家的日韩对中国文化的认同感更是高于其他国家，所以更容易接受具有中国特色的品牌。品牌是一个企业走出国门、走向世界的通行证。树立正确信念，保证理论与技术支持，吉林省可以根据三国之间的经济互补性，加大宣传力度，打造本地农产品品牌。例如玉米的外销，吉林省一直是我国的主要玉米生产基地，产量大、品质好，具有明显的资源比较优势。但目前国家的玉米已呈现供大于求，库存偏高等不利局面，因此，企业可以打造吉林省自身玉米品牌，出口资源缺乏国家来为省内农民寻求出路。

第二，提高劳动力素质和注重人才培养。吉林省劳动力资源相对丰富，为了提高劳动力在全球的竞争力，政府应加强教育，针对不同的劳动力实施相应的等级教育及语言培训。日韩都是制造业大国，对劳动力有较大的需求，吉林省可以利用省内朝鲜族在语言方面的优势进行对外工程承包和劳务合作，更好地使吉林省大量劳务人员走出国门。在引进人才方面注意市场的多元化需求，省内各大高校将理论与实践相结合，培养高素质，高能力的人才，为长吉图先导区的发展和自贸区的建成提供充裕的人力资源。

五、结语

中、日、韩自贸区的建设对于中、日、韩三国来说不论是在经济发展方面还是在社会进步方面都具有十分重要的现实意义。世界经济一体化的进程不断扩大，尽管目前三国在自贸区谈判还面对着许多问题和挑战，但是中、日、韩三国必须克服现有障碍，通力合作积极对抗贸易保护主义，循序渐进地推动中日韩自贸区的建设进程。

吉林省应该清楚地认识到自身在对外贸易发展的广度与深度上与全国和世界

的平均水平都有一定的差距。目前吉林省与东北亚区域经济发展前景被各界看好,虽然已经经历几年的快速成长期,但是发展空间依旧很大。吉林省在中日韩自贸区不断推进的情况下,应该把握机遇,主动迎接挑战,充分考虑自身优劣势,不断适应与调整对外贸易政策,以适应不断变化的新情况。

参考文献

［1］黄丹. 中国参与自由贸易区的现状和战略选择［J］. 中国集体经济,2010（13）：27-28.

［2］申彧. SWOT 分析法的应用进展及展望［J］. 知识经济 .2009（9）：1.

［3］李玉潭. 东北亚区域经济概论［M］. 长春：吉林大学出版社,2001（3）：72.

［4］吴昊,闫涛. 长吉图先导区：探索沿边地区开发开放的新模式［J］. 东北亚论坛,2010（2）：3-10.

［5］刘瑶. 吉林省对外贸易商品结构：基于 HOV 理论的研究［D］. 长春：东北师范大学,2011.

［6］郭苏漪. 吉林省与朝日韩贸易结构分析［D］. 长春：吉林大学,2008.

加快珲春国际合作示范区建设的金融支持研究

刘铁明[1]　刘雅祺[2]

【作者简介】　1. 刘铁明，男，吉林财经大学国际经济贸易学院，教授；2. 刘雅祺，女，吉林财经大学国际经济贸易学院，研究生。

【摘　要】　2012～2015年是珲春国际合作示范区的起步建设阶段，2016年是示范区建设步入全面发展阶段的起始之年。在该阶段发展过程中，对资金的需求不断上升，但资金供求的不均衡造成资金缺口越来越大，进而造成示范区建设速度放缓。因此，针对该问题，本文从珲春国际合作示范区金融支持角度，通过阐述示范区发展目前已取得的进步与成就、上海自由贸易试验区和大湄公河次区域经济合作的示范效应、金融支持面临的困境三个方面，提出拓宽资金渠道、解决资金问题、加强金融支持的意见以及建议。

【关键词】　资金缺口；金融支持；示范效应；珲春国际合作示范区

珲春市位于图们江流域的核心区域，不但有中、俄、朝三国交界陆路相连，更有中、俄、朝、韩日五国水路相连，是欧亚大陆桥的起点，水路交通优势显著。珲春市积极加强经济建设，积极推动社会经济发展，取得重大成就。2012年4月，国务院正式批准在吉林省珲春设立"中国图们江区域（珲春）国际合作示范区"（以下简称珲春国际合作示范区）。

自珲春国际合作示范区成立以来，示范区的建设取得了很大的进步，在交通物流网络建设、产业园区建设、示范区基础设施等方面的建设取得了一定的进展。但进行以上项目建设的基础是有充足的建设资金，而珲春国际合作示范区目前所面临的资金缺口问题十分突出，对示范区建设带来了不利影响，因此，如何缓解和解决资金缺口问题是示范区建设所面临的一个重大难题。本文针对珲春国际合作示范区资金供求缺口较大的现状，指明金融支持对示范区建设的重要性，阐述示范区金融支持现状，并借鉴上海自由贸易试验区建设经验和吸取大湄公河次区域经济合作教训，提出金融支持相关建议，以期扩大资金来源，保障资金安全，更好加快示范区建设。

一、珲春国际合作示范区建设成就

自 2012 年珲春国际合作示范区成立以来，在东北亚各参与国的积极参与和推动下，示范区建设取得了显著的进展。

第一，物流运输建设。国内方面，长春市—珲春市、吉林市—珲春市的高速公路已全面建成并投入使用；连接内蒙古乌兰浩特市与长春市珲春市的珲乌高速也已通车。从国际方面来看，"两山"铁路（中国阿尔山—蒙古国乔巴山）作为图们江国际合作大通道的关键点，正在加快项目建设进程；目前已经开通了珲春—扎鲁比诺—新潟、珲春—扎鲁比诺—釜山以及珲春—扎鲁比诺—束草的海陆联运航线；吉林省珲春—俄罗斯扎鲁比诺港口之间铁路的建成，结束了中国东北只有大连港一个出海口的现状。除此之外，珲春—罗津—上海（宁波）内贸货物跨境运输航线自 2010 年首次开通至今，也已多次完成运输任务。

第二，产业园区建设。2012 年中韩合作的浦项现代国际物流园开工建设，2015 年物流园一期工程已投入使用，二期工程正在积极建设中，预计在 2017 年进行第三期工程的建设。在 2014 年的吉林省政府工作报告中，政府提出了要推动中俄珲春－哈桑跨境经济合作区的建设。2015 年年初，珲春市为加快经济绿色转型，提出了建设煤化工、新型材料、海产品、木材、纺织服装、新型建材、温州工业、航空、健康产业、国际物流"十大园区"。

第三，投资力度加大。根据珲春市政府工作报告：珲春市重点实施项目 2012 年为 90 个，次年增长 40 个；项目计划总投资 2013 年 775 亿元，2014 年达到了 1 003 亿元，次年增长到了 2 249 亿元，约为上一年的 2.24 倍；招商引资 2012 年到位资金 120 亿元，2013 年到位 150 亿元，2014 年到位资金同比增长 24.1%；2015 年到位资金 200 亿元，同比增长 11%（见图 1）。

第四，旅游业快速发展。从旅游人数和旅游业总收入来看，近几年一直处于不断增加的趋势。2012 年，珲春市全口径接待国内外游客 92.6 万人，并实现旅游业总收入 11.5 亿元。2014 年，全市全口径接待人数增加了 59.1 万人次，全年旅游收入比上年增长 24.5%。到了 2015 年，全年共接待国内外游客 196.6 万人次，旅游收入突破 22.8 亿元（见图 2）。

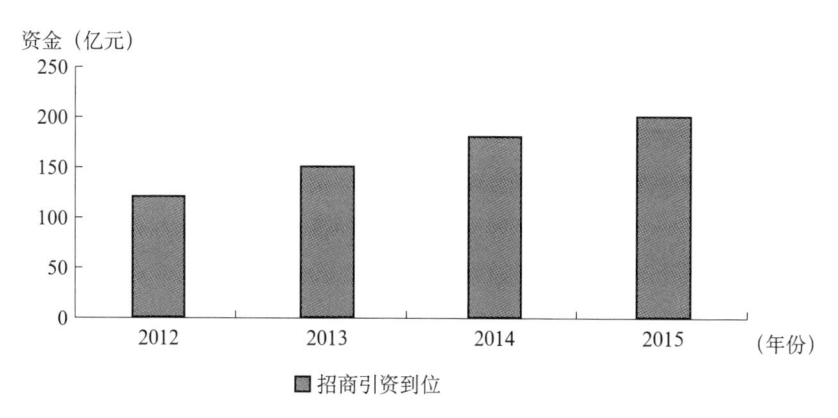

图1 2012~2015年珲春市招商引资到位资金

资料来源：2012~2015年珲春市政府工作报告。

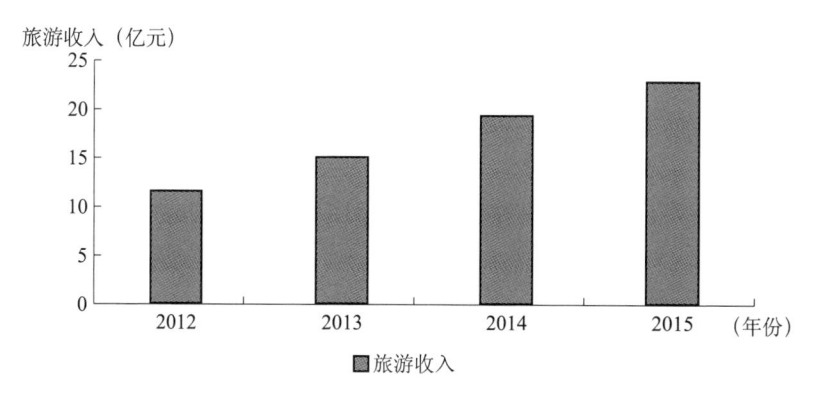

图2 2012~2015年珲春市旅游收入

资料来源：珲春市2012年国民经济和社会发展统计公报、2013~2015年珲春市统计年鉴。

另外，国内外开辟了许多旅游线路，旅游形式丰富多样。在中国境内珲春市，主要旅游线路有防川、长白山、镜泊湖、灵宝寺、敬信湿地、莲花湖、沙丘公园等。而国际旅游路线有9条，主要是与朝鲜、俄罗斯和韩国合作，可以分为跨国游、边境游、自驾游和环形游。

珲春国际合作示范区正处于图们江区域的中心区域，而图们江区域合作恰巧又是东北亚区域合作的一项重要举措。因此，加强对珲春国际合作示范区的建设，不仅有利于推动东北亚区域国家的经济发展，更有利于充分利用东北亚各国资源优势，使各国资源配置实现最优化。

根据吉林省政府下发文件，批复《中国图们江区域（珲春）国际合作示范区总体规划》，目前已经进入示范区建设的全面发展阶段，而该阶段建设所需要的资金量必定远超起步建设阶段的资金需求量。因此，示范区的发展速度在很大程度上会受到金融支持不足的影响。

二、珲春国际合作示范区建设金融支持的重要性和金融支持困境

（一）珲春国际合作示范区建设金融支持的重要性

金融支持在国际次区域经济合作中起着十分重要的作用，稳定有效的金融支持不仅可以保证经济合作中所需的充足的资金，还可以为各国之间进一步的金融合作打下基础。珲春国际合作示范区也属于国际次区域经济合作。因此加强对珲春国际合作示范区建设的金融支持，对于我国国内来说，不仅有利于推动吉林省经济进一步发展，还有利于促进我国东北地区经济发展，实现东北全面振兴。对整个东北亚区域来说，有利于促进资本在各参与国之间的流动，加强各参与国之间的经济联系。

（二）珲春国际合作示范区建设面临的金融支持困境

1. 资金供求差距较大。自2012年珲春国际合作示范区成立以来，资金供给与需求之间的矛盾越来越显著。2013年，示范区计划总投资为775亿元，当年实际到位资金为128亿元，约为计划总投资的16.5%；2014年，示范区计划总投资达到1 003亿元，而当年实际到位资金140亿元，相差863亿元；截至2015年，示范区的资金缺口扩大到了2 111亿元。计划总投资和当年实际到位资金不仅存在着巨大的缺口，而且缺口越来越大，资金供求矛盾越来越突出（见图3）。

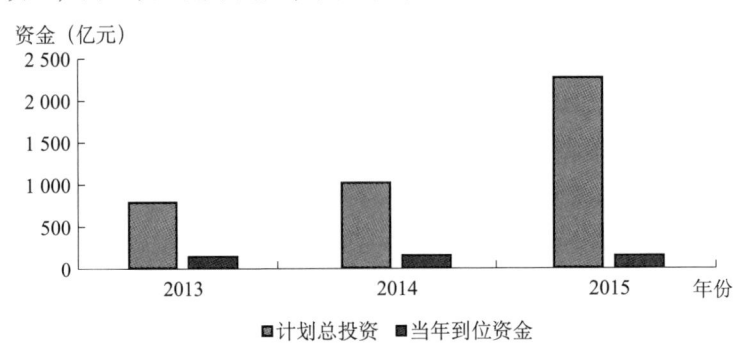

图3　2013~2015年计划总投资和当年到位资金

资料来源：2013~2015年珲春市政府工作报告。

2. 金融服务体系不完善。目前，珲春市现有金融机构均为基础金融机构，如商业银行、证券公司、保险公司、担保公司等，证券公司、金融租赁公司、期货公司等现代金融机构较少，而且这些基础金融机构的主营业务基本围绕存贷款展开，较少或几乎不参与资本市场的融资活动，提供资金和吸引资金能力较现代金融机构弱。

此外，没有俄罗斯、朝鲜、韩国等国在珲春市设立相应的银行分支机构或是其他非银行金融机构，金融机构的归属国仅限于我国，在一定程度上造成吸引外资的不便。

3. 缺少一个强有力的金融管理机构。2015年亚洲基础设施投资银行成立，来保障"一带一路"的实施；亚洲开发银行发起大湄公河次区域经济合作，借以推动湄公河流域的六个发展中国家互利合作、联合自强，并加强经济联系。珲春国际合作示范区虽然有专门的项目管理委员会，但管辖范围宽，不能进行有力的资金管理。因此，珲春国际合作示范区缺少一个类似于亚投行或者亚行的专门机构来统筹资金规划，提供资金来源。

4. 资金来源渠道狭窄。珲春国际合作示范区的建设资金仅靠我国中央政府和地方政府的财政预算支出是远远不够的，珲春市银行机构现有的闲置资金也不能完全放贷出去，招商引资所得到的资金对于整个示范区的建设来说也只是杯水车薪。

在珲春国际合作示范区的建设过程中，既没有世界银行、亚洲开发银行等国际性金融机构的参与支持，也没有欧美等国家大型跨国公司的加入。除此之外，示范区的建设只有少数实力强劲、资金雄厚的大型企业和国有企业才有能力参与，缺少一个有效的融资平台，致使广大中小企业包括民营企业不能有效地参与其中。

5. 资金的跨区域流动存在障碍。政治因素是对资金跨区域流动阻碍最大的因素。东北亚区域国家由于政治意识形态不同、历史因素等，常常把摩擦转嫁到经济贸易上来，而国家之间的贸易摩擦又常常会阻碍资金的跨区域流动。受朝鲜半岛局势的影响，2013年5月中国银行已经停止受理涉及朝鲜外贸银行的资金转账业务；中日之间的历史因素，再加上近几年的岛屿之争，加重了中日之间的贸易摩擦，影响着资本在两国之间的流动。

三、相关案例中金融支持示范效应分析

本文从国内和国际两个角度各选一个实例对珲春国际合作示范区进行金融支

持示范效应分析。国内范围内,上海自由贸易试验区和珲春国际合作示范区都是对外贸易开放的窗口,因此,上海自由贸易试验区的金融支持方面有很多可供珲春国际合作示范区借鉴之处;国际范围内,大湄公河次区域经济合作和珲春国际合作示范区均属于国际次区域经济合作,因此珲春国际合作示范区的金融支持建设可以吸收和借鉴前者金融支持不当的经验教训,尽量避免出现同类错误。

(一)上海自由贸易试验区的金融支持示范效应

中国(上海)自由贸易试验区是中国政府在上海设立的区域性自由贸易园区。陆家嘴金融片区在上海自贸区的国际金融中心中扮演着重要的角色,其主要任务是探索建立与国际通行规则相衔接的金融制度体系,持续推进投资便利化、贸易自由化、金融国际化和监管制度创新。

上海自贸区的金融支持建设给珲春国际合作示范区的金融支持建设起了很好的示范作用。

首先,从对待外商投资的角度来看,上海自贸区采用的是给予准入前国民待遇和实行负面清单管理模式。也就是说,自贸区内在对待外资进入时,给予外资不低于内资的待遇,同时在负面清单上列明自贸区内对外商投资项目和设立外商投资企业采取的与国民待遇等不符的准入措施。

其次,从民营资本投资的角度来看,自贸区内支持民间资本参与银行业,也可以与外资合作设立中外合资银行,这在很大程度上放宽了对民营资本的限制,大大提高了民营资本对自贸区建设的参与度,拓宽了自贸区建设的资金来源渠道。

最后,从自贸区金融制度创新的角度来看,人民银行、银监会、证监会、保监会在宏观审慎、风险可控的前提下,给予了自贸区很大程度上的政策试行。第一,不断推出金融创新措施,如资本项目可兑换、人民币跨境使用、利率市场化和外汇管理改革等方面的先行先试。第二,金融服务功能不断增强,自贸区内有多达87家有金融牌照的机构和金融服务企业入驻。第三,建立了完善的金融监管和防范风险的机制。

(二)大湄公河次区域经济合作的金融支持示范效应

大湄公河次区域经济合作于1992年由亚洲开发银行发起,涉及流域内的6个国家有中国、缅甸、老挝、泰国、柬埔寨和越南,旨在通过加强各成员国间的经济联系,推动各国平等、互信、互利,促进次区域的经济和社会发展。

大湄公河次区域经济合作面临的金融支持问题给珲春国际合作示范区金融支持的建设提供了许多经验教训。

一是金融技术相对落后。金融产品种类单一、结算收汇环节多、速度慢等，此外，还存在金融服务体系不健全，地下金融和外汇黑市的问题。二是亚洲开发银行并非专门为大湄公河次区域经济合作而建。因此，在资金的吸收、管理和使用方面，大湄公河次区域经济合作仍然缺少一个有效的管理机构，即缺少一个长效合作机制。三是金融人才的匮乏。就我国来说，一方面是延边的云南、广西等省区不但缺少高级金融人才，而且金融人才享受的待遇差距与中东部相比较大；另一方面，延边各省对现代国际金融人才的培养明显不足。四是金融基础设施建设滞后。法律基础设施方面，缺少一个严谨的法律体系来维护金融投资市场的秩序，法制环境较差；会计基础设施方面，没有完整的信息披露制度，且受各国经济发展水平影响，金融业发展落后；监管基础设施方面，更是没有严格的监管体系，是造成地下钱庄发展迅速的原因之一。

因此，基于以上大湄公河次区域经济合作过程中金融支持的不足之处，在珲春国际合作示范区的金融支持建设方面应尽量避免，吸取经验教训。

四、珲春国际示范区建设金融支持的相关政策建议

（一）拓宽资金来源渠道

1. 推动民营企业的参与。作为珲春国际合作示范区这样庞大的建设项目，仅仅依靠政府的财政支持和国企的投资是远远不够的。目前，珲春市民营企业以及个体工商户共约1 500户，是珲春经济发展最为活跃的力量。但是由于各种因素的制约，致使民营企业不能有效地参与到示范区建设中来，实力强劲的民营企业更是少之又少，这就致使许多来自民间的资金得不到有效利用。因此，为了鼓励民营企业带资积极参与到示范区的建设中来，政府应为民营企业的进入创造条件，给予民营企业参与到建设中的一些优惠政策。借鉴上海自贸区建设经验，放宽对民营企业的管理模式，尽量减少政府干预，多发挥市场在民营经济中的调控作用。准许民营企业在自负风险的前提下设立银行机构和建立中外合资机构，这样做不但能提高民营企业的风险防范能力，更能调动民营企业参与示范区建设的积极性，提高民营资本在示范区建设资本中的占有比重。

2. 吸引跨国公司的参与。实力强劲的跨国公司的参与，可以为示范区的建

设提供大量的资金。珲春国际合作示范区的建设所吸引的一些跨国公司,不应仅仅局限于东北亚地区的国家,东北亚地区只有日本和韩国两个国家资本较为充足,但这对于示范区的建设只是杯水车薪。因此,示范区在建设过程中,可以采取政府优惠政策,如负面清单管理模式和准入前国民待遇等、投融资、招标等形式,吸引美国、欧盟等资本要素更为充裕的跨国公司参与。

3. 加强与其他国际金融机构的合作。目前,世界银行、亚洲开发银行等国际金融组织还未对珲春国际合作示范区进行投资,国际商业银行以及私人资本同样也没有。鉴于此,应加快建立与世界银行、亚洲开发银行等国际银行的联系,积极争取国际金融机构的支持。俄罗斯联邦储蓄银行不仅是俄罗斯最大的国有商业银行,同时也是全球性的商业银行。由于珲春国际合作示范区的建设对俄罗斯远东地区经济发展起着重要推动的作用,因此,俄罗斯联邦储蓄银行可以成为示范区建设争取的潜在支持对象。

(二)政府提供良好的融资环境

1. 加强融资平台建设。推动建设以政府为主导、市场参与运作的政府融资平台。一方面,可用以整合优质资源和专项资金,有方向性、目的性地投入到珲春国际合作示范区的某一项目建设中,这样不但能够提高资金利用率,还能确保项目建设的资金充足;另一方面,政府通过融资平台,及时在平台上公布和调整全市固定资产投资指导目录,推动银行和金融企业之间的信息对称,加强双方信息交流和合作,有助于金融企业参与项目融资,实现政府、银行、金融企业三方面的对接。以政府信用为保障,鼓励金融企业积极参与到珲春国际合作示范区的建设中来,从而达到政府与金融企业的双赢。

2. 成立珲春建设基金组织。珲春国际合作示范区内的项目建设多为大型基础设施项目,具有投资需求大、回报周期长的特点。因此,要吸引更多的民营企业以及海外其他跨国公司的参与建设,就必须保证项目资金能够及时偿还。鉴于此,建议由各国政府联合成立专门管理示范区建设的基金组织——珲春建设基金组织。该基金组织的主要目的,就是利用政府信用为市场融资提供担保,从而降低财务风险。珲春建设基金组织一方面连接各国政府,争取各国政府的优惠政策;另一方面连接各民营企业和跨国公司,保证其投入的项目资金可以按时偿还。

3. 加强金融基础设施建设。金融基础设施建设主要包括三个方面:法律、会计和监管。

首先,在法律基础设施方面。通过东北亚区域各国参与协商,制定一套适用于珲春国际合作示范区金融发展的相关法律条例，如银行法、外汇法、期货法等。主要用于保护外部投资者，尤其是一些小型民营企业的投资者，维护示范区金融市场有序发展。

其次，在会计基础设施方面。在示范区内建立一套高质量的信息披露制度，加强市场透明度，让投资者能及时有效地了解示范区内各产业中企业的发展状况，使投资者对金融报告的可靠性充满信心，不但有利于促进投资者对示范区内产业继续或进行进一步投资，还有利于扩大投资者范围，吸引中小投资者的参与。

最后，在监管基础设施方面。通过构建高效的监管制度，一方面，时刻监督着示范区内的资本结构，对资本不充足的银行采取相应的矫正措施；另一方面，对示范区内的投资进行风险监督管理，以便能够在风险发生前或者发生之初进行及时处理，降低损失。

4. 进行金融技术创新，完善金融产品种类。金融产品的种类不能仅仅局限于货币形式，金融企业应该在保证示范区内金融市场稳定的前提下，提供汇票、股票、期货、债券等有价证券类的金融产品，同时为了满足投资者和市场的需求，进行适当的金融产品创新。例如，对于谋求投资稳定、风险规避型的中小投资者来说，可以推出利用衍生证券如期权、期货等进行创新的金融产品或提供保单，来吸引中小投资者的投资；再如，针对中小企业担心信誉度不足，贷款困难，可以在示范区内推行信贷产品证券化的试点；又如，可以以中央政府的信用度作为保障，在示范区内发行国债等。在金融产品和金融技术创新的同时，要汲取大湄公河次区域经济合作金融支持建设的教训，建立一个高效简洁的结算收汇体系，避免冗余的手续。

（三）采取 BOT 方式筹集资金

珲春国际合作示范区的开发建设是一个庞大工程，涉及能源电力、港口设施、公路铁路等方方面面。这些非经营性基础设施的建设投资量大、建设周期长、资金回收慢，并且由于各国开发投资目的和重点不同，不可能顾及示范区建设的方方面面，因此，为了鼓励东北亚各国的积极参与，可以采取 BOT 方式，即建设（build）—经营（operate）—转让（transfer）的方式安排东北亚各国进行项目融资。

通过设立专门的 BOT 项目实施机构，建立专业化的项目公布平台，及时发布和更新 BOT 项目资源，能够让意向企业随时了解相关项目信息。同时，政府应放宽对 BOT 建设项目的政策限制，同时提供优惠支持政策，为意向企业转化为实际参与企业提供政策保障。

采用 BOT 的方式来筹集资金，首先，让外国企业或本国企业来承担示范区内项目的投资、融资、建设和维护，由其提供建设中所需要的资金、技术、人才，能够很大程度上减轻各国政府的财政压力，能够更有效地筹集到更多的建设资金；其次，在协议规定的特许期限内，允许签约企业合理回收投资并赚取利润，让签约企业并非无利可图；最后，珲春国际合作示范区还有很大的投资开发空间，以 BOT 方式允许签约企业在协议特许期限内赚取利润，在一定程度上可以吸引欧美等发达国家跨国公司的参与。

（四）充分发挥银行机构的支持作用

银行机构一直以来在区域项目建设过程中扮演着一个不可或缺的角色。尽管珲春市位于中国境内，但仅靠中国的银行机构来建设国际合作示范区是远远不够的。因此，特提出以下建议：

第一，在珲春国际合作示范区的建设过程中，建议批准东北亚区域各国在珲春市设立主要银行分支机构，支持外资银行在珲春开设机构，便于不同币种资金的跨区域流动。

第二，珲春市农村信用社联合社现已开办卢布兑换业务，在稳定的前提下，珲春市银行机构逐步开办东北亚其他各国币种的兑换业务。

第三，2014 年，吉林省珲春农村商业银行与俄罗斯滨海股份商业银行签署了资金清算协议，双方通过建立清算机制实现人民币与卢布的直接清算。因此，还应继续推动吉林省商业银行和其他东北亚地区国家银行建立结算渠道，增强贸易便利化，以提高资金区域流动性。

（五）调动金融企业的积极性

一方面，对于银行机构来说，要不断扩大业务范围，不能仅仅将业务局限在存贷款。银行机构应在自身能够承受的范围内，提高投资、理财、基金、贵金属交易等业务的比重，提高吸引资金的能力。另一方面，对于非银行机构的金融企业来说，要增加现代金融企业的数量，政府制定相应的优惠政策鼓励该类金融企业的建立，一定程度放宽对非银行金融企业的限制。除了鼓励吉林省金融企业的建立，还可以学习上海自贸区的做法，在保证金融市场稳定的前提下，积极引进国外各类银行和现代金融机构，拓展珲春市国际金融业务，加强珲春国际合作示范区与国际金融的联系。

(六) 设立专门的金融管理机构

联合国开发计划署设立的图们江信托基金，所接收并管理的资金不仅要供给图们江经济开发区的建设，还要顾及东北亚经济、社会、环境的健全，所辖范围过大，对珲春国际合作示范区的建设难免顾及不全。因此，应设立类似于亚投行这样的专门的金融管理机构——珲春投资建设银行，用于接收、管理、分配、运作东北亚地区各国以及世界其他国家对珲春国际合作示范区建设的投资资金。珲春投资建设银行可以通过贷款、股权投资以及提供担保等方式，为珲春国际合作示范区基础设施和大型国际合作项目建设提供融资支持，以振兴包括物流、能源、工业、科技在内的各个行业投资。除此之外，珲春投资建设银行还可以作为一个半区域性金融机构进行与世界其他国际金融机构的交流，以争取其他国际金融机构的支持与合作。

(七) 加快金融人才的培养

人才是各行各业不断发展的关键因素。一名优秀的金融人才通过专业的资本运作，推动资金在各产业中的流动与配置，对提高资金的利用效率，避免资金闲置，节省不必要的资金浪费起着重要的作用。因此，国家和地方要加强对珲春国际合作示范区相关金融人才的培养，同时还可以从国外引进高级金融人才参与示范区建设。

参考文献

[1] 王德宇. 珲春国际合作示范区发展研究 [D]. 延边：延边大学. 2013.

[2] 齐峰. 中国（上海）自由贸易试验区对珲春国际合作示范区的示范效应研究 [D]. 长春：吉林大学. 2015.

[3] 毛胜根. 大湄公河次区域合作：发展历程、经验及启示 [J]. 广西民族研究，2012（1）：155 – 163.

[4] 卢光盛，邴可. 大湄公河次区域金融合作与中国（云南）的参与 [J]. 云南师范大学学报，2011，43（6）：39 – 45.

[5] 李海江，丁文丽. 大湄公河次区域经济发展现状与金融合作研究 [J]. 东南亚纵横，2008：13 – 17.

[6] 马进,唐文琳. 开放性区域公共服务设施提供的金融支撑平台构建——以 GMS 为例 [J]. 广西大学学报,2010,32 (2):11-15.

[7] 金永梅,崔粉善. 金融支持吉林珲春国际合作示范区建设中存在的问题及对策 [J]. 吉林金融研究,2013 (11):47-50.

[8] 王者富. 建立珲春国际合作示范区"金融自由贸易区"初探 [N]. 图们江报,2013-11-19 (2).

[9] 崔松玉. 珲春国际合作示范区建设存在的困难与对策 [J]. 延边党校,2013,29 (2):72-74.

[10] 袁天昂. 云南银行业的沿边发展战略研究——兼谈大湄公河次区域的金融合作与展望 [J]. 时代金融,2013 (1):89-91.

[11] 余山明,丁文丽. 云南推动大湄公河次区域金融合作的路径探讨 [J]. 时代金融,2010:101-103.

[12] 陈维新. 图们江区域发展研究的回顾与思考 [J]. 东北亚论坛,2014 (4):49-53.

[13] 刘国斌,杜云昊. 论东北亚丝绸之路之纽带——图们江区域(珲春)国际合作示范区建设的战略思考 [J]. 东北亚论坛,2014 (3):84-92.

吉林省打造东北亚国际物流中心对策思考

刘铁明[1]　付英雪[2]

【作者简介】　1. 刘铁明，男，吉林财经大学国际经济贸易学院，教授；2. 付英雪，女，吉林财经大学国际经济贸易学院，研究生。

【摘　要】　在经济飞速发展的今天，经济全球化促使了各国贸易的发展，世界政治经济格局也出现了新的重组，为形成共同的经济利益集团，次区域经济合作逐渐形成。在这种大背景下，为适应经济大潮，我国也正在加强重大战略谋划，务实研究重大举措，因地制宜地发展东北亚次区域经济。吉林省处于中国的东北部，是中、朝、俄三国交通和贸易的枢纽，全方位地参与次区域经济合作。国际物流是多国贸易的基础，打造东北亚国际物流中心，发展好物流平台，可以促使进出口货物快速运输，促进各国经济发展。根据现存问题，采取相应的对策，利用创新型思维，使东北亚物流中心发展得更好，从而提升吉林省经济实力。

【关键词】　东北亚国际物流中心；次区域经济；进出口货物

一、吉林省建设东北亚国际物流中心的必要性

进入21世纪，在区域经济一体化浪潮不断升温的背景下，中国建设了以港、珠、澳为基础的"珠三角"和以苏、浙、沪为基础的"长三角"，可以看出侧重南方的经济发展，这会使南方和北方之间的经济越拉越大，为防止这种现象，中央政府提出要振兴东北老工业基地，加快发展东北亚次区域经济。一般所称的东北亚次区域是指朝鲜半岛、俄远东地区、日本、蒙古国、中国的东北三省和内蒙古自治区东北部。而与吉林省直接贸易往来的朝鲜半岛和俄罗斯远东地区经济实力都相对落后，围绕东北亚地区建设铁路和高速公路，打造现代物流服务平台，建设现代化国际物流基地，降低货物运输费用，使信息明确化，贸

易更加频繁。

两国或两国以上进行的物流成为国际物流。国际物流有广义和狭义的区别。广义的国际物流指的是大范围的，具有高度理论性的国际物流交流。狭义的国际物流主要是因为一国的生产满足不了自己的需求，需要从其他国家进行货物转移，从而实现国与国之间的商品进行交易。吉林省打造东北亚国际物流中心，就可以将原来地理位置上运输路线缩短，从而减少了运输时间，降低物流成本，属于狭义的国际物流运输理论。

东北三省近几年与朝鲜和俄罗斯的贸易往来较多，其中辽宁省主要与朝鲜贸易较为频繁，而黑龙江省主要与俄罗斯发展较频繁，之所以要发展吉林省的物流产业，是因为珲春市是我国唯一地处中、俄、朝三国交界的边境口岸城市，由于地理位置处于"五国相望，三国相连"，还可以采取"借港运输"，使原来需要运送至大连再出口的货物，可以直接借助俄国或朝鲜的港口发货至日本，降低了物流运输成本，这对东北亚地区各国的发展都是起促进作用的。另外，辽宁省和黑龙江省主要采用水运，而吉林省是陆运，偏重不同，更加显示了东北亚物流中心要建在吉林省的必要性。

二、东北亚"金三角"地区物流现状

东北亚地区一般是指朝鲜半岛、俄远东地区、日本、蒙古国、中国东北三省和内蒙古自治区东北部，其中中朝俄交界是吉林省的珲春地界，这样具有自然地理联系的三个或三个以上国家的相邻地域间由政府推动的经济合作行为称为次区域合作，一般情况下次区域经济合作都会涉及产业上的综合合作，中朝俄物流产业发展是贸易沟通的基础。

（一）吉林省物流现状

吉林省物流现处于发展的初级阶段，在东北亚各国的支持和鼓励下图们江区域国际物流发展政策方针指导下，吉林省加快了与国际物流发展相关的交通运输道路、跨境运输合作机制、内贸外运、借港出海、海陆联运等国际物流基础支持条件建设。与此同时，中国吉林省积极引导图们江区域现有的运输、仓储、配送等传统物流企业，按照现代物流的理念进行改造升级，利用自身资源及图们江区域得天独厚的区位优势及自然资源禀赋，通过企业重组和改制，结盟战略合作伙伴，向周围的邻国学习他们是如何打造物流企业的经验，打造独立的第三方物流企业。

吉林省经济持续增长为国际物流发展夯实基础，中国图们江区域核心地区长吉图先导区位于中国吉林省内，其经济总量占吉林省的二分之一。中国吉林省近年来社会经济持续发展，由图1可以看出中国吉林省生产总值GDP增速趋势稳步上升，吉林省的经济得到了发展，也为物流产业的发展奠定了基础（见图1）。

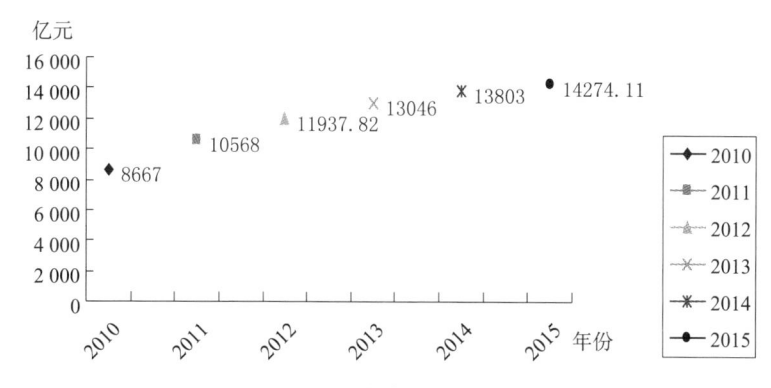

图1 2010~2015年吉林省GDP变化趋势

资料来源：国家统计局。

1. 物流企业现状。吉林省具有代表性的物流企业有一汽物流有限公司、吉林省长吉图国际物流集团有限责任公司和珲春浦项现代物流园开发有限公司。

一汽物流有限公司经营的范围比较广，建设地点在长春，涉及道路、铁路、水上货物运输服务。以及一些额外的附加服务业务，如装卸搬运、仓储、包装服务、劳务服务、汽车租赁等。公司既有较高的生产技术，又有足够的场地，由此可以看出一汽物流公司配置较全面，场地也很大，其主要运输的产品是汽车，目标结构化有点单一。虽然也支持其他领域的产品运输，但其对于汽车领域发展的更加完善。

吉林省长吉图国际物流集团有限责任公司主要以港口经营、国际货运代理、国际多式联运、进出口业务为主营业务，以仓储、加工、包装为附加业务。中国的珲春到俄卡梅绍瓦亚这段路上的铁路口岸国际货运业务已经完全包给长吉图国际物流公司，是中俄港口的唯一投资和操作的平台，对促进中国和俄国之间的贸易和发展物流有着重要的影响。

珲春浦项现代物流园开发有限公司将该地区建设为物流园，成为最大的物流一体化中心。第一阶段建设的办公楼和仓库已经在使用中，第二阶段的工程也已经完成，第三阶段的工程将在 2019 年竣工。

2. 货物运输方式现状。货物运输方式多种多样，传统的货物运输方式有铁路运输、公路运输、水上运输以及航空运输，不同的运输方式决定着运输速度的快慢。对于东北亚地区这种"五国相望，三国相连"的特殊地理位置，在无法单一运输的情况下，往往可以采用多式联运的方式，这种创新的运输方式既可以节省时间，又可以降低费用。

在铁路运输方面，国际合作示范区所在的珲春市境内铁路线总长度为 78 千米，包括两段。珲春—玛哈林诺铁路从珲春市西部经过，现状为二级干线铁路，可通过中俄长岭子口岸直达扎鲁比诺港，是欧亚第一大陆桥的组成部分。珲春至俄罗斯滨海边疆区玛哈林诺国际铁路的开通，对于振兴吉林经济具有重要作用。对于朝鲜，开通珲春—甩弯子—罗津港铁路。

在公路运输方面，国际合作示范区所在的珲春市对外公路网总里程 907.8 千米，境内有国家高速公路 1 条、国道 1 条、省道 3 条、国边防公路 37 条。

在海运方面，国际合作示范区周围分布着较多港口，有俄罗斯波谢特港、扎鲁比诺港、符拉迪沃斯托克港、纳霍德卡港和东方港，还有朝鲜的罗津港、先锋港。国际合作示范区是国际客货海路联运的最佳组合点，珲春市的四个口岸都能通过公路或铁路与俄罗斯、朝鲜港口连接。

除了以上三种运输方式，为加快物流产业中转速度，我国也加强了航空运输建设，目前延吉机场直接与长春、沈阳、大连、烟台、北京、沈阳等主要城市通航。现在吉林省主要运行的飞机场有长春龙嘉国际机场、长白山机场，陆续还会建设更多的航线，加大直接和国外进行运输，并提高效率。

3. 仓储现状。吉林省珲春市在仓储设施方面，物流仓储按照功能复合、分区明确、集聚分布的原则建立。珲春市仓储用地面积 191.31 公顷，与公共服务用地相互交错，有利于发挥国际物流的各种功能。

珲春市普通仓库用地面积 139.65 公顷，是物流服务片区的主要用地类型。布置普通仓库、仓库式专业交易市场、货物运输场地，发挥物流、配送、仓储、包装、运输、批发等功能。与对外交通用地紧密结合，以堆场为主，堆场用地面积 51.66 公顷，是中朝合作的主要货物承载地。

在吉林省长春市还建设长春兴隆综合保税区，具备公路、铁路、航空三位一体的综合交通优势，在保税的同时进行仓储，采取多方位全线覆盖物流仓储。

4. 信息化和人力资源现状。吉林省不断加强现代化物流系统基础设施建设，有局用交换机、长途自动交换机和本地电话机，这都为物流信息化的发展提供了物质支持。

吉林省还创建了许多物流网站，加大了信息自愿的流通。部分企业内部都建立了相对独立的物流信息系统，如一汽集团建立一汽物流有限公司，有效提高经济效益，增强了企业核心竞争力，并且初步搭建了第三方物流信息系统体系。

在人力资源方面，吉林省各大高校开设物流专业，每年为物流企业输送大量的物流人才，并且对于在岗员工进行培训，加强了物流人才的整体水平。

5. 对外通货口岸现状。吉林省现有 10 个边境县（市、区）中，除抚松县没有口岸外，其他 9 个边境县（市、区）共设有 13 个国家级口岸、2 个省级口岸和 11 个临时过货点。这些边境口岸和临时过货点，分布在吉林省境内 1452 千米边境线上，是吉林省对俄对朝合作的重要窗口。

近年来，珲春市以口岸和通道建设作为珲春国际合作示范区建设和发展重点，不断完善口岸功能，畅通对外通道。

珲春市辖区内共有 4 个国家级口岸：珲春公路口岸是吉林省唯一的对俄罗斯国际公路口岸，已开通至其他四国的运输航线；珲春铁路口岸，现在已经开放，可以让进行物流的两国人员通过，同时也可以让除了两国以外的第三国货物和人员通过；圈河公路口岸现为中朝国际客货公路运输口岸，位于珲春市图们江畔，为国家一类口岸。目前经由圈河口岸，利用罗津港的费用较比经由俄罗斯长岭子口岸，利用俄罗斯的港口费用低；图们市沙坨子口岸，是传统的民间贸易口岸，主要为中、朝边境贸易服务。

（二）朝鲜物流现状

朝鲜物流产业发展较为缓慢，大部分的货物运输时一般用火车，但糟糕的电力供应和老化的机车使得火车缓慢且不可靠，在朝鲜新兴的市场经济中，为了远距离运送大米、纺织品、牲畜等贸易物资，由老旧客车改成的物流车队几近完美，这些车辆被称为"服务车"，近年来一直在朝鲜各地运送货物，卫星图像显示，朝鲜的这个物流车虽然简陋，却日渐蓬勃。

由于经济状况属于发展中国家较为落后的情况，所以近几年才发展了一些物流运输企业，慢慢的也在步入正轨。朝鲜与东北亚其他地区贸易，使得其经济得到发展，并计划开通从图们开往朝鲜的铁路运输列车专线，通过铁路运输增加物流产业的运输量。

(三) 俄罗斯物流现状

俄罗斯基本物流服务质量较差,主要表现在运输、终端和仓库的基础设施等方面,由此导致绝大多数的运输、储存、库存管理和供应链等服务都要由实际操作的公司自己来完成68%。过去的三年,伴随国内市场需求下降,出口需要新的销售市场,其中伊朗、伊拉克、中东国家最有可能成为新的市场。然而,要想在出口市场上与外国公司展开竞争,需要额外的支持措施,包括物流成本补贴。目前,俄罗斯运输和物流服务市场仍然处于危机状态下,基本的宏观经济指标恶化——产量、消费和投资需求减少,进口下降,出口收入压缩,资本外流,卢布急剧贬值,通货膨胀——这些都是支撑俄罗斯运输和物流服务市场的重要参数。

现阶段俄罗斯运输和物流服务市场的特征及因素主要表现为:一是俄罗斯运输和物流服务市场在其自身发展过程中仍处于起步阶段。运输和物流企业的整合模式占主宰地位;开拓新市场、新产品;主导地位的垂直排列商业模式与水平组织互动相对比;俄罗斯物流供应商的规模相对较小(与西方公司相比),不应让他们与外国公司展开竞争;几乎不注重合作、整合、网络建设和效应累积。物流市场发展的下一阶段——分割市场、降低成本、增加第三方物流运营商,加强现有经济服务部门的横向整合,改善国内物流企业竞争力缺乏和物流基础设施落后的现状;它们需要在信任关系发展的基础上开展透明/开放的实践活动,这对于网络互动来说是非常重要的原则。二是经济危机正迫使我们过渡到新的以客户为中心的商业模式。然而,创造消费价值使其满足消费者,在这个单一业务流程中贯穿着跨职能的各个服务部门,外国公司就是这样运作的。俄罗斯物流服务市场的参与者——俄罗斯物流企业没有这种理念。针对一个单一客户/客户端的业务流程中缺少跨职能部门的联合。三是为了采用非标准的业务解决方案需要掌握新的能力:纳入(整合)到全球供应链中,参与网络互动的公司需要掌握沟通技巧;物流方案应更具灵活性、适应性和创新性;在供应链管理(和监督)中运用信息技术;在统一的业务流程中掌握管理物流整合技术。

俄罗斯方面,普京对俄罗斯远东和贝尔加地区确立了"三步走"的发展战略,意在加强与东北亚各国在物流方面的合作。随着"一带一路"倡议的提出,俄罗斯将制定全新的物流运输大通道,另外,货柜运输逐渐成为俄罗斯的物流主力发展,加大货物运输量。

三、吉林省物流现存问题

(一) 物流企业规模小，第三方物流发展速度慢

吉林省的物流还处于初级阶段，由于各项业务刚刚起步，技术上相对薄弱，物流成本相对较高，物流企业在发展时结构化较单一，在一贯的"重生产、轻物流"的观念影响下，许多物流企业还是传统的物流运输观念，没有认识到现代物流是利用信息化、现代化管理手段，对运输、仓储、配送、加工等进行综合协调的现代流通及供应链管理方式。不愿意将物流业务完全委托给专业性较强的物流公司，从而使物流费用较高，流通费用占生产成本的比例居高不下。因此，只有较少的企业具备专业化的第三方物流。

(二) 货物运输条件及设备滞后

综合的交通运输体系可以加快物流运输能力，运输能力的提升使国与国之间的贸易更加畅通，使得资源可以合理利用，从而经济得到迅猛发展，是发展经济的基础，也是建设国际物流中心的必要保障。

吉林省虽然初步形成了长珲铁路、长珲高速公路两大交通脉络，长春空港、延吉空港和俄、朝港口群配合发展立体的综合交通运输网络，在多领域已经建成大量的场站和仓储设施。但是，由于大部分批发零售业、交通运输业、仓储业的设施设备老化、陈旧，设备工作效率低下；重要交通运输基础设施建设缓慢，物流通道通而不畅，口岸限制因素多，物流"瓶颈"较多；以物流园区为代表的综合物流基础设施建设滞后，缺乏系统的整合物流功能和产业链的载体，不利于物流资源及企业的规模化集聚等，限制了物流业的发展，影响了物流管理水平和服务质量的提高。而由于物流结构不合理与吉林省铁路等基础设施建设滞后形成的粮食、汽车工业、石油化工、煤炭资源等产品的输出与铁路运力严重不足，国际物流流通效率低、成本高的问题，更凸显了问题的严重性。

从国际物流发展角度来看，国际陆海联运运输网络的骨架已具雏形，但系统整体的协调性不够，港口、铁路、道路等物流基础设施严重滞后，断头路段较多，妨碍了大通道的畅通行及整体运输能力的发展和利用。

(三) 物流链整合能力低

由于"金三角"交界珲春图们江区域在相当长一段时间内实行的是对内贸

易和对外贸易分离的管理体制,受计划经济时代影响较大。而且交界地区涉及中国吉林省的长春市、吉林市、延边州等不同行政单位,而且行政单位之间级别不一,行政管理体制不统一;同时,管理体制条块分割比较严重,物流协调管理工作呈现明显的管理部门各自为政的局面,缺乏协调整个吉林省物流管理的部门,物流体系在各部门进行人为的划分,从而使物流供应链的整合能力大大降低。例如,图们江区域内现有的仓储库房等设施,分别隶属于工业、商业、粮食、化工、物资和邮电等行业,目前大部分由于城市开发先后被拆除,剩余部分基本处于自我封闭或半封闭的储运状态,沿用传统的物质供销管理模式,功能比较简单,物流的成本较高,利用效率较低,不能有效发挥现代物流的作用。此外,国际物流企业之间基本没有分工,企业之间协作配合不够,更使物流整体系统全程化优劣难以充分发挥,造成许多资源不必要的浪费。

(四) 政府管制及法律实施力度不强

吉林省处于东北亚"金三角"交界珲春的地理位置必将产生大量的高端物流需求。但目前,珲春市图们江区域还无法形成统一的、整体的、系统的、共享的国际物流市场,已经严重制约和影响着国际物流产业的发展。区域物流管理体制上由于人为的分割问题,存在许多的不合理现象,过度分散导致建设国际物流枢纽中心协调能力较弱,限制了该地区国际物流的发展。在物流信息化方面,吉林省目前为止尚没有出现统一的物流信息系统,现存的物流企业的数据不能够互联互通。此外,图们江区域有关国际物流发展的地方性及国际性的政策法规及优惠政策基本上是空白,还没有用于鼓励国际物流业发展、创新的专项产业引导资金,尚未出台用于扶持国际物流企业做大做强的财政优惠政策,在引进国际物流高端技术管理人才方面,也缺乏相应举措。总之,高效且系统性的政策法规体系尚未形成。

(五) 人才技术和信息化水平较低

吉林省围绕打造物流基地:第一,缺少熟悉服务对象的生产、经营和销售的人才,只有熟悉服务对象的要求,才能更有效率。第二,缺少熟悉国际物流服务组织、国际运输组织管理相关业务的人才。第三,缺少熟悉国际市场营销、国际贸易结算和计算机网络技术以及国际物流信息开发及维护等多方面的专业人才,具有国际现代物流策划、管理能力和国际现代物流运作经验的中、高级人才,如懂得现代物流管理技术的系统化管理人才。同时,目前吉林省物流企业物流设施的技术装备也比较落后，经营管理中计算机应用程度比较低，还基本停留在单一的运输、仓储、搬运的水平上，根本没有实现供应链一体化、无纸化、配送自动化、信息化管理等，对货物组配方案，最优库存控制，运输的最佳途径，现代物流工作流程等还没有科学合理规划计划，与发达城市国际物流业的差距较大。

四、打造东北亚国际物流中心采取的对策建议

（一）改善第三方物流信息平台，使信息具有透明度

建设基本的物流信息平台，并且设立多个层级，多种分类方式进行管理。第一，设立物流监督管理部门、业务部门和一些行业协会相关链接，发布相关的交换信息、物流跟踪信息及相关信息的查询服务。第二，资源进行整合，将分散于中小企业的资源进行有效的整合，实现资源共享，进行在线交易。第三，对已有数据进行整理、分析，为以后政府在物流方面的规划提供决策支持。

信息平台构成采用金字塔型的分层方式，最直接展现的是基础功能层，由外到内为行业的管理层、物流信息中心，最后为企业层也就是最高决策层。通过采集基础数据，各行各业在此基础上处理信息平台中相应的信息业务，物流信息中心对这些信息进行运行，并为企业层提供信息增值服务。

（二）完善政策法规

吉林省的法律部门和行政部门进行协调工作，清理现在已有的政策法规，在此基础上进行排查，调整和完善与物流业发展相关的政策法规，建立规范的物流产业政策支持体系。

检查清理现有法规。对于与实际不相适应的政策，尽快废止或进行调整，对于应该保留的政策法规条款，要统一进行梳理、完善，使这些法律、法规有序排列，减少由于排查不清出现的矛盾，建设出一个有规范机制，公正公平的物流企业健康发展的市场环境。

制定新的法规政策。查找出现存的法律法规有哪些，按照现代物流业的特点和规律，尽早出台地方性物流管理法规和扶持政策，并由中国政府牵头，协调经委、交通、工商和税务等中国政府职能部门组织落实，在土地指标、产业调控、

要素资源、技术改造、商品检验、交通管理、财政税收和重点企业培养等方面为现代物流产业发展提供支持。

（三）加强人才培养和技术提升

针对吉林省目前国际物流业人才较匮乏、服务层次较低、管理水平低下的问题，应该对部门联手，不同部门进行组合，并且多层次结合，加快培养出高尖端的复合型人才，建设一套完善的人才培养体系，有计划、有目标并且高效地进行人才引进和培养工作。

引进人才。引进外界优秀物流人才作导师，给予相应的优惠政策留住人才，高福利政策聘请具有国际视野懂得如何经营和管理的高级物流人才，并创造条件让他们充分发挥作用。

培养人才。吉林省重点大学有吉林大学、长春理工大学、延边大学等，要求高等院校开设"现代物流管理"专业，校外导师进行实践培养，加大物流人才培养力度，推进物流技术研究开发工作。鼓励区域内高校与中国国内高水平物流院校联合办学，加快提高其教学质量和培训能力。

（四）仓储物流一体化

要想实现仓储物流一体化，我们可以采用联动的方式，如施行"1+2模式"即将长春综合保税区与两个物流园区结合起来发展，外来货物如不急于运输，可以将其运送至长春兴隆综合保税区进行保税物流，保税物流中心有政策优势，进入中心视同进出口，加工结转货物只要报关进入中心即可享受退税，避免像过去那样须将货物运输运到边境"一日游"再运回国内。在保税区内既享受了保税区的优惠又增加了我国的仓储容量，在保税区运出后可以在加工贸易物流园区或转口贸易物流园区进行加工和储存。未实行仓储物流一体化的货物运至普通仓库，造成仓库货物过满，保税区和物流园闲置很大空间，使资源分配不合理，造成资源浪费，现采用"1+2模式"更能处理好仓储和物流，使其具有联动效应，协调发展，降低费用的同时又能享受到特殊的服务。

参考文献

［1］方创琳，崔军等．中国图们江区域城市国际经济合作开发战略［M］．北京：中国经济出版社，2013．

［2］邱成利. 图们江区域经济开发研究［M］. 上海：文汇出版社，2015.

［3］李铁. 吉林延边开放问题研究［M］. 长春：吉林人民出版社，2014.

［4］李铁. 中国东北地区全面向东北亚区域合作开放战略研究［M］. 吉林省图们江国际合作学会，2013.

［5］杜鹃，毕新华，屈春艳. 吉林省物流信息化的发展的问题及对策［J］. 经济纵横，2010（5）.

吉林省商务人才胜任力指标体系与评价实证研究
——基于东北亚经济合作的背景

张 洋

【作者简介】 张洋,女,吉林财经大学国际经济贸易学院,讲师。

【摘 要】 在东北亚经济合作的背景下,创新商务人才建设是吉林省经济发展的重要推动因素,而对商务人才胜任力的研究是创新吉林省商务人才建设的重要内容。当今国际上对商务人才胜任力已经有了一定规模的研究成果,然而并不完善。为了更准确地测量商务人才的胜任力,本文采用定量与定性相结合的方式。首先通过调研问卷、访谈等方式,运用 SPSS 软件测量出影响商务人才胜任力的主要因素,并根据层次分析法原理建立了商务人才胜任力评价指标体系。采用多层次灰色评价方法对商务人才胜任力进行了实证研究,为科学评价商务人才胜任力进行了有益的尝试。

【关键词】 商务人才;胜任力;评价指标;实证研究

一、引 言

"胜任力"(competency)一词最早在 1973 年由美国哈佛大学教授大卫·麦克莱兰(David McClelland)提出,随后胜任力及其相关研究便得到了迅速发展,各行各业都围绕胜任力的理论,并结合所在行业的情况进行了有针对性的研究和实践探索。我国的商务贸易在我国加入 WTO 后得到了长足的发展,从事贸易行业的个人和企业的数量迅速增加,业务也迅速增长。对外经济贸易的发展给国际商务人才的培养带来了机遇和挑战。商务领域是国际竞争的前沿领域,商务人才胜任力的发展是新时代下的必然要求,对吉林省在东北亚经贸合作中的发展具有重大的实践意义。然而目前吉林省对商务人才胜任力的建设还处于初级阶段,虽然取得了一定的成果,但还存在力度不够大、体系不够健全、方式比较单一等缺陷。因此，对商务人才胜任力评价指标体系的研究势在必行，是东北亚经贸合作背景下人才资源管理与开发的重要途径和依据。

二、理论基础与文献回顾

1. 胜任力。关于胜任力的研究最早可追溯到20世纪50年代约翰·弗拉纳根（John Flanagan）的研究，弗拉纳根在他的文章中提出了关键事件技术（Critical Incident Technique，CIT）。1973年，美国哈佛大学教授大卫·麦克莱兰发表了《测量胜任力而非智力》一文，它成为"胜任力运动"的标志。20世纪80年代，关于"胜任力"的研究风靡全世界，并成为当代心理学、管理学、教育学等领域的研究热点问题。

针对胜任力的不同层次和角度，国内外学者认为胜任力主要具有以下三个重要特征：一是绩效关联性，用来预测员工未来的可能的绩效产出；二是动态性，与工作情景相联系；三是可区分性，可以辨别优秀和普通员工的业绩。由此可见，胜任力概念从一出现就和工作绩效之间存在着必然的联系，更能从深层次探讨个人特质对其业绩的影响。

2. 我国商务人才胜任力的研究现状。十几年来，我国的相关学者在商务人才胜任力的概念界定、模型构建、现状调查以及培养策略等方面分别取得了一定的成果。如徐小薇（2009）提出构建国际商务胜任力模型，培养合格的国际商务人才；王笑铮（2014）通过问卷调研和统计分析，提出基于胜任力模型的电子商务人才评价指标体系；张灵（2014）研究了胜任力模型视角下的湖南商务人才能力与建设；李佳（2012）提出了基于胜任力模型的电子商务人才评价指标；李蓉（2016）提出了基于跨境电商人才岗位胜任力需求的实践教学体系优化方法等。我国胜任力研究始于20世纪90年代末，目前还处于萌芽和发展阶段，在研究思路、研究内容和研究方法等方面还存在一些不足，研究的层面比较单一，方法也没有达到多样化，没有进入实质性的研究。

三、商务人才胜任力评价指标体系研究

（一）评价指标的选取

科学合理地选取评价指标是正确评价商务人才胜任力的前提与基础，会直接

影响到分析结果的可靠性和有效性。运用统计学软件 Spss 19.0，通过对吉林省十几所贸易企业调研的基础上对影响商务人才胜任力的因素进行了实证研究，用科学的量化方法得出影响商务人才胜任力的因素和它们的影响力及重要程度。因子分析比较适合对影响因素的分析判定研究，可以有效地保证研究的信度和效度。

1. 问卷构建。构建问卷的过程如下：首先查阅了国内外研究商务人才胜任力的文献，对前人的研究成果进行了归纳和总结，得出商务人才胜任力影响因素13项，然后邀请了5所吉林省贸易企业的总经理和中层业务骨干等共计16人进行了小规模的访谈，邀请他们写下自己认为与商务人才胜任力评价密切相关的影响因素，共收集了影响因素29项。通过对这些因素的合并归类和整理，得出影响商务人才胜任力的因素27项。又通过对这几个企业中优秀商务人员的访谈和研究，对其进行了进一步的删减和合并，最终保留的影响因素有22项。最终问卷共由22个题目组成，全部采用5点式Likert量表来测量，要求被测试者判断每一个条目对商务人才胜任力的重要程度。从1（完全不重要）到5（特别重要）。

2. 样本的选取。通过朋友的介绍联系了吉林，长春两地的7所贸易企业并实地发放了问卷，现场回收。问卷的填写人员均为企业从事贸易的商务人员、骨干以及中层管理人员。两地合并共收回问卷234份，回收率为94.6%，剔除8份填写不全的问卷和6份填写无效的问卷，共得到有效问卷220份，有效率占94%。

3. 信度检验。通过应用软件对问卷进行了总体信度检验，得到 Cronbach's α 信度系数为 0.927（N = 22），这说明问卷的整体结构设计具有较高的可信度。判断样本充足性的检验系数（Kaiser-Meyer-Olkin）为 0.927，大于 0.5 的经验值，据 Kaiser（1974）的观点，极适合进行因素分析；Kmo – Bartlett 球形检验近似卡方值为 1 674.527，自由度为 229，显著性为 0.000，证明适合进行因子分析。

4. 提取主因子。根据相关系数矩阵，按照特征值大于1的标准共可提取5个因子作为项目变量的主因子，5个因子的累积贡献率为90.646%，能解释变量的大部分差异，具有较好的解释率。此外，学者塔巴契尼克（Tabachnick）与菲德尔（Fidell，2007）从个别共同因素可以解释题项变量的差异程度，提出因素负荷量选取的指标准则。依上述专家的研究结果，在因子分析负荷量的挑选准则最好在0.4以上，因此将载荷系数为0.389的一项删除。

5. 因子内部一致性信度检验。根据探索性因素分析的结果，将问卷划分为5

个分部分，经检验 5 个部分的内部一致性系数（Cronbach's α）均在 0.50 以上，说明在各个分部分上信度良好，是可以接受的。5 个因子中所包含的每个题项的负荷量都在 0.5 以上。根据测量指标的内容，参考国内外学者对商务人才胜任力模型的划分标准。将 5 个因子分别进行了命名，即知识技能因子，组织管理因子，组织协调因子，人际沟通因子和个人素质因子（如表 1 所示）。

表 1　　　　　　　　　　商务人才胜任力影响因素量

序号	因子名称	测量指标	负荷量	Cronbach's α	解释变异量
1	知识技能	V17 专业相关基础知识 V22 商务运作与管理基础知识 V13 相关商务政策与法律法规 V6 外语知识与技能 V21 计算机知识与技能 V19 语言表达能力 V18 实务操作能力 V16 中英文商务写作能力 V2 资料信息处理能力 V4 灵活创新能力	0.812 0.776 0.745 0.684 0.671 0.610 0.592 0.587 0.576 0.546	0.802	27.120%
2	组织管理	V10 计划能力 V11 贯彻落实能力 V20 危机处理能力 V15 大局意识与成本意识	0.723 0.682 0.587 0.534	0.703	24.284%
3	组织协调	V3 组织能力 V8 授权能力 V12 激励能力	0.712 0.623 0.535	0.621	21.223%
4	人际沟通	V9 合作与协调能力 V7 跨文化能力	0.769 0.620	0.633	9.293%
5	个人素质	V1 诚信与职业道德 V5 责任与身心健康	0.824 0.612	0.599	8.726%

（二）指标体系的构建

根据因子分析的结果，遵循指标设计的系统性、科学性、全面性、客观性和可行性原则，通过对多所企业经理和中层管理者的咨询以及对各个胜任力影响因素进行全面的分析比较，对个别项目进行了合并和细化，最终确立了吉林省商务人才胜任力评价指标和细分项目。主要包括知识技能胜任力，组织管理胜任力，组织协调胜任力，人际沟通胜任力和个人素质胜任力。

根据层次分析法原理，建立三层评价指标体系如表 2 所示。该体系包括三个层次和 23 个指标，其中一级指标即目标层是商务人才胜任力，二级指标即准则层包括知识技能胜任力，组织管理胜任力，组织协调胜任力，人际沟通胜任力和个人素质胜任力,三级指标即子准则层是在此基础上细分而得出。

表2　　　　　　　　　商务人才胜任力评价指标体系

一级指标	二级指标	三级指标
商务人才胜任力（C）	知识技能（D_1）	文化与专业基础知识（D_{11}） 外语与计算机相关技能（D_{12}） 相关政策与法律法规（D_{13}） 商务写作与实务能力（D_{14}）
	组织管理（D_2）	计划能力（D_{21}） 判断能力（D_{22}） 应变能力（D_{23}） 贯彻落实能力（D_{24}） 危机处理能力（D_{25}） 大局意识与成本意识（D_{26}）
	组织协调（D_3）	组织能力（D_{31}） 冲突处理能力（D_{32}） 授权能力（D_{33}） 激励下属能力（D_{34}）
	人际沟通（D_4）	表达理解能力（D_{41}） 人际感受能力（D_{42}） 人际想象能力（D_{43}） 合作与协调能力（D_{44}） 跨文化能力（D_{45}）
	个人素质（D_5）	诚实守信（D_{51}） 职业道德（D_{52}） 责任心（D_{53}） 身心健康（D_{54}）

知识技能胜任力主要测度商务人员在知识技术方面的能力,主要包括文化与专业基础知识、外语与计算机相关技能、相关政策与法律法规与商务写作与实务能力。主要测量商务人员在文化与专业基础知识的积累,在外语和计算机等必备职业技能方面的水平,对相关政策与法律法规的理解和掌握以及商务写作能力与实务能力。因此,对商务人才知识技能的测度是衡量商务人员胜任力的基础因素。

组织管理胜任力,包括计划能力、判断能力、应变能力、贯彻落实能力、危机处理能力和大局意识与成本意识等测量项目。主要测量商务人员能否对某个项目有良好的计划,在策略选择上能否准确地判断,是否能针对临时产生的情况作出正确的应变,适当调整策略。能否较好地贯彻和落实任务。能否有大局意识和成本意识,在面临危机之时,是否懂得如何运用新的技术全方位地有效传播和收集信息,使损失降低至最低限度。

组织协调胜任力是管理者必备的能力之一,是指按照组织目标去分配资源,通过激励、控制、协调等一系列方式和手段来化解矛盾,促进组织和谐发展,圆满完成组织目标的能力。主要包括工作开展过程中的组织能力,面对复杂局面的问题解决能力以及在处理问题上的授权能力,以及作为合格领导者对团队成员的激励能力。能否对工作中出现的矛盾进行准确的判断,尽量避免冲突并根据不同情况采取压制、均衡、妥协、合作等不同的解决方案。是否懂得如何去促进工作,激励下属,并针对不同的人应采取不同的激励方式。

人际沟通胜任力,包括表达理解能力、人际感受能力、人际想象能力、合作与协调能力与跨文化能力。衡量在组织中商务人员是否能够处理好单位工作中的人际关系,富有团队合作精神。能否充分尊重和理解对方,明确沟通的目的,掌握好沟通的时间与方法,建立良好的人际吸引力,锻炼良好的人格,开展以工作为中心的团队合作,发展跨文化理解和交际能力。

个人素质胜任力是包括个人能力、专业技术、进取精神、道德情操、工作态度、爱岗敬业、责任意识以及良好的身体素质等一系列方面的综合能力。主要考察商务人员是否具有良好的身体素质、较高的道德素质、专业素质和职业道德。

(三) 评价方法的选取

商务人才胜任力是一个定性的指标,具有不确定性和复杂性,难以直接观察和精确度量。目前,对于商务人才胜任力的评价主要以定性为主,少部分定量分析采用较多的评价方法有层次分析法,模糊综合评判法,关联矩阵法等,但这些方法都有各自的局限性,如模糊综合评判法,缺乏必要的权重量化值,评价精度相对较低,而层次分析法,虽然考虑了量化部分,但主要缺点为定性数据多,受人为主观因素影响大,易造成决策失误。

而将灰色理论和层次分析法相结合的灰色多层次评价法能够较好地解决评价指标难以准确量化和统计的问题。虽然在确定指标权重时会受一定的人为因素影响,但它能将主观评价降低到最低限度,且其更多的是进行定量分析和评价,因此,采用多层次灰色评价方法能够对商务人员胜任力进行客观准确的量化评价。因此,采用这种方法是一次有益的尝试,为提高商务人才胜任力评价的科学性提供有益的参考。

四、商务人才胜任力评价指标实证研究

(一) 建立评分等级指标

评价指标 D 是定性指标,为了便于评价,需将其转化成定量指标。采用李克特五级量表,将 Q 的优劣标准分为 5 级,评价值为 5、4、3、2、1,分别表示优、良、中、及格、差。当指标等级介于两相邻等级间时,相应评分为 4.5、3.5、2.5、1.5。

(二) 确定评价指标的权重

(1) 采用层次分析法确定权重,首先应建立递阶层次结构,这里采用上文表 2 研究得出的三层次评价指标体系。

(2) 构造两两比较判断矩阵。对每一层次各因素的相对重要性用数值形式给出判断,并写成矩阵形式。任何判断矩阵都应满足 $b_{ij} = 1$,$b_{ij} = 1/b_{ij}$ (i, j = 1, 2, …, n)。

(3) 层次单排序和一致性检验。矩阵 b_{ij} 表示相对于 A_k 而言,B_i 和 B_j 的相对重要性。通常取 1,2,…,9 及它们的倒数作为标度。

计算判断矩阵的特征和特征向量,即对判断矩阵 B,计算满足 $BW = \lambda_{max} W$ 的特征根和特征向量。在得到 λ_{max} 后,还需要对判断矩阵的一致性进行检验。需要计算一致性指标 CI,定义为

$$CI = \lambda_{max} - n/n - 1 \qquad 公式(1)$$

当 CI = 0 时,具有完全一致性,CI 越大,一致性就越差。将 CI 与平均随机一致性指标 RI 进行比较。RI 的取值如表 3 所示。

表 3   RI 取值表

阶数 n	1	2	3	4	5	6	7	8	9
RI	0.00	0.00	0.58	0.90	1.12	1.24	1.32	1.41	1.45

如果判断矩阵 CR = CI/RI < 0.10 时,则此判断矩阵具有满意的一致性。否则就需要重新调整。

(4) 确定权重。通过计算最后得到权重集。

一级评价指标 D_i (i = 1, 2, 3, 4, 5),权重集 A = (a_1, a_2, a_3, a_4, a_5) = (0.145, 0.192, 0.068, 0.291, 0.304)。

二级评价指标 D_{ij},A_1 = (0.568, 0.21, 0.073, 0.149),A_2 = (0.335, 0.105, 0.224, 0.074, 0.194, 0.048),A_3 = (0.184, 0.268, 0.476, 0.072),A_4 = (0.45,

0.228, 0.16, 0.097, 0.065), A_5 = (0.127, 0.499, 0.289, 0.085)。

（三）组织专家评分

以吉林省某贸易企业为例，邀请 10 位企业中高层人员组成评审团，对该企业某部门上一年度考核分别为良好以上的 5 位商务人员为例进行考核和打分。以其中某一位商务人员的得分为例。将评价标准 V_{ij} 的优劣标准划分为 5 级，并分别赋值为 5 分、4 分、3 分、2 分、1 分，指标等级介于两相邻等级之间的，相应评分为 4.5 分、3.5 分、2.5 分、1.5 分。

评价样本矩阵如下。

$$D = \begin{vmatrix} 4.0 & 4.5 & 4.0 & 4.0 & 4.5 & 4.5 \\ 4.5 & 5.0 & 4.5 & 4.5 & 5.0 & 4.5 \\ 4.5 & 4.0 & 4.0 & 3.5 & 4.0 & 4.5 \\ 4.5 & 4.0 & 4.5 & 4.0 & 5.0 & 4.5 \\ 4.5 & 4.0 & 4.5 & 3.5 & 4.5 & 4.0 \\ 4.5 & 4.0 & 4.5 & 4.0 & 4.5 & 4.5 \\ 4.5 & 4.5 & 4.0 & 3.5 & 4.0 & 4.5 \\ 4.5 & 4.0 & 4.5 & 4.0 & 5.0 & 4.0 \\ 4.0 & 4.5 & 4.5 & 4.0 & 4.0 & 4.5 \\ 4.0 & 5.0 & 4.0 & 3.5 & 4.5 & 4.0 \\ 4.5 & 4.5 & 4.0 & 4.5 & 4.5 & 3.5 \\ 4.0 & 4.5 & 4.0 & 4.5 & 4.0 & 4.0 \\ 4.5 & 4.5 & 4.0 & 3.5 & 4.0 & 4.0 \\ 4.0 & 4.5 & 4.5 & 4.0 & 4.0 & 4.5 \\ 4.0 & 4.5 & 4.0 & 4.0 & 4.5 & 4.0 \\ 4.5 & 4.0 & 4.0 & 3.5 & 5.0 & 4.0 \\ 4.0 & 4.5 & 4.5 & 4.0 & 4.5 & 4.0 \\ 4.0 & 4.5 & 4.5 & 3.5 & 4.0 & 4.0 \\ 4.5 & 4.0 & 4.5 & 4.0 & 4.5 & 4.0 \\ 4.0 & 4.5 & 4.5 & 3.5 & 5.0 & 4.0 \\ 4.0 & 4.5 & 5.0 & 4.5 & 4.5 & 4.0 \\ 4.5 & 4.0 & 5.0 & 3.5 & 4.0 & 4.5 \\ 4.0 & 4.5 & 4.5 & 4.0 & 4.5 & 4.0 \end{vmatrix}$$

（四）确定评价灰类

设定5个评价灰类，灰类序号 e = 1, 2, 3, 4, 5，它们分别代表"优""良""中""及""差"。

第一灰类"优"（e=1），灰数 $\otimes 1 \in [5, \infty)$，白化权函数为 f_1；第二灰类"良"（e=2），灰数 $\otimes 2 \in [0, 4, 8]$，白化权函数为 f_2；第三灰类"中"（e=3），灰数 $\otimes 3 \in [0, 3, 6]$，白化权函数为 f_3；第四灰类"及"（e=4），灰数 $\otimes 4 \in [0, 2, 4]$，白化权函数为 f_4；第五灰类"差"（e=5），灰数 $\otimes 5 \in [0, 1, 2]$，白化权函数为 f_5。

其表达式如下：

$$f_1(d_{ijk}) = \begin{cases} \dfrac{d_{ijk}}{5} & d_{ijk} \in [0,5) \\ 1 & d_{ijk} \in [5,\infty) \\ 0 & d_{ijk} \notin [0,\infty) \end{cases} \quad 公式（2）$$

$$f_2(d_{ijk}) = \begin{cases} \dfrac{d_{ijk}}{4} & d_{ijk} \in [0, 4) \\ \dfrac{d_{ijk} - 8}{-4} & d_{ijk} \in [4, 8] \\ 0 & d_{ijk} \notin [4, 8] \end{cases} \quad 公式（3）$$

$$f_3(d_{ijk}) = \begin{cases} \dfrac{d_{ijk}}{3} & d_{ijk} \in [0, 3) \\ \dfrac{d_{ijk} - 6}{-3} & d_{ijk} \in [3, 6] \\ 0 & d_{ijk} \notin [0, 6] \end{cases} \quad 公式（4）$$

$$f_4(d_{ijk}) = \begin{cases} \dfrac{d_{ijk}}{2} & d_{ijk} \in [0, 2) \\ \dfrac{d_{ijk} - 4}{-2} & d_{ijk} \in [2, 4] \\ 0 & d_{ijk} \notin [0, 4] \end{cases} \quad 公式（5）$$

$$f_5(d_{ijk}) = \begin{cases} 1 & d_{ijk} \in [1, 2] \\ \dfrac{d_{ijk} - 2}{-1} & d_{ijk} \in [1, 2] \\ 0 & d_{ijk} \notin [0, 2] \end{cases} \quad 公式（6）$$

（五）计算评价灰色系数权向量及权矩阵

根据专家评分的结果和评价确定的灰类，对于评价指标 D_{ij}，属于第 e 个评价灰类的灰色评价系数计为 y_{ije}，则有通过公式 7 计算得到 D_{11} 的灰色的评价系数为：

$$y_{ije} = \sum_{k=1}^{6} f_e(d_{ijk}) \qquad 公式（7）$$

$e = 1$ $y_{111} = f_1(d_{111}) + f_1(d_{112}) + f_1(d_{113}) + f_1(d_{114}) + f_1(d_{115}) + f_1(d_{116})$
$= f_1(4.0) + f_1(4.5) + f_1(4.0) + f_1(4.0) + f_1(4.5) + f_1(4.5) = 5.1$

$e = 2$ $y_{112} = f_2(4.0) + f_2(4.5) + f_2(4.0) + f_2(4.0) + f_2(4.5) + f_2(4.5) = 5.625$

$e = 3$ $y_{113} = f_3(4.0) + f_3(4.5) + f_3(4.0) + f_3(4.0) + f_3(4.5) + f_3(4.5) = 3.5$

$e = 4$ $y_{114} = f_4(4.0) + f_4(4.5) + f_4(4.0) + f_4(4.0) + f_4(4.5) + f_4(4.5) = 0$

$e = 5$ $y_{115} = f_5(4.0) + f_5(4.5) + f_5(4.0) + f_5(4.0) + f_5(4.5) + f_5(4.5) = 0$

属于各个评价灰类的总灰色评价系数记为 y_{ij}，通过公式 6~8 计算得到 D_{11} 的总灰色评价系数为：

$$y_{ij} = \sum_{e=1}^{5} y_{ije} \qquad 公式（8）$$

$$y_{11} = \sum_{i=1}^{5} y_{11i} = 14.225$$

所有评价专家就评价指标 D_{ij}，对项目主张第 e 个灰类的灰色评价权记为 r_{ije}，通过公式（8）计算 D_{11} 的灰色评价权为：

$$r_{ije} = y_{ije} / y_{ij} \qquad 公式（9）$$

$r_{111} = \dfrac{y_{111}}{y_{11}} = 0.359$ $r_{112} = \dfrac{y_{112}}{y_{11}} = 0.395$ $r_{113} = \dfrac{y_{113}}{y_{11}} = 0.246$

$r_{114} = \dfrac{y_{114}}{y_{11}} = 0$ $r_{115} = \dfrac{y_{115}}{y_{11}} = 0$

评价等级指标 D_{ij} 对于各灰类的灰色评价权向量 r_{ij} 为：

$$r_{ij} = (r_{ij1}, r_{ij2}, r_{ij3}, r_{ij4}, r_{ij5}) \qquad 公式（10）$$

通过公式（10）得到，$r_{11} = (0.359, 0.395, 0.246, 0, 0)$。以此类推，计算其他评价指标的灰色评价权，得到评价指标的权向量，由权向量得到各评估灰类的灰色评价权矩阵

$$R_1 = \begin{vmatrix} r_{11} \\ r_{12} \\ r_{13} \\ r_{14} \end{vmatrix} = \begin{vmatrix} 0.359 & 0.395 & 0.246 & 0 & 0 \\ 0.422 & 0.377 & 0.201 & 0 & 0 \\ 0.335 & 0.385 & 0.262 & 0.017 & 0 \\ 0.335 & 0.419 & 0.247 & 0 & 0 \end{vmatrix}$$

$$R_2 = \begin{vmatrix} r_{21} \\ r_{22} \\ r_{23} \\ r_{24} \\ r_{25} \\ r_{26} \end{vmatrix} = \begin{vmatrix} 0.341 & 0.392 & 0.25 & 0.017 & 0 \\ 0.371 & 0.392 & 0.238 & 0 & 0 \\ 0.341 & 0.392 & 0.25 & 0.017 & 0 \\ 0.384 & 0.406 & 0.209 & 0 & 0 \\ 0.358 & 0.396 & 0.246 & 0 & 0 \\ 0.298 & 0.41 & 0.273 & 0.019 & 0 \end{vmatrix}$$

$$R_3 = \begin{vmatrix} r_{31} \\ r_{32} \\ r_{33} \\ r_{34} \end{vmatrix} = \begin{vmatrix} 0.359 & 0.378 & 0.246 & 0.018 & 0 \\ 0.347 & 0.399 & 0.254 & 0 & 0 \\ 0.368 & 0.373 & 0.243 & 0.016 & 0 \\ 0.358 & 0.396 & 0.246 & 0 & 0 \end{vmatrix}$$

$$R_4 = \begin{vmatrix} r_{41} \\ r_{42} \\ r_{43} \\ r_{44} \\ r_{45} \end{vmatrix} = \begin{vmatrix} 0.368 & 0.373 & 0.243 & 0.016 & 0 \\ 0.298 & 0.41 & 0.273 & 0.019 & 0 \\ 0.358 & 0.396 & 0.246 & 0 & 0 \\ 0.324 & 0.372 & 0.287 & 0.017 & 0 \\ 0.358 & 0.316 & 0.246 & 0 & 0 \end{vmatrix}$$

$$R_5 = \begin{vmatrix} r_{51} \\ r_{52} \\ r_{53} \\ r_{54} \end{vmatrix} = \begin{vmatrix} 0.347 & 0.365 & 0.271 & 0.017 & 0 \\ 0.383 & 0.388 & 0.229 & 0 & 0 \\ 0.347 & 0.365 & 0.271 & 0.017 & 0 \\ 0.358 & 0.396 & 0.246 & 0 & 0 \end{vmatrix}$$

（六）对一级指标进行综合评价

对该名商务人员胜任力的 D_1、D_2、D_3、D_4、D_5 做综合评价，其综合评价结果 F_1、F_2、F_3、F_4、F_5 分别为：

$$F_1 = A_1 R_1 = (0.367, 0.394, 0.238, 0.001, 0)$$
$$F_2 = A_2 R_2 = (0.342, 0.387, 0.241, 0.01, 0)$$
$$F_3 = A_3 R_3 = (0.360, 0.383, 0.247, 0.011, 0)$$
$$F_4 = A_4 R_4 = (0.346, 0.381, 0.255, 0.013, 0)$$
$$F_5 = A_5 R_5 = (0.366, 0.379, 0.248, 0.007, 0)$$

（七）对商务人员胜任力的综合评价

由 F_1、F_2、F_3、F_4、F_5，可得该名商务人员胜任力的总灰色评价权矩阵 M：

$$M = \begin{vmatrix} F_1 \\ F_2 \\ F_3 \\ F_4 \\ F_5 \end{vmatrix} = \begin{vmatrix} 0.367 & 0.394 & 0.238 & 0.001 & 0 \\ 0.342 & 0.387 & 0.241 & 0.01 & 0 \\ 0.360 & 0.383 & 0.247 & 0.011 & 0 \\ 0.346 & 0.381 & 0.255 & 0.013 & 0 \\ 0.366 & 0.379 & 0.248 & 0.007 & 0 \end{vmatrix}$$

由此对该商务人员胜任力作综合评价，其综合评价结果为 F = A·M = (0.355, 0.384, 0.247, 0.009, 0)。

（八）计算综合评价值

该商务人员胜任力的综合评价值 W = FCT = (0.355, 0.384, 0.247, 0.009, 0)·(5, 4, 3, 2, 1)^T = 4.07。根据最大隶属度原则，得出该商务人员胜任力等级评价结论为良好以上水平。同理可得其他几位商务人员的综合评价值分别为 3.96、4.12、3.99、4.02，基本符合考评结果，更加客观和精确。

五、总结

建立商务人才胜任力指标体系作为衡量商务人员胜任力的指标，克服了传统考核流于形式的缺点，能够对商务人才的胜任力进行全面、客观、有效的考核。同时，将灰色多层次评价法引入考核体系也能解决了考核时不容易量化的问题。根据商务人才胜任力考核，商务人员可以认清取得高绩效的能力特征有哪些，明确自己的努力方向，在实际工作中有意识有计划地锻炼自己，参加一些有针对性的培训和训练。作为企业，也可根据商务人才胜任力模型中各种要素及所占的权重，对商务人员进行相关胜任力的培养，将有利于提高商务人才的绩效和竞争力。

需要说明的是，商务人才胜任力评价是个动态发展的过程。随着时代的变迁、社会环境、技术环境等的不断变化和发展，对商务人才的要求也在不断地发展变化。因此，在东北亚区域经济合作的背景下，外贸企业应该根据自己的具体情况，来对评价指标的选取或者是每项指标的权重进行适度调整。另外，商务人才胜任力评价具有动态性，是一个发展性的评价，商务人才的职业发展应该是一个向上的过程，每一个具体的职业阶段有不同的素质要求。因此，商务人才的发展应该与区域经济共同协调发展，在东北亚经贸合作的大背景下与时俱进。而高校作为培养商务人才的摇篮，更应该以企业商务人才的胜任力评价标准为依据，结合我省区域经济的发展现状和东北亚经贸合作的契机，科学合理地设置人才培养目标，创新人才培养过程，保证人才培养质量，从而促进和创新我省的商务人才建设。为我省区域经济发展和东北亚经贸合作实践提供人才基础和智力保障。

参考文献

［1］张灵. 胜任力模型视角下湖南商务人才能力建设研究［D］. 湖南师范大学，2014.

［2］王笑铮. 基于胜任力模型的电子商务人才评价指标研究［D］. 太原科技大学，2014.

［3］黄云碧. 胜任素质模型下的国际商务人员绩效评价及实践探讨［J］. 商业时代，2010（13）82－83.

［4］黄本新. 物流营销人才胜任力模型研究［J］. 经营与管理，2016（1）151－155.

［5］李佳. 基于胜任力模式的商务旅游人才培养对策［J］. 中国经贸导刊，2012（22）72－73.

利用"中韩自贸区"促进东北三省与韩国经贸合作问题研究

杨立国

【作者简介】 杨立国,女,吉林财经大学国际经济贸易学院,副教授。

【摘　要】 区域经济一体化在国际经济关系中越来越引人关注,其是现时世界经济的一大发展趋向。在世界各个地区进行的经济合作中,东北亚区域经济合作的重要性逐渐展现出来。东北三省属于中国在东北亚地区的前沿地带,其在东北亚区域经济合作中发挥着先导作用。"中韩自贸区"的建立,加快了中国对外合作的步伐,同时也可以进一步推动东北亚区域一体化进程。东北三省应该把握住"中韩自贸区"带来的契机,实现其对韩国经贸合作的战略升级。

【关键词】 中韩自贸区；经贸合作；东北三省；区域经济一体化

一、引　言

自20世纪90年代后,经济全球化的程度在渐渐加深,区域经济一体化进程也在日益推进。经济全球化对世界经济带来的影响广泛而深远,几乎所有国家都无法避免被卷入到经济全球化的浪潮中。它使得各个国家在经济上进行合作,相互渗透,强化了彼此间的依赖关系。随着经济全球化的不断加强,越来越多的国家为了谋求自身利益,积极参与到区域经济一体化中,从而使得区域经济集团渐渐成为世界经济的主体。欧盟的建立与发展,加剧了欧洲的联合趋势,增强了欧洲的经济实力,使其有能力与美国和日本相抗衡。美国为了维持自身在世界经济中的竞争力,也加入了北美自由贸易区、亚太经合组织等经济一体化组织。

区域经济一体化能够促进国际竞争由国与国间的竞争转变为区域与区域间的竞争,东北亚地区拥有充足的经济实力来保障区域经济一体化的有效性。东北亚地区是世界上城市分布较为密集的地区之一,其在世界经济中有很大的发展潜力，被认为是世界上最有生机与活力的经济区域之一。虽然与欧洲联盟、北美自由贸易区相比来说，东北亚区域经济一体化的步伐较为迟缓，但是其具有广阔的发展前景。中韩两个国家是东北亚重要的两大经济体，双方之间的经贸合作对东北亚区域经济合作有着积极的影响。尽管中韩经贸合作起步并不早，但发展却十分迅速。"中韩自贸区"的建立，可以使中韩两国借助制度性经济合作扫除贸易阻碍，让双方之间的贸易能够有更为广阔的发展空间。以自贸区为平台，采取区域分工协作机制，拓宽中韩合作领域，推动中韩两国经济的一体化进程。

东北地区不仅与东北亚各国在区位上拥有显著的优势，还在经济上具备较强的互助性。东北三省是中国面向东北亚地区对外开放的前沿阵地，参与东北亚区域经济合作有利于其在开放的经济环境中获得更好的发展。东北地区是我国比较早的重工业基地，有较好的工业基础，还有丰富的劳动力储备。如今我国的当务之急就是提高东北经济的战略地位，加快东北老工业基地的振兴。伴随东北亚区域经济合作的不断加深，给我国东北老工业基地的崛起带来了前所未有的机遇。通过东北老工业基地的崛起，能够推动我国融入东北亚区域经济合作的进程。

一直以来，东北地区的外资投入都主要来源于韩国，东北地区与韩国早已形成互补互利的合作关系。虽然现在东北三省经济发展遇到困难，但是对韩国来说其在当地潜在的合作商机是巨大的。东北地区与韩国在经济环境和产业结构方面有着很强的互补性，在经济结构上存在产业转移的需求，经贸合作有利于东北地区的产业升级和经济振兴。自从国家开始实施东北老工业基地振兴战略后，东北地区重新成为韩国企业投资合作的优先考虑的区域，双边贸易不断扩大。东北地区和韩国的互补性关系是韩国企业投资东北的主要动力，也是双方以后合作共赢的坚实基础。东北三省位于中国的东北部，临近韩国，对于与韩国的贸易往来有一定的地理位置优势。如果能把东北地区和韩国各自的优势相互结合起来，有利于推进东北老工业基地的崛起。东北地区与韩国的经贸合作虽然在某种程度上取得了进展，但也存在制约因素。"中韩自贸区"为东北三省带来了新的发展契机，并给双方的经贸合作带来了新的活力。东北三省应该牢牢把握住"中韩自贸区"带来的契机，进一步巩固与韩国的经贸合作。东北三省与韩国同属于东北亚区域，中韩自贸区的建立，在一定程度上可以推动东北亚区域经济一体化进程。因此，对利用"中韩自贸区"促进东北三省与韩国的经贸合作问题进行研究具有十分重要的现实意义。

二、"中韩自贸区"建立背景及概述

进入21世纪以来,经济全球化和区域经济一体化成为目前世界经济的必然的发展趋向。这一趋向表明不管是发达国家,抑或是发展中国家,都不能脱离世界经济和世界市场而独立发展。顺应经济全球化的潮流,区域经济一体化随之应运而生,并极大地推进了经济全球化的进展。在区域经济一体化大浪潮中,很多国家为了促进自身的发展,都积极参与到双边或多边的经济合作中去。中韩作为东北亚地区最重要的两个国家,两国优越的地理位置为两国的贸易发展带来了极大的便捷。自1992年两国建立外交关系后,贸易额日益增加,合作领域也逐渐拓宽。中韩两国虽然同是WTO成员方,但因为WTO多边贸易谈判存在一定的限制,使得两国贸易存在障碍。随着两国经贸合作的渐渐深入化,加强制度性经济区域合作成为一种必然。中韩合作属于东北亚区域经济合作的一部分,它发挥着十分重要的作用,因为两国发展经贸合作有助于推进东北亚区域经济一体化。在这种背景下,2004年APEC会议期间,中韩双方一同宣布了"中韩自由贸易区"可行性民间联合研究的正式启动。2012年5月,中韩双方在北京宣布正式开启"中韩自贸区"谈判,目的在于为两边的贸易提供制度保障,拓展彼此的合作领域。2014年11月10日,双方联合确认了"中韩自贸区"实质性谈判的完结。2015年6月1日,中韩两国正式签署自由贸易协定(FTA),这象征着"中韩自贸区"建设的系统设计已经完成,下一阶段将会开展实施。事实证明,建立"中韩自由贸易区"是一种必然的结果,这将极大地推动中韩两国经贸合作的战略升级,并有力地促进亚太区域的一体化。

"中韩自由贸易区"是目前我国与其他国家签订的贸易种类最多、涉及贸易额最大、开放程度最高的自由贸易区。"中韩自贸区"的成立会推进中韩之间的双边贸易,为双方的经贸合作提供平台。我国和韩国有着较为有利的贸易条件,虽然双方产业结构不同,但互补性的贸易结构推动了双方进一步拓展贸易。韩国海关公布的统计数据显示,2015年的中韩双方的贸易额达到2273.8亿美元,下降3.4%,其中,韩国对中国出口1371.4亿美元,下降5.6%,自中国进口902.4亿美元,增加0.2%,韩方贸易顺差469.0亿美元,下降15.0%[①]。如今,

---

① 2015年韩国对中国出口主要商品排名[EB/OL].(2016年11月6日).[2016年4月18日],http://www.askci.com/.

中国已经成为韩国最大的贸易合作伙伴、最大的出口市场、最大的进口来源地、最大的投资对象；与此同时，韩国也成了中国的第三大贸易合作伙伴、第三大出口市场和第二大进口来源地。

在传统的国际贸易基本原理中，国与国之间进行贸易是基于亚当·斯密的绝对优势理论。但由于绝对优势有一定的局限性，因此出现了李嘉图的比较优势理论。比较优势理论遵循"两利取其重，两害取其轻"的原则，觉得出现国际贸易的缘由是国与国之间技术水平的不同引致了比较成本的不同。中国属于发展中国家，而韩国位于发达国家之列，两国之所以产生贸易往来，恰是基于它们自身比较优势的差异。韩国在资本和技术密集型产品上具有比较优势，中国在劳动和资源密集型产品上有比较优势。"中韩自贸区"成立以后，通过减少和消除关税壁垒，可以使得中国和韩国的出口竞争力显著提高，并且可以带动双方贸易额的增长，对于两国的经济繁荣有着很强的推进作用。在"中韩自贸区"的背景下，中韩两国的贸易额度将不断扩大，而且服务贸易和投资贸易也将不断升级。在中韩两国服务贸易中，旅游和通信占有较大的比重。建立"中韩自贸区"，不仅可以减少两国游客的旅行费用，同时也会使得交通更加方便快捷。所以"中韩自贸区"能够极大地带动两国服务贸易中旅游业的发展，并使得相关的通信业迅速增长。利用"中韩自贸区"，两国的投资贸易也能取得互利共赢的成果。中国可以借助韩国这一跳板开拓全球市场，而韩国可以在中国设立工厂加工产品，将产品销往世界各地。"中韩自贸区"的关税优惠政策可以在一定程度上减少交易成本，对两国的投资贸易有很大的推动作用。

中韩两国在经贸合作方面，中国的贸易逆差却长期存在，这使得双方的贸易发展不平衡。"中韩自贸区"的建设有利于改善中国在中韩两国关系中长期处于巨额贸易逆差的现状，促进双方经济关系的可持续性发展。签署中韩自贸协定后，双方超过90%的产品将会实现零关税，这在很大程度上削弱了贸易保护主义，使得双边贸易额度大大增加。"中韩自贸区"实施以后，更多的经济主体参与到中韩两国的贸易往来中，为双方的经济发展带来了新的增长点。自贸区建设有益于强化中韩之间的战略合作伙伴关系，推动双方经贸合作的深入发展。东北三省可以借助"中韩自贸区"这个平台，促进国家振兴东北老工业基地战略的实施，提升东北经济在国民经济中的地位。"中韩自贸区"的建设开拓了东北亚区域经济一体化的新进度，而东北三省作为中国融入东北亚区域经济合作的重点地带，更要充分把握自贸区机遇，积极参与自贸区建设，使得我国在更大程度上融入东北亚经济体系中去。

三、东北三省与韩国经贸合作的 SWOT 分析

(一) 东北三省与韩国经贸合作的优势分析

1. 地理位置优势。东北地区位于中国的东北部，与韩国十分接近，有着较为便利的交通运输。地理上的邻近和方便快捷的交通能够降低运输的成本，从而增加东北地区的比较利益，强化东北地区的竞争优势。尤其有利于那些保质期较短的产品的运输，这在一定程度上能够促进双方之间的贸易。另外，东北地区靠近渤海、黄海、日本海，附近有大量的港口，其中，辽宁省的大连、营口、锦州、丹东四个港口为主要的港口，大部分的货物都会在这里进行处理。

2. 国家政策优势。自从推行改革开放政策后，我国对外开放的程度日益加深，这使得生产要素在东北地区的流动变得更加通畅。在发展改革的全局中，振兴东北的战略地位被国家提升至空前未有的新高度。为实现东北老工业基地的结构调整和可持续发展，国家不但予以东北老工业基地充分的优惠政策，而且还提供了大力的财政支持。东北地区有许多国有企业，政府鼓励外商以并购、参股等方式参与国有企业改造的政策实施，有利于其引进外资和先进技术，提高国有企业的竞争力。政府实施的关税优惠政策也大大提高了韩国企业投资东北地区的积极性。一系列优惠的政策措施和利好的投资项目为韩国企业把资金投入东北地区提供了更加广阔的发展契机。

3. 工业基础优势。虽然东北地区在全国的经济地位有一定程度的下降，但整体来说其发展水平在全国各大经济区仍旧排名靠前，尤其是重工产品，在全国占比较大。东北地区的工业化历程已有近百年，工业体系比较完备，工业基础也比较坚实。在我国近代工业发展较早的地区中，东北地区就是其一，它已经具备了完整的工业体系，并产生了一系列具有优势的产业。东北三省的钢铁、化工、汽车制造、能源开发等重大工业项目为中国工业化打下了良好的根基，其优势产业的发展规模和发展水平在全国都居于比较领先的地位。东北三省的相关产业之间有着强烈的互补性，各主导产业之间的关联性为东北三省建立完善的产业体系创造了优越条件。

4. 人才优势。在当前知识经济蓬勃发展的时代，人力资本优势能够带动经济持续增长。东北地区有着丰富的劳动力，而且劳动力价格相对较低，人力资源存量大，人力资本占据一定的上风。自国家实施振兴东北老工业基地战略以来，

东北地区对人力资本进行了大量的投资,教育规模逐渐扩大,人才培养能力日益增强。另外,东北地区分布着众多的高等院校,有着相对完善的教育体系,能够为促进东北地区产业结构的优化升级培养一大批高素质优秀人才。此外,东北地区的科研院所相对来说是比较多的,其科研创新能力和开发能力较强。创新是实现东北经济振兴的潜在驱动力,而人才是创新的基础,创新驱动的本质是人才驱动。东北地区要好好利用其人力资源优势,尽力促进经济增长,尽早实现东北经济的全面振兴。

(二) 东北三省与韩国经贸合作的劣势分析

1. 过度利用资源,地区竞争力较弱。长期的过度开采和低效利用导致自然资源的日益枯竭,再加上开采成本和加工成本的增加,使得东北地区逐渐丧失了原材料供应基地的优势地位。同时,市场以消费者为导向发生转变,而东北地区还是依靠过去那种落后的机械设备和技术,以供应者为中心的市场模式运转。东北地区的传统优势产业对传统资源有较强的依赖性,注重凭借传统资源禀赋获得的利益,导致其产业结构固化在传统产业上,而忽视了资源枯竭给经济增长带来的局限。基于传统优势的产品附加值不高,使其市场竞争力不断下降,市场份额也日益萎缩。原材料产业衰退,替代的后续产业项目发展呈现乏力状态,近几年东北地区资源型城市发展十分缓慢。传统优势产业没能实现高效发展,新兴优势产业发展十分缓慢,东北经济在全国中的经济地位有所下降。

2. 贸易摩擦和贸易壁垒阻碍双方贸易发展。东北三省与韩国的贸易摩擦和贸易壁垒阻碍了双方的经贸合作发展,韩国政府实施阻碍中国产品进口的贸易保护主义政策也不利于中韩两国之间的贸易开展。虽然中韩建立外交关系以后,韩国已经尽力来促进贸易自由化,但是韩国政府为保护其国内产业而采取了一系列针对进口商品的限制举措,这在某种程度上妨碍了东北三省同韩国之间的贸易往来。以黑龙江省为例,黑龙江省的农副产品在对韩国出口的产品中占有很大的比重,韩国对农产品进口实施限制会让黑龙江省的农副产品出口数额下降,进而将会致使黑龙江省出口额出现大幅度的减少。韩国设置的形形色色的贸易壁垒以及由此带来的贸易摩擦必然对东北三省与韩国的进出口贸易发展产生不利的影响。

3. 市场化水平低,经济发展欠缺活力。改革开放政策实施以来,虽然东北地区的经济发展水平在很大程度上得到了提高,但同时也存在一些问题。东北地区的产品主要针对国内市场,对国际市场缺乏依赖性,市场相对来说比较封闭,市场化程度不高,这使得该地区的经济发展缺乏活力。东北地区在计划经济体制下成长起来的一大批国有企业发展落后和计划经济时期形成的传统观念的束缚，使得东北三省的市场化进程较为缓慢。同时，政府对经济的过度干预以及在管理的诸多方面缺乏灵活性，在一定程度上制约了经济的发展，致使经济发展滞后。这使得东北地区尚未能够建立起完善的市场化体系，并对东北地区市场的开放程度产生了严重的影响，阻碍了东北地区与韩国经贸合作的进程。

（三）东北三省与韩国经贸合作的机遇分析

1. 区域经济一体化带来的机遇。当今世界，区域经济一体化的步伐在加快，无论哪一个国家都不能避免参与国际分工合作而实现本国经济的自力发展。区域经济一体化有利益于促使我国生产要素在地区内的流动加快，并能够让资源得到更加合理的配置。如今国际竞争日趋激烈，我国主动融入区域经济一体化有助于保持其在国际竞争中的优势地位。由于中韩双方的经济有着较为强烈的互补性，所以韩国是我国参与区域经济合作的最优选择。随着中韩之间的贸易往来日渐频繁化，双方的经贸合作也走上了快车道。在双方经贸合作不断深化的过程中，东北三省与韩国的产业的相互依存性将逐渐增强。通过加强产业间的技术合作，快速进行市场化运作，尽早实现产业结构的升级，有利于促进双方之间的经济贸易合作。

2. 东北亚经贸合作带来的机遇。中国东北地带临近东北亚的各个国家，经济上各有擅长，有较强的经济互补性，合作空间广泛。其融入至东北亚区域经济合作中，能够在开放的经济氛围中得到更好的发展。另外，东北地区振兴战略的实施也给附近各个国家的发展带来了契机，这可以推动东北亚区域经济一体化的进程。在使东北地区的经济崛起的历程中，要善于把握契机，积极融入东北亚区域经济合作。韩国与东北三省地理位置邻近，有较好的基础，其是东北地带融入东北亚区域经济合作的最优选择。同时对于往东北三省投入资金，韩国的企业也表示了很大的热情。东北三省对韩国企业的吸引力还在于其有很多朝鲜族人口，在语言沟通上没有障碍，这会大大减少企业的管理成本。

3. "中韩自贸区"带来的机遇。"中韩自贸区"的建立可以加强彼此资本、劳动、技术等生产要素的高效流通，对于增加双方的投资有推动作用。在"中韩自贸区"的背景下，中国企业可以利用韩企的资本、技术以及管理经验来促进产业的结构调整，韩企可以凭借其具备的优势，大力发展技术密集型产业。建设"中韩自贸区"使双方投资渠道日益畅通，并形成了一个互惠互利、稳定协调的投资环境，能够吸引更多的韩国企业在我国进行投资。东北三省应抓住"中韩自贸区"带来的机遇，积极引进韩资，扩展双方经贸发展的新空间。同时要转变东北三省的外贸发展方式，提高传统产业的附加值，推动产业结构的优化升级，这有利于促进东北经济的振兴。

（四）东北三省与韩国经贸合作的威胁分析

1. 人民币升值带来的影响。随着中国经济的发展，发达国家开始不断地对人民币施予压力，人民币升值是不可避免的。韩国与中国在地理上毗近，双方有着频繁的贸易往来。韩国以从中国进口原材料、农产品、劳动密集型产品等产品为主，人民币升值将会增加韩国进口以上产品的成本，从而使得韩国在一定程度上缩减对中国产品的进口。同时，人民币升值也不益于中国的出口，廉价优势在慢慢减小。因此，人民币升值会增加东北三省对韩国的出口难度，这在一定程度上会影响相关企业与韩国进行经贸合作的热情。

2. 中国"威胁"论带来的影响。由于中国经济发展迅速，并在诸多领域与韩国的差距已经大大缩小，有人认为这对韩国构成了威胁。韩国认为中国会利用双方的贸易往来获取高新技术，致使中国在技术领域超过韩国。尤其是近年来中国企业参与并购了数家韩国公司，这加剧了一些韩国人对韩国的技术会转移到中国的担心。据统计，韩国在许多制造领域相对中国的竞争优势已经大大减小，因此韩国有人担心其民族制造业会被削弱。中国经济的迅速发展可能会加剧中韩两国之间的竞争，有人担心中国在未来会凭借其低成本优势侵占韩国的国际市场份额。随着中国出口竞争影响到韩国出口的舆论的逐渐出现，有关中国出口竞争威胁的问题已经引起了越来越多的关注。

3. 周边国家低工资的影响。韩企在华进行投资，很大一部分原因是中国存在大量成本低廉的劳动力。但是随着中国市场开放程度的不断扩大，人均GDP水平逐渐提升，廉价劳动力由于经济水平的提高而急剧地减少。同时，越南和印度等周边国家也借鉴中国的发展模式，倡导雇用廉价劳动力，积极引进外资，这对中韩经贸合作尤其是东北三省与韩国的经贸合作产生了十分严重的影响。

四、把握中韩自贸区契机，实现对韩国经贸合作的战略升级

（一）利用中韩自贸区优惠政策

"中韩自贸区"建立后，对于货物贸易，中国最后将有91%的产品对韩国消

除关税，涵盖自韩国进口额的85%；另外，韩国最后将有92%的产品对中国消除关税，涵盖自中国进口额的91%。中方实行零关税的税目数比例将达20%，主要包括部分电子产品、化工产品、矿产品等，韩方实行零关税的税目数比例将达50%，主要包括部分机电产品、钢铁制品、化工产品等[①]。中韩两国借助自贸协定的签署，彼此逐渐消除大部分货物的关税壁垒和非关税壁垒，贸易保护主义大大削弱，为中韩两国进行贸易合作扫清了制度障碍，从而促进双边贸易，实现优势互补和共同发展。东北三省应善于运用中韩自贸区带来的诸多优惠，借助"零关税"跨境物流，把"引进来"与"走出去"结合起来，开展全方位、深层次、多领域的合作。积极引进韩企的投资，注重与韩国高新技术产业的合作，学习韩国的先进技术，促进产业结构的升级。同时政府要积极鼓励有条件的企业到韩国投资建厂，以韩国为平台，增加其在世界市场中的份额，提升规避贸易风险的能力。要牢牢抓住中韩自贸区带来的机遇，实现传统产业从低附加值到高附加值的转变，提高国际竞争力，能够有效应对外资企业的冲击。中韩自贸区的建立减少了贸易壁垒和贸易摩擦，给东北三省与韩国的经贸合作带来了新的动力，有利于双方贸易的扩大化。

（二）改善韩企投资的环境

投资环境的好坏会影响韩企的投资积极性，并决定了东北三省能否加大其招商引资的力度。以黑龙江省为例，黑龙江省比较寒冷，生活环境比较差，基础设施也不健全，因此对韩企的吸引力不大。在东北三省与韩国的经贸合作中，东北三省应该加强基础设施建设，这有利于在更大程度上吸引韩企的投资。另外，东北三省与韩国的地理位置优势要想得到充分的发挥，必须加强交通设施建设。东北三省不仅要日益改进韩企资金投入的硬环境，还应着力建设良好的投资软环境。主要措施有：一是优化制度环境，降低韩企的准入"门槛"，建立一个良性、有序的发展环境。二是提高服务质量，构建完善的服务体系，为韩国投资者提供优良的服务。东北三省应积极改进和建立有利的投资环境，这是招商引资十分重要的前提条件。在"中韩自贸区"背景下，中韩经贸合作将进入一个新的阶段，韩国企业将依据东北地区的工业基础、自然环境等优势，积极拓展投资领域。东北三省应努力提高投资的安全性并降低交易成本，实现韩资利用的高效率。

---

① 吴旭. 中韩FTA正式生效：中国958种产品零关税入韩[EB/OL]. (2016年11月10日). [2015年12月20日]. http://www.chinanews.com/.

（三）推动产业结构升级

"中韩自贸区"的成立有助于促进东北三省产业布局的优化调整，实现双方之间的优势互补。韩国能够给东北三省提供资本和技术，同时也对农产品和原材料有较大的需求；东北三省有丰富的自然资源和大量的廉价劳动力，这能够在一定程度上满足韩国的需求。东北三省可以吸取韩国的经验，借助韩国这个跳板，由劳动密集型产业转向资本、技术密集型产业、由低附加值产业转向高附加值产业。东北三省应该借助其在传统制造业的优势，与韩国的技术和资金相结合，加快产业技术升级的步伐，早日实现东北老工业基地的振兴。"中韩自贸区"的建立能够使双方的优势获得充分的展现，使其对各自具有比较优势的产业进行更加专业化的生产。"中韩自贸区"增加了韩企投资东北三省的吸引力，这会使得韩商投资量大大增加。东北三省政府必须制定相关策略，大力引领韩企投资基础产业、第三产业和高新技术产业，借助韩企投资推动产业结构的优化升级。

（四）改变双方经贸合作方式

因为东北三省与韩国的经贸合作面临一定的挑战，所以双方的经贸合作方式应积极做出调整，由互补型合作转向战略型合作。所谓的战略型合作，就是对于双边合作领域的选择，不再是仅仅基于当前的静态比较优势，而是把动态比较优势也考虑在内；不只是为了追求短期的经济利益，而是更加注重长期的经济利益；双方由短期合作发展为长期合作、由局部合作发展为全面合作、由竞争关系发展为合作伙伴关系、由不定期的交流与会晤发展为定期的交流与会晤。彼此之间通过开展全方位、多领域的合作，建设长期稳定的合作机制，从而促进各自的发展。进行战略合作是为了持久的合作共赢，基于彼此的共同利益，达到相互合作的不断深入化。东北三省与韩国经济关系密切，合作领域广泛，未来有着巨大的发展空间。从目前的情况可以看出中韩经贸合作呈现出了良好的发展态势，这为东北三省与韩国经贸合作的战略升级奠定了坚实的基础。基于其与韩国经贸很强的互补性和明显的区位优势，东北三省应充分利用"中韩自贸区"这一平台，进一步发掘合作潜力，拓展合作空间，从而增强其经济实力和产品竞争力。

（五）加强东北三省的对外开放程度

与东部沿海地带对比而言，东北三省的市场比较闭塞，其对外开放程度是远远不够的。这是由于中国政府为了对市场进行保护，从而实行渐进式的改革开放政策而导致的。但是基于东北地区的经济水平现已达到了一定的高度，相对来说市场基础也已比较稳固，所以应适时转变市场战略。在市场经济的时代背景下，要想实施东北振兴战略以提升东北地区的经济地位，必须不断提高该地区的对外开放水平。东北三省应该深入挖掘对外开放潜力，使东北地区呈现全方位的开放态势，充分凸显其地理区位的优势并凭此来引入国内外的投资。通过引发投资方的大规模投资角逐，进而提高其市场竞争力。企业是参与对外开放的市场主体，对外开放的项目计划实施最终要由企业来完成。东北地区若想实现其开放程度的全方位化，不仅要坚持"引进来"，还要坚持"走出去"。要扩大对外投资，积极引导东北地区有实力的企业在国外进行投资建厂，引进国外的先进技术，进一步拓展国外市场。通过加强东北地区的区域整合，有利于降低其对外开放的成本，推进其对外开放进程。为了实现全方位的对外开放，东北地区应努力制造条件，创建与国际惯例相适应的管理机制，为招商引资构建一个优良的环境。在促进东北经济与国际接轨的历程中，韩国绝对是其对外经济合作的最佳抉择。"中韩自贸区"的建立有利于东北地区对外开放程度的深化和市场化程度的推进，并使东北三省与韩国的贸易规模进一步扩大化。

五、结语

综上所述，东北三省在东北亚经济圈中有位置优势，其与韩国的经贸合作水平对中韩两国以及东北亚各国的经济发展都会产生影响。"中韩自贸区"为东北三省与韩国的经贸合作发展注入了新的活力，双方的战略合作伙伴关系也在不断深化。东北三省应牢牢抓住"中韩自贸区"带来的机遇，努力加强双方经贸合作，这对实施国家提出的振兴东北老工业基地战略，加快实现东北亚地区的经济一体化，都是十分重要的。

参考文献

［1］吴宇. 中韩经贸合作及对策研究［D］. 延吉：延边大学，2006.

［2］项义军. 区域合作视角：东北三省对韩国经贸合作战略升级研究［M］. 北京：中国物资出版社，2011.

［3］张奎燕. 东北地区对外开放的现状与对策分析［J］. 黑龙江社会科学，

2003（6）.

［4］李靖宇，尚立惠．关于中韩两国经贸合作战略升级问题的现实论证［J］．国际论坛，2004（3）．

［5］刘晶晶，赵广东．中韩自贸区为我国外经贸发展带来的机遇和挑战［J］．中国对外贸易，2016（1）．

［6］仲地锋．中韩自由贸易协定与东亚经济一体化［J］．人民论坛，2016（5）．

［7］尚咏梅．建交二十年东北地区与韩国经贸合作的回顾与对策建议［J］．朝鲜．韩国历史研究，2013（2）．

［8］粟翌，李辉．中韩自贸区swot分析［J］．合作经济与科技，2016（2）．

［9］武雪平．东北亚区域内贸易合作问题研究［D］．大连：东北财经大学，2012．

［10］徐乾．东北地区对韩经济合作研究［D］．长春：吉林大学，2016．

［11］程新超．中韩自由贸易区及影响研究［J］．合作经济与科技，2016（3）．

［12］丁伟，Allieu Badara Kabia．中韩自贸区对辽宁的影响及对策［J］．现代经济信息，2016（6）．

［13］杨文生．建设中韩自贸区的机遇、挑战及对策［J］．宏观经济管理，2015（4）．

［14］李晨宇．中韩贸易的历史与中韩自贸区的未来［J］．农村经济与科技，2016，27（9）．

东北亚经济合作对东北地区产业结构调整的影响机制

薛 营

【作者简介】 薛营,女,吉林财经大学国际经济贸易学院,讲师。

【摘 要】 东北地区的再次振兴发展已刻不容缓,而产业结构的调整与升级是振兴东北地区经济再次腾飞的关键点。以东北亚经济合作为出发点,探究东北亚经济合作战略的深入实施,能够促进产业生产技术的升级和资源配置的优化组合,推动东北地区产业结构的调整升级。

【关键词】 东北亚经济合作;东北;产业结构;影响机制

产业结构的调整升级是经济社会不同发展阶段过渡的关键,产业调整在我国经济发展中也一直处于重要的位置。我国党中央和政府素来对东北地区的经济发展给予高度的关注。东北地区在自然资源、科技人才、产业、地理区位等方面都有较好的基础支撑,具有巨大的发展空间和发展潜能。为推动东北老工业基地的再次振兴发展,习近平总书记提出了着力完善体制机制、着力推进结构调整、着力鼓励创新创业、着力保障和改善民生的要求,特别强调实施创新驱动发展战略,大力推动产业结构的调整和优化升级。

随着中国经济发展进入新常态和国际经济环境变化,东北地区吉、黑、辽三省经济增速开始大幅回落。在中国经济发展进入新常态和经济全球化的主要背景下,通过深化国际合作和发展外向型经济,进一步融入东北亚经济合作一体化发展进程,能够实现对东北地区产业结构的调整和升级的推动作用。[1] 通过东北亚经济贸易合作的战略升级,使各个产业都能够充分利用资源要素,实现资源要素在国际间的择优选择和配置组合,产出更多具有国际竞争力的产品。

一、东北亚经济合作的发展趋势

经济全球化、区域经济一体化、贸易自由化是当前世界经济发展的重要趋势,这种趋势不仅能够推动世界经济和其他各国经济的加速发展,也能使各个国家在经济互通中能够取得更多收益。随着世界经济形势发展的激烈变化,当前的北美自由贸易区、东盟自由贸易区等一些区域经济一体化组织仍然在加强深入合作。面对世界经济的不确定性、中国经济发展的新常态、新东北现象等特殊背景,开展东北亚区域经济合作具有一定的历史必然性。其发展趋势主要表现在:

1. 紧密联系区域各国关系,深入开展经济合作。金融危机的发生进一步推动了东北亚区域加快开展经济合作的进程。为应对金融危机对各国的冲击,加强各国各地区的经济联系,形成了开展东北亚经济合作的共识与起点。这也是东北亚区域的内在需求[2]。图们江区域国际合作项目的开发、长吉图开发开放先导区、俄罗斯加强远东地区与东北亚国家间的双边经贸合作往来、签署《中蒙战略伙伴关系中长期合作纲要》等合作项目的陆续开展,体现了东北亚区域和国家之间日趋强烈的合作意愿,对东北地区的经济振兴发展发挥一定的推动作用。

2. 市场化推进东北亚经济合作进程。随着科技的进步和技术的创新,东北亚各国和地区间的生产分工和经济依赖的程度不断加深,资源要素、产品等的跨国趋势不断深化,加之"一带一路""互联网+"等发展条件,进一步加快东北亚经济合作的进程。

3. 东北亚经济合作的实施效率有待提升。近年来,东北亚地区间已签署了相关的经济合作文件,但受地缘政治因素、地区位置等因素,导致东北亚经济合作的实际收效进展缓慢,仍有较大空间可进行完善和调整。

4. 探寻符合各国或地区利益发展的有效途径和合作形式。为了东北亚区域经济的共同发展,不能仅仅局限于东北亚经济共同体的建立,还应尝试探索和增加有利于自身利益发展要求的国际合作模式和策略。

二、东北地区产业结构调整的必要性与发展现状

(一)产业结构调整的必要性

东北地区是我国整体经济发展的重要经济板块之一。在我国第一次实施振兴

东北老工业基地战略的十年以来，东北地区在经济发展和社会发展方面都取得了明显的收效，经济增长效果明显，现代农业实现了稳步发展，传统产业发展活力显著提升，新兴产业初见规模。从经济实力的总体来看，与过去相比东北地区却有显著提升。然而，东北地区产业结构不合理的问题仍然十分突出，三大产业中第二产业占有的比重最高，第三产业居其次，第一产业的比重最低，这是典型工业化中期的产业结构特征。重化工业和能源工业占比太高，服务业占比相对较低，新兴产业乏善可陈，伴随着传统支柱产业快速下滑、新培育产业夭折、创新动力不足等诸多风险点。可以说，东北地区的振兴发展受到产业结构失衡的制约。再次全面振兴东北地区产业发展的症结在于能否根据需求选择主导产业，推进产业结构调整，摆脱传统单一重化工业增长的老路，重返轻工制造业、消费品制造业，发展战略新兴产业。

针对东北地区产业发展面临的困境，其中不乏缺乏核心技术，缺乏具有市场竞争力的产业、产品，制度体系或制度结构不健全、不完善等方面的因素。因此，产业结构调整困难重重，但要破解"新东北现象"，振兴东北经济，在优化产业结构上探寻突破是路径之一。要做好加减乘除，要通过传统产业的优化、提质升级，进行深入创新改革，实现适应经济新常态的战略性调整，积极培育新产业，形成新业态。要通过调整优化产业结构布局，提高产业效率，进而实现东北地区的全面振兴与可持续发展。

(二) 产业发展的现状

东北地区各省的产业结构虽处于优化之中，但其合理化与高度化却一直落后于全国平均水平和发达地区。东北地区产业结构的"偏离"致使东北地区的经济发展一直无法走出"困局"。东北地区拥有众多国有企业，并长期以传统工业为主，服务业发展总量较小，高新技术产业占有比重也较小，还有降低的趋势。那么，东北地区产业的整体发展主要呈现哪些特征呢？

1. 产业结构不合理，优化成效慢。东北地区产业结构的仍是工业比重过高，第三产业发展较为滞后，偏重化工型、偏资源型的产业结构格局没有实现根本的转变。三大产业结构不合理，虽然，2015年辽宁、吉林和黑龙江三省三大产业结构比例为8.32∶45.1∶46.19、11.35∶49.28∶38.83和17.46∶31.81∶50.73，2014年的三大产业结构比例为7.98∶50.25∶41.77、11.04∶52.79∶36.17和17.36∶36.87∶45.77，东北地区三省的三大产业结构比例有所优化，但成效缓慢，产业结构仍不合理，其中第三产业增加值比重上升缓慢，均低于全国平均水平。产业内部结构也有合理情况，如吉林省的工业内部，2014年轻重工业比重为30.8∶69.2，2015年轻重工业比例为32.3∶67.6，重工业比重仍属偏高①。

2. 传统产业转型缓慢，新兴产业发展滞后。辽宁省传统产业占全部产业比例达80%左右。在2015年的前三季度中，装备制造业的规模以上工业增加值较上一年同期降低了6.6%。②吉林省的传统农业发展水平较低，现代化农业发展不足，而重工业比重偏高，优势却不断减少，竞争力不足。在服务业方面，尽管发展规模有所扩大但却仍以传统服务业为主。在2014年，吉林省的传统服务业占服务业总产值的比重达65.9%。而金融、网络信息、商务等现代服务业仅占服务业总产值的34.1%，生产性服务业占服务业总产值的比重为39.3%。农业发展方面，传统农业仍占主导地位，现代农业发展水平不高，经济附加值较高的特产业比重较小。东北地区整体的高新技术产业和战略性新兴产业发展均滞后。2014年，辽宁省战略性新兴产业完成的主营业务收入占规模以上工业的比例达到11.1%，规模以上工业企业高新技术产品增加值占全部规模以上工业增加值的比例达47.2%。新兴产业发展仍有较大空间。吉林省在2014年的战略性新兴产业产值规模仅为4700亿元，占全省工业总产值的比重为19.8%，对吉林省全省的经济发展支撑作用较弱。黑龙江省的装备、石化、能源、食品这四大主导产业仍占有较大比重，其总和占规模以上工业的比重达85.2%，战略性新兴产业与高新技术产业发展不足。

3. 产业的创新能力不足，集群化发展程度低。2014年，辽宁省的R&D经费投入强度是1.52%，低于全国平均水平0.53个百分点。同年，吉林省的R&D经费投入强度是0.95%，新产品开发数量和专利申请数量占全国的比重仅为0.38%和0.51%。另外，国家级企业技术中心的数量仅占全国总量的1.27%。黑龙江省的R&D经费投入强度是1.07%。③另外，东北地区产业集群化的发展程度相对较低。例如，辽宁省在产业集群建设方面以科技为特色，积极推进生物医药、液压产业等产业集群项目，但集群发展的规模、质量及集群内协作发展均有待加强。吉林省在汽车、光电子、电力电子、碳纤维等领域在早期就具备比较优势，但产业链条短，且配套产业发展不协调，不具备经济规模和产业竞争力，也未形成产业集群优势。从空间布局看，吉林省战略性新兴产业多集中于长吉两市，其他地区发展相对滞后，存在产业区域集中程度不高的问题。受研发阶段和

---

① 资料来源：《中国统计年鉴》。
② 曹晓峰等：辽宁经济社会形势分析与预测。
③ 资料来源：《2014年全国科技经费投入统计公报》。

体制机制等因素限制,研究机构与企业、企业与企业之间缺乏合作,技术间缺少关联,存在着"技术孤岛",上下游不能有效对接,难以形成贯穿产业链的成熟技术路线。

尽管东北地区生产总值增速放缓,产业结构问题仍未从根本得到解决,但产业结构调整一直在持续推进,且不断向合理化推进,具体表现在以下几个方面:

1. 利用技术创新推动传统产业转型升级。东北地区的传统产业优势不能被放弃,但同时也不能忽视传统产业存在的问题。东北地区的产业发展要通过实施创新驱动发展战略,以创新发展为核心,推动传统产业有所作为。要紧跟技术前沿和终端消费,加快产品创新、技术升级、管理升级,提高精深加工度,延伸产业链,提升产业层次,巩固支柱产业发展优势。东北地区黑、吉、辽三省要分别定位于装备制造业基地、行走工业基地、重型机械工业基地,重点支持高端装备制造、智能汽车与新能源汽车以及高端机械制造业的发展,支持传统优势产业创新发展和转型升级,尝试建设具有一定规模和竞争力的产业研发基地和生产基地,同时向智能化、生态化和高端化方向发展。装备制造业和能源基础原材料产业是东北三省重要的产业,具有起步早、基础好、主导性强的特点。然而,随着东部沿海地区工业化发展的不断深入,东北在这些方面的优势逐渐丧失,面临着生产成本与市场价格的"双端挤压",产业科技基础薄弱,资金压力较大,市场竞争力下降,转型迫在眉睫。如何应对这一局面显然值得深入研究。

2. 积极培育新兴产业发展。东北地区在做大做强传统优势产业、促进传统产业创新转型发展的同时,培育新兴产业和新型业态,同时促进新型工业化、信息化、农业现代化、城镇化和绿色化"五化"[①] 融合、协同发展,不断完善现代产业体系建设。东北地区要坚持个别产业和产品重点突破与产业整体提升优化相结合,把先进制造业作为重点、把先进农业作为亮点、把服务业作为增长点。东北地区利用地域、科技、资源等有利条件,积极主动融入"一带一路""互联网+""中国制造2025"行动计划,试图打造新兴产业增长极,使"中国制造2025"率先在东北地区开花结果、收获成效。如在汽车产业方面,紧跟汽车节能和智能化发展前沿,创新发展新能源汽车和车联网等汽车产业新型业态。加快生物医药、新材料、电子信息等领域的关键技术攻关,重点创新发展新产品和新材料。政府加强在重点领域的引导力度,成立有利于产业发展的各种基金,如产业投资基金和产业发展引导基金;同时,在税收、贷款等方面为新兴产业发展提供

---

① 摘自《关于加快推进生态文明建设的意见》。

更多的政策优惠和便利。积极创建新兴产业集群项目，融合技术、人才、资金以及产业内优势企业，推动新兴产业的集群化发展。

3. 加强产业集群发展。因东北地区"共和国长子"的身份致使产业发展长期依赖并服务于国家战略，在满足国家战略需求发展的同时也使东北地区的经济发展得到快速发展。随着我国经济发展进入新常态，并开始实施创新驱动发展战略，东北地区围绕着本区域的特色、区域的产业发展现状，拓展产业发展领域，优化产业空间布局，努力打造具有东北区域特色、综合竞争能力强和增长潜力大的产业及产业集群。辽宁省加快科技特色产业集群，加大科技招商引资力度，实现本溪生物医药、阜新液压等产业集群的超快速发展，并在高端装备制造、石油化工产业、电子设备制造业等领域布局集群化发展。而吉林省在汽车、轨道客车、石化、农产品加工、电子信息、钢铁、碳纤维等重点优势产业开展集群化发展；黑龙江省在农产品产业、高端装备制造业、精细化工、新能源与新材料、绿色食品加工业等领域强化产业集群发展。东北地区还积极推进官产学研协同创新，打造以企业为主体的官产学研协同创新体系，并尝试构建产业技术创新战略联盟、区域协同创新联盟等试点，建设形成产业协同创新基地。

4. 加快推进生产性服务业创新发展。东北地区在生产性服务业发展方面处于较为落后的状态。政府逐步开展对于现代新兴服务业、主体功能区等重点领域的资金支持力度，同时引导社会资金的投入，重点向金融服务业、信息服务业、节能环保服务业、研发设计服务业、检验检测认证服务业、第三方物流业、电子商务服务业等生产性服务和公共服务领域加大投入。东北地区依托现代高新技术，融合"互联网＋服务"发展新兴服务业，并向高附加值服务产业方向发展。在现代服务业发展方面，利用现代前沿的技术、服务方式与业态革新传统服务业。

三、东北亚经济合作对东北产业结构调整的影响机制

在东北亚区域内，我国东北地区能够参与东北亚经济合作的发展符合区域经济一体化、集团化的必然趋势。依托战略、利用邻国市场合力能够为我国东北地区经济发展取得重要优势地位，并进一步影响我国东北地区产业结构的调整升级。

(一) 东北亚经济合作有利于加快产业结构调整的进程

东北亚区域是世界经济较为活跃的区域之一，但经济合作相比欧盟、北美自由贸易区等区域较为滞后。推动和深化东北亚区域经济合作，利用地缘、资源、技术等条件互补优势，优化区域资源配置，提升本土企业市场竞争力，明确产业发展方向，提升传统产业设备技术水平，提高劳动生产率，促进产业结构调整升级，这是提升东北地区整体实力和产业竞争力的重要举措，对于加强我国在东北亚区域合作中的地位、开拓与周边国家的经济技术合作具有重要作用。

(二) 东北亚经济合作有利于加快技术进步

东北亚区域经济合作的深化，能够在开放与合作的有利条件下，增加一定的贸易规模，更多地吸引外商直接投资，能够加快对相关产业技术的引进和转移的步伐，加强资源流动，共享技术资源，从而提升现有产业的生产技术，不断提升产品的技术含量，增加产品的附加值，提高产业、产品的国际竞争优势。同时，加强东北地区的对外投资，倾向优势产业的对外投资，积极应对国际市场上的竞争压力，发挥外投资对经济增长的拉动作用。

(三) 东北亚经济合作有利于优化资源要素配置

东北三省在吸引和利用外资上存在一定的差距，吉林和黑龙江的外商投资规模相对较小，对当地经济的推动作用仍有较大的发挥空间。东北亚经济合作能够推进东北地区的体制创新，发展开放型经济，加大基础设施建设，为东北地区的发展提供更多商业机会，能够吸引更多投资，加快利用外资、引进先进生产技术和海外投资的步伐，利用地缘优势发掘效益，改善资源约束问题，实现先进技术和资源要素的跨国自由流动，进而实现资源要素的优化配置，结合各国或地区的产业结构和技术的互补性，推动产业技术转移和升级。

(四) 东北亚经济合作有利于形成区域生产网络

随着东北亚经济合作的深化，形成东北亚区域的多层次产业分工格局，加速地区产业重组，并形成东北亚区域生产网络。在区域生产网络和市场机制的推动下，汇集形成新的产业链节点，形成差异化的产业集群，实现区域协调发展和互利共赢，对于提升东北亚经济合作层次水平具有重要的推动作用。

东北亚经济合作在对东北地区产业发展发挥积极作用的同时，也存在部分相反的消极影响。一方面，地方政策优势可能被弱化。地方经济发展均有一定的政策措施，东北地区的产业、企业发展可完全享受政策措施的有利条件，但在东北亚经济合作开展以后，为了合作的深入与稳定，营造公平的政策环境、投资环境，有利于促进地方产业和企业发展的政策优势将被弱化。另一方面，东北亚经济合作深入发展的同时，在引进先进技术的同时，可能会造成本土产业和企业对外来技术的过度依赖，加之因为无法掌握核心技术，致使本土产业和企业的技术的创新效率和自主创新能力都无法得到进一步的提升。

四、结语

东北地区要以产业项目建设为核心，调整存量、做优增量、做大总量，促进产业结构优化升级，增创发展新优势。通过东北亚经济合作战略进一步加强与主要合作国家间更紧密、更全面的合作交流，以全球视野搭建合作平台，营造开放型经济环境，充分吸引全球创新资源。

第一，强化市场导向，明确东北亚经济合作领域，探索多元化的合作方式。结合东北亚经济合作发展战略，以产业发展为立足点，以技术合作、市场性合作为基础，积极探索多元合作模式，打破资源要素流动障碍，引导知识、技术资源流动，向以市场为导向的全产业链合作形式转变，同时培育多元化国际市场，进一步发展对外贸易的规模，提高对外贸易的层次。

第二，积极构建能够促进东北亚经济合作的政治环境。在许多国家间都存在边境、军事、领土等涉及地区安全与稳定的相关问题，在东北亚区域的国家间也存在类似的问题。东北亚区域各国要深入开展外交合作，加强国家间的交流与沟通，努力维护东北亚区域和平与稳定，形成良好而有利的政治环境。

第三，要建立科学有效的运行机制，推进形成产学研联合体、区域合作共建机制。通过推进跨国、跨界的全产业链经济合作，充分利用国际和国内要素资源，优化资源配置，实现优势突出、资源共享、取长补短、协作分工，加速东北地区的产业发展和经济增长。

第四，地方政府要构建并完善对东北亚区域经济合作的管理制度、协调机制与服务体系保障。政府一方面要逐步完善协调机制，进一步优化合作环境。还要进一步明确在重点经济领域的国际合作战略，建立健全、完善、高效的国际合作管理体系。不断加强与世界主要战略合作伙伴国家的密切关系，促进双边、多边政府间经济合作向更高层次发展,努力营造平等合作、互利共赢、优势互补、共同发展的良好经济合作发展氛围。

第五,加强专业人才队伍培养。东北亚经济合作是跨国、跨区域的经济合作,地方政府、企业和组织机构都要有专业的人才队伍能够解决在经济合作上遇到的问题,这里的问题还包括各国政治关系、国际法律、本国法律、环境规制、国际贸易等方面的各种问题,专业化、多领域的专业人才队伍必不可少,也是需要重点培养和关注的部分。

参考文献

[1] 宋魁. 加强东北亚区域合作促进黑龙江省老工业基地振兴 [J]. 东北亚论坛, 2004 (6).

[2] 宋玥. "一带一路"建设下东北亚经贸合作的困境及出路 [J]. 改革与战略, 2016 (6).

[3] 国家发展改革委振兴司. 东北振兴重点工作扎实推进 [J]. 中国经贸导刊, 2015 (25).

[4] 李宛燊. 试论东北亚区域经济合作与东北振兴 [J]. 东北财经大学学报, 2008 (2).

[5] 张占斌. 经济新常态下的"新东北现象"辨析 [J]. 人民论坛, 2015 (24).

[6] 徐林实, 甄伟. 东北地区振兴与东北亚区域经济互动发展 [J]. 哈尔滨商业大学学报(社会科学版), 2010 (2).